CHRISTIAN FALK

BAYERN INSIDER

TRAINER · TROPHÄEN · INTRIGEN

CHRISTIAN FALK

BAYERN INSIDER

TRAINER · TROPHÄEN · INTRIGEN

Ein Reporter enthüllt die größten Geheimnisse des Rekordmeisters

riva

Bibliografische Information der Deutschen Nationalbibliothek
Die Deutsche Nationalbibliothek verzeichnet diese Publikation in der Deutschen Nationalbibliografie. Detaillierte bibliografische Daten sind im Internet über http://dnb.d-nb.de abrufbar.

Für Fragen und Anregungen
info@rivaverlag.de

Wichtiger Hinweis
Ausschließlich zum Zweck der besseren Lesbarkeit wurde auf eine genderspezifische Schreibweise sowie eine Mehrfachbezeichnung verzichtet. Alle personenbezogenen Bezeichnungen sind somit geschlechtsneutral zu verstehen.

Originalausgabe
1. Auflage 2022

Türkenstraße 89
80799 München
Tel.: 089 651285-0
Fax: 089 652096

Vermittelt durch die Günter Berg Literary Agency, Hamburg und Berlin

Redaktion: Dr. Ulrich Korn
Umschlaggestaltung: Marc-Torben Fischer
Umschlagabbildung: Imago Images: Avanti, Horstmüller, Laci Perenyi, Poolfoto UCL
Satz: Helmut Schaffer, Hofheim a. Ts.
Druck: GGP Media GmbH, Pößneck
Printed in Germany

ISBN Print 978-3-7423-1986-9
ISBN E-Book (PDF) 978-3-7453-1724-4
ISBN E-Book (EPUB, Mobi) 978-3-7453-1725-1

INHALT

VORWORT: BOULEVARDREPORTER IM DIGITALEN ZEITALTER

Ich bin ein »Bayern Insider«. Mein Handy ist mein Schreibblock, mein Aufnahmegerät, meine Videokamera und mein News-Ticker zugleich. Die Zeiten im Sportjournalismus haben sich geändert, seit ich vor 20 Jahren das erste Mal als Jungreporter mit Stift und Ringblock am Trainingszaun des FC Bayern an der Säbener Straße stand. Sind die Zeiten durch das Internet schlechter geworden? Nein. Sind sie aufregender geworden? Definitiv!

Ein Reporter ist im Internetzeitalter nicht mehr der Gate-Keeper, der entscheiden kann, wann die Neuigkeit und welche Nachricht an die Öffentlichkeit gelangen. Dafür kann ich heute eine Breaking News selbst innerhalb von Sekunden um die Welt schicken und damit einen Sturm an Reaktionen hervorrufen. Der Journalist ist nicht mehr der alleinige Herr über die Berichterstattung. Er ist eine noch wichtigere Instanz geworden, um die vielen Meldungen einzuordnen. Ich tue das auf Twitter, Instagram, Facebook & Co (»True« or »Not true« – das ist hier die Frage). Wirkten die sozialen Kanäle bei ihrem Siegeszug durch die Medienlandschaft für die Journalisten zunächst wie gefährliche Gegner im Kampf um die Gunst der Leser, sind sie nun mein engster Verbündeter.

Die neuen Fußballhelden gewähren heutzutage selbst und freizügig den Einblick durchs Schlüsselloch ihrer Kabinen auf ihren Social Accounts. Für solch exklusive Inhalte hatten wir Journalisten einst hartnäckig recherchieren müssen. Jetzt gibt es die zuvor streng gehüteten Geheimnisse kostenlos und quasi in Echtzeit, mit der Einschränkung: Die Stars verraten nur das, was ihrem Image nützt. Die wirklich interessanten, pikanten und teils kompromittierenden Details geben sie ihren Followern nicht preis. Die Geschichten hinter den Bildern, mit denen sie die eigentliche Story nur andeuten, wollen wir Reporter weitererzählen.

Je mehr die Stars ihre Follower neugierig machen, desto mehr Leser führen sie am Ende auf unsere Seiten der *Bild*. So wächst auch meine Follower-Zahl mit denen der Stars stetig mit. Viele Fußballfans kennen mich nicht unbedingt als den Reporter Christian Falk, wenn sie mir auf den Münchner Straßen begegnen. Sie hören meinen Podcast »Bayern Insider« oder sehen die gleichnamige Sendung auf *Bild TV*. Sie folgen mir unter @cfbayern auf den vielseitigen Kanälen im World Wide Web. Schrieb ich vorher fast exklusiv für den deutschsprachigen Raum, habe ich nun Leser von England bis China. Meine Begegnungen mit den Stars halte ich in einem Blog fest, aus dem ich viele Anekdoten in diesem Buch aufgreife. TV, Podcast, Skype-Schalte oder Youtube-Sendung – die Plattform ist egal, die Möglichkeiten für guten Journalismus sind so groß wie nie. Das Wichtigste an meinem Job bleibt immer gleich: Es geht um die Story, die wir erzählen wollen. So wie um den Spaß, den es mir macht, sie zu recherchieren.

Ich bin Journalist. Ich bin Fußballreporter. Ich bin nun auch Podcaster, Moderator, Blogger und Influencer. Aus Leidenschaft berichte ich über den FC Bayern.

PROLOG: DIE SEHNSUCHT NACH DEM HENKELPOTT

Bevor ich Journalist wurde, war ich wie jeder angehende Fußballreporter ein leidenschaftlicher Fan. Der englische Erfolgsautor Nick Hornby hat in seinem wunderbaren Buch *Fever Pitch* über seine Fan-Obsession für den FC Arsenal eine Lebensbeichte abgelegt. Der Vollblut-Gunner erzählt darin, dass er nie auch nur einen Gedanken daran verschwendet habe, Sportjournalist zu werden. Er schreibt: »Viel Geld dafür zu bekommen, über den Sport zu schreiben, den ich liebe, ist eine meiner dunkelsten Ängste und lässt mich schaudern.« Seine Angst begründet er damit, dass er als Reporter ein Spiel seines geliebten FC Arsenal verpassen könnte, weil er an jenem Tag eventuell in Anfield über Liverpool berichten müsse. Was für Hornby der FC Arsenal ist, war für mich seit Kindheitstagen der FC Bayern.

Bei allein fünf Münchner Meisterschaften in meinen ersten zehn Lebensjahren dürfte das als gebürtiger Bayer unausweichlich gewesen sein. Der Engländer Hornby und ich unterscheiden uns jedoch in einem entscheidenden Punkt: Während der Arsenal-Fan seine Erfüllung in Freud und noch mehr Leid auf der Tribüne von Highbury fand, dem alten Arsenal-Stadion, dem heute noch alle nachweinen, wollte ich meinen Helden viel, viel näher sein – nicht getrennt durch Sitzschalen oder Zäune im Olympiastadion. Ich wollte ihre Handlungen auf dem Rasen und abseits des Spielfelds von Angesicht zu Angesicht mit ihnen bereden und hinterfragen. Darum wurde ich Reporter.

Heute feiert der FC Bayern seine Erfolge in der Allianz Arena. Die Kinder, die ab dem Sommer 2020 eingeschult wurden, kennen nur den Deutschen Meister FC Bayern. Junge Bayern-Fans wissen so gut wie nichts über das Leid der Niederlage. Seit 2013 gewannen die Münchner die Schale achtmal in Folge. Das ist selbst für den erfolgsverwöhnten Rekordmeister ein Rekord. Diese goldene Ära starteten die Bayern 2013 mit dem Triple, dem Gewinn der Meisterschaft, des DFB-Pokals und der Champions League innerhalb einer Saison. Die junge Fan-Generation ist in einem Zeitalter der absoluten Bayern-Dominanz aufgewachsen.

Ich bin Ende der 70er-Jahre geboren. Meine Generation erlebte ebenfalls viele Bayern-Meisterschaften. Sie quälte aber auch eine Sehnsucht. Die Sehnsucht nach dem Henkelpott.

Die großen Erfolge in Europa hatte ich aufgrund meines Geburtsjahrgangs 1978 knapp verpasst. Wir alle kannten die Bilder, auf denen Kapitän Franz Beckenbauer 1974 erstmals den damaligen Europapokal der Landesmeister in den Himmel von Brüssel stemmte (nach einem 4:0 im Wiederholungsspiel gegen Atlético Madrid). Ein Jahr später wiederholte sich das Szenario in Paris (nach einem 2:0 über Leeds United). Beckenbauer, Müller & Co triumphierten 1976 ein drittes Mal in Folge im Glasgower Hampden Park (nach einem 1:0 über AS Saint-Étienne).

In den 80ern gewann ich als heranwachsender Fan nur die internationale Erfahrung, dass der FC Bayern ein europäisches Endspiel zwar erreichen, aber nicht gewinnen kann. Es war ein Münchner Jahrzehnt der Europapokal-Frustration mit den bitteren Höhepunkten der Bayern-Finalniederlagen 1982 in Rotterdam (0:1 gegen Aston Villa) und in 1987 in Wien (1:2 gegen den FC Porto).

Für mich ist es heute oft noch ein unwirkliches Gefühl, wenn ich den Helden meiner Kindheit aus »meinem« ersten Bayern-Kader inzwischen regelmäßig als Reporter begegne. Hans Dorfner, der sich bei meinem Stadiondebüt in der Saison 1989/90 gegen Köln (5:1) in die Trefferliste eintragen durfte, versichert mir stets, dass ich eines seiner besten Spiele live erlebt habe. Den damaligen Torschützenkönig Roland Wohlfahrt kann ich heute auf seiner Privatnummer anrufen, was als jugendlicher Fan noch unvorstellbar war. »Wiggerl« Kögl lernte ich als Berater von Thomas Müller kennen, Raimund Aumann ist Fan-Betreuer beim FC Bayern, Hans Pflügler arbeitete lange im Klub-Marketing. Mit Manni Schwabl spiele ich Schafkopfen, und für Klaus Augenthaler mache ich die Ausnahme, Weißbier zu trinken statt Helles.

Augenthaler stand als Kapitän dieser Generation zweimal im Finale des Europapokals der Landesmeister (1982 und 1987). Diese Spielerära, die meine Fan-Liebe zum FC Bayern entfachte, hat mir meinen großen Fußballtraum nicht erfüllt: In dieser Zeit gewannen die Bayern nie den Europapokal der Landesmeister, die heutige Champions League. Große Spieler gewinnen Meisterschaften, Legenden gewinnen den Europapokal.

In meinem Buch *Inside FC Bayern* nehme ich die Leser mit, wie ich als Jungreporter den Champions-League-Sieg der Generation Oliver Kahn und Stefan Effenberg 2001 in Mailand (5:4 im Elfmeterschießen gegen Valencia) erlebte. Vor allem aber beschreibe ich darin den Weg der Generation um Philipp Lahm und Bastian Schweinsteiger, die ich als Journalist hautnah bis zum legendären Triple 2013 begleitete.

In *Bayern Insider* möchte ich von der aktuellen Bayern-Generation erzählen und ihrem Weg zu den historischen Titeln 2020 in Meisterschaft, DFB-Pokal und Champions League. Angeführt von den alten 2013er-Helden Thomas Müller und Manuel Neuer, angetrieben von titelhungrigen neuen Leader-Typen wie Joshua Kimmich und Robert Lewandowski. Dieses zweite Triple der Klubgeschichte ist geprägt durch eine der schwersten Krisenzeiten des Fußballgeschäfts, sportlich bei Bayern durch einen sanften Umbruch innerhalb der Mannschaft und durch härtere Brüche mit einigen Trainern.

Legenden schreiben Geschichte, wir Reporter an ihrer Seite schreiben sie auf.

AUFWÄRMEN: EINE NEUE BAYERN-LEGENDE MACHT SICH AUF DEN WEG

München, die Säbener Straße im Sommer 2009. Ich suche wieder einmal nach Müller. Die einzige Absperrung zum Trainingsgelände des FC Bayern bildet eine Schranke vor der Toreinfahrt; Autos hält sie auf, Fußgänger spazieren einfach daran vorbei. Im Durchgang liegt rechter Hand eine Tür, die zu den Spielerkabinen führt und nicht selten offen steht. Roque Santa Cruz hatte mich einmal nach dem Training durch den Seiteneingang geschleust, um ein Interview zu führen, während er sich umzog. Heute suche ich aber Müller.

Bevor unter Trainer Jürgen Klinsmann in der Sommerpause 2008 das Trainingsgelände umgebaut wurde, führte der Weg vorbei an der verglasten Front des »Insider«. Das Klub-Restaurant bot Besuchern selbst beim Abschlusstraining freien Blick auf den Hauptplatz. Inzwischen befindet sich hier die Mitarbeiterkantine. Wenige Meter weiter ist das Treppenhaus, das einst zur Kartenvorverkaufsstelle im ersten Stock führte, wo die Fans für Restkarten Schlange standen. Seit der FC Bayern in der Allianz Arena spielt, gibt es hier keine Schlangen und auch keine Heimspieltickets mehr. Das Stadion ist immer ausverkauft.

Die Büros von Uli Hoeneß und Karl-Heinz Rummenigge liegen eine Etage höher. Fans, welche die Bayern-Bosse an der Säbener Straße treffen wollen, brauchen keinen Termin oben in der »Chefetage«, nur ein bisschen Geduld. Sie warten einfach unten vor der Tür des Treppenhauses. Auf dem ersten Parkplatz steht das Auto von Rummenigge, daneben das von Hoeneß, der es bewusst immer um ein paar PS höher als die der Spieler tunen ließ. Hasan »Brazzo« Salihamidžić hatte zu Spielerzeiten seinen Manager einmal gefragt, als ich danebenstand, warum dieser so viele PS bei seinem eher gemütlichen Fahrstil brauchte. Hoeneß ließ Brazzo daraufhin wissen: Der Boss muss schließlich mehr Power als seine Stars unter der Haube haben!

Januar 2020: Sportdirektor Hasan Salihamidžić fährt ab sofort mit dem ehemaligen Dienstwagen von Uli Hoeneß, einem Audi RS6, zur Arbeit an der Säbener Straße vor. Selbst die Initialen auf dem Kennzeichen hat Brazzo übernommen: S für Susi und U für Uli Hoeneß. Bei der Szene denke ich mir: Anscheinend habe nicht nur ich mir die Anekdote mit dem gepimpten Bayern-Boss-Wagen gemerkt.

Zurück im Sommer 2009: Hier, bei den Autos der Bayern-Bosse, haben Fans wie Reporter gute Chancen, Müller abzupassen. Die Kabine der Amateure liegt im Erdgeschoss. An diesem Tag aber warte ich nicht. Ich biege rechts ab und gehe vorbei am Jugendhaus, in dem einst Talente wie Bastian Schweinsteiger wohnten. Und da steht Müller schon und beobachtet die Talente aus seiner Amateurmannschaft: Gerd Müller, der Bomber der Nation, Rekordtorschütze der Bundesliga mit fabelhaften 365 Toren in 427 Spielen. Der Welt- und Europameister, der mit 68 DFB-Treffern mehr Tore auf dem Konto hat als Länderspiele (62). Eine Legende zum Anfassen. Selbst beim Fragenstellen ist Müller meist schneller als sein Gegenüber. Seine erste Frage an mich lautet: »Und? Wann spielen wir jetzt mal Tennis?«

Gerd Müller hat dreimal den Europapokal der Landesmeister gewonnen. Auch heute noch ist er beim Freizeitkick so motiviert wie einst in einem WM-Endspiel. Das Gleiche gilt für Tennis. Der Mann will nie verlieren! Und ich befürchte: Ich habe nicht den Hauch einer Chance gegen ihn, obwohl ich 33 Jahre jünger bin.

»Gerd, lass uns lieber mal einen Espresso bei Fausto trinken«, entgegne ich. Ich hatte zu viel von Gerd Müllers Ehrgeiz gehört, als dass ich den Mut gehabt hätte, mich auf dieses Match einzulassen. »Fausto«, das ist Müllers Stammitaliener in der Schönstraße, bei dem Gerd keine fünf Fahrminuten entfernt von der Säbener Straße nach jedem Training auf dem Heimweg seinen Espresso und eine Coca-Cola an der Theke zu trinken pflegt. Nie mehr

Alkohol, natürlich. Gerd Müller, dem seine einstige Alkoholsucht fast alles gekostet hatte, trank seit Jahren keinen Tropfen mehr. Auf Drängen von Uli Hoeneß hatte er 1991 eine Entziehungskur gemacht, bekam dafür im Anschluss den Job als Jugendtrainer beim FC Bayern. Müller steht für mich für alles, was den deutschen Rekordmeister beschreibt: Weltruhm gepaart mit Bodenständigkeit. Dazu die Bayern-Familie, die auf einen aufpasst, wenn es bei einem gerade mal nicht so läuft.

Müller taxiert mich durch seine Brille mit einem treuherzigen Blick, dann schmunzelt er und klopft mir aufmunternd auf die Schulter. »Aber Tennis spielen wir irgendwann auch noch!« Daraufhin beantwortet mir der WM-Torschützenkönig von 1970 (mit zehn Toren) gleich vor Ort meine Fragen.

Gerd Müllers Einschätzungen waren mir immer besonders wichtig, wenn sich ein neues Jugendtalent auf den Weg macht, in seine Fußstapfen zu treten. Ich interviewte ihn zu dem Peruaner Paolo Guerrero, befragte ihn zu Sandro Wagner. Gerd förderte zusammen mit seinem Chef Hermann Gerland alle Talente, doch auf die Stürmer hatte er natürlich ein besonderes Auge. Wenn sie trafen, steckte er ihnen stets eine Tafel Schokolade zu. Diesmal wollte ich Gerds Meinung zu einem potenziellen Nachfolger hören, der seinem Namen alle Ehre machen könnte: Müller, Thomas Müller.

»Freilich bekommt der Thomas immer von mir seine Schokolade«, bestätigt mir Gerd. Der größte Stürmer aller Zeiten hatte meist nur freundliche Worte für die jüngere Torjägergeneration, die er fördern und nicht demotivieren wollte. Mir fällt sofort auf: Bei Thomas Müller ist er an diesem Tag besonders enthusiastisch. Er selbst sei ja der »König des Strafraums« gewesen, wählt Gerd für sich selbst ungewohnt große Worte, nur um daraufhin den neuen Müller noch größer zu zeichnen. Thomas sei doppelt so gefährlich wie er, weil der junge Müller lange Wege vor seinem Abschluss mache. Er komme mit seinem Antritt von hinten, bei dem die Gegner nicht mithalten könnten. Thomas würde ein Großer werden, daran gäbe es für Gerd keinen Zweifel.

Wenn der beste Stürmer aller Zeiten so sehr von einem jungen Angreifer schwärmt, macht es mich umso neugieriger. Leider kenne ich Thomas Müller zu diesem Zeitpunkt noch nicht persönlich.

August 2013: »Na? Wann spielen wir Tennis?«, fragt mich Gerd. Ich bin erleichtert, weil ich dadurch weiß: Er erkennt mich. Das ist in diesen Tagen alles andere als selbstverständlich. Wir ehren Gerd Müller an diesem Montag in Hamburg mit dem Sport-Bild-*Award für sein Lebenswerk. Der FC Bayern hat seine Legende mit einer eigenen Maschine einfliegen lassen, Karl-Heinz Rummenigge begleitet ihn. Was die Gäste im Saal nicht wissen, ich aber schon: Müller ist seit Längerem an Alzheimer erkrankt, die Demenz weit fortgeschritten. Es gibt daher eine klare Abmachung für die Verleihung. Müller soll nicht auf der Bühne sprechen, das wird sein Laudator übernehmen. Die Rede auf Müller hält: Franz Beckenbauer.*

Für Eingeweihte ist es beeindruckend zu sehen, wie der Kaiser diese Herausforderung meistert. Denn Müller selbst weiß nicht, dass er besser nicht sprechen soll. Seine Erkrankung ist ihm nicht bewusst und für die Öffentlichkeit geheim. Immer wenn der Bomber der Nation auf der Bühne Anstalten macht, etwas sagen zu wollen, erzählt Beckenbauer stattdessen eine neue Anekdote, die den Saal zum Lachen bringt. Das hört sich dann so an:

Der Kaiser dreht sich mit dem Mikro ein wenig weg vom Bomber und wechselt ins Jahr 1964. »Die Jungen kamen. Ein Gerd Müller!«, legt Beckenbauer los. Müller neben ihm beginnt zu strahlen. Daraufhin fragt Beckenbauer das Publikum: »Kennt ihr den SprongeBob? Dieses Quadrat?« Mein Chefredakteur Matthias Brügelmann, der die Moderation leitet, korrigiert den Kaiser beim Namen der Comic-Figur: »SpongeBob.« Beckenbauer nickt dankend: »Schwamm! So hat er ausgeschaut.« Er, das ist in dem Fall Gerd Müller. Beckenbauer beschreibt seine ersten Eindrücke vom zukünftigen Bomber der Nation. »Das kann doch kein Torjäger sein!«, habe er gedacht. »Das ist doch unmöglich!« Aber, fährt der Kaiser fort: »Er war's.« Der quadratische Müller sei so gut im Training gewesen, dass selbst seine Mitspieler bei den Versuchen, ihn zu stoppen, verzweifelten. So habe der knallharte Vorstopper Georg »Katsche« Schwarzenbeck fluchend gedroht: »Heute hauen wir ihn um! Und wenn er am Samstag nicht spielen kann, das ist uns wurscht! Wir lassen uns nicht mehr verarschen!« Das Ergebnis dieses Vorsatzes schildert Beckenbauer ebenfalls in seiner Laudatio: Er, der Fußballkaiser, habe ausgespielt links am Boden gelegen. Schwarzenbeck, der für seine gnadenlosen Grätschen in ganz Europa gefürchtet war, kauerte hilflos rechts neben ihm. Und Müller? Der schoss ungestört ohne die von ihm abgeschüttelten Verteidiger vorne sein Tor.

Nur einmal kommt Müller bei Beckenbauers Ausführungen kurz zu Wort, als er die Parole »Taxi Maier« wiederholt. Mit diesen Worten hatte Gerd immer beim Franz an dessen Haustür in Grünwald geklingelt, um ihn auf seinem Weg aus Straßlach vor den Spielen abzuholen. Beckenbauer räumt ein, dass er nicht der Pünktlichste gewesen sei. Der bescheidene Müller, der sich nie über die Gruppe stellen wollte, pochte aber auf die Einhaltung der Zeit. »Wann kommst du denn endlich? Wir kommen zu spät!«, habe Müller ihn stets gedrängt, so Beckenbaubauer. Müller habe gefürchtet: »Die anderen fahren davon!« Daraufhin habe der Franz seinen Freund mit den Worten beruhigt: »Gerd, es wird alles passieren. Aber dass die ohne uns zwei losfahren, das passiert nie.« Ergänzend fügt Beckenbauer dem Publikum zugewandt an: »Und ist auch nie passiert!!« Im Saal krümmen sich die Gäste vor Lachen, bevor sie sich anschließend für Standing Ovations zu Ehren von Gerd Müller erheben.

In diesem Gänsehautmoment beobachte ich nur Gerd: Der beste Stürmer aller Zeiten blickt gerührt in den Saal, als alle applaudieren. Dass Müller selbst keine Rede gehalten hat, war niemandem aufgefallen. Die Ehrung sollte der letzte öffentliche Auftritt Gerd Müllers gewesen sein. Die Angreiferlegende lebt bereits im Pflegeheim, als der FC Bayern zwei Jahre später seine Erkrankung öffentlich machen wird. Tennis haben wir natürlich auch nicht mehr gegeneinander gespielt. Heute bereue ich es. Am Sonntagmorgen, dem 15. August, stirbt Gerd Müller nach langer Krankheit im Alter von 75 Jahren.

November 2009, wenige Monate nach meinem Gespräch mit Gerd über Thomas Müller: Mein Interviewpartner und ich sitzen uns erstmals gegenüber. Ich erzähle Thomas Müller eine Geschichte, und die geht so: Anfang Juli des vergangenen Sommers läutete bei Bayern-Manager Uli Hoeneß das Telefon. Am Apparat war Rudi Völler, Manager von Bayer Leverkusen. Völlers Trainer Jupp Heynckes hatte die Saison zuvor noch für die letzten fünf Ligaspiele den FC Bayern trainiert. Dabei waren ihm zwei Talente aufgefallen, die ihm sein Leverkusener Sportdirektor nun besorgen sollte: Thomas Müller und Holger Badstuber. Hoeneß bedankte sich für das Interesse – und lehnte entschieden ab.

Es ist Thomas Müller selbst, dem ich diese Anekdote erzähle. Tatsächlich ist sie ihm nicht neu. »Unser Co-Trainer Hermann Gerland hat mich darüber informiert«, bestätigt mir Müller die damalige Leverkusener Anfrage. Dem jungen Müller wurde die Entscheidung über einen möglichen Wechsel nicht nur abgenommen, er war erst gar nicht gefragt worden. Zu jenem Zeitpunkt schwitzte Müller bereits in der Vorbereitung unter Louis van Gaal, der junge Spieler wie Müller, Badstuber und David Alaba förderte. Schmunzelnd fügt Thomas an, während er mich anstrahlt: »So, wie es gelaufen ist, kann ich mich nicht beschweren.« Das kann man wohl so sagen.

Müller fläzt sich entspannt in einem beigefarbenen Plüschsessel, er trägt einen dunkelblauen Trainingsanzug, wohlgemerkt: keinen Bayern-roten. Der Termin findet auch nicht in München beim FC Bayern statt. Wir treffen uns zu unserem Debütinterview rund 700 Kilometer entfernt von der Säbener Straße. Wir sitzen im Hotel der U21-Nationalmannschaft in Rimini, die sich auf das Spiel gegen San Marino vorbereitet. Für ein Interview mit einem U21-Spieler war ich noch nie so weit gereist. Aber ich hatte das Gefühl: Dieser Müller ist es wert.

Das Talent Müller hatte in dieser Saison bisher alle elf Ligaspiele bestritten, vier Tore vorbereitet, drei Treffer selbst erzielt, und zwar dank seines Trainers Louis van Gaal, der zum Gesetz gemacht hatte: »Müller spielt immer!« Der kometenhafte Aufstieg Müllers beim FC Bayern vollzog sich so schnell, dass sich die Interviewanfragen bei ihm immer mehr häuften. Die Medienabteilung des Klubs sah sich gezwungen, den Shootingstar vor der Presse abzuschirmen, um den Jungen vor dem Rummel zu schützen. *Silenzio stampa* lautete die Maßnahme, die der ehemalige Vorstandschef Karl-Heinz Rummenigge mit Vorliebe aus dem Italienischen zitierte. Für uns Bayern-Reporter hieß das übersetzt: Interviewverbot mit dem Jungstar!

Die Interviewzugänge sind stetig weniger geworden, seit ich 1999 zum ersten Mal als junger Reporter dem Bayern-Training zuschaute. Damals konnte ich die Stars noch auf dem Weg zu ihren Autos abgreifen, heute steigen sie in einer Tiefgarage unter dem Kabinentrakt in ihre Dienstfahrzeuge. In meinen rund 20 Jahren als Boulevardjournalist habe ich gelernt, dass man für die direkten Zugänge oft Umwege machen muss. So, wie es sich für mich stets gelohnt hat, die Stars von morgen nicht selten schon gestern kennengelernt zu haben. Da ich Lukas Podolski, Bastian Schweinsteiger oder Philipp Lahm bereits kannte, bevor sie ihren Durchbruch als Nationalspieler schafften, und sie mir bereits zuvor interessant erschienen waren, hatte ich immer einen emotionalen Vorsprung bei den späteren Weltmeistern. Bei Thomas Müller kam es ähnlich.

Weil ich in München keine Chance hatte, das Talent Müller beim FC Bayern kennenzulernen, fliege ich stattdessen zu einem Spiel der U21-Nationalmannschaft. Der Trick dabei: Der DFB hat anders als der FCB kein Interviewverbot für Müller ausgesprochen, und das Thema meines Interviews mit Müller ist: sein Durchbruch beim FC Bayern. Müller bemerkt den Schachzug sofort. »Bei Bayern wissen sie nichts davon, dass du hier bist, oder?«, fragt er mich. Mit einem gequälten Lächeln zucke ich entschuldigend mit den Schultern. Würde Müller nun kalte Füße bekommen? Aus Angst, seinen Arbeitgeber zu verärgern? Thomas blickt mich und meinen Fotografen an, dann grinst er: »Ihr seid mir vielleicht zwei Schlawiner!« Dann bedeutet er mir, dass wir mit dem Interview beginnen können.

Der junge Mann hat Selbstbewusstsein und trifft seine eigenen Entscheidungen, das imponiert mir. Die U21-Nationalmannschaft logiert in Rimini für ein Länderspiel gegen das nahe gelegene San Marino. Mein Gefühl täuscht mich nicht, dass Müller sich durch den Antrittsbesuch des Chefreporters der *Sport Bild* geschmeichelt fühlen würde. »Wahnsinn, dass du für das Interview extra aus München angereist bist«, sagt Thomas offen heraus, so wie es seine Art ist. Ich räume ein, dass ich ansonsten bei der A-Nationalmannschaft in Gelsenkirchen wäre, die dort gegen die Elfenbeinküste antritt. Auch Müller hätte eigentlich dabei sein sollen. Ich wusste: Bundestrainer Jogi Löw hatte den jungen Bayern ursprünglich für seinen Kader vorgesehen. Angesichts der tragischen Ereignisse um Nationaltorhüter Robert Enke, der Suizid begangen hatte, verzichtete Löw aber auf ein Debüt von Müller. Die Berichterstattung über die Nationalmannschaft war aufgrund des tragischen Tods von Enke derart überschattet, dass ein Debüt eines neuen Hoffnungsträgers nicht gepasst und der Bundestrainer auch Thomas Müller damit keinen Gefallen getan hätte. Klar war auch: Bei der A-Nationalmannschaft hätte die Presseabteilung das Talent – wie schon zuvor der FC Bayern – ebenfalls für Interviewtermine gesperrt. Nicht aber bei der U21, denn hier ist Müller mit seinen Profispielen einer der Routiniers.

Welche Story aber schreibe ich jetzt über den Jungspund, der doch ein arger Schlacks ist? Es herrscht eine so lockere Atmosphäre, dass ich geradeheraus frage: »Sag mal, Thomas. Bist du nicht ein echter Spargeltarzan für einen Bundesligaprofi?« Müller könnte jetzt irritiert, wenn nicht gar beleidigt sein über eine solch unverblümte Behauptung eines ihm noch fremden Journalisten. Er stutzt kurz, fängt dann lauthals an zu lachen, und weshalb, darüber klärt er mich gerne auf: »Genau das sagt Gerd Müller auch immer über mich!« Der Bomber der Nation war tatsächlich wesentlich stämmiger als Thomas. Nicht umsonst nannte einst Trainer Zlatko »Tschik« Čajkovski den Gerd liebevoll »kleines dickes Müller«. Bei einer Körpergröße von 1,86 Metern schwankt Thomas' Gewicht dagegen zwischen 73,5 und 75 Kilo. »Gerd meinte, ich bräuchte noch mehr Kampfgewicht!« Müller junior liefert mir dank Müller senior damit den Stoff für meine erste kleine Story über ihn. Es ist der Auftakt einer langjährigen und niemals langweiligen Spieler-Reporter-Beziehung.

1 PEP GUARDIOLAS ABSCHIED OHNE CHAMPIONS-LEAGUE-ÄRA (RÜCKRUNDE 2015/16)

Pep Guardiola ist im Juni 2013 beim FC Bayern angetreten, um zu beweisen, dass er auch mit einem anderen Klub als dem FC Barcelona die Champions League gewinnen kann, insbesondere: ohne Superstar Lionel Messi. Beim deutschen Rekordmeister sah Guardiola das Spielerpotenzial für seine Ziele rund um Kapitän Philipp Lahm und dem weltbesten Torhüter Manuel Neuer. Darum steckte er noch zu Zeiten als Barca-Trainer bei einem Turnier in München dem damaligen Vorstandschef Karl-Heinz Rummenigge in einer Loge der Allianz Arena einen Zettel mit seiner Handynummer zu. Aus selbigem Grund unterschrieb der Katalane in seinem Sabbatjahr den Bayern-Vertrag, den ihm Präsident Uli Hoeneß in seiner New Yorker Wohnung am Central Park vorlegte.

Später erfahre ich: Damals ließ sich Guardiola eine Klausel zusichern, die seine Ziele in München untermauerten: eine Millionenprämie, sollte er mit dem FC Bayern die Champions League gewinnen. Die Höhe des Betrags hat mir nie jemand beim FC Bayern offiziell bestätigt. Gerüchten zufolge soll die Summe in der Klausel drei Millionen Euro betragen haben. Letztlich ist die Höhe der Summe in der Titel-Klausel auch egal, denn sie würde nie an Guardiola ausgezahlt werden.

April 2016: Es ist das dritte und letzte Vertragsjahr Pep Guardiolas beim FC Bayern. Der Halbfinaltrip nach Madrid wird für Uli Hoeneß erst seine zweite Bayern-Reise (nach der Partie bei Benfica Lissabon) seit seiner Haftstrafe wegen Steuerhinterziehung. Beim Abflug schütteln wir uns die Hände. »Lange nicht gesehen«, begrüßt mich Hoeneß mit einem Lächeln und ich gebe zu, dass ich mich wirklich freue, ihn wieder als Mitglied im Tross des FC Bayern zu sehen. Als wir das letzte Mal gemeinsam am Münchner Flughafen vor einem Auswärtsspiel zum Gate gingen, war das Urteil über Hoeneß noch nicht gefällt. Ich erinnere mich daran, dass Hoeneß darüber sprach, wie schwierig es für ihn sei, sein Schicksal nicht mehr in der Hand zu haben. Wie ohnmächtig und hilflos es ihn machte, darauf warten zu müssen, dass ein anderer über seine Zukunft entscheidet. In Hoeneß' Fall war das ein Richter. Die Fremdbestimmung muss für den Bayern-Macher, der sein ganzes Leben lang wie kaum ein anderer über seinen Weg bestimmen konnte, eine der schlimmsten Erfahrungen gewesen sein. Damals verabschiedeten wir uns auf der Gangway mit dem Versprechen, dass wir am Jahresende unbedingt unser traditionelles Essen abhalten müssten, falls die Geschichte für Hoeneß gut ausgehen sollte. Es kam bekanntlich anders. Die Verabredung fiel zwei Jahre in Folge aus. Für unser traditionelles Jahresabschlussessen 2016 hingegen schaut es zum Zeitpunkt unseres erneuten gemeinsamen Champions-League-Fluges mit der Mannschaftsmaschine des FC Bayern gut aus.

Dienstag, Madrid, der Tag vor dem Match. Hasan Salihamidžić und ich stehen neben dem Spielfeld, während vor uns Trainer Pep Guardiola den Rasen des Estadio Vicente Calderón vor dem Abschlusstraining inspiziert. Hasan ist quasi als mein Kollege zum Champions-League-Halbfinale gegen Atlético Madrid mitgereist. Für den klubeigenen Sender »FC Bayern TV« moderiert Brazzo Beiträge. Hasan und ich kennen uns bereits seit der Jahrtausendwende, als wir beide unsere Laufbahnen an der Säbener Straße begannen: er als kommender Bayern-Star, ich als Bayern-Reporter. Aus Freude über unser jetziges Wiedersehen haben wir bereits viele Anekdoten aus den Zeiten des Champions-League-Siegs 2001 um Elfmeterkiller Oliver Kahn ausgetauscht. Brazzo erzählt, zwei Wochen lang habe die Mannschaft danach gefeiert. Wie alle Finalhelden sei er die 14 Tage fast durchgängig betrunken gewesen. Nach dem Endspiel in Mailand (5:4 gegen den FC Valencia), bei dem ich auch im Stadion saß, ging es für die Hitzfeld-Truppe in die USA. Erst per Dienstreise nach New York, wo die Mannschaft ein Freundschaftsspiel absolvieren musste. Statt mit dem Team danach wieder zurück in die Heimat zu fliegen, verlängerte Brazzo den US-Trip zusammen mit Thorsten Fink und Michael Wiesinger sowie den Physiotherapeuten Gerry Hoffmann und Fredi Binder. Mitorganisator Jens Jeremies musste leider absagen; wegen seiner Knieoperation hatte er schon das Finale verpasst.

Das Treiben in Las Vegas schildert mir Brazzo so: Die Reisegruppe um Salihamidžić zockte tagsüber nicht in den Casinos, sondern lieber Schafkopf am Hotelpool, abends gingen sie in die Shows. Es ist ein typisches Phänomen, dass ich bei Spielern schon öfter beobachtet habe: Was früher ihre intimsten Geheimnisse waren, erzählen sie mir nach ihrer Karriere als alten Wegbegleiter völlig offen. Oft denke ich mir: Wenn ich das damals alles schon gewusst hätte … Wahrscheinlich ist es aber für beide Seiten besser so.

Im Moment aber schweigen Hasan und ich, beobachten stattdessen Pep Guardiola. Brazzo scheint sich beim Anblick des Trainers am Mittelkreis bewusst zu sein – wie ich übrigens auch –, dass es für Guardiola eine ganz besondere Spielvorbereitung ist.

Pep Guardiola gewann als Trainer mit dem FC Barcelona 2009 und 2011 die Champions League. Es ist das dritte Jahr seiner Münchner Amtszeit. Der Spanier hat zu dem Zeitpunkt längst seine Zukunft bei Manchester City ab dem Sommer klargemacht. Das Projekt der Guardiola-Bayern ist zu diesem Zeitpunkt noch nicht vollendet. Meister wurde der Spanier bereits in den beiden Spielzeiten zuvor mit den Münchnern und wird es auch diese Saison werden. Das hätten mit dem Triple-Kader, den er von Jupp Heynckes übernommen hatte, wohl auch andere Trainer geschafft. Guardiola ist genervt, weil die Bayern-Fans von ihm ebenfalls den Champions-League-Sieg erwarten. Und weil wir deutsche Journalisten ihn immer wieder danach fragen. Guardiola fühlt es nicht nur, es ist für alle eine Tatsache: Seine Trainerleistung beim FCB wird einzig und allein an einer Frage gemessen: Kann er auch mit dem FC Bayern die Champions League gewinnen? Wenn er ehrlich zu sich selbst wäre, müsste er sich eingestehen: Er selbst erwartet den Sieg in der Königsklasse von sich auch.

Der Champions-League-Triumph mit seinem zweiten Klub als Trainer wäre für Guardiola die Bestätigung, dass er unabhängig ist vom FC

Barcelona. Zumal sein Nachfolger Luis Enrique mit Barca im vergangenen Sommer 2015 ebenfalls das Triple gewinnen konnte. Noch wichtiger für Guardiola: Er will unabhängig von Lionel Messi die Königsklasse gewinnen, mit dessen Namen die beiden Pep-Triumphe in der Königklasse 2009 und 2011 unweigerlich verknüpft sind. Stets schwebt der Schatten über Guardiola, mit Messi könnten auch andere Trainer die Champions League gewinnen, Guardiola aber nicht ohne Messi. Besonders bitter für Pep: Auch das direkte Duell gegen Messi hat der Spanier verloren, als er mit Bayern 2015 im Halbfinale an Barcelona scheiterte (0:3, 3:2). Beim vorentscheidenden Hinspiel hatte der argentinische Weltfußballer zweimal getroffen. Es war das zweite Scheitern Guardiolas im Halbfinale gegen ein Team aus seiner Heimat, nachdem er bereits 2014 gegen Real Madrid chancenlos gewesen war (0:1, 0:4).

Für Pep heißt es 2016: Gewinnt er in seinem dritten Amtsjahr zum Abschluss die Champions League, schreibt der Katalane sein Münchner Märchen zu Ende. Ein Ausscheiden allerdings wäre für ihn ein Albtraum und würde seiner bisher national so erfolgreichen Ära nachhaltigen Schaden zufügen.

Brazzo und ich sitzen auf Atléticos Reservebank und verfolgen das Abschlusstraining. Nach 15 Minuten ist es allerdings mit den Einblicken für uns Journalisten vorbei. Ab dem Zeitpunkt müssen die TV-Kameras abgeschaltet werden, die Fotografen das Fotografieren einstellen und die Reporter packen ihre Blöcke weg. Ab jetzt findet die letzte Einheit vor dem Match unter Ausschluss der Öffentlichkeit statt. Die Trainer wollen mit ihrem Team an den letzten geheimen Details feilen. Natürlich werden wir Reporter versuchen, die Aufstellung des Trainingsmatches herauszubekommen, die auch die Startelf für den kommenden Spieltag sein könnte. Sehen können wir sie nicht, daher müssen wir uns auf unsere Informanten in der Mannschaft verlassen. Das Stadion müssen wir nun verlassen.

Im Pressebus setzen Hasan und ich uns in die begehrte letzte Reihe, wie es die Lausbuben gerne auf Klassenfahrt machen, um bei ihrem Treiben ungestört zu sein. Als Brazzo sieht, dass ich gerade einen Tweet absetze, schnappt er sich mein Handy. »Twitter ist doch längst out«, belehrt er mich. »Ich bin schon längst auf Snapchat unterwegs, das ist die Zukunft!« Bevor ich mich versehe, hat mir Brazzo schon die App heruntergeladen und stellt sie mir ein. Daraufhin knipsen wir ein gemeinsames Selfie. Dank des Champions-League-Siegers Hasan Salihamidžić gebe ich mein Debüt auf Snapchat.

Abends sind wir Journalisten ins »Asador Casa Juan« eingeladen, ein Steakhaus mit spanischer Tapas-Karte. Es ist Tradition, dass der FC Bayern die Reporter, die den Rekordmeister in der Champions League regelmäßig bis in die letzten Winkel Europas begleiten, am »Pre-match Day«, wie die UEFA den Tag vor dem Spiel nennt, zum Essen bewirtet. Überall an der Wand des Restaurant-Eingangsbereichs hängen Bilder von Prominenten, die sich mit dem Lokalchef beim Besuch ablichten ließen.

Ich entdecke ein Foto von Toni Kroos. Der Weltmeister wechselte 2014 vom FC Bayern zu Real Madrid. Ich mache ein Selfie mit dem gerahmten Foto und schicke es Toni, der mit den Königlichen in wenigen Minuten im anderen Halbfinale bei Manchester City antritt. Das Spiel läuft während des Essens nebenbei auf einem Fernseher, der extra für uns im Restaurant aufgebaut wurde. Ich sitze noch nach Mitternacht bei einem Brandy »Cardenal Mendoza«, als Tonis Antwort kommt. Sie besteht nur aus einem Zwinker-Smiley. Kroos hat allen Grund zu guter Laune. Mit einem 0:0 legte Real den Grundstein für den Finaleinzug (das Rückspiel wird Madrid mit 1:0 gewinnen).

27.4.2016
Champions League, Halbfinale, Hinspiel:
Atlético Madrid vs. FC Bayern 1:0 (Tor: Saúl)

Mittwoch, Estadio Vicente Calderón: Als ich den Spielberichtsbogen in Händen halte, kreise ich als Erstes einen Namen ein: Thomas Müller. Pep Guardiola hat den Münchner an Nummer sechs der Reservistenliste und damit auf die Bank gesetzt. Zwei Plätze auf der Liste nach Franck Ribéry, einen nach Mario Götze. Mein erster Gedanke dazu: Geht das schief, wird Guardiola heftig Gegenwind bekommen. Allen voran von mir.

Zwei Stunden später ist klar: Es ging schief. Erneut scheitert Guardiola bei dem Versuch, einen Trainersieg mit einer unerwarteten Aufstellung im Halbfinale zu landen. Die spielentscheidende Szene: Saúl Ñíguez startet in der 11. Minute sein Dribbling, das Guardiola diese Nacht noch in seinen Träumen verfolgen dürfte. Bayerns Thiago lässt den Atlético-Profi laufen, statt einzuschreiten. Danach umkurvt Saúl anscheinend mühelos Xabi Alonso, Juan Bernat sowie David Alaba, bevor er gegen den machtlosen Manuel Neuer links unten abschließt. Ich bin von dem Solo so fasziniert, dass ich angelehnt an die Netflix-Serie twittere: »Better call Saúl«. Die Kollegen von der *Süddeutschen Zeitung* müssen wohl einen ähnlichen Gedanken haben, den sie noch etwas süffisanter formulieren. In ihrer Einzelkritik schreiben sie über Thiago: »Better foul Saúl«. Mit diesem Wortspiel gelingt ihnen die Überschrift des Tages.

Müllers Bankplatz ist wie erwartet das Thema bei der Pressekonferenz (PK) nach dem Spiel. Thomas befeuert die Diskussion, indem er nach Abpfiff feststellte, dass er über seine Reservistenrolle vom Trainer nicht eingeweiht worden war. Überraschend konnte die Maßnahme dennoch nicht für ihn gekommen sein. In keinem der bisher fünf Halbfinalspiele unter Guardiola hatte Müller volle 90 Minuten absolviert. Wie hoch der Stellenwert Müllers beim FC Bayern ist, bekommt Pep bei der PK bei dem Versprecher in einer Journalistenfrage zu hören. Der Kollege fragt, warum der Trainer Lionel Messi auf die Bank gesetzt habe. Guardiola schaut verdutzt, bis der Reporter seinen Fauxpas korrigiert. Der Journalist meine natürlich Müller.

Ganz falsch war das nicht. Für den FC Bayern ist Müller das, was Messi für den FC Barcelona ist, mit dem Unterschied: Ein Messi würde wohl bei jedem Klub Weltklasse sein. Was Müller betrifft, war ich überzeugt: Eine derart dominante Rolle wie bei Bayern könne Thomas nur in München spielen. Dieser Klub war wie für ihn gemacht – und umgekehrt. Guardiola versucht seine Maßnahme daraufhin auf der Pressekonferenz taktisch zu erklären: »Ich wollte einen Linksfuß auf links und einen Rechtsfuß auf rechts haben. Und ich wollte einen Mittelfeldspieler mehr haben.« Für Pep schloss das Müller aus, auch wenn sich dieser im Mittelfeld am wohlsten fühlt.

Das Thema Müller verfolgt Guardiola seit seinem Amtsantritt. Irgendwie wollen der Welttrainer und der Münchner Publikumsliebling nicht zusammenpassen. Umso mehr nerven Pep die ständigen Fragen zu Müller. Zwei Tage nach der Rückkehr in München bekommt Guardiola sie erneut von uns Journalisten zu hören. Wenn Pep lügt, dann lobt er gern. Wer daran zweifelt, kann gerne bei Triple-Abwehrchef Dante nachfragen. Allzu oft hat Guardiola den Brasilianer mit seinen Super-Super-Superlativen gelobt und beteuert, er hätte »am liebsten 1000 Dantes im Team«. Dennoch setzt er Dante in seiner Amtszeit erst auf die Bank, dann schiebt er ihn im Sommer 2015 bei erster Gelegenheit zum VfL Wolfsburg ab.

Jetzt greift Guardiola auf seine Superlative zurück, die ihm kein Journalist im Presseraum mehr abnimmt, um von seiner Müller-Zwickmühle abzulenken. »Ich liebe zu spielen mit Thomas Müller«, fühlt sich Guardiola genötigt, eine Liebesbekundung an den Bayern auszusprechen. »Er hat einen Riecher, er hat eine Nase!«, sagt Pep, um sich an selbige zu fassen. Tatsächlich zeigt seine anschließende Rechtfertigung, wie die Nerven bei ihm in Sachen Müller-Fragen blank liegen. »Es ist die gleiche Idee mit Lewandowski in Lissabon«, führt Guardiola das Rückspiel im Viertelfinale als Beleg an. Guardiola hatte sich bei Benfica tatsächlich getraut, Bayerns Stürmer Nummer eins, Robert Lewandowski, auf die Bank zu setzen. Wer Lewandowski kennt, kann sich denken, wie es in ihm gebrodelt haben musste. Ich muss es mir nicht denken, ich weiß es. Guardiola aber argumentiert ungerührt weiter: »Was ist der Grund, warum war Lewandowski in Lissabon kein Thema?« Dann unterrichtet Pep die Reporterschar und auch mich: »Weil, wir haben gewonnen, my friends! Haben gewonnen. Darum kein Thema Lewandowski. Aber warum Thema Thomas Müller? Weil wir haben verloren.« Daraufhin folgt leichtes Gelächter im Saal, denn: Bayern hatte in Lissabon gar nicht gewonnen, sondern lediglich 2:2 gespielt. Das zweite Tor erzielte übrigens: Thomas Müller.

September 2020: Ich sitze mit Felix Magath im Harlachinger Café »Amandînes et Chocolats«, in dem auch viele Bayern-Stars nach ihrem Training gerne verkehren. Magath war mein zweiter Bayern-Trainer, den ich als Jungreporter journalistisch begleiten durfte. Magath war es auch, der als Coach Philipp Lahm beim VfB

Stuttgart entschieden gefördert hatte, als die Bayern ihren zukünftigen Weltstar zur Ausbildung an die Schwaben ausliehen. Ich spreche mit Magath über eine These, die Lahm mir gegenüber kürzlich aufgestellt hatte. Sie lautet: Die Zeiten des Tiki-Taka-Fußballs seien vorbei!

Dass die These ausgerechnet von Philipp ausgesprochen worden war, der als Musterschüler von Guardiola gilt, überraschte mich. Denn Guardiola schwor auch bei Manchester City weiterhin auf seine Philosophie. Vielleicht würde es Pep nun bereuen, dass er Lahm als den intelligentesten Spieler bezeichnet hatte, den er je trainierte. Nicht nur ich fand Philipps Aussage schlau und schlüssig. »Da gebe ich Philipp absolut recht«, antwortet mir Magath und geht sogar noch weiter: »Für den Zuschauer ist das Ballhalten, wie ich es nenne, nur langweilig, und ein Spitzenteam hat das eigentlich nicht nötig. Das Tiki-Taka war eine kurzzeitige Fehlentwicklung im Fußball. Auch beim FC Barcelona hat es nicht wegen einer Traineridee funktioniert, sondern allein wegen eines Lionel Messi, der auch aus dem Nichts ein Spiel entscheidet.« Magaths Argumentation: Bei Bayern sei das unter Guardiola ähnlich gewesen. Ohne Lewandowski, der verlässlich seine Tore schießt, wäre auch das Pep-Kapitel in München weniger glamourös in die Klubgeschichte eingegangen. Magaths Urteil über Guardiola ist vernichtend. Seine These ist jene, die Guardiola am meisten fürchtet und wohl verflucht. Magath spricht sie aus: »Messi hat die Titel geholt, nicht Guardiola. Ohne Messi funktionierte dieses System nirgends mehr so erfolgreich für Guardiola.« Ansonsten, fährt Magath fort, hätte Guardiola die Königsklasse auch mit dem FC Bayern oder Manchester City längst gewonnen.

International mag Magath nicht die Erfolge als Trainer vorweisen können, wie sie Guardiola in seiner Vita hat. Allerdings: Magath konnte hierzulande als erster Trainer der Ligageschichte das Double verteidigen, natürlich mit dem FC Bayern. Mehr als diese zwei Doubles und eine weitere Meisterschaft hat auch Guardiola in seiner Münchner Zeit nicht erreicht. Im Gegensatz zu Magath stand Guardiola für diese Leistung ein der Ligakonkurrenz weitaus überlegenerer Kader zur Verfügung, von dem Magath nur träumen konnte. Felix Magaths Urteil über seinen Nachfolger lautet daher, was dessen internationale Erfolge nach der Barca-Zeit bei Bayern und Manchester City betrifft: »Da hat es aber maximal nur bis zum Champions-League-Halbfinale gereicht, was aus meiner Sicht für diese beiden Klubs nichts Außergewöhnliches ist.«

3.5.2016

Champions League, Halbfinale, Rückspiel:

FC Bayern vs. Atlético Madrid 2:1

(Alonso, Lewandowski; Griezmann)

Dienstag, Allianz Arena: Im Rückspiel beugt sich Guardiola den Forderungen nach Müller, lässt ihn erstmals 90 Minuten in einem Halbfinale durchspielen. Auswärts kein Tor erzielt zu haben wird sich aber rächen. Der Treffer von Antoine Griezmann reicht, um das Aus trotz der Bayern-Tore durch Xabi Alonso und Robert Lewandowski zu besiegeln.

Guardiola scheitert zum dritten und letzten Mal mit dem FC Bayern im Halbfinale. Die Vorstellungen von Klub und Trainer haben nie zusammengepasst, insbesondere, was die Transferpolitik betrifft. Pep dachte immer ein wenig zu groß für finanzielle Bayern-Pläne. So wollte der Spanier beispielsweise Marc-André ter Stegen als Neuer-Ersatz nach München lotsen, doch Ter Stegen wurde lieber Stammtorhüter beim FC Barcelona. Das erneute vorzeitige Aus in der Königklasse ist der Abschluss keiner Champions-League-Ära, wie sie sich die Münchner Verantwortlichen und Fans von der Kombination aus dem Welttrainer und dem Triple-Sieger Bayern (unter Vorgänger Jupp Heynckes) erhofft hatten. So wie wir Reporter auch. Nur sind wir es, die das auch schreiben.

2 DER ANFANG VOM ENDE MIT CARLO ANCELOTTI (SAISON 2016/17)

Saison 2016/17
Champions League, Gruppe D:
FC Bayern, Atlético Madrid, FK Rostow, PSV Eindhoven
Zugänge: Mats Hummels, Renato Sanches
Abgänge: Mario Götze, Medhi Benatia,
Pierre-Emile Kordt Højbjerg, Sebastian Rode, Holger Badstuber

21.10.2015 @cfbayern
Er kommt, wenn Pep geht. Bayern: Erste Kontakte zu Ex-Real-Trainer Carlo Ancelotti (Bild der Titelseite von Sport Bild)

20.12.2015, 11.56 Uhr @FC Bayern München
»Offiziell: #Guardiola verlässt FCB zum Saisonende. Neuer Trainer wird Carlo #Ancelotti (56/Vertrag bis 2019)

Juli 2016, Allianz Arena: Vorstandschef Karl-Heinz Rummenigge ist sichtlich stolz, den Mann seiner Wahl vorzustellen. In der Vergangenheit waren die Cheftrainer des FC Bayern stets nur mit der Zustimmung von Uli Hoeneß eingestellt worden. Die Entscheidungsfindung in Sachen Ancelotti fällt allerdings in eine Phase, in der der Ex-Präsident aufgrund seiner Steuerverurteilung kein Amt bei Bayern innehat. So bestimmt den Trainer allen voran Karl-Heinz Rummenigge.

Bei der Präsentation wird schnell klar, warum sich Rummenigge für Ancelotti als Guardiola-Nachfolger entschied. Im Einspielfilm, den der FC Bayern vorbereiten ließ, werden vor allem die drei Champions-League-Triumphe von Trainer Ancelotti mit dem AC Mailand (2003, 2007) und Real Madrid (2014) herausgestellt. Der 57-jährige Italiener spürt offensichtlich den Erwartungsdruck, denn er versucht, bei seinen ersten Worten an die Presse als Bayern-Trainer gegenzusteuern. »Das Resultat können Trainer nicht kontrollieren. Dann wäre ich ein Zauberer«, sagt Ancelotti.

Was ich bereits in Erfahrung gebracht habe: Eine Extraprämie im Falle eines Champions-League-Siegs hat sich natürlich auch Ancelotti in seinen Vertrag schreiben lassen. Erneut wird mir zugetragen, dass die Höhe der Summe in der Klausel bei drei Millionen Euro liegt. Wie bei Pep Guardiola wird mir auch diesmal keiner der Bayern-Offiziellen das Gerücht bestätigen. Daher kann ich es auch nicht schreiben. Aus juristischen Gründen betone ich auch an dieser Stelle: Solange der Betrag nicht bestätigt ist, bleibt er ein Gerücht. Weil ich aber die Quelle kenne, möchte ich sagen: ein sehr gutes Gerücht.

Juli, Säbener Straße: Der neue Bayern-Trainer Carlo Ancelotti sitzt vor mir auf der Couch in kurzen Hosen und wartet auf meine erste Frage. Und ich? Ich denke nur an Terence Hill. Für Momente wie diese liebe ich meinen Job als Reporter. Du sitzt vor einem Helden deiner Kindheit und kannst ihn fragen, was immer du willst. Natürlich werden wir über den FC Bayern reden, über den Real-Flirt von Robert Lewandowski und Ancelottis Zeiten bei Ex-Klubs wie Mailand und Paris. Aber du hast auch die Gelegenheit, mit dem Protagonisten über Dinge zu plaudern, die am Ende eher nicht den Weg ins Interview finden werden. In meinem Fall ist das: Terence Hill. Und natürlich Bud Spencer.

Ich liebte es als Kind, wenn Terence Hill und sein kongenialer Filmpartner Bud ihre Fäuste in Rio, Rom oder in Spaghettiwestern fliegen ließen. Ich war berührt, als Nationalspieler wie Lukas Podolski oder Mesut Özil, die zur großen Filmzeit des Schauspielerduos noch gar nicht geboren waren, bei der EM 2016 zum Tod von Bud Spencer ihre Trauer twitterten. Ich war gerade mal fünf Jahre alt, als der Solofilm von Hill *Keiner haut wie Don Camillo* in die Kinos kam. Aber ich hatte inzwischen das Camillo-Remake oft genug gesehen, um zu wissen, wer darin einen Gastauftritt hatte. Der Showdown des Films war ein Fußballspiel – und eingewechselt in die Mannschaft von Bürgermeister Peppone wurde: Carlo Ancelotti, 25-jähriger Profi vom AS Rom.

»Herr Ancelotti«, beginne ich also meine erste Frage an den neuen Bayern-Trainer, bei der ich sofort unterbrochen werde. »No, no, no!«, sagt der italienische Mister (so werden in Italien die Trainer von den Spielern genannt) zu mir, bevor er auf Deutsch anfügt: »Carlo. Ich mag ‚Herr Ancelotti' nicht so gerne. Bitte nenne mich Carlo, einfach nur Carlo.« Das war mal eine Ansage von einem mehrfachen Champions-League-Sieger an einen 19 Jahre jüngeren Reporter. Ottmar Hitzfeld, den ich sehr schätze, bot mir das »Du« erst neulich bei einer gemeinsamen Talk-Runde auf Sky an. Und Hitzfeld, also Ottmar, kenne ich schon seit gut 18 Jahren. Carlo lässt aber keinen Zweifel daran, dass ich und meine Kollegen Tobi Altschäffl und Raimund Hinko das Angebot doch bitte schön annehmen sollten, genauer gesagt: müssen! Ich bekomme bei Ancelotti, also Carlo, schnell das Gefühl, dass wir ihn alles fragen dürfen, ohne dass er sich auf den Schlips getreten fühlen würde. Also frage ich nach: Terence Hill.

Carlo lächelt. Er erinnert sich offenbar gerne an seine Begegnung mit dem italienischen Filmstar, der Teile seiner Kindheit in Deutschland verbrachte. Auch seine Familie habe deutsche Wurzeln, sagt Ancelotti. Dann antwortet er auf meine Frage: Hill habe ihn ganz schön verprügelt im Film und das zu Recht. »Ich spielte ja einen der bösen Jungs, daher hatte ich es verdient«, sagt der Trainer. »Aber im richtigen Leben bin ich kein ‚Bad guy', das darfst du mir glauben.« Der Mann hat Humor.

Jetzt ist es aber wirklich an der Zeit, um über unsere andere Leidenschaft zu reden: Fußball. Wir befragen Carlo zu einer Anekdote mit seinem Ex-Superstar Zlatan Ibrahimović. Der hatte den gläubigen Katholiken Ancelotti einmal gefragt: »Du glaubst an Jesus?« Als Ancelotti bejahte, antwortete ihm Ibra: »Dann glaubst du auch an mich.« Angesprochen auf die Geschichte meinte Carlo, dass Ibrahimović tatsächlich ein gesundes Selbstvertrauen habe. »Aber in diesem Fall hat er wirklich einen Spaß gemacht – und keinen schlechten«, versichert Carlo. Mein Kollege Raimund nutzt die entspannte

Atmosphäre daraufhin für eine Frage der eher ungewöhnlichen Sportinterview-Art: »Carlo, was war deine größte Sünde?« Der italienische Mister wirkt zunächst perplex. So eine Frage hat ihm offenbar noch kein Journalist gestellt. Er überlegt kurz, und im nächsten Moment bricht er in Lachen aus. »Wisst ihr«, setzt er an, »ich bin auch nur ein normaler Mann …« Mehr muss dazu auch nicht gesagt werden. Alle haben verstanden.

Rund 45 Minuten nimmt sich Carlo für uns Zeit. Wir sprechen über Robert Lewandowski, den er mit seinem Anruf in dessen Sommerurlaub zum Bleiben beim FC Bayern überreden konnte, nachdem wieder einmal Real Madrid um den Stürmer geworben hatte. Ancelotti hatte für die Bemühungen der Madrilenen Verständnis (»Ich wollte Lewandowski selbst schon einmal zu Real holen«). Wir reden über Manuel Neuer (»Der weltbeste Torhüter«). Und ich stelle Carlo die Frage nach einem jungen, 20-jährigen Schalker, den ich gerne beim FC Bayern sehen würde: Flügelspieler Leroy Sané. Solle sich der FC Bayern nicht doch noch um das deutsche Talent bemühen, das Pep Guardiola zu Manchester City locken will? Schließlich falle Arjen Robben gerade wieder einmal aus. Ancelotti stellt klar: »No, no, no!« Sané sei zwar ein guter Spieler, aber der Bayern-Kader sei komplett. Schade, denke ich.

Jeder Bayern-Trainer darf an der Säbener Straße ein wenig umbauen. Meist haben die Maßnahmen mit dem Training zu tun. Der beliebteste Spionageplatz für Reporter beim Bayern-Training ist ein kleiner öffentlicher Gehweg auf einer Anhöhe hinter dem Trainingsgelände der Säbener Straße. Wer wirklich alles sehen will, sollte eine kleine Klappleiter dabeihaben. Vor Pep Guardiola brauchte es diese Extra-Ausrüstung nicht, um exakte Einblicke ins Geheimtraining der Bayern-Stars zu bekommen. Gleich in seiner ersten Saison 2013 ließ der Spanier für 80 000 Euro eine Spezialanfertigung einer fünf Meter hohen Plane anschaffen, um den Hauptplatz bei Sondereinheiten abzuschotten. »Wir brauchen das, weil mir gesagt wurde, dass uns auf dem kleinen Berg an unserem Trainingsplatz Gegner zuschauen und beobachten, was wir machen«, belehrte Pep uns Journalisten. Wir wurden das Gefühl nicht los: Mit Gegner meinte er uns.

Rund 80 000 Quadratmeter umfasst das Trainingsgelände des FC Bayern, das seit seinem Bezug 1949 immer wieder erweitert wurde. Fünf Rasen sowie zwei Kunstrasenplätze stehen dem Trainerteam zur Verfügung, um seine Stars fit zu halten. Der Zugang zu den Stars wird von Jahrzehnt zu Jahrzehnt eingeschränkter. Bereits in den 90ern hatte der Spieler Jürgen Klinsmann angeregt, einen Gitterzaun um den Hauptplatz der Profis zu ziehen. Als Trainer ließ er diesen 2008 erhöhen. Pep Guardiola setzte in Sachen Geheimhaltung seine Plane drauf. Auch Carlo Ancelotti durfte ein wenig umbauen. Der Italiener veranlasste eine Erdreichaufschüttung, die schon bald den Namen »Quälix-Hügel« erhalten sollte. Die Bezeichnung war angelehnt an einen von Ancelottis Vorgänger als Bayern-Trainer: Felix Magath, der seine Spieler auch gerne Hügel rauf- und runterjagte. Ancelotti hat wie einst Magath auch einen eigenen Schleifer mitgebracht. Der Fitness-Chef Giovanni Mauri (sein Spitzname bei den Spielern lautete »Die Peitsche«) peitschte darauf die Profis durch einen Parcours. Mauri rauchte dabei genüsslich seine Zigaretten, deren Stummel er anschließend auf die Wiese schnippte. Kostenpunkt für den Carlo-Hügel: 1 Million Euro.

13.9.2016
Champions League, Gruppenphase, Spieltag 1:
FC Bayern vs. FK Rostow 5:0
(Tore: Lewandowski, Müller, Kimmich [2], Bernat)

14.9.2016 @aussenrist15
Dicke Lippe, kleines Veilchen, und der Schädel brummt noch ein bisschen, sonst ist zum Glück nichts passiert

14.9.2016 14.04 Uhr @cfbayern
Zur Freude der Fans. @matshummels fährt in der Münchner U-Bahn

Mitte September 2016: Mats Hummels geht mit einem schwarz-roten Kopfhörer über den Ohren die Säbener Straße entlang. Im Champions-League-Spiel gegen den FK Rostow (5:0) war der Verteidiger in der 40. Minute bei einer Ecke von seinem Gegenspieler Miha Mevlja mit dem Fuß am Kopf getroffen worden und musste kurz nach der Pause mit Schädelbrummen ausgewechselt werden. Ich sehe, wie Mats ein Selfie macht und es abschickt. Bei der Gelegenheit schließe ich zu ihm auf, sodass wir nun beide die Säbener

Straße entlangschlendern. Wir kommen schnell ins Gespräch, man kennt sich. Wir reden über Joshua Kimmich, der uns einen Block zuvor noch aus dem Getränkemarkt zugewinkt hat. »Ich kümmere mich jetzt ein wenig um Jo, damit ihm als junger Spieler die Integration leichterfällt«, sagt mir Mats. Es ist zwar bereits Kimmichs zweite Saison beim FC Bayern, wohingegen Hummels erst im Sommer nach München wechselte, allerdings: Mats hat bei Bayern bereits die Jugend durchlaufen, bevor er zu Borussia Dortmund und nun wieder zurückwechselte.

Juli 2006: Mats Hummels kenne ich zu dem Zeitpunkt unseres Spaziergangs bereits gut zehn Jahre, dennoch ist unser Verhältnis weniger intensiv als zu anderen Bayern-Profis. Erstmals aufmerksam wurde ich auf Mats, als ihn Trainer Felix Magath zur Vorbereitung der Saison 2006/07 mitnahm und ihn daraufhin im Ligapokal einsetzte. Auch Ottmar Hitzfeld, der im Februar für den entlassenen Magath übernahm, schätzte das Talent Hummels, schenkte ihm am letzten Spieltag sein Bundesligadebüt. In der Folgesaison kam Mats jedoch nicht zum Einsatz, fiel auch wegen einer Verletzung zeitweise aus. In diese Zeit fiel unser erstes Gespräch. Ich rufe ihn spontan während einer Autofahrt an, da ich meine Telefonliste mit den Bayern-Stars bereits durchgewählt und noch Fahrtzeit vor mir habe. Es ist nie verkehrt, Kontakte zu Spielern zu knüpfen, und noch wichtiger, sie zu halten. Es tutet nur kurz in der Leitung, da geht Mats auch schon ran. Der Jungprofi ist hörbar überrascht, einen Reporter in der Leitung zu haben. Ich kann seine Gedanken förmlich durch die Leitung spüren: Woher hat der Typ nur meine Handynummer?

Höflich, aber nachdrücklich verlangte Mats zu wissen, was ich denn von ihm wolle. Nichts, antworte ich ihm ehrlich. »Da du gerade verletzt bist, wollte ich mich einfach mal bei dir erkundigen, wie es dir geht.« Tatsächlich hatte ich weder eine Story in Sachen Hummels noch andere Fragen im Hinterkopf. Ich war lediglich ein wenig neugierig hinsichtlich des Verteidigers, der bis zur 12. Klasse das Gymnasium besucht hat und als helles Köpfchen gilt. »Das ist wirklich nett«, antwortet Mats nun hörbar entspannter. Ich bekomme das Gefühl nicht los, dass ich vielleicht der erste Reporter bin, der bei ihm anruft. Wir plaudern ein wenig, mehr aber auch nicht. Nachdem ich aufgelegt habe, denke ich mir: Dieser Junge könnte durchaus in Zukunft interessant für mich werden. Zunächst bekommt unsere angehende Bekanntschaft aber eine Pause. Im Winter leiht der FC Bayern Mats Hummels dem

BVB aus, die Borussia wird ihn später auch kaufen. Vorerst war der Verteidiger für mich in einer anderen Klubwelt.

Mitte September 2016: Während Mats und ich auf unserem Fußweg quatschen, merke ich, dass er wie ich auf die Rolltreppe der U-Bahn-Station »Wettersteinplatz« zugeht. »Du fährst U-Bahn?«, frage ich ihn verblüfft. Seit rund 15 Jahren bin ich Bayern-Reporter. Einen Fußballprofi habe ich in all den Jahren noch nie im MVV (Münchner Verkehrs- und Tarifverbund) gesehen. »Ja, ich mache das schon immer«, antwortet mir Mats, als wäre es das Normalste der Welt, was es für alle anderen Münchner schließlich auch ist. »Wieso sollte ich daran etwas ändern?« Recht hat er. Wir warten auf die nächste Linie, nehmen dann beide auf einer hinteren Eckbank Platz. Ein weiblicher Fan wird auf den Weltmeister aufmerksam und fragt, ein Selfie mit ihm machen zu dürfen. Ich finde die Szene amüsant und bitte das Mädchen, die Situation wiederum mit meinem Handy festhalten zu dürfen. Dazu verfasse ich einen Tweet.

Ich bin zurück im Büro am Isartor, tippe einen Artikel zu der Pressekonferenz, derentwegen ich an der Säbener Straße gewesen war, als mich die Online-Redaktion der *Bild*-Kollegen anruft. Sie würden gerne einen Artikel zu meinem Hummels-Tweet verfassen, andere Internetportale hätten ihn schon aufgegriffen. Ich bin etwas erstaunt, als ich nun selbst die Story zu meinem Tweet google. Tatsächlich lese ich unter der Überschrift »Mats Hummels fährt mit der Münchner U-Bahn«:

Goal.com
Für gewöhnlich fahren Fußballspieler mit ihren Luxuskarossen durch die Städte. Mats Hummels vom FC Bayern München dagegen gab sich nun ganz nahbar. Am Mittwoch war der Weltmeister mit der Münchner U-Bahn unterwegs. Das twitterte Christian Falk, Fußballchef bei der Sport Bild.

Schöne neue Nachrichtenwelt. Mit einem Tweet werde ich zum Gegenstand meiner eigenen Berichterstattung. Es ist erstaunlich, welche Möglichkeiten ein iPhone einem heutzutage als Journalist bietet. Früher musste ich in den Stadien mein Nokia-Handy per Kabel mit meinem Laptop verbinden, um meine Spieltexte zu senden. Inzwischen kann ich in Sekundenschnelle Nachrichten per Tweet hinausjagen, das Foto dazu auf Instagram stellen, um zeitgleich die Story auf unseren Online-Plattformen in einem ausführlichen Artikel zu berichten. Ich beschließe, einen Blog über die Hummels-Begegnung zu schreiben, indem ich die zwischenmenschliche Beziehung von Star und Reporter schildere.

Ende September 2016: Der FC Bayern tritt zum zweiten Spiel der Gruppe D in der Champions League bei Atlético Madrid an, nachdem beide Teams ihre Auftaktspiele gewonnen haben. Ich bin wie schon im Frühjahr erneut mit an Bord der Mannschaftsmaschine. Bei der Wahl des Teamhotels gibt es im Vorfeld Probleme. Der Grund dafür: Der FC Bayern ist extrem abergläubisch.

Es ist seit Jahren ein ungeschriebenes Klubgesetz, dass die Bayern nach Niederlagen in einer Stadt beim nächsten Besuch grundsätzlich das Mannschaftshotel wechseln. Allerdings gab es für die Münchner bei ihren letzten Besuchen in Madrid so viele Pleiten, dass nun allmählich die Auswahl der verfügbaren Fünfsternehotels begrenzt ist. Eigentlich wollten die Bayern das »Westin Palace« buchen, in dem sie 2012 den Halbfinalsieg über Real Madrid im Elfmeterschießen feierten. Leider war das einstige Stammhotel der Schriftstellerlegende Ernest Hemingway ausgebucht. Notgedrungen musste Bayern das »Interconti« wählen, in das sie schon 2014 ausweichen mussten (erneut war das »Westin« ausgebucht gewesen). Dabei hatte es mit dem »Interconti« bereits 2014 die 0:1-Halbfinalniederlage gegen Real Madrid gegeben. Dass der Hotelfluch auch bei verschiedenen Gegnern in derselben Stadt keinen Halt machen würde, hätten die Bayern eigentlich wissen müssen. Schon im April waren sie als Gegner von Atlético in Madrid zu Gast gewesen. Damals wurde das Luxushotel »Euro Star Tower« gebucht, dabei war das moderne Quartier in Flughafennähe Unterkunft und Schauplatz rund um das verlorene Champions-League-Finale 2010 gegen Inter Mailand (0:2). Das schlechte Omen sollte sich bewahrheiten: Im April verlor Bayern unter Trainer Pep Guardiola im Halbfinale mit 0:1.

28.9.2016
Champions League, Gruppenphase, Spieltag 2:
Atlético Madrid vs. FC Bayern 1:0 (Tor: Carrasco)

Mittwoch, Estadio Vincente Calderón: Ancelotti gibt gegen den Münchner Angstgegner einen ersten Fingerzeig, wem er für die großen internationalen Aufgaben vertraut. Die Jungstars Joshua Kimmich und Kingsley Coman müssen auf der Bank Platz nehmen. Ancelotti setzt auf Erfahrung, bringt lieber Arturo Vidal und Franck Ribéry. Das Durchschnittsalter beträgt 29,3 Jahre, so alt war eine Bayern-Elf zuletzt vor über acht Jahren. Doch auch die Routiniers können die erneute Niederlage gegen die Mannschaft von Diego Simeone nicht verhindern. Die 35. Minute: Yannick Carrasco zieht aus 17 Metern ab, der Ball prallt neben Manuel Neuer vom Innenpfosten ins Tor. Es ist der erste Gegentreffer der Bayern bei einem Auswärtspflichtspiel in dieser Saison. Damit ist es besiegelt: 154 Tage nach der Halbfinalpleite in Madrid verliert Bayern erneut gegen Atlético.

Oktober 2016: Bei Länderspielen haben Spieler wie Reporter oft denselben Arbeitsweg. Aus Münchner Sicht ist das für den Länderspiel-Doppelpack gegen Tschechien (Samstag) und gegen Nordirland (Dienstag) der Linienflug LH2068, um 11 Uhr von München nach Hamburg. Die Nationalspieler werden um 13 Uhr zum DFB-Treffpunkt von Bundestrainer Jogi Löw im Hotel »Meridien« erwartet, ich in meiner Redaktion am Axel-Springer-Platz. Als ich mich am Gate 26 einfinde, sitzt Thomas Müller schon da. Oft werde ich gefragt: Ist der Müller wirklich so locker wie vor den TV-Kameras? Das Bild, das sich mir im öffentlichen Wartebereich (nicht in einer der exklusiven Lufthansa-Lounges, deren Partner der FC Bayern ist) bietet, gibt darauf die beste Antwort: Müller sitzt inmitten der anderen wartenden Fluggäste, neben sich drei eingepackte Wurstsemmeln. Der Müller frühstückt erst mal gemütlich.

Wir begrüßen uns mit einem herzlichen Servus. Bald stößt auch Mats Hummels dazu. In unserer Runde ist schnell Shkodran Mustafi das Gesprächsthema, der in der gerade erschienenen *Sport-Bild*-Ausgabe über sein Leben als Muslim und Nationalspieler spricht. Die deutsche

Nationalmannschaft ist ein Vorbild, wie Menschen verschiedener Religionen harmonisch erfolgreich zusammenarbeiten können. Religion ist daher auch unser Morgenthema. Müller erzählt, dass er von der 4. bis zur 13. Schulklasse Ministrant war; Hummels ist bekennender Atheist. Thomas fällt beim Diskutieren auf, dass ich Mustafis Vornamen im Gespräch umschiffe. »Sag mal seinen Vornamen«, zieht mich Müller auf. Für mich ist »Shkodran« tatsächlich unaussprechlich. Als ich entgegne, dass ich zum Glück nicht fürs Fernsehen, sondern als schreibender Journalist arbeite, steigt Hummels beim Necken mit ein: »Buchstabiere mal seinen Namen!« Zur Erheiterung der Runde verhasple ich mich nun auch dabei noch. Punktsieg für die Nationalspieler. Dabei rufen sie den Arsenal-Profi selbst auch meistens nur »Musti«.

Vom Rest des Bayern-Quintetts ist noch nichts zu sehen. Jérôme Boateng und Joshua Kimmich reisen separat an. Beim Boarding stellen wir dafür fest: Der Kapitän ist längst an Bord. Manuel Neuer sitzt auf Platz 1F. Müller hat 2A, Hummels den Platz dahinter. Bastian Schweinsteiger hat anlässlich seines DFB-Rücktritts gesagt, dass ihm nun Dauer-Sitznachbar Müller im Flieger nicht mehr die Ohren vollquatschen könne. In 10 000 Metern Höhe begreife ich nun langsam, was Basti damit meinte. Worüber Müller drei Reihen weiter vor mir erzählt, verstehe ich zwar nicht, aber: Müller unterhält die Business-Class bestens und vor allem: durchgehend. Seine unverwechselbare Stimme im Ohr wirkt beruhigend. Meine Augen werden schwerer, kurz darauf nicke ich ein. »On Air« sendet über den Wolken weiter Radio Müller.

19.10.2016:
Champions League, Gruppenphase, Spieltag 3:
FC Bayern vs. PSV Eindhoven 4:1
(Tore: Müller, Kimmich, Lewandowski, Robben; Narsingh)

Mittwoch, Allianz Arena: Carlo Ancelottis sanfter Führungsstil ist bei Bayern weiterhin umstritten. Nach drei sieglosen Spielen in Folge gegen Köln, Atlético Madrid und Frankfurt steht der Italiener gegen Eindhoven bereits etwas unter Druck. Es ist Thomas Müller, der mit seinem Tor zum 1:0 das Ende der Mini-Krise einläutet. Die Profis machen keinen Hehl daraus, dass sie selbst mit den Leistungen der vergangenen Wochen nicht zufrieden sind.

Torschütze Arjen Robben sagt nach Abpfiff am ZDF-Mikrofon: »Wir sind Profis genug, wissen, was wir in solchen Situationen machen müssen.«

Nach dem Erfolg gegen Eindhoven folgt ein nächster Sieg gegen Gladbach. Ein Vorwurf steht dennoch nach wie vor im Raum: Ancelotti sei zu nett für die Bayern-Stars! Mir fallen nicht viele Menschen ein, die diese These wirklich beurteilen könnten. Eigentlich nur einer: Trainerlegende und Ancelotti-Lehrmeister Arrigo Sacchi, für den Carlo von 1987 bis 1991 beim AC Mailand den Spielmacher gab. Also rufen wir ihn an. Unsere Frage entlockt Sacchi ein müdes Schmunzeln. »Ich habe Carlo schon oft wütend erlebt, als Spieler, aber auch als Trainer. Er kann auch böse sein, wenn es die Situation erfordert«, stellt Sacchi klar. Ancelotti beherrsche alle Führungstöne – die lauten wie die leisen. »Carlo weiß, was zu tun ist«, versichert der Ancelotti-Mentor. »Er weiß, wann er lieb und nett sein darf und wann er die Zügel ein wenig straffen muss.« So notieren wir das, auch wenn ich noch nicht wirklich überzeugt bin. Aus der Bayern-Kabine höre ich es nämlich anders.

Eindhoven, November 2016: Spieltage sind immer ein guter Zeitpunkt, um Gespräche ohne Zeitdruck zu führen. Die Mannschaft ist im Vorbereitungsmodus, und ohne das Ergebnis der Abendpartie zu kennen, gibt es für Reporter meist wenig zu recherchieren. So verabrede ich mich zu einem Essen mit einem alten Bekannten, der sich das Spiel seiner beiden Ex-Klubs ebenfalls anschauen wird und ganz in der Nähe wohnt. Mark van Bommel freut sich über meine Idee und schlägt das Restaurant vor. Er kennt sich in der Stadt aus, schließlich hat er von 1999 bis 2005 bei PSV gespielt, bevor er zum FC Barcelona wechselte. »Hey Falcao, du alter Fuchs«, begrüßt er mich. Wir bestellen uns ein großes Sushi-Schiff, bevor wir in alte Anekdoten über unsere gemeinsame Zeit beim FC Bayern eintauchen. Mark interessiert vor allem, wie die Zeit unter Trainer Pep Guardiola war. Als er 2006 von Barca per Blitzwechsel am Ende des Transferfensters vor Trainer Frank Rijkaard floh, war Pep noch Trainer der zweiten Mannschaft gewesen. Mark erzählt mir von seinen eigenen Trainerplänen. Gerade arbeitet er als Co-Trainer seines Schwiegervaters Bert van Marwijk bei der Nationalmannschaft Saudi-Arabiens. Wir machen aus, dass ich ihn bei einem der nächsten Lehrgänge dort besuchen werde. Den Plan werden wir leider nie umsetzen, da er am Saisonende bereits das nächste Engagement antreten wird: als U19-Trainer bei PSV Eindhoven.

1.11.2016
Champions League, Gruppenphase, Spieltag 4:
PSV Eindhoven vs. FC Bayern 1:2
(Tore: Arias; Lewandowski [2])

Dienstag, Philips Stadion: Der Auftritt in Eindhoven wird eine Pflichtaufgabe. Robert Lewandowski hat in der Liga nach neun Spieltagen bereits sieben Tore auf dem Konto, liegt damit gleichauf mit Lionel Messi (acht Ligaspiele). Im Kampf um den Goldenen Schuh für den besten Torjäger Europas legt er nun international nach. Mit seinen zwei Toren schießt er den FC Bayern ins Achtelfinale. Im letzten Gruppenspiel gegen Atlético Madrid geht es nun nur noch um den Gruppensieg.

Vier Tage nach dem Bayern-Spiel in Eindhoven tritt BVB-Trainer Thomas Tuchel mit Dortmund beim Hamburger SV an. Der Bayern-Verfolger gewinnt mit 5:2, liegt am zwölften Spieltag fünf Punkte hinter den Münchnern. Im Hotel trifft Tuchel zufällig auf den DFB-Sportdirektor, einen gewissen Hansi Flick. »Komm doch bei uns dazu«, lädt Tuchel ihn ein. Am Ende des Abends mit netten Gesprächen verabschiedet Tuchel den DFB-Sportdirektor Flick mit den Worten: »Wir sehen uns aber noch mal auf dem Platz.« Flick lächelt bei dem Gedanken, wieder in den Trainerjob zurückzukehren. Zwei Monate später kündigt er beim DFB.

November 2016: »Herr Falk«, fährt mich Uli Hoeneß an, »sollen wir den Sané denn einsalzen, bis Franck Ribéry und Arjen Robben ihre Karriere beenden?« Ich habe mit meiner Dauerfrage wohl einen wunden Punkt beim Bayern-Präsidenten getroffen. Für 50 Millionen Euro ist Leroy Sané inzwischen von Manchester City gekauft worden. Ich spreche die Personalie *en passant* bei Hoeneß an, schließlich bin ich bei ihm nur auf einen Kaffee zum Antrittsbesuch in seinem neuen Büro eingeladen.

Während ich auf der Rattancouch sitze, geht Hoeneß vor mir auf und ab und belehrt mich, warum ein Transfer von Leroy Sané keinen Sinn für den FC Bayern ergeben habe. Ich habe in meiner Laufbahn schon viele solcher Hoeneß-Maßreglungen (»Herr Falk, Fußballspieler sind keine

Schachfiguren!«) auf eben jener Rattancouch erlebt. Ich bin anderer Meinung als Hoeneß, hätte an seiner Stelle Leroy Sané sofort nach München geholt. Darum schreibe ich das gebetsmühlenartig, was wiederum Uli Hoeneß nervt. Wir beide kommen bei diesem Thema einfach nicht zusammen. Der Bayern-Boss versucht dennoch weiter, seinen Standpunkt mir gegenüber durchzusetzen. »Herr Falk, wissen Sie, was Ihr Problem ist? Sie lassen sich einfach nicht beeinflussen!«, wirft mir Hoeneß an den Kopf. Ich sehe das als Kompliment, werde aber einen Teufel tun, ihm das ausgerechnet jetzt zu sagen, da er gerade in Fahrt ist. Stattdessen schaue ich aus dem Fenster. Denn im neuen wie im alten Büro ist etwas ganz Entscheidendes gleich: Der Blick durch Hoeneß' Bürofenster geht hinaus auf den Rasen, dort, wo die Bayern-Stars schwitzen. Die Aussicht auf den Trainingsplatz ist unter den Bayern-Bossen ein Statussymbol im zweiten Stock.

Die Chefetage des FC Bayern trägt die Hausnummer 51A in der Säbener Straße, und der Hauptsitz des Vereins ist mit den Jahren von Nummer zu Nummer gewachsen. Umgebaut wurde der Flur des Chefs zuletzt 2019, um auch dort mehr Platz für noch mehr Bayern-Bosse zu schaffen. Wer, wie ich, ab und an zu Besuch ist, muss sich zuerst an der Rezeption im Erdgeschoss anmelden. Wird der Termin bestätigt, darf man in den gläsernen Fahrstuhl. Verlässt man im zweiten Stock den Aufzug und biegt links ab, steht man zunächst vor Karl-Heinz Rummenigges einstigem Büro, das er Ende Juni 2021 bei seinem Rückzug aus dem Klub räumte. Der damalige Vorstandsvorsitzende musste lange auf die Säbener Straße schauen, bevor er auf die prestigeträchtige Rasenseite umziehen konnte. An Rummenigges Tür reihen sich die Zimmer von Finanzchef Jan-Christian Dreesen (der den Umbau geplant hatte), Präsident Herbert Hainer (der das Büro von Hoeneß bekam) und Sportvorstand Hasan Salihamidžić. Der neue Vorstand Oliver Kahn, der im Januar 2020 gegenüber von Präsident Hainer einzog, hatte vorerst noch keinen Rasenblick. Er schaute wie einst Rummenigge zur Straße. Weil wir das geschrieben und in Bezug zur Hierarchie der Bosse gesetzt hatten, zog mich Oliver bei einem Besuch an der Säbener Straße auf. »Schau mal, das ist mein Büro. Leider ja nur mit Straßenblick …«, rief Kahn durch den Gang und ließ darauf sein charakteristisches Lachen folgen.

Zurück zu Leroy Sané. Es gibt keine Personalie im Spielerkader, die nicht mit Hoeneß abgesprochen wird. Mir kam zu Ohren, dass sich Bayern um Sané bemüht habe, allerdings nicht entschlossen genug. Letztlich hatte das Schalke-Talent den Versprechungen von Trainer Pep Guardiola nicht widerstehen können. Hoeneß will das nicht gelten lassen, streitet ein Bayern-Engagement um Sané mir gegenüber ab. Wenn dem so sei, antworte ich, würde ich das für einen ähnlichen Fehler halten wie zuvor die entgangene Verpflichtung von Kevin de Bruyne, der von der Bundesliga ebenfalls zu Manchester City gewechselt hatte. Auch beim Belgier hatte Bayern angeklopft. Jetzt ist Hoeneß richtig sauer und lässt mich das spüren. Und ich weiß: Nur wenn Hoeneß langsam und leise spricht, wird es gefährlich. Dann ist er sich sicher, den Disput schon gewonnen zu haben. Wird Hoeneß dagegen laut, will er sein Gegenüber umstimmen, weil der vielleicht nicht ganz Unrecht hat. Dann geht die Abteilung Attacke strategisch umso entschiedener dagegen vor! In diesem Fall gegen mich und meine Meinung zu Sané. Ich will Herrn Hoeneß in diesem Punkt einfach nicht recht geben. Ich liebe die Spielweise von Ribéry und Robben genauso wie er, halte aber einen zusätzlichen jüngeren Konkurrenten mit dem Talent eines Sané dennoch für erforderlich. Der Kaffee fällt an diesem Tag aufgrund des Stimmungsumschwungs kürzer aus als geplant.

So ein Kaffeeklatsch gilt in der Reporterbranche als Hintergrundgespräch. Ich werde daher meine Schlüsse daraus für mich behalten. Der Kunstgriff ist, im richtigen Moment auf dieses Wissen zurückzugreifen. Im August 2017 treffen mein Kollege Raimund und ich am Tegernsee Uli Hoeneß, diesmal im Restaurant »Jägerwinkel«. Ribéry und Robben sind inzwischen 34 beziehungsweise 33 Jahre alt. Wieder einmal ist das große Thema: Wie lange kann der FC Bayern noch auf die so oft verletzten Bayern-Legenden bauen? »Ich bin sehr froh, dass Franck Ribéry und Arjen Robben noch da sind und für uns auf dem Platz wirbeln«, bleibt Hoeneß bei seiner Meinung, die er mir schon im Herbst vergangenen Jahres so unmissverständlich mitgeteilt hatte. Ein größeres Problem, argumentiert Hoeneß nun, wäre es, die beiden auf die Bank zu setzen. Das gäbe richtig Ärger, ist sich der Präsident sicher. Erneut stelle ich meine Frage: Hätte man nicht doch besser Leroy Sané oder Kevin De Bruyne verpflichten sollen, als es die Gelegenheit dazu gab? Diesmal antwortet Hoeneß offiziell: »Den Leroy Sané, um ein Beispiel zu nehmen, hätten wir ja gerne haben wollen. Das hat aber zeitlich nicht gepasst. Aber du kannst ja nicht einen Spieler, der 50 Millionen Euro kostet, für ein Jahr einsalzen und sagen, der ist für die nächste Saison gedacht. So etwas funktioniert im Fußball leider nicht.« Am Ende hat Hoeneß nun doch bestätigt, dass Bayern Sané gerne verpflichtet hätte. Manchmal muss ein Journalist auf die wahre Antwort eben warten können, auch wenn es am Ende neun Monate sind.

23.11.2016
Champions League, Gruppenphase, Spieltag 5:
FK Rostow vs. FC Bayern 3:2
(Tore: Azmoun, Polos, Noboa; Costa, Bernat)

Mittwoch, Rostow-Arena: Für Jérôme Boateng wird es eine bittere Russlandreise. Bei der Blamage gegen Rostow steht der Verteidiger im Mittelpunkt. Vor dem 1:1-Ausgleich kurz vor der Pause verliert Boateng den entscheidenden Zweikampf. Kurz nach Wiederanpfiff verursacht der Verteidiger den Elfmeter zum 1:2, bevor er mit einer Muskelverletzung vom Platz muss. Was für den Weltmeister noch viel bitterer ist: Vorstandschef Karl-Heinz Rummenigge brandmarkt ihn am Sky-Mikro nach Abpfiff als Hauptschuldigen für die 2:3-Niederlage. »Jérôme muss mehr zur Ruhe kommen. Seit dem Sommer ist mir das ein wenig zu viel«, rügt ihn der Bayern-Boss. »Es wäre in seinem Sinne und des Klubs, wenn er wieder ein bisschen ‚back to earth' runterkommt.«

Wer Boateng kennt, sollte wissen: Der Mann ist nicht nur stolz, sondern auch extrem nachtragend. Dass die englische Formulierung eigentlich »down to earth« heißt, ist für den verärgerten Bayern-Star nur Nebensache. Dass die Bayern-Bosse ihm seinen Lifestyle vorschreiben wollen, lässt ihn diesen Weg nur konsequenter gehen. Hintergrund für den Rummenigge-Ärger über den Angestellten: Drei Wochen zuvor hatte Boateng eine Länderspielreise wegen einer Kniereizung abgesagt, zum roten Teppich für seinen *GQ*-Award zum »Mann des Jahres« flog er dennoch nach Berlin. Boatengs ständige Flüge in seine Heimatstadt, zu denen er oft nach Abpfiff der Heimspiele in der Allianz Arena im Eilschritt mit gepackten Koffern aus der Bayern-Kabine eilt, sind den Bossen ein Dorn im Auge. Da Jérôme die Berlin-Trips zudem mit öffentlichen Terminen verbindet, bleiben sie auch nie geheim. Im August war Boateng bereits zu Besuch bei Angela Merkel zum »Tag der offenen Tür im Kanzleramt«. Im Oktober flog er sogar nach London, um sich als VIP-Gast ein NFL-Spiel anzuschauen. Zuvor hatte er bereits seine dritte Brillenkollektion vorgestellt, natürlich in Berlin.

Die sportliche Kritik akzeptiert Boateng, nicht aber diejenige an seinem Lebenswandel. Das Rostow-Spiel ist der Auftakt einer verbalen Schlammschlacht zwischen Spieler und Boss. Rummenigge hin oder her – so eine Aussage lässt Boateng nicht auf sich sitzen. Wir haken daher bei Jérôme nach. Die Antwort fällt wie erwartet aus: »Der Grund sind nicht irgendwelche PR- oder Lifestyle-Termine. Wer mich kennt, weiß, dass ich immer alles tue, um in Topform zu sein«, wehrt sich Boateng bei uns in *Bild*. Kurz darauf teilt er nochmals direkt gegen Rummenigge persönlich aus: »Über die Aussagen kann ich nur lachen. Mehr kann ich dazu nicht sagen. Das nächste Mal kann er es mir persönlich ins Gesicht sagen und dann ist das gut.« Was den Verteidiger dabei am meisten ärgert, führt er nicht aus, doch ich weiß: Rummenigge und Boateng saßen sich kurz vor der Generalkritik noch von Angesicht zu Angesicht gegenüber. Der »Fußballer des Jahres« war zu einem Kaffee in Rummenigges Büro geladen gewesen. Da hatte der Vorstandschef allerdings kein einziges kritisches Wort über Jérômes Lifestyle verloren. Im Gegenteil: Rummenigge hatte die Leader-Qualitäten des Abwehrchefs gelobt. Dass ihn sein Chef kurz darauf via Medienschelte ohne Vorwarnung verbal rasierte, nahm Boateng persönlich. Seine Retourkutsche wiederum stieß Rummenigge gewaltig auf.

Es ist der erste Boateng-Bruch mit einem Bayern-Boss. Das Verhältnis Boateng/Rummenigge sollte danach nie wieder das gleiche sein.

25. November 2016, Jahreshauptversammlung im Audi Dome: Einen ähnlichen Andrang gab es bei der JHV des FC Bayern noch nie. Es ist der Tag des offiziellen Comebacks von Uli Hoeneß. Mit einer überwältigenden Mehrheit von 98,5 Prozent wird der Bayern-Patron nach seinem zwischenzeitlichen Rücktritt wieder zum Präsidenten des FC Bayern gewählt. Bei der Veranstaltung ist aber bereits zu spüren, dass die Reintegration von Hoeneß nicht ganz

so geräuschlos verlaufen könnte. Karl-Heinz Rummenigge legt sich bei der Veranstaltung eindeutig auf seinen Favoriten für den zukünftigen Sportchef des FC Bayern fest. »Uns ist allen klar, dass ein Sportdirektor auch beim FC Bayern vonnöten ist«, stellt Rummenigge klar. »Wir werden in nicht allzu ferner Zukunft einen haben. Wir haben da auch einen im Hinterkopf, der wird es werden. Aber der muss momentan noch Fußball spielen …« Der Vorstandschef ist es auch, der für die Einstellung eines Sportdirektors verantwortlich ist. Rummenigge macht auch kein Geheimnis daraus, wer sein Kandidat ist: Philipp Lahm.

Hoeneß sieht das anders. Völlig anders. Der neu gewählte Präsident hält unverhohlen dagegen: »Ich halte es für extrem wichtig, dass der Posten spätestens zum 1. Juli 2017 besetzt ist.« Gleichzeitig wünscht er sich, dass Lahm bis 2018 weiterspielt. Heißt: Geht es nach Hoeneß' Vorstellungen, schließt das einen Sportdirektor Lahm aus.

Dezember 2016, Restaurant des Hotels »Vier Jahreszeiten«: Heute treffe ich keinen Spieler, sondern eine Spielerfrau. Ich bin mit Anna Lewandowska (im Polnischen ändert sich die Endung des Nachnamens je nach Geschlecht) in der Maximilianstraße verabredet. In diesem Hotel checkte Robert Lewandowski einst ein, bevor er seinen ersten Vertrag mit dem FC Bayern unterschrieb. Anna hat den Treffpunkt vorgeschlagen, die Lewandowskis sind Stammgäste in der »Schwarzreiter Tagesbar«. Es ist ungewöhnlich, dass ich mich mit Spielerfrauen treffe, aber Anna ist auch außergewöhnlich. Die ehemalige Karateweltmeisterin ist gelernte Ernährungswissenschaftlerin und das Geheimnis hinter Lewandowskis unglaublicher Fitness.

Anna erwartet mich bereits an einem Fenstertisch. Bei der Bestellung bin ich etwas eingeschüchtert bei so viel Insider-Wissen über Ernährung. Eigentlich möchte ich das Tatar bestellen, aber ich weiß nicht, wie das ankommt. Salat ist mir zu langweilig. Soll ich Pasta bestellen, weil das auch Sportler tun? Anna schaut mich mit einer Vorahnung an und sagt dann, als könnte sie meine Gedanken lesen: »Nimm das Tatar.« Erleichtert nehme ich das Angebot an. Als ich einräume, dass ich mich eigentlich nicht getraut hätte, in ihrer Anwesenheit rohes Fleisch zu bestellen, lacht sie auf, um mir dann eine Geschichte zu erzählen, die für mich eine super Story ist.

Am Morgen jedes Spieltags dreht Anna ein Stück Rinderfilet frisch durch den Fleischwolf. »Tatar ist pures Protein. Das hält Robert länger satt und versorgt ihn gerade an Spieltagen mit zusätzlicher Energie, wenn er sich körperlich anstrengt«, erklärt sie. Das interessiert mich, denn genau dafür sitzen wir hier. Dass Lewandowski seinen Nachtisch zu Beginn eines Menüs isst, ist mir bereits bekannt. Die Tatar-Story macht mich jedoch neugierig. Ich will nun mehr über seinen Speiseplan wissen. Worauf achtet Anna noch bei Roberts Ernährung, damit er derart fit ist? Sie erzählt mir daraufhin ein kulinarisches Geheimnis nach dem anderen. Sogar Energiebällchen gibt sie Robert an Spieltagen mit! Ist sie selbst auf einer Geschäftsreise, kocht sie dem Stürmer alles im Vorfeld. Selten hat mir ein Gespräch über Ernährung so viel Spaß gemacht.

Wir plaudern gerade vertieft, als ich eine Person neben mir bemerke, der Anna zulächelt. Robert steht mit zwei Einkaufstüten neben mir. »Hallo, alles gut bei euch?«, fragt er und setzt sich neben mich. Mit seinem Besuch habe ich nicht gerechnet. So wird aus seinem spontanen Besuch für mich ein Doppelinterview. Natürlich interessiert mich auch seine Meinung zu Annas Speiseplan. »Anna ist praktisch meine Ernährungsberaterin«, sagt Ehemann Robert. »Sie schafft es, dass ich mich nicht nur besser und fitter fühle, sondern sie gibt mir auch mehr Kraft.« Bereits seit vier Jahren halte er sich strikt an ihre Diätanweisungen. Expertin Anna ergänzt: »Sein Ernährungsplan wird Roberts Karriere verlängern. Dafür lege ich meine Hand ins Feuer!«

Bevor ich das Pärchen verlasse, habe ich noch eine Bitte. Ich weiß, dass die Lewandowskis in ihrer Wohnung in Bogenhausen ein eigenes Fitnessstudio haben. Der Wunsch unserer Fotoredaktion wäre ein Bild, auf denen Anna und Robert gemeinsam ihre Bauchmuskeln zeigen. »Ich suche gerne ein Foto heraus«, meint Anna. Wir würden aber gerne ein aktuelles aufnehmen, bitte ich. »Mal schauen, ob das möglich ist«, sagt Robert und lächelt Anna verliebt an, die zurückstrahlt. Den tieferen Sinn dieses geheimnisvollen Moments und warum es keine aktuellen Fotoaufnahmen geben wird, werde ich erst ein paar Tage später verstehen.

6.12.2016
Champions League, Gruppenphase, Spieltag 6:
FC Bayern vs. Atlético Madrid 1:0
(Tor: Lewandowski)

Dienstag, Allianz Arena: Ich bin heute nicht im Stadion, stattdessen bei Sky als Experte für die Champions-League-Übertragung eingeladen, zusammen mit Fredi Bobic, dem Sportvorstand von Eintracht Frankfurt. Das Bayern-Tor des Abends gegen Atlético Madrid erzielt per Freistoß Lewandowski, natürlich. Für gesteigertes Interesse sorgt vor allem die Aktion des Torschützen nach seinem Treffer. Lewandowski feiert mit einem Schnullerjubel! Damit enthüllt Robert der Fußballwelt: Der Stürmer wird zum ersten Mal Vater.

»Ich konnte es nicht länger für mich behalten«, sagt Robert nach Abpfiff in die TV-Kamera. »Das war ein besonderes Spiel und ein besonderes Tor. Es war eins für Anna und das, was sie im Bauch hat.« Noch während der Sendung tippe ich eine SMS an Anna: »Glückwunsch, jetzt verstehe ich euer Lächeln am Tisch.« Innerhalb von Minuten antwortet sie mir mit einem Zwinker-Smiley und schreibt: »Danke!«

Ende Dezember 2016: Wir sitzen in einer Hinterstube im »Freihaus Brenner«, hoch über dem Tegernsee. Nachdem dieses Treffen in den vergangenen Jahren aufgrund der Haftstrafe von Uli Hoeneß ausgefallen war, ist es wieder einmal Zeit für unser traditionelles Silvesteressen. Hoeneß hatte mir die Wiederaufnahme dieses Treffens bei unserer Madridreise im April zugesagt, und wie immer hält er Wort. Wir Reporter – Raimund, Tobi und ich – sind zu dritt angereist. Dieser Termin ist journalistisch wie kulinarisch ein krönender Abschluss unseres Sportjahres. Denn bei Wein und dem ein oder anderen Schnaps (Hoeneß lässt seine persönliche Flasche extra in der Kühlkammer kalt stellen) erzählt der Bayern-Macher aus dem sprichwörtlichen Nähkästchen, aus dem die Fäden hinter den Kulissen des FC Bayern gesponnen werden.

Das »Freihaus Brenner« ist ein sogenanntes »Bayerisches Gourmet-Restaurant«. Es befindet sich nur wenige Hundert Meter von Uli Hoeneß' Anwesen entfernt und ist der Grund, warum der Bayern-Patron nach rund 30 Jahren aus seiner Doppelhaushälfte in Ottobrunn in den Landkreis Miesbach zog. Um genauer zu sein: Die Gründe dafür waren das Restaurant sowie Gunter Sachs, der sogenannte »Gentleman-Playboy«. Es war Sachs, dem ursprünglich das Grundstück gehörte. Gekauft hatte es sich der deutsche Jetset-Star der 60er- und 70er-Jahre, nachdem er zwischenzeitlich in der Wohnung über dem »Freihaus Brenner« gewohnt und die Aussicht genossen hatte. Bebaut hatte Sachs das Grundstück allerdings nie, und als die Genehmigung dafür auszulaufen drohte, schlug Freihaus-Chef und Hoeneß-Freund Jupp Brenner dem Bayern-Boss vor, doch hier herauf zu ziehen. Hoeneß kaufte das Grundstück und seine Frau Susi plante die Villa im bayerischen Stil.

Das Silvesteressen im »Freihaus« mit Uli Hoeneß ist eine lieb gewonnene Tradition, die wir in der Regel meist ein oder zwei Tage vor Neujahr pflegen. Raimund und ich mussten uns nach dem Gespräch manchmal ein Zimmer unten im Ort Bad Wiessee nehmen, weil keiner von uns beiden nach dem Umtrunk mehr im Stande war, Auto zu fahren.

Am liebsten erinnere ich mich an unseren ersten Besuch auf der Freihaushöhe. Uli Hoeneß hat uns nach dem Essen zu einer Führung eingeladen und uns Raum für Raum seines neuen Hauses gezeigt. Der Weg vom Freihaus zu Hoeneß ist zu kurz, um ihn einen Spaziergang nennen zu können. Das Haus liegt direkt am Waldrand. So stehen wir etwas weinselig auf Uli Hoeneß' Terrasse, die Nacht ist schon hereingebrochen. Hoeneß erzählt, dass auf der Wiese vor uns nicht nur tagsüber Kühe grasen, sondern auch fast täglich ein Fuchs zum sprichwörtlichen Gute-Nacht-Sagen vorbeischleiche. »Da ist er ja!«, ruft Hoeneß aus. Tatsächlich bewegt sich am Grundstücksrand etwas. Das Schleichen kommt mir aber für einen Fuchs etwas zu gleichmäßig vor. Ich bin auf dem Land aufgewachsen, das Haus meines Vaters steht ebenfalls an einem Waldrand, Fuchsbegegnungen sind mir also nicht fremd. »Herr Hoeneß, das ist kein Fuchs«, erlaube ich mir anzumerken. »Doch, doch«, erwidert der Klub-Patriarch. »Ich bin mir da ganz sicher!« Ich bleibe wiederum bei meiner Meinung, auch wenn ich keine Ahnung habe, was für ein Tier da unter uns im Dunkeln seine Bahnen ziehen könnte. »Wissen Sie was, Herr Falk! Dann wollen wir mal schauen, wer recht hat.« So wandern wir beide den Hang hinab und stehen am Ende vor einem – Rasenmäher! Hoeneß kratzt sich verlegen am Kopf. »Ach der … den hatte ich ganz vergessen«, sagt er und lacht auf. »Den haben mir Freunde zu meinem Geburtstag geschenkt. Das ist etwas ganz Neues und mäht aufgrund der Leitungen im Boden nachts automatisch.« Einen Fuchs gebe es hier aber trotzdem, der sich immer wieder blicken lässt, versichert Hoeneß. Daraufhin lädt er meinen Kollegen und mich ein, uns noch eine Tüte mit Würsteln zu packen, die wir unbedingt aus seiner neuen Produktion zu Hause probieren müssten. Sein Hallenbad, dessen Swimmingpool-Boden die Börsensymbole »Bulle und Bär« als Mosaik zieren, haben wir bereits gesehen. Wo andere Menschen einen Kühlschrank haben, hat Uli Hoeneß einen eigenen Kühlraum. Durch eine Metalltür betreten wir die Kammer, wo regalweise seine legendären Würste lagern. Beim Hinausgehen entdecke ich einen gemauerten Pizzaofen, den sich die Familie Hoeneß wünschte. Auf eben diesen Pizzaofen kommen wir bei unserem aktuellen Besuch im Dezember 2016 zu sprechen.

Carlo Ancelotti verriet uns, dass Hoeneß ihn in der Vorrunde zu sich nach Hause an den Tegernsee zum Essen eingeladen hatte. »Ja, er war bei uns zu Hause zu Gast«, bestätigt uns Hoeneß. Auch dem neuen Bayern-Trainer habe er eine Führung gegeben. »Wir wollten eigentlich zum Essen ausgehen und standen bei uns in der Küche. Er erzählte mir, dass er unsere Würste so gerne mag«, berichtet uns der Hausherr. Darum hätten sie zunächst einige seiner Nürnberger Bratwürste gegessen, bevor sie ins Restaurant aufbrachen. Ich frage nach dem Pizzaofen, schließlich sei Ancelotti Italiener. »Ja, auch Carlo fiel sofort auf, dass wir einen Pizzaofen haben, und er war hellauf begeistert«, erinnert sich Hoeneß. Der Trainer habe sogar angeboten, bei seinem nächsten Besuch für alle nach seinem Familienrezept Pizza zu backen. »Haben Sie das Angebot schon angenommen, oder haben Sie es noch vor?«, hake ich nach. Hoeneß weicht aus. Das macht mich dann doch ein wenig stutzig. Jetzt ist der Journalist in mir geweckt. Carlo Ancelotti sei doch ein gemütlicher Typ, merke ich an. Wie finde es Hoeneß denn, wieder einen Trainer mit Wohlfühlfaktor im Klub zu haben? »Wir fühlen uns alle sehr wohl mit Carlo Ancelotti«, setzt Hoeneß an, um dann einen Satz folgen zu lassen, der mich in den kommenden Monaten noch beschäftigen wird: »Dennoch wird es am Ende darauf ankommen, dass wir gemeinsam Erfolg haben …« Ich spüre: Ancelotti ist Uli Hoeneß wohl etwas zu gemütlich. Das Angebot des Pizzabackens seitens des Italieners wird der Bayern-Patron nie annehmen. Hoeneß bleibt auf Distanz zu dem ersten Trainer in den vergangenen 40

Jahren, an dessen Anstellung er nicht persönlich beteiligt war. Aus Erfahrung weiß ich: Fehlende Hoeneß-Nähe ist beim FC Bayern keine gute Basis für Bayern-Trainer.

Hoeneß ist selbst ein Arbeitstier; Gemütlichkeit ist ihm suspekt. Sportlich kann er dagegen kaum Argumente gegen Ancelotti anführen. Der FC Bayern führt zu dem Zeitpunkt die Tabelle an, mit drei Punkten Vorsprung auf Aufsteiger RB Leipzig. Im DFB-Pokal hat sich der Titelverteidiger ebenfalls keine Blöße gegeben. In der Champions League sind die Münchner ins Achtelfinale eingezogen, allerdings in der Gruppe nur als Zweitplatzierter hinter Atlético Madrid. Angesichts dieser sportlichen Bilanz sind Vorbehalte nicht wirklich angebracht. Allerdings gibt es einen Faktor, der das Verhältnis Hoeneß zu Ancelotti belastet. Bei der Verpflichtung von Ancelotti-Vorgänger Pep Guardiola flog Hoeneß noch persönlich zu dem Spanier nach New York, um dessen Vertragsunterschrift klarzumachen. Bei Ancelotti war Hoeneß, auch bedingt durch die Folgen seiner Haftstrafe, nicht der Herr des Geschehens gewesen, auch von Amts wegen nicht. Erst im November hatte er sich wieder zum Klubpräsidenten wählen lassen, seine Ernennung zum Aufsichtsratschef stand ihm erst im nächsten Monat bevor. Strippenzieher des Ancelotti-Engagements war Karl-Heinz Rummenigge, der auch aufgrund seiner Italienischkenntnisse aus seiner Zeit bei Inter Mailand fließend mit dem Trainer in dessen Heimatsprache parlieren konnte. Bei Hoeneß und Rummenigge gilt: Zu große Nähe zu dem einen Bayern-Boss sorgt nicht selten automatisch für Distanz zu dem anderen.

Eines ist wichtig über Trainerentscheidungen beim FC Bayern zu wissen: Warfen früher die Vorstände Karl-Heinz Rummenigge, Uli Hoeneß und Karl Hopfner die Namen ihrer Favoriten in den symbolischen Hut, so wurde der neue Coach nur geholt, wenn auf jedem Zettel derselbe Name draufstand. So geschehen bei Louis van Gaal, Jupp Heynckes oder Pep Guardiola. Nach Hoeneß' Rückkehr in den Klub ist das anders. Ancelotti ist klarer Rummenigge-Mann. Die gegensätzlichen Positionen Rummenigge-Favorit und Hoeneß-Mann gibt es in dieser Saison nicht nur beim Trainer. Die Unterscheidung wirkt sich auch auf die Sportdirektorensuche aus.

Jeder im Klub weiß: Der FC Bayern braucht endlich einen neuen Sportchef. Im Juli war der Vertrag mit Sportvorstand Matthias Sammer aufgelöst worden, nachdem sich dieser nach einem Schlaganfall im April aus dem Tagesgeschäft bei Bayern zurückgezogen hatte. Als Favorit für die Nachfolge galt Philipp Lahm, eben ein klarer Rummenigge-Mann. Ich hatte gehört: Bei Lahms letzter Vertragsverlängerung hatte der Bayern-Boss dem Kapitän ein verlockendes Angebot ins Ohr geflüstert, während dieser das Arbeitspapier unterschrieb. Es soll gelautet haben: Falls Philipp nach seiner Karriere für Bayern arbeiten wolle, sei immer ein Platz für ihn in der Führung frei. An seinem Versprechen gegenüber Lahm hielt Rummenigge nun fest, als es um die Neubesetzung des Sportchefs ging. Allerdings gab es für die Position auch einen Hoeneß-Mann: Max Eberl, Ex-Bayer und Sportchef bei Borussia Mönchengladbach.

Die Konstellation führte intern zu kuriosen Aktionen. Während Rummenigge immer wieder Treffen umschiffte, die Hoeneß mit Eberl in München vorschlug, stellte sich Hoeneß bei den Gesprächen mit Lahm, wie die Position auszuüben sei, stur. Höhepunkt: Lahm wurde von Klubseite schriftlich ein Job-Anforderungsprofil vorgelegt, in dem es darum ging, welche Dinge er erfüllen müsse. So etwas hatte es zuvor nie beim FC Bayern gegeben, auch nicht bei Sportvorstand Sammer. Die Fronten in der Sportdirektorenfrage blieben verhärtet: Rummenigge gegen Hoeneß – eine schnelle Einigung war nicht in Sicht. Auch weil die beiden Bosse miteinander weniger redeten, als es der Öffentlichkeit vermittelt wurde. Die Integration von Hoeneß nach seiner Rückkehr in den Klub gestaltete sich schwieriger als erwartet.

Während Hoeneß' Gefängnisaufenthalt und Freigangszeit von Juni 2014 bis Februar 2016 führte Rummenigge die Geschäfte allein – und das sehr erfolgreich. Zwei Meisterschaften und einen Pokalsieg holte Bayern bis zum Saisonende 2015/2016. Rummenigge verlängerte zudem die Verträge mit Leistungsträgern wie Neuer, Müller, Boateng und Lewandowski. Im Klub wuchs daher das Gefühl, dass der FC Bayern auch ohne Patriarch Hoeneß wunderbar funktioniere. Aber es gab intern auch eine andere Meinung.

Aus Sicht des Hoeneß-Lagers konnte man die Erfolge der vergangenen Jahre durchaus auch so interpretieren: Der FC Bayern lebte in der

Abwesenheit des Klubpatrons sportlich vor allem von den Spielern, die noch zu Hoeneß' Zeiten verpflichtet wurden. Nachfolger für die alternden Weltklassespieler Robben oder Ribéry waren dagegen noch immer nicht gefunden. Hoeneß konnte zudem darauf verweisen, dass Pep Guardiola und Sportvorstand Matthias Sammer heute vielleicht noch da wären, hätte er die Geschicke des Klubs lenken dürfen.

Die beiden Sichtweisen, die nie ausgesprochen wurden, aber immer auf der Chefetage bei Entscheidungen mitschwangen, sorgten für Spannungen.

Herbst 2006: Hasan Salihamidžić fängt wenige Monate vor seinem 30. Geburtstag an, seinen Kleidungsstil komplett zu ändern. Brazzo trägt nun Anzug, selbst morgens auf dem Kabinenweg vor dem Training. Der Stil sieht sehr italienisch aus. Seine Mitspieler ziehen den Kollegen auf, ob er nun nach Italien wechseln wolle. Salihamidžić ist kein guter Schauspieler, quittiert die Scherze mit einem gequälten Lächeln. Ich höre mich daraufhin an der Säbener Straße um und erfahre: Hasan lernt tatsächlich Italienisch! Brazzo ist bei Bayern ein Publikumsliebling, spielt seit neun Jahren im Klub und gilt als enger Vertrauter von Manager Uli Hoeneß. Aber sein Vertrag läuft aus. Ich nehme mir vor, der Sache beim nächsten Training auf den Grund zu gehen.

Am Tag darauf warte ich auf dem Spielerparkplatz, der für uns Journalisten zugänglich ist. Salihamidžić lässt sich an diesem Tag etwas Zeit, bis er endlich aus der Kabine kommt. »Brazzo, hast du kurz eine Minute?«, spreche ich ihn an, als er gerade seinen Dienstwagen aufsperrt. »Was gibt's denn?«, fragt er und schenkt mir sein ansteckendes Bürschchenlächeln. Ich erkläre ihm, dass es Gerüchte um seine Zukunft gebe, die ich gerne mit ihm besprechen würde. Hasan schaut sich kurz auf den Parkplatz um. Er habe gerade wenig Zeit, meint er. Wir könnten uns aber am Nachmittag bei »Bodo« auf einen Kaffee treffen. Das Angebot nehme ich dankend an.

Bei »Bodo« muss in Bayern-Kreisen nicht groß erklärt werden. Die Münchner Schickimicki-Gesellschaft, die Kultregisseur Helmut Dietl in seiner legendären Fernsehserie Kir Royal um Boulevard-Reporter »Baby Schimmerlos« in den 80ern verfilmte, gibt es längst nicht mehr. Bodo Müller ist ein Relikt dieser Zeit, den sich Dietl für seine Parodie auf die Bussi-Bussi-Gesellschaft nicht besser hätte ausdenken können. Bodo ist das, was die Münchner Klatschspalten einen »Promi-Bäcker« nennen.

Im Herbst 2006 ist die Promi-Gesellschaft aus Film- und Fernsehen längst nach Berlin weitergezogen. Stars bietet jedoch weiterhin der FC Bayern, und die gehen bei Bäcker-Bodo gerne ein und aus. Mit Michael Ballack hatte ich mich hier einst heimlich getroffen, um am Klub vorbei ein Interview zu führen, in dem er den FC Bayern dafür kritisierte, dass dieser seine Vertragsverlängerung öffentlich auf der Jahreshauptversammlung zurückgezogen hatte. Ballack war inzwischen Spieler beim FC Chelsea. Nun interessierte mich, ob auch Salihamidžić seinen Bayern den Rücken zukehren würde.

Brazzo ist pünktlich. Bei Spielern ist das nicht selbstverständlich, für Salihamidžić schon. »Also: Was willst du?«, fragt er mich direkt. »Stimmt es, dass du Italienisch lernst?«, taste ich mich an das Thema heran. Brazzo bejaht das und erwartet mit leuchtenden Augen die nächste Frage. Ich tue ihm natürlich den Gefallen. »Kann es sein, dass du nach Italien wechselst?«, frage ich. Salihamidžić antwortet mit einer Gegenfrage: »Was hast du denn genau gehört?« Jetzt sind wir an dem Punkt, an dem ich ein Problem habe. Tatsächlich hatte ich nichts weiter gehört. Ich hatte keine Ahnung, welcher Klub der Serie A an Salihamidžić Interesse haben könnte. Ich versuche, mich mit allgemeinen Fragen bei Brazzo voranzutasten, doch er merkt schnell, dass ich bluffe. Irgendwie habe ich das Gefühl, dass er mich gerne an seinem Geheimnis teilhaben lassen würde, er aber Skrupel hat, etwas entgegen getroffenen Vereinbarungen auszuplaudern. Ich bin mir sicher: Wüsste ich den Klub, Salihamidžić würde ihn mir liebend gerne bestätigen. Ich sehe ihm an, dass es eine große Sache sein muss. Aber so, wie sich die Situation darstellt, kommen wir nicht weiter. Auch Brazzo merkt das. »Mehr kann ich dir wirklich nicht sagen«, meint er und zuckt entschuldigend mit den Schultern. Ich ärgere mich, dass ich nicht besser vorbereitet bin. Wir verabschieden uns; den Kaffee bezahle ich.

Einige Wochen später bekomme ich einen Anruf von meinem Kollegen Andrea von der italienischen Sportzeitung Tuttosport. Er habe aus Klubkreisen von Juventus Turin erfahren, dass sie Hasan Salihamidžić verpflichten wollen. Ich bin, ehrlich gesagt, skeptisch. Juve ist in Italien das, was der FC Bayern in Deutschland ist. Aufgrund eines Zwangsabstiegs nach einem Manipulationsskandal spielt Turin gerade in der Serie B, der Wiederaufstieg scheint aber nur eine Formsache zu sein. Ich gehe der Angelegenheit nach. Doch ich bin zu spät dran. Mitte Januar gibt der FC Bayern offiziell bekannt: Salihamidžić verlässt am Saisonende den Klub. Er wechselt nach – Italien. Juventus Turin stattet ihn mit einem Vierjahresvertrag aus. Ich ärgere mich, dass ich diese Nachricht verpasst habe. Ich war der Story nicht konsequent genug nachgegangen. Auch weil sich Uli Hoeneß im Trainingslager in Dubai zuversichtlich gegeben hatte, den Vertrag mit Brazzo verlängern zu können.

Bei einem Essen spreche ich Uli Hoeneß darauf an, warum er einen seiner Lieblingsspieler ziehen lassen musste. Der Manager zögert ein wenig. Dann entschließt er sich, mir reinen Wein einzuschenken. Hasan sei auf ihn mit dem Angebot von Juventus zugekommen. Hoeneß habe dabei durchaus das Gefühl gehabt, Salihamidžić wäre nur allzu gern in München geblieben. Aber der Manager wusste auch: So viel Geld wie Juve könne er einem inzwischen 30-Jährigen, der um seinen Stammplatz kämpfen musste, nicht bieten. Darum habe er Hasan geraten, das Angebot von Juventus Turin anzunehmen. Immerhin sei es der vermutlich letzte große Vertrag seiner Karriere. Ein Rat von Hoeneß als Brazzos Freund, nicht als sein Bayern-Manager. Salihamidžić nahm ihn an.

13.1.2017 @FC Bayern München:
@BixeLizarazu, @Brazzo und Giovane #Élber sind die neuen Markenbotschafter des #FCBayern

Januar 2017: Mein Handy klingelt, die Nummer des Anrufers ist mir wohlbekannt. Doch statt eines kumpelhaften »Hey Falcao!« bekomme ich ein wütendes »Was sollte das?!« zu hören. Am Apparat ist Hasan Salihamidžić, aber dem aufbrausenden Ton nach könnte es genauso gut Uli Hoeneß sein. Ich kann mir bereits denken, um was es geht.

Das noch geheime Projekt wurde seit Monaten hinter den Kulissen des FC Bayern vorangetrieben. An diesem Dienstag habe ich es aber bestätigt bekommen und daraufhin vermeldet: Neben Paul Breitner wird der Rekordmeister künftig drei weitere Markenbotschafter einstellen. Die Ex-Spieler Bixente Lizarazu, Giovane Élber und eben Hasan Salihamidžić sollten den Klub künftig weltweit bei verschiedenen Veranstaltungen vertreten. Weil wir die Geschichte enthüllt haben, zieht der FC Bayern nach, bestätigt die Story offiziell.

Zunächst verstehe ich nicht, warum Hasan so sauer ist. Fakt ist doch: Die Geschichte stimmt, sie wurde bestätigt und ist alles andere als brisant. Was ich aber nicht weiß: Wir kamen mit unserer Nachricht der Präsentation zuvor, die Bayern geplant hatte. Salihamidžić findet das mehr als ärgerlich, was er mir deutlich zu verstehen gibt: »Sag mir: Von wem weißt du das? Wer ist dein Maulwurf?«, fordert er mich auf. Ich schweige zunächst. Als Brazzo nicht locker lässt, antworte ich: »Hasan, wenn ich dir jetzt erzählte, woher ich das weiß, würde ich nicht nur meine Quelle verraten. Auch du könntest mir nie mehr vertrauen, wenn das so einfach wäre.« Hasan denkt kurz über meine Worte nach. Recht gibt er mir nicht, aber er beharrt auch nicht mehr darauf, dass ich meinen Informanten preisgebe. Als wir das Gespräch beenden, ist das Thema fast schon wieder vergessen. Fakt ist: Hasan Salihamidžić ist offiziell zum FC Bayern zurückgekehrt. Zunächst als Botschafter.

15.2.2017
Champions League, Achtelfinale, Hinspiel:
FC Bayern vs. Arsenal London 5:1
(Tore: Robben, Lewandowski, Thiago [2], Müller; Sanchéz)

Mittwoch, Allianz Arena: Mit rot-geäderten Augen schleicht Arsène Wenger an mir vorbei aus dem Stadion. Der Trainer von Arsenal London hat die Pressekonferenz nach den von der UEFA vertraglich festgelegten drei Pflichtfragen vorzeitig beendet. Die Mienen seiner Spieler sehen nach dem 1:5 im Achtelfinale der Champions League gegen den FC Bayern nicht viel glücklicher aus. Ich lasse sie alle unbefragt passieren. Ich warte auf den Sieger. Ich warte auf Carlo Ancelotti.

Zum Saisonstart hatten die Bayern-Profis unter dem neuen Trainer Ancelotti noch furios aufgespielt. Als hätte der Italiener die Spieler von den taktischen Ketten befreit, die ihnen Vorgänger Guardiola auferlegt hatte. Ancelotti hatte die Mannschaft zudem auch beim System ein wenig neu ausgerichtet. So standen anders als unter Guardiola seine Außenverteidiger nicht mehr so hoch, was die Defensive weniger anfälliger machte. Ancelotti hatte diese Schwäche im Guardiola-System selbst einst ausgenutzt, als er mit Real Madrid die Bayern nahezu mühelos im Champions-League-Halbfinale 2014 ausschaltete. Nach dem 1:0-Sieg im Bernabéu-Stadion konterte die Ancelotti-Truppe die Münchner im Rückspiel in der Allianz Arena beim 4:0 gnadenlos aus. Die stürmische Ancelotti-Drangphase war im Laufe der

Saison bei seinen Bayern immer mehr abgeflaut. Gegen Arsenal deutete die Mannschaft jedoch an, dass sein Team immer noch zu furiosen Auftritten imstande ist, wenn es zählt.

Vor dem Pokalachtelfinale gegen Wolfsburg (1:0) zeichnet der Bayern-Trainer in der Allianz Arena seinen Profis auf, wie sie in den kommenden Partien in der Offensive zu agieren haben. Ein Foto dieser Taktiktafel wird mir zugespielt. Ganz oben auf dem Flipchart steht »Aufwärmen H 20.10«. Darunter sind mit einem blauen Edding einige Kreise gemalt, in dessen Räumen sich die Spieler bewegen sollen. Sind diese Zonen ausgefüllt, kann der Spielzug dort beginnen. Sind die Kreise auf dem Flipchart dagegen leer gelassen, sind es die Räume, in welche die Spieler zu laufen haben. Dazwischen sind die Laufwege mit Pfeilen markiert. Das Ganze wirkt wie ein dadaistisches Kunstwerk. Für mich stellt sich die Frage: Ist die Taktikaufzeichnung auch echt? Hat sie wirklich Ancelotti gezeichnet? Einer Handvoll Spielern hatte ich ein Foto der Grafik per Whatsapp zugeschickt. Einige glaubten sie zu erkennen, andere beteuerten, sie noch nie gesehen zu haben. Allerdings vergessen Fußballstars auch schnell. Mir bleibt nichts anderes übrig: Um absolut sicherzugehen, muss ich den Trainer selbst fragen.

Ich warte die Pressekonferenz ab, bei der Ancelotti auf dem Podium vor den Journalisten spricht. Carlo kommt die kleine Treppe hinunter, die ihn rund vier Meter von der Seitentür trennt und die ihn zurück in die Stadionkatakomben verschwinden lässt. Ich stehe auf und halte ihm mein iPhone entgegen. »Carlo, ich hätte dazu nur eine Frage.« Ancelotti stoppt, blickt mit der für ihn typisch gehobenen Augenbraue auf mein Handy-Display. Ich: »Das ist Ihre Taktik gegen Wolfsburg. Können Sie die Skizze erklären?« Das Duzen fällt mir immer noch schwer, auch wenn Ancelotti es mir ja angeboten hatte. Der Trainer stutzt, dann lächelt er mich an. »Ich kann sie nicht erklären.« Kurze Pause. »Ist das meine Taktik?« Ich versichere ihm, dass sie es ist, obwohl ich mir, ehrlich gesagt, nicht ganz sicher bin. Nun schmunzelt Carlo mich an und ich weiß nicht, wem sein Schlawinergrinsen gilt: Mir? Oder ist er hier der Schelm? »Ich kann sie nicht erklären«, wiederholt er erneut und ich merke, dass er an der Situation ebenfalls Spaß hat. Auf meine Nachfrage, warum er sie nicht erklären könne, folgt seine Pointe: »Ich kann sie nicht sehen, ich habe meine Brille nicht mit.« Der Italiener aus der Cappuccino-Werbung schießt mir durch den Kopf (»Ich habe gar kein Auto …«). Verschaukelt mich Carlo jetzt, um geschickt der Antwort auszuweichen, oder meint es der Mister tatsächlich ernst? Noch bekomme ich darauf keine Antwort. Ancelotti verabschiedet sich höflich und weg ist er.

Unverrichteter Dinge mache ich mich auf den Weg in die Mixed Zone, in der die Journalisten die Gelegenheit haben, die Spieler nach Abpfiff zu interviewen. Gerade angekommen, erwartet mich dort bereits Pressesprecher Dieter Nickles. Er lässt mir ausrichten: Der Trainer würde gerne wissen, woher die Aufnahme stamme. Ich wiederhole noch einmal, dass meines Wissens das Foto aus der Bayern-Kabine sei. Die Aufnahme zeige die Taktik gegen den VfL Wolfsburg. Das Bild des Flipcharts halte ich gerne auch Nickles nochmals hin. Er bedankt sich und geht mit dieser Information zurück in die Kabine.

Zu meiner Überraschung kehrt Nickles fünf Minuten später zurück – zusammen mit Ancelotti. Diesmal ist Carlo mit einer Brille ausgerüstet! Der Mister schaut auf das Handy, rückt ganz nah mit dem Gesicht ans Display heran. So, wie er mich nun anschaut, weiß ich, wen er jetzt für den Schlawiner hält. Carlo bestätigt cool: »Ja, das ist korrekt. Die Taktik war gegen Arsenal ähnlich, wir haben sie nicht verändert. Sie soll den Spielern die Positionen in der Zentrale erklären.« Weitere Ausführungen könne er beim besten Willen nicht machen, bittet er um Verständnis. Ein bisschen Kabinengeheimnis müsse schon bleiben. Ich bedanke mich und wünsche: »Noch einen schönen Abend, Herr Ancelotti!« Sein fordernder Schulterblick erinnert mich sofort: »Carlo, natürlich, gute Nacht, Carlo«, füge ich schnell an. Carlo lächelt und verschwindet endgültig in den Abend.

Die Taktik einer Fußballmannschaft ist weit mehr als ein 4-3-3-, 4-2-3-1- oder ein 4-4-2-System. Sie muss von dem jeweiligen Trainer mit Leben gefüllt werden. Die Spielanalyse wird beim FC Bayern unter dem Dach des Trainingszentrums abgehalten. Unter Trainer Jürgen Klinsmann wurde dafür extra ein Raum gebaut, der an einen Universitätssaal erinnert, nur mit gemütlicheren Stühlen, die eher Kinosesseln ähneln. Louis van Gaal lehrte hier den Profis seine Dreiecksformationen, die alle Spieler auf dem Rasen immer neu bilden sollten; der Ballführende hat dadurch mindestens zwei Anspielstationen. Spieler erzählten uns, dass Pep Guardiola ihnen in seinen Spielbesprechungen oft bis zu zwei Stunden lang Anweisungen und Hinweise eintrichterte. Allein Philipp Lahm hätte dabei den Eindruck gemacht, den Ausführungen bis zum Ende folgen zu können – und zu wollen. Unter Carlo Ancelotti erlebten die Profis daraufhin das krasse Gegenteil. Der Italiener war mit seiner Spielanalyse oft schon nach 10 bis 15 Minuten fertig.

Mindestens genauso interessant ist die Spielbesprechung in der Kabine an Spieltagen. Wie bei Ancelotti wurde mir auch unter Klinsmann ein Foto seiner Taktiktafel aus der Allianz Arena zugespielt. Interessant war vor allem, was Klinsmann vermeintlich über die 22 Magnetsteine gekritzelt hatte. Mit Filzstift stand darauf geschrieben: »Elf Freunde müsst ihr sein!« Hatte Klinsmann tatsächlich den legendären Spruch des 54er Weltmeistertrainers Sepp Herberger bemüht, um seine Mannschaft zusammenzuschweißen? Dem ging ich nach. Nachdem ich das Bild mehreren Spielern per Whatsapp zugeschickt hatte und sie alle glaubhaft leugneten, dass dies ein Motivationstrick von Klinsmann gewesen sei, kam ich zu der Überzeugung: Ein Fan musste auf einer der geleiteten Stadiontouren durch die Allianz Arena in einem unbeobachteten Moment Hand an die Taktiktafel gelegt haben. Im Gegensatz zu der Taktiktafel von Carlo Ancelotti wurde die Elf-Freunde-Tafel nie gedruckt.

Februar 2017: Es kam, wie es kommen musste. Die Sportdirektorensuche, bei der sich Rummenigge und Hoeneß nicht einigen können, sorgt für die erste Absage. Mit meiner Story »Lahm Schluss mit Bayern« vermelde ich, dass Philipp Lahm seine Karriere am Saisonende vorzeitig beenden und seinen Vertrag bis 2018 nicht erfüllen wird. Was noch brisanter ist und den Bossen gar nicht gefällt: Den Posten des Sportdirektors lehnt Lahm ab.

Philipp hatte gespürt, dass die Chefebene seine Personalie nicht hundertprozentig unterstützte, ihm nicht die von ihm gewünschten Forderungen erfüllen wollte. Hoeneß hatte vorausgesetzt, dass Lahm als Sportchef die Mannschaft wie er selbst zu seinen Managerzeiten stets begleiten würde, auch die Nächte vor Spielen im Hotel mit den Spielern verbringen sollte. Lahm dagegen sah seine Aufgabe eher als Funktionär, der die Geschicke des Teams nicht durch Dauerpräsenz leiten müsse, sondern von der Chefetage aus. Um nicht ständig sein Tun und Handeln rechtfertigen zu müssen, sondern auf Augenhöhe mit den Bayern-Bossen darüber zu diskutieren, bestand Lahm auf einen Vorstandsposten. Bayern stellte ihm diesen tatsächlich in Aussicht, allerdings erst nach einer Periode von drei Jahren als Sportdirektor. Dieses Modell passte Philipp wiederum nicht. Die Gefahr, den unberechenbaren Launen der Bayern-Bosse ausgeliefert zu sein und seine Pläne nicht eigenständig als Vorstand durchsetzen zu können, war dem gewieften Taktiker Lahm offenbar zu groß.

Rummenigge-Mann Lahm ist damit aus dem Spiel. Für Hoeneß wird es dadurch jedoch nicht leichter, seinen Favoriten durchzusetzen. Ganz nach dem Motto: Wenn es Rummenigge-Mann Lahm nicht wird, solle es auch nicht Hoeneß-Mann Eberl werden.

In der Öffentlichkeit gestaltet sich das dann so: Vorstandsboss Rummenigge dementiert demonstrativ ein Interesse an dem Gladbacher Sportchef. O-Ton Rummenigge: »Im Fall von Max Eberl kann und möchte ich aber eines sagen: Niemand von Bayern München hat mit Max Eberl diesbezüglich Kontakt gehabt. Wir werden uns hier seriös und korrekt gegenüber Borussia Mönchengladbach verhalten.« Wir wissen: Hoeneß hat sehr wohl mit Eberl gesprochen. Belegen können wir das aber nicht.

Vielleicht ist Rummenigge tatsächlich überzeugt, es habe niemand vom FC Bayern mit Eberl Kontakt gehabt. Die Kommunikation zwischen den beiden Bayern-Bossen ist in diesen Tagen spärlich. Es mag durchaus sein, dass der Vorstandsboss nicht weiß, wen Hoeneß in diesem Frühjahr in sein Haus am Tegernsee für ein Gespräch eingeladen hatte. Der Besuch von Max Eberl im Hause Hoeneß bleibt tatsächlich erst einmal geheim.

7.3.2017
Champions League, Achtelfinale, Rückspiel:
Arsenal London vs. FC Bayern 1:5
(Tore: Walcott; Lewandowski, Robben, Costa, Vidal [2])

Dienstag, Emirates-Stadion: Der FC Bayern überrollt auch im Rückspiel die Truppe von Arsène Wenger. Der FCB steht souverän im Viertelfinale und gilt erneut als ein Favorit für den Champions-League-Sieg. Die

Verpflichtung des Königsklassenexperten Carlo Ancelotti scheint international für die Münchner aufzugehen.

Mats Hummels war zum FC Bayern zurückgekehrt, um endlich die Champions League zu gewinnen. Im Finale 2013 hatte er auf der Seite des BVB noch den Kürzeren gegen die Münchner gezogen. Unter Trainer Louis van Gaal stand Mats 2010 schon einmal kurz vor dem Bayern-Comeback, für Verhandlungen war er mit seinem Vater sogar schon an der Säbener Straße. Am Ende wurde daraus aber nichts. Im Mai 2016 hatte der Weltmeister dann doch einen Fünfjahresvertrag in München unterschrieben.

Ich kenne wenige Profis, die so konsequent sind wie Mats. Eine Eigenschaft, die ich grundsätzlich an ihm schätze. Auch wenn sie für mich für eine längere Phase leider sehr von Nachteil war. Was ihn zudem charakterisiert: Hummels antwortet immer ehrlich und direkt, spricht ohne Umschweife aus, was er denkt (er achtet auch sehr genau auf unsere Spielnoten, mit denen wir die Profis wie in der Schule von 1 bis 6 bewerten). So ist seine Begrüßung bei unserem ersten offiziellen gemeinsamen Termin seit seinem Wechsel zum FC Bayern für meinen Kollegen Tobi und mich unmissverständlich. »Das dürfte der erste Einzeltermin mit der *Sport Bild* seit Mai 2013 sein«, kommt Mats sofort zum Punkt, während er auf den noch freien Stuhl mit dem FC Bayern-Kissen Platz nimmt.

Wir wissen genau, worauf Mats anspielt. Zunächst danken wir ihm, dass es mit dem Termin endlich geklappt hat. Hummels ist gut drauf und legt nach: »Ich habe ja schon von 2020 auf 2017 vorgezogen.« Ein Satz, der für Unbeteiligte verwirrend klingen mag, für mich aber keiner Erklärung bedarf. Hummels hatte uns gegenüber angekündigt, unserem Magazin frühestens 2020 wieder ein Interview geben zu wollen. Grund: Er war mächtig sauer auf uns. Wir hatten aus einem Interview mit ihm eine Schlagzeile gemacht, mit der Mats nicht einverstanden war. Doch dazu gleich mehr. Seit vier Jahren kämpfen wir mit Hummels um diesen Termin. Das Gefeilsche um die Jahreszahlen geriet zwischen Mats und mir seit der WM 2014 schon zum Running-Gag. Wann immer ich ihn traf, versuchte ich, ihn mit einem Spruch von seiner 2020er-Sperrfrist wieder ein paar Jahre herunterzuhandeln. Mal sagte ich ihm scherzhaft, dass die WM 2018 doch ein realistischerer Zeitpunkt angesichts seines hohen Alters sei. Vor der EM schlug ich ihm den Juli 2016 für den Fall vor, dass es in Frankreich mit dem EM-Titel klappen sollte. Doch Mats blieb zunächst konsequent bei 2020. Hummels wäre allerdings nicht Hummels, würde er nicht differenzieren. Sein Boykott betraf explizit nur offizielle Eins-zu-eins-Interviewtermine. Nach Spielen sprachen wir mit ihm in der Mixed Zone normal über Sportthemen; privat plaudern war ohnehin okay.

Nach dem EM-Aus der deutschen Mannschaft in Marseille interviewten wir Hummels im Pressebereich fast 20 Minuten allein, sodass daraus damals schon ein Exklusivinterview inklusive Schlagzeile (»Meine Pläne mit Bayern«) entstand. Es war sogar das erste Interview von Mats, das fast monothematisch von seiner Zukunft beim FC Bayern handelte. Sein Wechsel nach München sollte die 2020-Verhandlungsposition endlich verändern. Beide Seiten waren sich einig: Dies sei ein guter Zeitpunkt für einen Neuanfang in unserer vorbelasteten Beziehung.

Auslöser für seinen Boykott war das von ihm bei unserem Termin angesprochene Interview. Damals trug Hummels noch das Borussen-Dress. Der Kollege, der ihn für unsere Redaktion befragte, war unser Dortmund-Reporter. Das Interview fand in jenem Sommer statt, in dem Mario Götze vom BVB zum FC Bayern wechselte. Natürlich war Götze auch ein Thema in dem Gespräch. Hummels beantwortete die Frage, ob er den Wechsel von Mario Götze zu Bayern nachvollziehen könne, und er sagte im Wortlaut: »Nein, das habe ich ihm auch so gesagt. Es hat jeden in der Mannschaft überrascht. Das zeigt doch, dass es vorher nie ein großes Thema war. Jeder hat doch gesehen, wie gut unsere Mannschaft ist. Ich glaube einfach, dass es sportlich wenig bis keine Gründe gibt oder gab, uns zu verlassen. Man konnte sehen, wie sich unser Team entwickelt hat, und Mario hat sich mit vielen super verstanden. Deshalb hat es mich auch so geärgert, dass er der Meinung war, so früh weggehen zu müssen.«

Eine Aussage, die Mats so autorisierte und auch in der Folge dazu stand. Was ihm aber nicht gefiel, war die Schlagzeile, die wir zu seinem Interview auf Seite 1 der *Sport Bild* schrieben. Die Antwort bekamen wir in den sozialen Medien.

Mats Hummels:
Ich habe vorhin davon erfahren, dass die Sport Bild aus meinem Interview (!?) die Überschrift ‚Hummels rechnet mit Götze ab' gemacht hat. Ich stelle aber schon mal klar, dass ich da keineswegs eine Abrechnung darin sehe. Ich äußere mich kritisch (wie auch sonst, wenn man von so einem Wechsel negativ betroffen ist/Smiley-Emoji), aber keineswegs überhart, wie ich finde. Leider wird mittlerweile aus jedem Satz, der nicht 08/15 ist, ja ein Skandal oder eine Sensation gemacht …

So ein Vorgehen war tatsächlich auch für uns langjährige Reporter ungewöhnlich. Früher hatte man sich angerufen, vielleicht sogar beschimpft. Aber immer direkt, mit offenem Visier. Den Weg, uns über Facebook zu konfrontieren, war neu. Unser Chef entschied: Wenn Mats Hummels uns über Facebook schreibt, dann bekommt er auch via Facebook unsere Antwort.

Sport Bild, Chefredakteur Matthias Brügelmann:
Lieber Mats Hummels,
zunächst einmal Anerkennung, dass Sie im Sport-Bild-Interview Klartext reden und nicht Wischiwaschi. Damit heben Sie sich wohltuend von vielen Kollegen ab. Kurz zu Ihrem Facebook-Post: Wir haben weder Sensation noch Skandal darüber geschrieben, sondern es als Abrechnung mit Götze interpretiert. In Ihrem Post legen Sie Wert darauf, dass Ihre Aussagen nicht »überhart« wären. Das liest sich für mich so, dass Sie die Bewertung »hart« selbst zutreffend finden. So sehen wir das auch. Übrigens haben Sie völlig recht: Ihre Sätze über Götze sind alles andere als 08/15. In der Deutlichkeit hat sich bisher kein BVB-Angestellter zu dem Wechsel geäußert.
Beste Grüße aus Hamburg, Matthias Brügelmann (Sport Bild)

Ich konnte beide Argumentationen verstehen. Journalistisch war die Überschrift absolut nachvollziehbar. Nach Mats' Differenzierung konnte ich aber auch seinen Ärger akzeptieren, da die Titelzeile sein Verhältnis zu Mario Götze belastet hatte. Der entscheidende Punkt war: Am Ende respektieren beide Seiten ihre Sichtweisen und ihre Folgen. Auch aus diesem Grund wählten wir als Schwerpunkt unseres aktuellen Interviews mit Mats zur Versöhnung das

Thema: Respekt. Hummels muss darüber schmunzeln, findet die Idee aber dem Anlass angemessen. Auch über die sozialen Medien und die neuen Möglichkeiten der Spieler, mit den Fans ohne Zeitung oder Fernsehen direkt in Kontakt zu treten, sprechen wir. Mats verrät uns, dass er Carlo Ancelotti dafür schätzt, dass der 57-Jährige als @MrAncelotti auf Twitter unterwegs ist und zum damaligen Zeitpunkt rund 2,2 Millionen Follower hat. Hummels steht dagegen gerade bei 1,5 Millionen; es könnten bei Mats auch ein paar mehr sein. Hummels räumt ein, dass er auf seinem Account eine zweistellige Anzahl von Kritikern gesperrt hat. Grund: respektlose Äußerungen.

22.3.2017
Länderspiel: Deutschland vs. England 1:0
(Tor: Podolski)

Mittwoch, Dortmund, Signal Iduna Park, (ich bevorzuge: Westfalenstadion): Dieser Spielabend wird sehr emotional. Nach 130 Länderspielen verabschiedet Fußballdeutschland seinen Kult- und Spaßfußballer Lukas Podolski. Ich muss ehrlich sagen: Ich bin ein wenig gerührt, Poldi wird mir fehlen. Beim Video-Einspieler auf der Stadionleinwand wird auch die Szene gezeigt, wie Poldi mich vor der WM 2014 in den Pool der Nationalmannschaft wirft. Meine Redaktion postet dazu einen Beitrag auf Instagram. Kurz darauf antwortet darauf ein User: »Hatte er bestimmt verdient« – dazu ein Zwinker-Smiley. Absender des Beitrags des Accounts »esmuellert« ist: Thomas Müller.

Mitte März: Der FC Bayern tritt im Borussia-Park bei Gladbach an, die Partie gewinnen die Münchner mit 1:0 (Tor: Thomas Müller). Fast noch interessanter für uns Journalisten ist ein Gespräch, dass die Klub-Bosse hinter den Kulissen führen und von dem wir Wind bekommen. Karl-Heinz Rummenigge erkundigt sich bei Gladbachs Präsident Rolf Königs am Rande des Bundesligaspiels nach der vertraglichen Situation von Max Eberl. Königs erklärt Rummenigge gegenüber, dass sein Sportchef unverzichtbar sei, er will ihn nicht aus dem Vertrag bis 2020 herauslassen. Als Eberl davon hört, hat seine Geduld und das Warten auf Bayern ein Ende. Der Hoeneß-Kandidat lässt den Bayern-Präsidenten wissen, dass er nicht mehr zur Verfügung stehe. Am 1. April verlängert Eberl vorzeitig seinen Vertrag bei Gladbach bis 2022.

Ein Informant lässt uns allerdings wissen: Eberl soll von seinen Chefs die Zusage bekommen haben, dass sie sich im Falle eines erneuten Bayern-Interesses mit der Anfrage beschäftigen werden. Der FC Bayern bleibt zunächst weiterhin ohne Sportchef.

Ende März 2017: Es ist der Anruf, den jeder Journalist fürchtet. Ich habe gerade einmal vier Stunden geschlafen, um den 6:50-Uhr-Flieger zurück nach München für meinen Termin zu bekommen. Ein Nebenraum im ersten Stock des Restaurants »Bogenhauser Hof« ist reserviert, die drei Leser unseres Gewinnspiels sind eingeladen, haben sich für den Tag teilweise extra freigenommen. Doch nun sehe ich die Anzeige auf meinem Telefon: Es ist das Büro Hoeneß. »Bitte sagen Sie nicht, dass Herr Hoeneß krank ist!«, melde ich mich direkt am Telefon. »Leider doch, Herr Falk, leider doch …«, sagt die Assistentin. Sie lässt mich bewusst ein wenig zappeln, nach einem kurzen Moment erlöst sie mich. Ich sehe ihr sympathisches Lachen vor mir, mit dem sie sich über ihren Scherz freut. »Nein, nein, keine Angst«, stellt sie richtig. Ich atme auf. »Herr Hoeneß lässt sich entschuldigen, dass er eine halbe Stunde später kommen wird. Zuvor muss er noch zum Champions-League-Dinner mit Paris Saint-Germain.« Ich atme auf.

Da der Vorstand des FC Bayern auf Reisen ist, vertritt der Präsident den Klub beim Champions-League-Essen mit den PSG-Verantwortlichen anlässlich des Spiels der Bayern-Damen im »Käfers«. Eine halbe Stunde Verspätung ist gewöhnlich ein Wimpernschlag im Fußballgeschäft. Viele Spieler verspäten sich oft um Stunden – nicht aber Hoeneß. Der Mann weiß, was sich gehört. Er lässt ausrichten, dass wir bitte doch mit der Vorspeise beginnen sollen. Er werde dann beim Hauptgang einsteigen. Das Angebot nehmen wir gerne an.

Unser Magazin hat drei Lesern ein Treffen mit Uli Hoeneß per Gewinnspiel ermöglicht. Jeder Fan hat seine eigene Bayern-Geschichte. Ein Gewinner erreicht der Anruf, als er gerade auf dem Rückflug von England ist. Später wird er Hoeneß eröffnen, dass er ihm einst ebenfalls aus England einen Brief ins Gefängnis schrieb. Und er fragt ihn, ob er ihm nicht einen Job bei seinem Herzensklub besorgen könne. Monate später werde ich den Leser am Stadion wiedertreffen: in seinem neuen Job als Sicherheitskraft beim FC Bayern.

Die Vorspeise ist noch nicht serviert, da betritt Hoeneß bereits den Raum im ersten Stock, der nur für uns reserviert ist. »Wissen Sie, dass dies ein ganz besonderes Lokal der jüngeren Bayern-Geschichte ist?«, steigt Hoeneß gleich mit einem kleinen Geheimnis ein. »Im Nebenraum wurden schon einige wichtige Verträge abgeschlossen. Die beiden Herren wissen das ja leider auch«, sagt der FCB-Präsident und deutet auf meinen Kollegen Raimund Hinko und mich. »Einige Male haben sie uns hier schon aufgespürt, obwohl wir eigentlich lieber unter uns geblieben wären.« Ja, ich erinnere mich. Die Verträge von Arjen Robben und Jürgen Klinsmann wurden beispielsweise hier perfekt gemacht. Auch das erste Treffen zwischen dem damaligen Sportdirektor Christian Nerlinger mit dem Management von Robert Lewandowski fand heimlich hier statt, um den Stürmer aus Dortmund zu holen.

Hoeneß entschuldigt sich bei den Gewinnern noch einmal persönlich für die leichte Verspätung, betont dabei, dafür die halbe Stunde länger bleiben zu wollen. Am Ende wird es sogar eine ganze Stunde mehr.

Das Tischgespräch wird in unserer Ausgabe drei Seiten füllen. Die Leser befragen Hoeneß frei von der Leber weg zu jedem Thema. Philipp Lahm, Matthias Sammer, Dr. Müller-Wohlfahrt, Bayern-Jugend und sogar Wladimir Putin, mit dem Hoeneß bei Bratwürsten diskutieren will – die Leser fragen direkter als jeder Journalist. Der Platz wird am Ende im Heft natürlich nicht ausreichen, um alles aus einem zweistündigen Gespräch unterzubringen. Neben den großen aktuellen Themen erzählt Hoeneß bei solchen Gelegenheiten stets Anekdoten. Meine Lieblingsgeschichte an diesem Nachmittag, die nicht in das Interview passen wird, ist die vom »Flutlichtball«. Sie geht so: Seine Sommerferien opferte der 13-jährige Uli Hoeneß seinem großen Traum. Für seinen größten Wunsch stand der kleine Uli jeden Morgen um Punkt 3 Uhr früh auf. Auf seinem feuerroten Fahrrad trat er dann in die Pedale, damit er rechtzeitig seinen Ferienjob um 5 Uhr beim Lebensmittelgroßhändler Gaissmaier antreten konnte. Als Beifahrer lieferte der junge Hoeneß dessen Produkte vom Bodensee bis Wangen im Allgäu aus. Alles ordnete er seinem Traum unter, der seit Monaten für ihn unerreichbar im Schaufenster des Sportgeschäfts in Neu-Ulm lag: Exakt 34 Mark, weiß Hoeneß noch heute den Preis, trennten ihn vom so ersehnten »Flutlichtball« … Nun muss ich Hoeneß bei seiner Geschichte unterbrechen. Seit rund 20 Jahren bin ich nun Sportreporter. Ich sah orangefarbene Bälle, Filzbälle, neuerdings auch nichtspringende Futsal-Bälle – aber ein Flutlichtball? Noch nie gehört! Also frage ich: »Herr Hoeneß, was bitte schön ist ein Flutlichtball?«

Hoeneß lacht erst einmal über meine Frage. In solchen Momenten wird ihm bewusst, dass uns beide rund 26 Jahre trennen. »Wissen Sie«, erklärt Hoeneß darauf für die ganze Runde, »früher waren noch alle Bälle braun.« Der alte Hoeneß erzählt, wie der junge Hoeneß nach dem Mittagessen (die Hausaufgaben hatte er da nach eigener Aussage bereits in der letzten Schulstunde – meist Religion – erledigt) mit seinen Freunden direkt zur Schulwiese eilte. Dort kickten sie, bis »uns der Hausmeister zum Teufel jagte«. Danach ging es auf einer Bolzwiese weiter, bis die Dämmerung einsetzte oder Mama Hoeneß Bruder Dieter und ihn nach Hause trieb. Der Widerstand der Hoeneß-Brüder war ohnehin gering, da der braune Ball in der Dunkelheit kaum mehr zu sehen war. »Darum wollte ich diesen Flutlichtball, wie wir ihn nannten«, so Hoeneß und löst nun auf: »Eigentlich war es nur ein einfacher schwarz-weißer Ball, wie ihn heute jeder kennt. Für uns war es der Ball, den wir dank der weißen Felder auch im Dunkeln besser sehen konnten. Er würde unsere Spielzeit am Abend beträchtlich verlängern!« Es muss nicht erwähnt werden, dass Hoeneß sich seinen Traum am Ende erfüllte.

Die Geschichte gefällt mir deshalb so gut, weil sie bezeichnend für Hoeneß' Laufbahn ist. Während alle seine Freunde noch in den Federbetten liegen, steht er auf, um sich mit harter Arbeit das zu beschaffen, was alle wollen. Zunächst wird vor allem Hoeneß profitieren, weil nun er auf dem Bolzplatz das Sagen hat. Wer spielt und auf der Bank sitzt, bestimmt nun der kleine Uli, schließlich ist er der Herr über den Ball. Letztlich haben aber alle Jungs etwas davon, die nun nach Einbruch der Dunkelheit weiterkicken dürfen – mit dem Flutlichtball.

Die Champions League geht in die entscheidende Phase: Im Viertelfinale kommt es mal wieder zu einem Wiedersehen mit den Königlichen von Real Madrid. Für das Duell gibt es beim FC Bayern kaum einen geeigneteren Gesprächspartner als Robert Lewandowski. Der Stürmer hat durch seine Vertragsverlängerung ein Statement gesetzt, dem Werben von Real widerstanden. Wir wissen aber, wie sehr es an ihm nagt, dass die Real-Stars international viel größere Aufmerksamkeit bekommen als er bei Bayern. Bei der letzten Wahl zum Weltfußballer landete Lewandowski nur auf Rang zwölf, bei der »Ballon d'Or«-Abstimmung gar nur auf Platz 16. In den sozialen Medien hatte der ansonsten so kontrollierte Stürmer für seine Verhältnisse mit einem emotionalen Vulkanausbruch reagiert. Lewandowski schimpfte via Twitter gegen die FIFA: »Kabarett!« In der Bundesliga bricht er mit seinen Toren Rekord um Rekord, ohne dafür auf der Fußballweltbühne die nötige Anerkennung zu bekommen. Dieses Thema wollen wir mit Robert vertiefen. Wie erwartet rennen wir beim Stürmer damit offene Türen ein.

Mein Kollege Tobi und ich kennen Robert lange genug, sodass ein gewisses Vertrauensverhältnis besteht. Lewandowski weiß, er kann mit uns offen reden, ohne dass wir seine Aussagen missbrauchen werden, denn: Gegenüber Journalisten ist Lewandowski ein vorsichtiger Typ. Seine Antwort beginnt er diplomatisch, als wir ihn zu den schlechten Resultaten bei den jüngsten Wahlen befragen. »Ich bin in erster Linie Mannschaftssportler und kämpfe für Titel mit dem FC Bayern«, sagt er, bevor er einräumt: »Aber natürlich schaue ich auch auf persönliche Rankings.« Dann lässt er den Satz folgen, den wir erwartet haben. Wir müssen gar nicht weiterbohren. Lewandowski stellt sich selbst die entscheidende Frage: »Wenn ihr mich fragt, ob ich irgendwann gerne Weltfußballer wäre? Selbstverständlich! Die Grundvoraussetzung dafür ist aber, dass wir Titel holen. Wenn wir die Champions League gewinnen sollten, würden meine Chancen hierfür sicher steigen. Aber es ist noch ein weiter Weg bis dorthin. Irgendwann will ich diesen Titel holen.« Es ist in seiner Stimme deutlich zu spüren: Nichts auf der Welt wünscht sich Lewandowski mehr. Für dieses Ziel war er einst von Dortmund nach München gewechselt.

12.4.2017:
Champions League, Viertelfinale, Hinspiel:
FC Bayern vs. Real Madrid 1:2
(Tore: Vidal; Ronaldo [2])

Mittwoch, Allianz Arena: Toni Kroos kommt zurück. Der Weltmeister wechselte 2014 von München zu Real Madrid, nachdem sich beide Parteien bei den Verlängerungsgesprächen nicht über das Gehalt einigen konnten. Im

Vorjahr hatte Toni mit den Königlichen gegen Bayern-Bezwinger Atlético Madrid in einem dramatischen Finale (1:1 und 5:3 nach Elfmeterschießen) die Champions League gewonnen. Es ist nach dem Triumph mit Bayern 2013 das zweite Mal für Kroos, dass er den Henkelpott in Händen hielt. Nach München reisen die Madrilenen mit ihrem Superstar Ronaldo an, der seit sechs Partien in der Königklasse ohne Torerfolg ist. Bisher war es zudem noch keinem Team gelungen, den Titel zu verteidigen. Um die Ereignisse auf dem Rasen so nah wie nur möglich und vor allem aus Sicht der Spieler zu schildern, bat ich Toni Kroos, sie für »Bayern Insider« aufzuschreiben.

VON TONI KROOS

Für mich war es das erste Pflichtspiel gegen Bayern nach meinem Wechsel zu Real Madrid und daher schon etwas Besonderes. Wir wussten, dass wir mit Bayern gegen eine Mannschaft spielen, die ähnlich wie wir immer den Ball haben will. Unser Trainer Zinedine Zidane gab uns mit, dass wir uns diesmal darauf konzentrieren müssen, auch ohne Ball gut zu spielen. Es würden längere Phasen ohne Ballbesitz auf uns zukommen, was für Real Madrid natürlich etwas ungewohnt ist. In der Regel kontrollieren wir den Ball und damit das Spiel.

Die Spielidee von Pep Guardiola war weiterhin bei Bayern vorhanden. Die Spieler griffen auf die Automatismen zurück, die unter Pep ja sehr gut funktioniert haben. Ich glaube auch nicht, dass Carlo (Ancelotti) die Idee hatte, das Spielkonzept bei Bayern komplett auf links zu drehen. Er ist eher ein Trainer, der nicht ganz so viel im Detail mitgibt wie Guardiola.

Die Bayern begannen sehr dominant, gingen durch ein Tor von Arturo Vidal in der 25. Minute in Führung. Wir hatten bei Real zu dem Zeitpunkt aber eine Mannschaft, die nie die Ruhe verlor. Auch bei einem Rückstand wussten wir immer, dass wir ein Spiel noch drehen können. Wir hatten zudem Glück, dass Vidal danach einen Elfmeter zum möglichen 2:0 vergab. Das war sicherlich neben dem Platzverweis von Javi Martínez der zweite Knackpunkt im Bayern-Spiel.

Mit zunehmender Spielzeit kamen wir immer besser zum Zug. Cristiano Ronaldo gelang direkt nach der Halbzeit der Ausgleich, den wir uns im Laufe der zweiten Halbzeit immer mehr verdienen würden. Nach Gelb-Rot für Javi war es für mich gefühlt eine halbe Stunde ein Spiel auf ein Tor, auf das Tor der Bayern. Cristiano erzielte das 2:1, aber ich denke, wir hätten auch locker das 3:1, 4:1 oder 5:1 machen können. Manuel Neuer hielt an dem Abend aber wieder einmal überragend.

Ich weiß noch, dass ich nach dem Spiel mit gemischten Gefühlen im Bus saß. Ein Hinspiel im Champions-League-Viertelfinale 2:1 zu gewinnen ist zunächst eine gute Ausgangslage. Gerade nach der ersten halben Stunde war das ein Topergebnis. Doch als ich an die letzten 30 Minuten dachte, ärgerte ich mich ein wenig, dass wir die Runde nicht schon vorzeitig für uns entschieden hatten. Möglich gewesen war es allemal. Ich wusste: Trotz des 2:1 könnte es im Rückspiel noch mal sehr eng werden. Und so kam es dann ja auch.

18.4.2017
Champions League, Viertelfinale, Rückspiel:
Real Madrid vs. FC Bayern 4:2 n.V.
(Tore: Ronaldo [3], Asensio; Lewandowski, Ramos [Eigentor])

Dienstag, Estadio Santiago Bernabéu: Nur sechs Tage nach dem Hinspiel muss der FC Bayern in Madrid ran. Toni Kroos sollte sich in seinen Befürchtungen, die er bereits bei der Abreise aus München hatte, mehr als bestätigt sehen. Es wurde trotz des 2:1-Hinspielerfolgs für die Madrilenen sogar verdammt eng.

VON TONI KROOS

Wir gingen mit der deutlich besseren Ausgangslage ins Spiel, wussten aber, dass Bayern immer in der Lage ist, auswärts zwei Tore zu erzielen. Von der ersten Halbzeit habe ich noch heute genau im Kopf, dass wir zwei, drei Tore hätten erzielen müssen, erneut hätten wir die Runde längst für uns entscheiden können. Stattdessen ging es mit einem 0:0 in die Pause.

Nach einem Foul an Arjen Robben bekam Bayern in der Anfangsphase der zweiten Halbzeit einen Elfmeter, den Robert Lewandowski verwandelte. Danach wurde es für uns kribbelig. Immer im Hinterkopf: Macht Bayern noch ein Tor, sind wir raus. Es ist dann wieder Cristiano Ronaldo, der hochverdient zum Ausgleich traf. Dann passierte uns das, was nach einem 1:1 nie passieren sollte: Wir bekamen ein schnelles Gegentor. Ich erinnere mich noch sehr gut, dass ein langer Ball auf Thomas (Müller) gespielt wurde, er aber nicht rankam. Stattdessen machte Ramos unglücklich ein Eigentor ins lange Eck.

Für uns war das natürlich jetzt ein richtig blödes Ergebnis. Plötzlich hieß es: Trifft Bayern einmal, brauchen wir zwei Tore, um weiterzukommen. Mit dieser ungünstigen Konstellation ging es dann in die Verlängerung.

Einen Vorteil hatten wir aber: Vidal war in der 84. Minute vom Platz geflogen. Ich weiß, dass sich Bayern sehr über die Gelb-Rote Karte aufregte, und vielleicht war sie bei dieser Aktion auch nicht unbedingt gerechtfertigt gewesen. Allerdings hätte Arturo zu diesem Zeitpunkt gar nicht mehr auf dem Platz stehen dürfen. Ich hatte es als nachgeholten Platzverweis für seine Vergehen zuvor empfunden. Wie im Hinspiel mussten die Bayern erneut in Unterzahl die Schlussphase gegen uns bestreiten.

Zinedine Zidane gab uns für die Verlängerung mit, dass wir den Platz ausnutzen und das Spiel in die Breite ziehen sollen. Die Bayern, die ohnehin schon ein wenig kaputt waren, hatten dadurch viele Räume zu belaufen. Jeder, der schon mal so eine Unterzahlsituation im Fußball erlebt hat, weiß, wie unangenehm das ist. Gerade, wenn du schon 90 Minuten in den Beinen hast.

Mit einem Mann mehr kamen wir folgerichtig zu vielen Chancen. Beim 2:2 hatten wir zugegebenermaßen Glück, dass es noch keinen Videoschiedsrichter gab. Der Treffer von Ronaldo war wohl Abseits. Doch Cristiano machte ja noch ein drittes Tor an diesem Abend, sein fünftes insgesamt in diesem Viertelfinalduell. In den sechs Champions-League-Partien zuvor hatte Cristiano überhaupt nicht getroffen, was für ihn schon etwas Außergewöhnliches war. Asensio setzte mit dem 4:2 den Schlusspunkt.

Alles in allem habe ich die Duelle 2017 gegen Bayern so in Erinnerung, dass unser Weiterkommen sehr verdient war. Es erwarteten uns im Anschluss noch Atlético Madrid im Halbfinale sowie Juventus Turin im Endspiel, wir waren also noch lange nicht durch. Wenn du aber den FC Bayern ausschaltest, hast du immer das Gefühl, einen der großen Brocken und Mitfavoriten aus dem Weg geräumt zu haben. Von daher hilft dir das mental enorm für den weiteren Turnierverlauf.

Wie zuvor Pep Guardiola war auch Carlo Ancelotti in seinem ersten Anlauf gescheitert, die Champions League mit dem FC Bayern zu gewinnen.

Mitte April, München: Ich warte auf meine Gesprächspartner und denke an Hugh Grant. Filmszenen treffen oft überraschend genau die Realität. In der Komödie *Notting Hill* sitzt der Buchhändler William Thacker, gespielt von Grant, bei einem sogenannten *Press junket*. Bei so einer Veranstaltung warten Journalisten darauf, die Stars hintereinander zu ihrem neuen Film zu interviewen. In *Notting Hill* ist der Star des Films im Film mehr oder weniger die echte Julia Roberts, die ihren Verehrer Thacker eingeladen hat. Als Grant von einem Mitarbeiter der Presseabteilung mit der Frage überrumpelt wird, für welches Medium er arbeitet, nennt er spontan das im Wartezimmer ausliegende Magazin *Horse & Hound*. Das Reitsportmagazin ist das älteste in Großbritannien. Ich habe ebenso wenig Ahnung von Pferden wie der Buchhändler in *Notting Hill*. Dennoch werde ich gleich ein Interview mit dem viermaligen Olympiasieger im Springreiten, Ludger Beerbaum, führen, das im Magazin des Pferdesportturniers »CHIO Aachen« erscheinen wird. Warum ich das mache? Wie sollte es anders sein: Die beiden anderen Interviewpartner sind Lisa und natürlich Thomas Müller.

Schnell stellt sich heraus, dass Hermann Gerland, Co-Trainer des FC Bayern, den Kontakt zwischen den Müllers und Beerbaum hergestellt hat. Der »Tiger«, wie er im Klub gerufen wird, hat von Pferden ähnlich viel Ahnung wie von Fußballtalenten. Gerland, der selbst Pferde züchtet, bat Beerbaum darum, bei ihm anzurufen, da sich Müller für Pferde interessiere.

Inzwischen tauschen sich die Müllers und Beerbaum nicht nur über Pferde aus; der Springreiter gab Dressurreiterin Lisa auch Unterrichtsstunden.

Alles, was ich über Pferde weiß: Thomas' Lieblingspferd ist ein Zwergpony namens Freddy. Mit Freddy als Aufhänger beginne ich daher auch das Interview mit Beerbaum – und er liefert mir prompt eine Geschichte. Ein Pony hätte beinahe Beerbaums Karriere verhindert, da er als Kind von einem solchen gebissen wurde und er danach keine Lust mehr auf Reiten hatte. Zudem stellt sich heraus: Obwohl der nächste große Fußballverein nahe Beerbaums Heimatort Detmold Borussia Dortmund ist, liebt der Weltklassereiter seit seiner Kindheit den FC Bayern. Schon damals war er Müller-Fan, wenn auch von Namensvetter Gerd. Nach dem Interview schmunzelt Thomas mich an: »Dafür, dass du von Pferden keine Ahnung hast, war das gar nicht mal so schlecht.« Dann schüttelt er den Kopf und meint zur Verabschiedung: »Startet der doch glatt ein Reitsportinterview mit meinem Freddy …« Gut, dass ich Thomas im selben Monat noch einmal zu einem Fußballinterview treffen werde.

April, Säbener Straße: Thomas Müller empfängt uns zum Meister-Interview. Für das Gespräch bringt er eine Kopie der Schale mit. »Die hier ist leichter, weil der Sockel fehlt«, klärt er mich auf. Thomas muss es wissen, schließlich hat er das Ding zu diesem Zeitpunkt schon sechsmal gewonnen. Die Rekordhalter der Liga mit acht Meisterschaften sind allesamt Bayern: Oliver Kahn, Mehmet Scholl, Bastian Schweinsteiger und Philipp Lahm. Thomas sagt: »Den Henkelpott hätten wir diese Saison auch holen müssen. Das Aus gegen Madrid war total unnötig …« Müllers persönliche Halbfinalbilanz in der Königsklasse lautet zu diesem Zeitpunkt: drei Siege (2010, 2012, 2013) gegenüber vier Niederlagen (2014, 2015, 2016, 2017).

Das Interview mit Thomas geht fast ohne Änderungen in Druck. Reporter wissen: Das ist keine Selbstverständlichkeit. »Wenn man ein offizielles Interview mit einem Bayern-Spieler führt, bekommt man es manchmal dreifarbig zurück«, beschrieb es mein Kollege Christof Kneer einmal treffend in einem Artikel der Süddeutschen Zeitung. Der Grund dafür, so Kneer: Die Presseabteilung des Vereins habe darin »herumautorisiert« (sagen wir: in Rot), der Medienberater des

Spielers hat Anmerkungen gemacht (grün), und er hat es sicherheitshalber noch dem Spielerberater geschickt, dem auch noch etwas aufgefallen ist (blau). Kneer schreibt weiter: »Manche dieser autorisierten Interviews könnte man ebenfalls an den Redaktionsdrucker schicken, man würde sie allerdings nicht an den Tegernsee weiterleiten, sondern eher in ein Museum für moderne Kunst hängen. Dreifarbiges Gekritzel, mysteriöse Zeichen: Bestimmt ließe sich ein Kunstkritiker finden, der da etwas hineininterpretiert, den Sinn des Lebens oder so.« Was Kollege Kneer in seiner Geschichte nicht erwähnt: Die gefürchtete gestrichelte Linie (egal, ob rot, grün oder blau!), die an den Seitenrand des Dokuments führt und in dem Verweis endet: »hat gelöscht« …

Mai 2016, München, Restaurant »La Fontana«: Die Leser-Gewinner unseres Treffens, diesmal mit Verteidiger Jérôme Boateng, kennen die Autorisierungsfeinheiten natürlich nicht, als sie das Gespräch mit dem Bayern-Star beginnen. Das Lokal hat Jérôme selbst ausgesucht. Der »Italiener« liegt nur wenige Fahrminuten vom Trainingsgelände der Säbener Straße entfernt. Als ich das Restaurant betrete, merke ich schnell, warum sich der Bayern-Profi für dieses Lokal entschied. An der Bar hängt bereits ein Foto von Jérôme, zusammen mit Restaurantchef Davide, und zwar inmitten einer Bildergalerie anderer prominenter Gäste wie Mark van Bommel, Sebastian Rode und Edin Džeko. Bei dem Gewinnspiel macht Jérôme mit, da wir seit Jahren einen guten, vertraulichen Draht zueinander haben.

Januar 2011: Nationalverteidiger Jérôme Boateng treffe ich zum ersten Interview, als er bereits bei Manchester City spielt. Für ein Fotoshooting haben wir uns in Berlin verabredet. Jérôme ist auf Heimatbesuch, Berlin ist seine Stadt. Unsere Idee für den Termin: Wir verkleiden den neuen Verteidiger von Manchester City als Bobby, als englischen Polizisten. Jérôme hat zu dem Zeitpunkt bereits zwölf Länderspiele absolviert, weshalb wir uns nicht komplett fremd sind. Mein Fotograf Schmitti und ich haben für unser Treffen in einem Berliner Hotel einen Raum angemietet und uns eine Uniform samt schwarzem Helm ausgeliehen. Jérôme kommt mit einem Freund zu uns hereingeschlendert. Beide Jungs haben sofort Spaß an unseren Requisiten, schnappen sich abwechselnd die Trillerpfeife, um schrille Sounds durch das Hotel zu jagen. Nachdem die Stimmung aufgetaut ist, kommt der Verteidiger ins Plaudern. Spannend finde ich die Geschichten über seinen neuen Nachbarn: Englands Starstürmer Wayne Rooney. Jérôme berichtet, dass die Presse in England weniger zimperlich ist als in Deutschland. Erst neulich hätte ihn Hubschrauberlärm veranlasst nachzuschauen, was bei den Rooneys los sei. Tatsächlich hatten Journalisten versucht, aus einem Hubschrauber heraus Fotos von Rooneys Garten zu machen. Der Stürmer war aufgrund von Wechselgerüchten in den Fokus geraten. Von Manchester United sollte Rooney ausgerechnet zum Stadtrivalen City abwandern wollen, hieß es. Boateng hatte davon allerdings nichts gehört und es kam am Ende auch nicht so. Lustig ist seine Geschichte dennoch.

Mai 2016, München, Restaurant »La Fontana«: »Entschuldigt bitte die Verspätung, ich musste zum Zahnarzt«, begrüßt Boateng die Leserrunde. Die Begründung nimmt man ihm gerne ab, denn während alle Pasta und Pizza essen, darf Jérôme sich nach der Behandlung nicht einmal etwas zu trinken bestellen. Die Leser werden dem Weltmeister mit ihren unkonventionellen Fragen einige Geheimnisse entlocken. Beispiele: Wieso heißt Jérôme auch Agyenim? »Agyenim heißt übersetzt ‚Der Große'«, klärt der Verteidiger uns auf und scherzt: »Den Namen haben meine Eltern nicht so schlecht gewählt.« Wer sind seine besten Kumpels im Team? Boateng: »Zu David Alaba und Franck Ribéry habe ich vielleicht den engsten Draht.« Was ist sein Lieblingsteam in der NBA? Boateng: »Ich bin bekennender Fan der Golden State Warriors.«

Nach den vielen Fragen wird es spannend. Der neunjährige Kevin sagt zu Jérôme: »Ich will dich nächstes Jahr weiterhin beim FC Bayern sehen!« Boateng lacht erst ein wenig, dann antwortet er ausweichend: »Ich habe auch nichts anderes vor.« Kevin hakt nach, da auch er von der Unzufriedenheit des Profis mit seiner aktuellen Situation bei Bayern gelesen hat: »Möchtest du denn noch mal für einen anderen Verein als Bayern spielen?« Nun muss Boateng lachen: »Du fragst aber wirklich schon wie ein kleiner Journalist. Ich sage mal so: Es gibt weltweit nur wenige Vereine, die so eine Strahlkraft und Tradition wie der FC Bayern haben.« Wenige heißt aber nicht keine. Das merken auch die Leser am Tisch. Boateng will nun nicht mehr länger ausweichen, sondern ihnen die Wahrheit sagen. Natürlich überlege er sich gerade seine Zukunft, öffnet er sich. Er fühle im Klub derzeit nicht die

Wertschätzung, die er sich nach sechs erfolgreichen Jahren erhofft habe. Klar habe ihn die Verletzung bei der EM zurückgeworfen. Ohne die komplette Vorbereitung sei er diese Saison tatsächlich nicht an seine Hundertprozentmarke gekommen. Aber vor allem der Satz von Vorstandschef Karl-Heinz Rummenigge im November, er solle wieder etwas »back [sic] to earth« kommen, verärgere ihn, gibt Jérôme zu.

Die Gewinner werden diese Passage in dem Interview nicht zu lesen bekommen, das wir anhand ihrer Fragen im Magazin drucken. Sie fiel der gefürchteten gestrichelten Linie mit dem Verweis »hat gelöscht« zum Opfer.

20.5.2017 @cfbayern
Es war mir eine Ehre @philipplahm

17.28 Uhr @FCBayernMünchen
Oh Captain, my Captain! #DankePhilipp

Mai 2017: Ich muss schmunzeln, dass der FC Bayern gerade dieses Zitat aus dem Filmklassiker *Der Club der toten Dichter* mit dem fantastischen Robin Williams zum Abschied seines Triple-Kapitäns twittert. Wie oft hatte ich Philipp bei unseren Telefonaten nicht mit diesem Satz begrüßt? Weil er das Zitat anfangs nicht kannte, schenkte ich ihm eine DVD des Films zum Geburtstag. Nun sitze ich auf der Pressetribüne der Allianz Arena, um einen lieb gewonnenen alten Weggefährten zu verabschieden. Philipp Lahm bestreitet gegen den SC Freiburg das 701. und das letzte Pflichtspiel seiner Karriere. Als diese ihren Anfang nahm, saß ich noch auf der Pressetribüne des Olympiastadions beim Champions-League-Spiel gegen Lens (3:3) im November 2002.

Zusammen fuhren Philipp und ich zu unserer ersten Europameisterschaft 2004 nach Portugal, wie später auch zu allen anderen Turnieren bis zu seinem WM-Titel 2014. Er schenkte mir sogar sein erstes Kapitänstrikot, als er erstmals 2009 in Shanghai mit der Binde auflief. Für unsere Serie zur WM 2010 in Südafrika ritt er auf einem Elefanten, was schon immer ein Kindheitstraum von ihm war. Für seine ersten Schritte als Gesellschafter lud er mich als ersten Reporter ein, seine Fabrik für Pflegeprodukte zu besuchen.

»Gestatten, Dr. Lahm«, begrüßte er mich mit Häubchen und Laborkittel. Ja, wir hatten Spaß. Auch wenn man Philipp als Reporter privat nie ganz nahekommen kann, so teilen wir immerhin unsere Sympathie für die österreichische Band STS, über die wir plaudern können. Beruf und Privates trennt er jedoch konsequent, was für alle Seiten von Vorteil ist. Ich kenne Lahm inzwischen seit 15 Jahren, und in dieser Zeit habe ich ihm viele Fragen gestellt, er mir dagegen nur eine: nach einem Trikot.

Für eine Magazinserie zur WM 2014 besuchten wir die Altstars von Brasilien. Pelé, Romário, Ronaldo & Co signierten dabei die Trikots der Seleção für die deutschen Nationalspieler. Für Philipp Lahm wählte ich Cafu, den Rechtsverteidiger und Mannschaftskapitän der brasilianischen Weltmeister 2002 (schon 1994 holte er den WM-Titel). Nach dem Turnier sprach mich Philipp darauf an. »Bekomme ich denn noch das Trikot?«, fragte er zu meiner Überraschung. Ich hatte nicht geahnt, dass er es wirklich wollte, was ich ihm auch sagte. »Es ist doch für mich signiert, oder? Dann hätte ich es natürlich auch gerne.« Nach der WM ging ich jedoch in den Urlaub und zu Beginn der neuen Saison dachte ich schlicht und einfach nicht mehr daran. Drei Jahre später ist es das passende Abschiedsgeschenk. Philipp ist sichtlich erfreut, als ich ihm das Dress trotz Verspätung aushändige. »Das Trikot kommt auf keinen Sessel«, verspricht er und zwinkert mir zu. Er weiß, dass er mich mit dem Sessel-Thema ein wenig ärgern kann.

Die Sessel sind eines der wenigen Geheimnisse, die ich aus Philipps Privatleben lüften konnte. Früher hingen die Trikots, die er in seiner Laufbahn sammelte, aufgereiht an einer Schnur am Treppenaufgang in seinem Apartment am Gärtnerplatz. Für seine Zeit nach der Karriere ließ Philipp sie umschneidern. Die Trikotsammlung ziert inzwischen den Bezug zweier Sessel, die Lahm in seiner Münchner Penthouse-Wohnung mit 300 Quadratmetern in Bogenhausen stehen hat. Nun sitzt Philipp auf den getauschten Dressen der Gegner seiner Karriere, etwa auf den Trikots von Pirlo und Buffon, aber auch auf denen seiner Mitspieler wie Bastian Schweinsteiger, Manuel Neuer und Thomas Müller.

Ich habe in meiner Zeit als Sportreporter keinen Profi kennengelernt, der sich so in Trainer hineindenken kann wie Philipp Lahm. Für »Bayern

Insider« erklärt Philipp in einer Kolumne, wie sich die Trainerumstellung von Guardiola zu Ancelotti auf das Bayern-Spiel auswirkte.

VON PHILIPP LAHM

Worin unterscheiden sich die Trainertypen Pep Guardiola und Carlo Ancelotti? Diese Frage stellte mir Christian Falk oft, sehr oft. Es ist eine typische Journalistenfrage und ich kann verstehen, dass sie aus Reportersicht interessant ist. Meine damalige Antwort mag deshalb für ihn erst mal unbefriedigend geklungen haben, nicht weniger ist sie auch heute noch richtig. Worin also unterscheiden sich Pep Guardiola und Carlo Ancelotti? In erster Linie in gar nicht so viel. Den wichtigsten Traineraspekt erfüllen sie beide gleichermaßen zu hundert Prozent: Sie sind Koryphäen in dem, was sie tun. Beide wissen, worauf es im Fußball ankommt und was sie tun müssen, damit ihre Mannschaften im Spiel funktionieren.

In meinen Zeiten als aktiver Spieler musste diese Antwort einem Reporter genügen, denn sie beschreibt den entscheidenden Faktor für mich als Profi. Rückblickend kann ich die Frage nun ein wenig differenzierter beantworten.

Pep Guardiola hatte für den FC Bayern eine Spielidee, die er schon beim FC Barcelona sehr erfolgreich praktiziert hatte. Pep verlangte von uns eine Verdichtung im Mittelfeld, um im Zentrum eine Überzahlsituation zu schaffen. Der FC Bayern hatte allerdings anders als Barca traditionell eine eigene Tradition des Flügelspiels, mit Franck Ribéry und Arjen Robben zwei Weltklassespieler für diese Positionen. Um seine Zentrumsidee mit unserer Flügelspielphilosophie, die einst unter Louis van Gaal eingeführt wurde, zu vereinen, kam uns Außenbahnspielern unter Pep eine Schlüsselrolle zu. In Ballbesitz hatten David Alaba und ich nach innen zu rücken, um das Zentrum starkzumachen. Guardiola verlangte von uns zudem, dass wir im Spiel gegen den Ball permanenten Stress auf den Gegner ausüben! Der große Vorteil dieser Taktik war, dass wir bei Ballverlust in der gegnerischen Hälfte schnell und effektiv den Ball aus der Mitte heraus zurückholen konnten. Dadurch, dass David und ich zusätzlich für eine Verdichtung im Zentrum sorgten, konnten wir nur über die Außenbahnen ausgekontert werden. Die größere

Gefahrenzone im Strafraum war dafür aber neben den beiden Innenverteidigern schnell und zusätzlich abgesichert, da wir auch da kompakt in der Mitte waren. Dabei wusste Guardiola: Gegen die meisten Mannschaften würde sein Bayern-Team aufgrund der hohen Qualität diese Überlegenheit immer im Mittelfeld produzieren und in seinem Sinne nutzen können.

Der Ansatz von Carlo Ancelotti war gerade in dieser Hinsicht ein anderer. Er verlangte ständiges Überzahlspiel in der Defensive. Der Mister spielte selbst einst unter Arrigo Sacchi, dem Erfinder der ballorientierten Raumdeckung. Mit dieser Spielweise, einfach und pragmatisch, hob Sacchi den Fußball zu seiner Zeit auf ein neues Niveau. So lehrte auch uns Ancelotti, dass der Erfolg zunächst auf einer stabilen Defensive beruhe. Ancelotti stärkte seine Spieler in ihrer Komfortzone, dort, wo und worin sie am besten sind. Wir Außenverteidiger standen bei ihm etwas tiefer und wieder außen auf unserer angestammten Position. Ancelotti wollte uns Spieler nicht verändern oder neu entwickeln wie Pep, der mich zeitweise auf der Sechser-Position oder Robert Lewandowski auf der Außenbahn spielen ließ. Der Italiener stellte vielmehr die Frage: Wie gut ist ein Spieler auf seiner Position? Hatte er in seiner Mannschaft mindestens sechs oder sieben Profis, die diese Frage auf einem herausragenden Niveau beantworteten, wusste er: Mit so einem Team kann er Titel gewinnen! Beim FC Bayern sah er dieses Kriterium ausreichend erfüllt. Xabi Alonso ist ein gutes Beispiel dafür, wieso er auch unter Ancelotti ein perfekter Leistungsträger war. Stark in der Defensive, offensiv abwartend. Unter Ancelotti spielten wir einen Bayern-Fußball ganz klar nach italienischer Prägung. Carlo Ancelotti hatte ein gutes Gefühl für uns Spieler, für die es oft gar nicht viele Worte brauchte. Als ich beschloss, meine Karriere 2017 vorzeitig zu beenden, versuchte er erst gar nicht groß, mich zum Weitermachen zu überreden. Er verstand sofort, dass dies keinen Sinn ergab. Stattdessen sagte er mir: »Philipp, höre gerne auf – aber komm an meine Seite und in mein Trainer-Team. In ein paar Jahren kannst du dann übernehmen.« Dankend lehnte ich ab. Dennoch war es ein großes Kompliment für mich und gleichzeitig eine Bestätigung dafür, wie sehr Carlo die Beweggründe und Gedanken von uns Spielern jederzeit nachvollziehen konnte.

Eine weitere von Christian Falks Fragen zur Trainerumstellung für uns Spieler lautete, wie es gleichermaßen funktionieren konnte, dass unter Guardiola eine taktische Analyse manchmal bis zu zwei Stunden dauerte, bei Ancelotti hingegen oft nur zehn Minuten. Ich möchte es gerne mit einem musikalischen Bild beschreiben: Guardiola ist als Trainer wie ein Dirigent, der jede Note spielt und diese daher mit seinem Orchester besprochen haben will. Ancelotti ist ein Maestro darin, auf die Kunstfertigkeit, also auf die Qualität seiner Spieler zu setzen, um für den großen Tusch in den entscheidenden Momenten zu sorgen. Diese Momente spricht er an, vertraut in den anderen der Intuition seiner Profis. Aus all diesen Gründen war der Übergang von der einen Trainerkoryphäe Guardiola zu der anderen Ancelotti für uns Bayern-Spieler nahtlos.

3 NEUE HOFFNUNGEN DURCH JUPP HEYNCKES (SAISON 2017/18)

Saison 2017/18
Champions League, Gruppe B: FC Bayern, Paris Saint-Germain, Celtic Glasgow, RSC Anderlecht
Zugänge: Corentin Tolisso, Niklas Süle, Sandro Wagner, James Rodríguez, Sebastian Rudy
Abgänge: Philipp Lahm, Xabi Alonso, Holger Badstuber, Douglas Costa, Renato Sanches

Juli 2017: Die zweite Saison unter Trainer Ancelotti hat durchaus Konfliktpotenzial. Mit Kapitän Philipp Lahm und Xabi Alonso haben sich zwei absolute Führungsspieler in ihr Karriereende verabschiedet; Altstar Franck Ribéry sieht sich noch lange nicht so weit. Franck will weiterspielen, und zwar von Anfang an. Darum sucht der Franzose in der Vorbereitung das Gespräch mit Ancelotti. Ribéry ist zu diesem Zeitpunkt noch immer verärgert über die Vorsaison. Seit zehn Jahren ist der Franzose nun beim FC Bayern, nur neunmal hatte er in dieser Zeit 90 Minuten auf der Bank schmoren müssen – davon allein fünfmal unter dem italienischen Mister in der vergangenen Spielzeit. Franck lässt Ancelotti in der Aussprache wissen, dass er sich nicht nur in der Startelf sieht, sondern auch nicht immer vorzeitig ausgewechselt werden möchte. Seine Argumentation: Nie zu wissen, ob er im nächsten Moment gleich vom Feld müsse, hemme ihn in seinem Spiel.

Ancelotti weiß bereits, was für ein Spagat ihn mit dem Bayern-Star in dieser Saison erwartet, er kennt die Launen des Dribblers. Am 31. Spieltag hatte Bayern mit einem 6:0-Sieg in Wolfsburg den Meistertitel vorzeitig perfekt gemacht. Statt groß zu feiern, verschwand Ribéry sauer über seine Reservistenrolle als Erster in die Kabine und schmollte anschließend im Bus, bis die Feierlichkeiten der Kollegen beendet waren. Dabei versucht Ancelotti immer wieder, Ribéry seine Star-Rotation zu erklären. »Hör zu, du bist wie ein Ferrari«, sagt Ancelotti seinem Bayern-Star. »Und du kannst einen Ferrari nicht jeden Tag fahren. Nur an Sonntagen. Wenn mal nicht Sonntag ist, spielst du nicht.« Was Ancelotti vielleicht bei seinem Bild bedenken hätte sollen: Ribéry fährt privat einen Lamborghini.

Franck kommt prustend in die »Bar Italia« hereingeschlendert, in der mein Kollege Tobi und ich auf ihn warten. Die vielen Male, die ich Franck Ribéry interviewt habe, kann ich nicht mehr zählen. Er gab mir sein erstes Interview in Deutschland, als er nach seiner Ankunft 2007 in München im »Hotel Vier Jahreszeiten« in der Maximilianstraße wohnte. Meist saßen wir für unsere Gespräche an der Säbener Straße zusammen, doch mindestens genauso oft gingen wir aus zum Essen. Heute haben wir uns für das Interview ganz in der Nähe seines Hauses in Grünwald verabredet. Aber an ein Gespräch ist erst mal nicht zu denken. Franck ist genug damit beschäftigt, um vor lauter Lachen Luft zu bekommen. »Was ist passiert?«, frage ich ihn. Ribéry setzt an, um uns seine Geschichte zu erzählen, muss dann aber wieder abbrechen. Er findet es einfach zu lustig. »Was ist denn so komisch«, probiert es Tobi, dem lachenden Franzosen sein Spaßgeheimnis zu entlocken. Franck beruhigt sich langsam. Dann klärt er uns auf. Er zeigt auf den Blumenladen gegenüber, wo er gerade Blumen für seine Frau Wahiba besorgt hat. Er war direkt vor das Geschäft mit seinem neuen Lamborghini vorgefahren. Der Verkäufer sei von dem Auto hellauf begeistert gewesen, habe sich vor Aufregung gar nicht mehr beruhigen können. »Da habe ich gefragt: ›Willst du damit fahren?‹« Daraufhin habe er dem Angestellten des Blumenladens die Schlüssel seines Luxussportwagens in die Hände gedrückt. Der Verkäufer habe es im ersten Moment nicht fassen können, sei aber dann doch mit ein wenig Zureden in den Lamborghini gestiegen. Tobi und ich müssen nun auch über die Geschichte schmunzeln. »Und?«, frage ich und scherze: »Hat er den Wagen heil zurückgebracht?« Daraufhin bricht Franck erneut in japsendes Gelächter aus. »Das ist ja das Lustige«, erklärt er: »Er ist bis jetzt noch nicht damit zurückgekommen!« Tobi und ich schauen uns irritiert an, wie Franck so locker bleiben kann. Ob er das Auto zurückbekommt, werden wir in den nächsten 45 Minuten, die das Interview dauert, nicht erfahren. Franck scheint keine Eile zu haben, um sich nach dem Verbleib seines Lamborghinis zu erkundigen. Der Mann hat wirklich Nerven.

Juli 2017: Das erste Interview der anstehenden Saison gibt uns: Franck Ribéry. Es ist wie ein Wiedersehen mit einem Klassenkameraden am Anfang eines neuen Schuljahrs. Franck schlappt in seinen Adiletten in den Presseraum. Die erste Frage stellt er selbst: »Und? Wie war euer Sommer?«

Es ist schön, wenn ein Fußballstar auch am Leben der Reporter Interesse zeigt. Immerhin begleiten wir seine Karriere schon seit Jahren, in meinem Fall seit zehn. Ich steckte Franck in eine Lederhose für ein Fotoshooting, noch bevor es der FC Bayern tun konnte. Er schüttete mir einen Eimer Wasser vom Dach des Trainingsgeländes über den Kopf. Quasi als Testversuch, bevor Oliver Kahn nach mir aus der Kabine kam und ich gleich noch mal zum Umziehen musste.

Wie mein Sommer war? Ich erzähle Franck von den Erlebnissen und Eindrücken vom Confed Cup. »Russland ist ein schönes Land«, sagt Franck und ich frage mich, ob der Franzose den Schlager »Moskau« von Dschinghis Kahn kennt. Immerhin ist Leslie Mandoki, damaliges Mitglied der Band, stets in der Bayern-VIP-Lounge der Allianz Arena zugegen. Statt über den Eurovision Contest reden wir aber nun über den UEFA-Cup und die 0:4-Halbfinalniederlage von Ribéry mit den Bayern 2008 in Sankt Petersburg. Jetzt sind wir mittendrin im Thema Fußball und darüber, wie schnell die Zeit im Leben eines Profikickers vergeht.

»Ich bin ein alter Mann«, scherzt Franck und streckt demonstrativ seine Beine und Arme. Er habe daher zuletzt viel für seinen Körper getan. Während die Kollegen am Strand lagen, radelte er an der Säbener Straße und absolvierte fleißig Aqua-Jogging im Pool. Bei den Testspielen pausierte er. »Ich wollte kein Risiko eingehen, aber alles ist gut«, versichert Franck. Früher sei er selbst in der Sommerpause lieber mit dem Jetski vor Ibiza herumgedüst. »Meine Kinder sind gerade in einer wichtigen Phase in der Schule, da kannst du nicht einfach in Urlaub fahren«, erklärt nun der Vater Franck. Darum habe er in München fast drei Wochen täglich trainiert.

Jetzt wird vor der Tür gehupt und diskutiert. Francks Bruder ist mit dem Dienst-Audi angekommen, unterhält sich lautstark mit einem Freund der Familie. Franck reckt den Kopf aus dem Fenster. Grinsend wendet er sich uns wieder zu: »Es ist schon verrückt! Die unterhalten sich echt auf Deutsch! Meine ganze Familie tut das.« Er schüttelt den Kopf. »Wer hätte das vor ein paar Jahren noch gedacht ...«

Franck Ribéry ist schon mehr »Mia san mia« als die meisten anderen Profis im Klub, sogar als viele Deutsche. Allein Thomas Müller ist ihm per Geburtsrecht voraus. Im Laufe des Gesprächs wird klar, wie sehr der Franzose am FC Bayern hängt. Er verrät uns, dass er zwei Jahre zuvor ein lukratives Angebot aus China abgelehnt hatte. »Als ich hörte, wie viel Geld ich dort verdienen kann, war das erst einmal unglaublich«, räumt Franck ein. Aber es sei nun mal so: »Ich spiele Fußball fürs Herz, fürs Vergnügen. Nicht fürs Geld. Das ist meine Mentalität. Ich möchte auf Topniveau spielen und Titel gewinnen. Das ist wertvoller als Millionen aus China.« Er zieht den Schluss selbst, bevor wir fragen können: Darum soll auch diese Saison nicht seine letzte beim FC Bayern sein. Das Problem dabei: Ribéry will nicht nur weiterspielen, er will immer spielen! Douglas Costa ist bereits nach Turin geflüchtet, weil er an diesem Teufelskerl Ribéry nicht vorbeikam. Serge Gnabry hat sich direkt nach seiner Verpflichtung ein Jahr nach Hoffenheim ausleihen lassen. Kingsley Coman muss sich mit der Joker-Rolle begnügen, solange sein Landsmann fit ist. Franck scheint aufgrund seiner Klasse weiterhin konkurrenzlos zu sein. Es könnte dennoch Franck Ribérys letzte Saison beim FC Bayern werden. Sein Vertrag läuft im Sommer aus, und er ist inzwischen 34 Jahre alt. Er weiß, was auch wir wissen: Am Ende entscheidet Carlo Ancelotti.

Natürlich sprechen wir Franck beim Termin noch einmal auf das Ferrari-Bild seines italienischen Trainers an. Es ist Franck anzusehen, dass er den Vergleich nicht als Kompliment sieht. »Ich bin 34 Jahre alt, aber wenn ich fit bin, kann ich auf höchstem Niveau spielen. Vielleicht hatte er Angst, dass ich mich verletze«, führt Franck aus und man merkt, dass er sich Gedanken zu dem Thema gemacht hat. Offenbar kam er zu der Erkenntnis, dass er am Wochenende eher nicht in der Garage stehen möchte. Franck erklärt es uns nicht anhand eines Auto-Beispiels, sondern mit der tatsächlichen Leistung auf dem Rasen. Er sagt: »Bei mir ist es so: Wenn ich weiß, dass ich nach 45 oder 60 Minuten raus muss, bin ich eher gehemmt.« Damit bestätigt er unsere Berichterstattung aus der Vorbereitung. Der französische Bayern-Star lässt daraufhin eine Forderung folgen, die uns aufhorchen lässt: »Ich bin mit der vergangenen Saison persönlich nicht komplett glücklich. Eine Auswechslung ist immer schwer zu akzeptieren, kein Spieler mag das. Wenn ich fit bin, möchte ich immer über 90 Minuten auf dem Platz stehen.« Franck fügt an, dass er mit Carlo Ancelotti darüber gesprochen habe, dass sie ein offenes Verhältnis hätten. Letztlich wird dennoch allein zählen: Gibt Ancelotti seinem Superstar weiterhin regelmäßig 90 Minuten Spielzeit?

25. Juli 2017, Chiemsee: Ich tippe eine SMS in mein Handy. Noch kann ich selbst nicht glauben, was mir ein Informant erzählt hat. Darum schreibe ich: »Junge, wirst du jetzt auch noch Sportdirektor?« Dann sende ich die Nachricht an Hasan Salihamidžić ab. Ich bin nicht verwundert, dass mir Brazzo diesmal nicht antwortet. Ich kann mir vorstellen, dass ihn diese SMS nervös machen könnte, falls die Info stimmt. Es soll alles noch geheim bleiben. Ich weiß nur zu gut, wie hartnäckig er meine Quelle aufzuspüren versuchte, als ich seine Berufung zum Markenbotschafter vorab vermeldet hatte. Die Zeit läuft – diesmal werde ich die Geschichte nicht rechtzeitig wasserdicht bekommen, bevor der FC Bayern sie offiziell selbst bekannt gibt. Sechs Tage nach meiner SMS stellen die Bayern-Bosse Karl-Heinz Rummenigge und Uli Hoeneß ihren neuen Sportdirektor Hasan Salihamidžić offiziell an der Säbener Straße vor.

Es gibt viele Szenarien, die für die Sportdirektorenfindung des FC Bayern von uns Journalisten aufgeführt wurden. Die Süddeutsche Zeitung setzte sich mit ihrer Version durch, nachdem es eine Taxifahrt in Singapur gewesen sei, in der die Herren Uli Hoeneß und Karl-Heinz Rummenigge auf die Idee mit Salihamidžić kamen. Der Ex-Profi war auf dieser Asienreise im Juli mit dabei, profilierte sich in den vier Tagen in Shanghai, zwei Tagen in Shenzhen und eben fünf Tagen in Singapur in seiner Rolle als Markenbotschafter des Klubs.

Heute weiß ich: Der Beschluss pro Salihamidžić fiel wesentlich früher. Tatsächlich hatte die Klubführung bereits im Juni die Idee und schlug sie Salihamidžić vor. Obwohl Brazzo von Anfang an Feuer und Flamme war, gaben sich alle Beteiligten noch eine kurze Bedenkzeit. Salihamidžić machte zunächst eine Woche Urlaub mit seinem Sohn in Miami, dann eine weitere Woche mit der ganzen Familie auf Sardinien. Das passte gut, da auch Rummenigge und Hoeneß sich in den Urlaub verabschiedeten. Auf der gemeinsamen Asienreise wurden die Pläne dann ausgearbeitet. Hoeneß, Rummenigge und Salihamidžić setzten sich für die Detailfragen zusammen. Würde Salihamidžić seinen Job gut machen, bekäme er nach Ablauf seines Dreijahresvertrags den Posten als Vorstand. Dieses Angebot hatten die Bayern-Bosse einst auch Lahm gemacht. Der Weltmeister wollte aber nicht von der Gnade der beiden Alphatiere des Klubs abhängig sein. Salihamidžić jedoch, den kein Experte für diese Rolle auf der Rechnung hatte, erkannte sofort seine große Chance. Zumal ihm klar war: Mit Uli Hoeneß wusste er seinen großen Mentor hinter sich. Dass es Rummenigge war, der Salihamidžić überhaupt erst vorgeschlagen hatte, machte die Konstellation so kurios. Hoeneß konnte an diesem Tag sein Glück sicherlich kaum fassen. Mit Brazzo kam ein Mann in die Führungsposition, mit dem er sich schon zu dessen Spielerzeiten als Manager enger ausgetauscht hatte als mit den meisten anderen.

Montag, 31. Juli 2017, Säbener Straße: Am Tag der Salihamidžić-Vorstellung sitze natürlich auch ich unter den Reportern vor dem Podium, auf dem Hasan zwischen Rummenigge und Hoeneß platziert ist. Interessant finde ich vor allem, was Hoeneß nahezu beiläufig erzählt. Über die Kandidaten vor Salihamidžić sagt Hoeneß: »Es sind viele Namen herumgegeistert. Effektiv waren es zwei«, verrät der Bayern-Präsident und bestätigt neben den Verhandlungen mit Philipp Lahm nun auch Gespräche mit Max Eberl. »Das waren die Einzigen, mit denen wir uns wirklich beschäftigt haben. Und ich meine, im Kreis von Eberl und Lahm kann man sich ja auch ganz gut wohlfühlen …« Rummenigge, der das Interesse über Monate dementiert hatte, sitzt gerade mal einen Meter neben ihm.

Für den FC Bayern ist in dem Moment allein entscheidend: Rummenigge und Hoeneß konnten sich mit Salihamidžić auf einen gemeinsamen Kandidaten einigen. Der Posten des Sportchefs ist nach monatelangem Hickhack nun endlich wieder besetzt.

März 2016: Brazzo und ich kennen uns nicht nur seit seiner Anfangszeit als Spieler beim FC Bayern, wir haben uns auch nach seiner Karriere nie aus den Augen verloren. Im Frühjahr vergangenen Jahres stellte er mir bei einem Kaffee noch sein neuestes Geschäftsmodell vor: eine detailgetreue Miniaturausgabe von Fußballstars aus Polymergips. Auch die Profis des FC Bayern hatten sich dafür extra von 72 Kameras scannen lassen. Für meinem Sohn brachte mir Hasan eine Figur mit: Thomas Müller, natürlich.

Wir sitzen in der Nähe meines Büros im Lokal »Thompson«, als mir Brazzo die Idee hinter den Figuren erklärt. Salihamidžić ist nach seiner Spielerlaufbahn in der Wirtschaftswelt fast genauso umtriebig wie früher auf dem Rasen, wo er dafür bekannt war, so viele Kilometer wie kaum ein anderer herunterzuspulen. Brazzo nimmt sein Handy, um mir eine App zu zeigen. »Das ist meine Boardinghaus-Kette mit rund 300 Apartments, die ich mit einem Partner aufgebaut habe«, erklärt er nicht ohne Stolz. Seine Firma »Apartmentresidenz.de«, die vor allem an reisende Geschäftsleute vermietet, gründete er 2001. In jenem Jahr gewann Salihamidžić mit dem FC Bayern die Champions League. »Immer wenn ich einen Titel geholt oder einen neuen Vertrag geschlossen habe, investierte ich die Prämie in ein neues Haus«, erzählt er. Sechs Deutsche Meisterschaften, vier Pokalsiege und ein Weltpokalsieg ließen sein Immobiliengeschäft florieren.

Salihamidžić hat sein Büro auf der Chefetage des FC Bayern bezogen. Interessant daran: Der neue Sportdirektor wählt nicht die Räumlichkeiten seines Vorgängers und einstigen Sportvorstands Matthias Sammer. Salihamidžić zieht in das Vorzimmer von Uli Hoeneß ein. Für einen schnellen Kommunikationsaustausch gibt es zwischen Hoeneß' Büro und dem des neuen Sportdirektors eine Verbindungstür. Das Zimmer des Vorstandschefs Rummenigge liegt dagegen weiter den Gang hinunter. Eins haben alle Chefräume gemein: In den vergangenen Wochen sind immer wieder Führungsspieler vorstellig geworden, um sich über den Trainerstab rund um Chefcoach Carlo Ancelotti zu beschweren.

Anfangs hatten die Bayern-Stars in der ersten Saison noch genossen, dass die Mannschaftssitzungen unter Ancelotti nicht mehr so quälend lang waren wie einst unter Vorgänger Pep Guardiola. Inzwischen ist ihnen aber die Fallhöhe von den taktischen Lehrstunden unter Guardiola, die schon mal ein, zwei Stunden dauern konnten, zu Ancelottis Zehn-Minuten-Ansprachen zu groß. Die aus disziplinarischen Maßnahmen eingeführte Geldstrafe für Verspätungen von 1000 Euro pro Minute nehmen die millionenschweren Stars nicht ernst. Unter Guardiola betrug der Strafsatz zeitweise 6000 Euro für jede Minute.

Salihamidžić ist bereits dabei, im Sinne der Mannschaft durchzugreifen. Das Rauchen auf dem Rasen und in den Klubräumen hat der Sportdirektor seinen Trainern bereits verboten. Doch der italienische Stab ist erfinderisch. Fitness-Coach Giovanni Mauri, der von den Spielern den Spitznamen »Der Fitness-Raucher« verpasst bekam, läuft neuerdings mit einer E-Zigarette im Trainingszentrum herum. Mit Ex-Spieler Willy Sagnol hat der Klub auf Drängen von Uli Hoeneß seinem Trainer Ancelotti zu Saisonbeginn einen Assistenten an die Seite gestellt, der die italienische Wohlfühl-Oase aus Familie und Freunden aufbrechen soll. Umsonst. Sagnol verhält sich zu Ancelotti loyal, spielt nicht den Aufpasser. Die Stimmung in der Bayern-Kabine ist unterdessen am Kippen. Das merkt auch Ancelotti, der von den Beschwerdegängen seiner Stars in die Chefetage längst Wind bekommen hat.

Robert Lewandowski ist unzufrieden. Der Stürmer spielt seine vierte Champions-League-Saison mit dem FC Bayern, ohne sein großes Ziel erreicht zu haben. Der Pole ist nach München gewechselt, um den Henkelpott zu holen. Nicht weniger hatte ihm Matthias Sammer versprochen, als der damalige Sportvorstand um ihn warb. »Wir holen dich, um die Champions League zu gewinnen«, hatte Sammer dem BVB-Stürmer in einem geheimen Abwerbungstelefonat versprochen.

Sammer war nicht der Einzige, der sich bei Lewandowski gemeldet hatte. Schon Real-Trainer José Mourinho hatte um den Stürmer geworben, auch dessen Nachfolger Carlo Ancelotti wollte ihn nach Madrid holen. Trotz der Zusage, die Lewandowski dem FC Bayern früh für einen Wechsel im Jahr 2014 gegeben hatte, da Dortmund einen Transfer für 2013 ablehnte, brachten ihn die Verlockungen der Königlichen immer wieder zum Wackeln. Befeuert wurde das Treiben durch Lewandowskis polnischen Berater Cezary Kucharski, der den Madrilenen immer wieder Hoffnungen machte. Als im Dezember 2013 Real Madrid dem Agenten

Kucharski einen unterschriftsreifen Sechsjahresvertrag für Robert vorlegte, platzte Uli Hoeneß der Kragen. Der Bayern-Boss griff zum Telefon und rief Lewandowskis deutschen Berater, Maik Barthel, an. »Werter Herr Barthel«, begann Hoeneß sein Gespräch. »Sagen Sie Ihrem Kollegen Kucharski und Lewandowski: Sollten sie wortbrüchig werden, werden sie den FC Bayern kennenlernen!«

Das Glück der Münchner: Real Madrid will Lewandowski nicht die Rückennummer 9 zugestehen, die bei den Königlichen Karim Benzema trägt. Der FC Bayern sagt sie Lewandowski zu, auch wenn der deutsche Rekordmeister dafür seinem Stürmer Mario Mandžukić das Trikot wegnehmen musste.

Das Real-Theater um Lewandowski geht jedoch weiter. Rund um das Champions-League-Gastspiel von Real Madrid beim VfL Wolfsburg im April 2016 stattet Real Madrids Generaldirektor Jose Ángel Sánchez sogar in München Lewandowski einen Besuch ab, um ihn weiter nach Madrid zu locken. Erneut entscheidet sich der Stürmer für einen Verbleib in München, auch weil der FC Bayern ihn nicht aus seinem Vertrag freigibt.

Vor seinem erneuten Anlauf auf den Titel in der Champions League ist Lewandowski mit dem Bayern-Kader nicht glücklich. In einem Interview mit dem *Spiegel*, das Robert extra bei der Nationalmannschaft in Polen gegeben hatte, um es nicht dem FC Bayern zur Autorisierung vorlegen zu müssen, hatte er seinen Klub aufgefordert, mehr Weltklassespieler zu holen. Den Bayern-Bossen gefiel das ganz und gar nicht.

12.9.2017

Champions League, Gruppenphase, Spieltag 1:

FC Bayern vs. RSC Anderlecht 3:0

(Tore: Lewandowski, Thiago, Kimmich)

Dienstag, Allianz Arena: Immerhin – Lewandowski trifft nach dem Interview-Ärger zum 1:0, wenn auch per Elfmeter. Die Führung ist noch immer knapp, als Ancelotti in der 78. Minute beschließt, Ribéry auszuwechseln. Die Aussprachen zwischen Trainer und Star haben nichts gebracht, denn der Franzose lässt seinem Ärger freien Lauf. Ribéry verweigert Ancelotti einen Handschlag, schleudert dafür sein Trikot verärgert Richtung Bank. Hasan

Salihamidžić versucht vergeblich, auf Ribéry beruhigend einzureden. Das Verhältnis bleibt angespannt.

Auch der Ärger über Lewandowskis Interview geht in die Verlängerung. Es gibt weiterhin Spannungen zwischen der Klubführung und dem Stürmerstar. Ein Informant verrät uns: Beim Champions-League-Spiel in Paris soll es eine Aussprache geben. Wir erfahren Zeit und Ort des Treffens: Der Schauplatz des Geschehens soll das Mannschaftshotel »Collectionneur« sein. Wir engagieren einen Fotografen, der Abschüsse – wie die heimlichen Fotos im Boulevardjournalismus genannt werden – von allen Beteiligten machen soll. Den Berater lichtet er tatsächlich ab, nicht aber Vorstandsboss Karl-Heinz Rummenigge und Sportdirektor Hasan Salihamidžić, die Barthel im Hotel empfangen. Einige Telefonate später wissen wir: Nach einer Stunde sind die Wogen zwischen Bayern und der Lewandowski-Seite wieder geglättet. Der Stürmer ist den Bayern-Bossen zu wichtig, um ihn zu verprellen. Das Theater um Real Madrid ist dennoch mal wieder verschoben worden.

27.9.2017
Champions League, Gruppenphase, Spieltag 2:
Paris Saint-Germain vs. FC Bayern 3:0
(Tore: Alves, Cavani, Neymar)

Mittwoch, Paris, Prinzenpark: Ancelotti hat eine Entscheidung getroffen. Er will keine Rücksicht mehr auf seine Altstars nehmen, auch wenn das Ärger zur Folge haben könnte. Beim Spitzenspiel in Paris setzt der Trainer überraschend Mats Hummels, Jérôme Boateng, Franck Ribéry und Arjen Robben auf die Bank. Als die Aufstellung im Klub die Runde macht, weiß jeder, dass es an diesem Abend um alles geht. Weiß das auch Ancelotti? Wohl kaum. ZDF-Experte Oliver Kahn (48) kennt die Mechanismen des FC Bayern und warnt bereits vor dem Anpfiff: »Wenn das schiefgeht, gibt es hier richtig Theater.« Es geht schief, sogar gewaltig. Bayern verliert durch Gegentore von Dani Alves, Edinson Cavani und Neymar. Als Robben nach dem Spiel gefragt wird, ob die Spieler noch hinter dem Trainer stünden, verweigert er die Antwort.

Donnerstag, der Morgen nach dem 0:3-Debakel: Die Mannschaft ist auf dem Weg zum Pariser Flughafen. Die Stimmung im Teambus ist gedrückt, Neymar & Co hatten die Bayern-Stars am Vortag regelrecht vorgeführt, was noch mehr wehtat als die drei Gegentore. Bei den Spielern hängen die Köpfe, wir Reporter am Telefon. Tobi ist noch vor Ort in Paris, ich bin schon ab frühmorgens in unserem Münchner Büro am Isartor. Der Grund ist eine brandheiße Info. Ein Informant hatte eine entscheidende Beobachtung gemacht. Die Bayern-Granden hatten sich noch nach dem Mitternachtsbankett zur Beratung zurückgezogen, tagten bis tief in die Nacht. Nach Recherche im Umfeld der Klubführung sind wir uns sicher: Die Bayern-Bosse haben noch in der Nacht die Entlassung von Trainer Carlo Ancelotti beschlossen. Allerdings: Definitiv wissen wir es bis dahin noch nicht. Dann bekomme ich einen Anruf … Jetzt geht es um Sekunden. Kurz bevor die Mannschaftsmaschine aus Paris abhebt, erreiche ich Tobi noch am Telefon. »Ich habe nun die Bestätigung!«, eröffne ich ihm. »Wir können es vermelden.« Wir beide wissen: Gleich wird er offline sein. Noch auf der Startbahn schickt mir Tobi Whatsapp-Nachrichten, um mir Infos über die Abläufe rund um das Klubbankett am Vorabend zu schicken. Dann muss er sein Handy auf Flugmodus schalten. So wie er sind auch die Verantwortlichen des FC Bayern für die nächsten eineinhalb Stunden nicht zu erreichen. Ich wähle die nächste Nummer. Diesmal habe ich meinen Chef Matthias am Apparat. Er hört sich an, was wir gleich vermelden wollen. Dann sagt er: »Christian, wenn die Geschichte stimmt, ist sie natürlich der Hammer.« Kurze Pause. »Wenn nicht …« Erneut Pause. Ich schnaufe kurz durch und sage dann im Brustton der Überzeugung: »Aber ich bin sicher: Sie stimmt!« Damit ist es besiegelt. Matthias vertraut uns beiden Reportern. Wir gehen mit der Story auf allen unseren *Bild*-Plattformen online. Obwohl ich mir absolut sicher bin, habe ich Bauchschmerzen. Innerhalb 90 Minuten kann viel passieren, wie jedes Fußballspiel zeigt. Die Formulierung geht mir immer wieder durch den Kopf: »Wenn nicht …«

15.11 Uhr @cfbayern:
Breaking: Trennung von @MrAncelotti fix, Willy Sagnol übernimmt als Interim @sportbild

Exakt 40 Minuten nach unserer Meldung halte ich die Bestätigung unserer Story auf meinem iPhone in den Händen. Auch der FC Bayern twittert:

15.51 Uhr: @FCBayernMünchen:
Presseerklärung: FC Bayern trennt sich von Carlo Ancelotti

Knapp sechs Stunden später meldet sich auch Carlo Ancelotti auf einem anderen Mikrobloggingdienst zu Wort:

21.38 Uhr @MrAncelotti:
Es war mir eine Ehre, Teil der Geschichte des FC Bayern zu sein. Danke an den Klub, die Spieler und die grandiosen Fans. Ciao #MiasanMia

In Paris war ich nicht dabei. Darum schreibe ich einem alten Bekannten, der ganz nah dran war – Ancelottis einstigem Assistenten und als Spieler eine Bayern-Legende: Willy Sagnol ruft mich aus Bordeaux zurück.

Den Champions-League-Sieger von 2001 begleitete ich bereits seit seiner Spielerzeit bei Bayern als Reporter. Mit Willy hatte ich immer einen guten Austausch. Ich liebte seine ehrliche, direkte Art in allen Lebenslagen. Als ich ihn beispielsweise bei einem Flug in den Iran für ein Testspiel in der Wartehalle der Königsfamilie beim Rauchen stehen sah, meinte er zu mir: »Ja, ich rauche. Schreib das ruhig!« Ich schrieb es nicht.

Heute bitte ich Willy um das Gespräch, weil ich seine Sichtweise der Ereignisse rund um Ancelottis Entlassung wissen will. Sagnol, der als Trainerassistent gegenüber Ancelotti immer loyal gewesen ist, erinnert sich nur zu gut an die schwierige Konstellation im Klub und die Nacht von Paris.

»Ich habe schon zu Saisonbeginn gemerkt, dass es im Klub Probleme zwischen dem Trainer, den Spielern und den Bossen gab. Es war eine Unruhe zu spüren.« Auch der Franzose bemerkte, dass Rummenigge Ancelotti näher war als Hoeneß. »Karl-Heinz Rummenigge hatte Carlo ja geholt, als Uli noch seine privaten Probleme mit seiner Steuergeschichte hatte. Er hatte die Entscheidungen getroffen, als Uli nicht da war.«

Die Stimmung zwischen Mannschaft und Trainer sei schon vor der Partie in Paris angespannt gewesen, bemerkt Willy. Ancelotti will den Weg mit alten

Leistungsträgern nicht weitergehen. Im Alleingang vollzieht er den Umbruch. Die Aufstellung ohne die wichtigen Spieler Hummels, Boateng, Ribéry und Robben sahen die Bayern-Bosse skeptisch. Der Trainer zog seine Linie dennoch durch. »Carlo hat gespürt, dass einige Spieler seines Teams nicht mehr bereit waren, alles zu geben. Darum traf er die Entscheidung, sie auf die Bank zu setzen«, erklärt Sagnol die Beweggründe Ancelottis. »Viele Spieler waren damit nicht einverstanden. Carlo tat es aber trotzdem, weil er es für das Richtige hielt.« Sagnol war sofort klar, dass die Aufstellung ein Risiko darstellte. »Ich kenne den Verein, darum wusste ich: Wenn das schiefgeht, würde das Konsequenzen haben.«

Nach der Pleite dinierte das Trainerteam zusammen beim Mitternachtsbankett, zog sich direkt danach zurück, um die Fehler zu analysieren. »Carlo war ganz ruhig, machte seine Arbeit wie immer. Mir war bewusst, dass die Bosse gerade berieten, dass sie etwas machen müssten. Ich sagte aber nichts zu Carlo, das war nicht meine Aufgabe.« Im Flugzeug gab es immer noch keine Signale an das Trainerteam. »Im Bus während der Fahrt zur Säbener Straße sah ich Carlo dann aber an, dass er um seine Entlassung wusste.«

Rummenigge übernahm persönlich die Aufgabe, seinem Trainer die Entscheidung mitzuteilen. Die Szene zeigte, wie nah sich die beiden standen. Ancelotti nahm die Kündigung entgegen, indem er sich von seinem Stuhl erhob, Rummenigge umarmte und dieser zu ihm sagte, er sei zwar nicht mehr sein Chef, aber er bleibe sein Freund. Rummenigge musste bei diesen Worten seine Tränen unterdrücken.

»Nach dem Spiel ist vor dem Spiel!« Die Fußballerweisheit von Trainerlegende Sepp Herberger lässt sich etwas abgewandelt auch auf den Sportjournalismus übertragen. Für uns heißt es: »Nach dem Trainer ist vor dem Trainer!« Nach der Meldung der Entlassung Carlo Ancelottis erwartet man von uns die Nachricht, wer sein Nachfolger werden wird.

Schnell verfolge ich eine Spur, die vielversprechend klingt. Ich höre aus dem Vorstand, der Favorit sei Thomas Tuchel. Was ich noch nicht weiß: Er ist vor allem Rummenigges Favorit. Wie so oft in den vergangenen Monaten gibt es im Klub mehrere Meinungen in der Trainerfrage – und Uli Hoeneß ist natürlich anderer Ansicht. Die Idee zu Tuchel als Trainer stammt von Karl-Heinz Rummenigge. Der Vorstandsboss hatte bereits vorgefühlt, ob der Ex-Coach von Borussia Dortmund zur Verfügung stünde. Das Feedback hörte sich gut an. Tuchel signalisierte: Wenn der FC Bayern ihm das Vertrauen schenke und seine Hilfe benötige, würde er sich sogar bereits beim nächsten Bundesligaspiel auf die Bayern-Bank setzen. Ein Angebot, das nicht selbstverständlich war. Tuchel hätte praktisch keine Zeit gehabt, die Münchner Mannschaft wirklich vorzubereiten. Die Partie bei Hertha BSC Berlin fand nur drei Tage nach Ancelottis Rauswurf statt. Ich wusste zudem von einem Geheimtreffen, das bereits 2015 in München stattgefunden hatte. Uli Hoeneß und Thomas Tuchel hatten sich in einer Münchner Wohnung verabredet, um sich kennenzulernen. Allerdings fand ich nie heraus, mit welchem Eindruck Hoeneß besagte Wohnung verließ. Fakt war: Beim ersten Spiel nach der kurzen Ancelotti-Ära in Berlin coachte Sagnol als Interimstrainer. Sogar nach der anstehenden Länderspielpause wurden die Tuchel-Gespräche nie konkret. Denn Hoeneß hatte eine andere Idee als Rummenigge: Eine Rückholaktion, wie sie es selbst in der traditionsreichen Rückholaktion-Geschichte des FC Bayern noch nie gegeben hatte.

4.10.2017, @cfbayern:
Unser Exklusivbericht zum Heynckes-Hammer @brue100 @AlfredDraxler @altobelli13 @Sportbild

@BILD_Sport:
Trainer-Sensation! Jupp #Heynckes ist wieder @FCBayern-Trainer

Mittwoch, 4. Oktober 2017, Belfast, Innenstadt: Plötzlich sitze ich allein am Tisch, aber ich bin ja selbst schuld. Immerhin: Die vielen soeben servierten Curry-Varianten in dem kleinen indischen Restaurant in Belfast gehören für die kommenden Minuten zunächst mir allein.

Es ist der Vorabend des WM-Qualifikationsspiels Nordirland gegen Deutschland, das die Truppe von Jogi Löw 3:1 gewinnen wird (Tore: Sebastian Rudy, Sandro Wagner, Joshua Kimmich). Aber die Partie interessiert bei diesem Länderspieltrip ab dieser Minute keinen mehr, zumindest nicht die mitreisenden Sportreporter. Sie sind damit beschäftigt, die Breaking News noch ins Blatt zu heben, die wir bei *Bild* gerade online herausgegeben haben. Ich übertreibe nicht, wenn ich sage – und geschrieben habe –, dass es die

Fußballsensation des Jahres ist! Nach der Entlassung von Carlo Ancelotti holt Bayern den 72-jährigen Jupp Heynckes aus seinem vierjährigen Rentnerdasein zurück.

Die Recherche der Breaking News nimmt ihren Anfang im DFB-Mannschaftsquartier »Stormont Hotel« in Belfast. Ich bin gerade bei der Pressekonferenz von Jogi Löw, da brummt mein Handy. Als ich den Namen auf dem Display sehe, zögere ich keine Sekunde und verlasse den Saal. Der FC Bayern ist auf der Suche nach einem Trainer. Ich habe alle meine Quellen kontaktiert und um Rückruf gebeten, falls sich etwas Neues ergeben sollte. »Tut sich etwas an der Säbener Straße?«, frage ich. Mein Kontakt zögert. Ich merke sofort, dass er sich nicht sicher ist, ob er mir das bestgehütete Geheimnis des Rekordmeisters erzählen soll.

»Es ist noch alles sehr frisch. Ich möchte es nicht kaputt machen«, sagt mein Informant. Ich spüre, ich muss jetzt dranbleiben. »Du weißt, wir checken die Info ohnehin noch einmal gegen. Mit einer Quelle allein werden wir den Namen bestimmt nicht veröffentlichen.« Wieder ein Zögern in der Leitung. »Ja, ich weiß, ich vertraue dir. Aber diese Lösung wäre für alle einfach zu gut. Es wäre schade, wenn es am Ende doch noch scheitern würde.« Nun bin ich umso mehr gespannt. Und natürlich herausgefordert. Ich kann mir beim besten Willen nicht vorstellen, wer dieser Trainer sein soll, um den meine Quelle so ein Tamtam veranstaltet. Ohne zu überlegen und aus dem Bauch heraus scherze ich: »Du tust ja gerade so, als würde Bayern den Triple-Trainer Jupp aus der Rente zurückholen.« Schweigen in der Leitung. Manchmal muss man Gedanken, auch wenn sie noch so absurd sind, erst einmal aussprechen, um zu begreifen, dass an ihnen etwas dran sein könnte. Es greift in solchen Momenten ein Rädchen in das andere. Mir schießt der Name Ottmar Hitzfeld durch den Kopf, den Bayern ebenfalls nach dreijähriger Abwesenheit als Coach einst zurückholte. Heynckes hatten die Bayern-Bosse bereits zweimal als Trainer reaktiviert (2009 und 2011). Ich glaube es immer noch nicht, als ich meinen Gedanken nun tatsächlich als Frage formuliere: »Die holen doch nicht wirklich Heynckes zurück?« Jetzt hat auch das Schweigen in der Leitung ein Ende. »Wieso denn nicht?«, kommt die Gegenfrage. »Er kennt die Mannschaft so gut wie kein anderer. Der Stamm der Leistungsträger ist immer noch derselbe wie 2013. Die Spieler vertrauen ihm.« Ich gebe zu, es ergibt total Sinn. Was mich zweifeln lässt: Wieso sollte sich Heynckes das antun? Besser als mit dem ersten Triple-Sieg der Klubgeschichte kann man nicht abtreten. »Er kann doch nur verlieren, wenn er zurückkommt«, erwidere ich. »Er ist ein lebendes Denkmal in München.« Diesen Einwand greift nun mein Gesprächspartner auf. »Eben weil Jupp unantastbar ist, kann er es machen. Egal, ob die Rückholaktion sportlich am Ende aufgeht oder nicht. Sein Triple-Denkmal wird daran keinen Schaden nehmen.«

Ich schaue auf die Uhr und weiß: Ab jetzt tickt die Zeit gegen die Information, die ich habe. Mit jeder weiteren Minute wächst die Wahrscheinlichkeit, dass andere Journalisten die Story erfahren könnten. Oder: Der FC Bayern macht die Verpflichtung selbst offiziell. Denn auch der Klub steht unter Druck. Ich bedanke mich bei meinem Informanten und wähle die Nummer meines Chefs Matthias. Er erklärt die Gegenrecherche der Heynckes-Info zur Priorität. Unsere bestvernetzten Reporter hängen sich nun an ihre Handys. Nach wenigen Stunden haben wir die Geschichte mehrmals bestätigt. Es ist 23.03 Uhr, als wir die Nachricht herausgeben. Die Heynckes-Story wird *Bild*-Schlagzeile und erscheint unter den Namen von vier Autoren: von Chefredakteur Matthias Brügelmann, Kolumnist Alfred Draxler, meinem Partner Tobias Altschäffl und eben von mir. Es ist diese Teamarbeit-Recherche, die es immer wieder ermöglicht, dass wir die Ersten sind.

Nach und nach kehren meine Kollegen der anderen Zeitungen an den Tisch des Inders zurück. »Hättest uns ja ruhig ein wenig vorwarnen können«, beschweren sie sich und wissen: Natürlich konnte ich es nicht. Wir essen gemeinsam zu Ende, stoßen kollegial auf den Scoop an. Etwas beschwingt von ein paar Pints gehe ich zurück ins »Clayton Hotel«, in das ich mich einquartiert habe. Auf meinem Weg sehe ich an einer Wand auf der anderen Straßenseite ein Konzertplakat mit dem Titel »As you were«, das mich sofort in seinen Bann zieht. Liam Gallagher, ehemaliger Frontmann der Band Oasis, kommt noch in diesem Monat nach Belfast für einen Auftritt in der Ulster Hall. Ein Blick auf das Datum sorgt für die traurige Gewissheit, dass ich die Show leider verpassen werde. Immerhin darf ich mich glücklich schätzen:

Ein Konzertticket für den Auftritt seines Bruders Noel, der in einem halben Jahr nach München kommt, habe ich schon gekauft. Was ich zu dem Zeitpunkt noch nicht ahnen kann: An diesem Abend werden wir die nächste Trainerpersonalie des FC Bayern vermelden. Doch dazu später mehr.

6.10.2017 @TTuchelofficial
Ich wünsche dir alles Gute, lieber Jupp #Heynckes! #Legende

Die Rückkehr von Jupp Heynckes eine Sensation zu nennen wäre sogar für einen Boulevardreporter untertrieben. Es ist ein emotionaler Feiertag für Bayern-Fans. Für die Spieler, die noch unter ihm trainiert hatten, ein Coup, wie sie sich ihn nicht mal zu wünschen gewagt hätten. Der Triple-Trainer hatte sich seit seinem Abschied vom FC Bayern gänzlich ins Privatleben zurückgezogen. Viele hatten versucht, Heynckes für sein Lebenswerk zu ehren, doch fast alle Auszeichnungen schlug er aus, auch unsere für einen *Sport-Bild*-Award, bei dem er in jeder Kategorie als Favorit ins Rennen gegangen wäre. Allein seiner Geburtsstadt Mönchengladbach, die ihn im März 2016 den Ehrenring verlieh, wollte Josef Heynckes diesen Wunsch nicht abschlagen. Die Laudatio hielt damals, wie sollte es auch anders sein: Uli Hoeneß. Die Veranstaltung wurde sogar im TV übertragen. Ich hörte genau hin, als Hoeneß in seiner Rede die Worte wählte: »Er war immer für mich und meine Familie da. Du bist ein Mann, auf den man sich verlassen kann.« Hoeneß verlässt sich darauf, dass ihm sein Kumpel Jupp immer aus der Patsche hilft. Eben auch dieses Mal.

Und so hatte sich das Werben um Heynckes abgespielt: Eine Delegation aus Uli Hoeneß, Karl-Heinz Rummenigge, Hasan Salihamidžić und Vizepräsident Walter Mennekes, der seinen Firmenhauptsitz in Kirchhundem gute zwei Stunden von Heynckes Heim hat, machte sich auf den Weg ins Schwalmtal. Im »Casa de Gatos« (»Haus der Katzen«), wie Heynckes seinen Bauernhof auf Spanisch taufte, bearbeitete die Bayern-Führung ihren Ex-Trainer, um ihn zum Comeback zu bewegen. Tatsächlich waren es aber nicht die vier Männer, die den 72-Jährigen überzeugten, sondern zwei Damen.

»Meine beiden Frauen, meine Tochter und meine Frau, haben mich bekniet, das zu machen«, verriet mir Heynckes später. Dabei war es zu diesem Zeitpunkt alles andere als selbstverständlich, dass sich die weibliche Heynckes-Fraktion für den FC Bayern einsetzte. Wegen einer Erkrankung seiner Frau hatte Heynckes schon einmal das Bundestraineramt ausgeschlagen. Auch diesmal war es eine Frage der Gesundheit, die Jupp hemmte. Iris Heynckes hatte für Ende September einen Operationstermin. »Das war kein gutes Timing. Es war ja vorgesehen, dass ich zu Hause bin und ihr helfen würde«, räumte Heynckes mir gegenüber seine Bedenken ein. Tochter Kerstin habe daraufhin gesagt: »Papa, ich bleibe jetzt erst mal vier Wochen und dann schauen wir weiter.« Sie übernahm daraufhin die Pflege der Mutter, damit Papa Jupp den FC Bayern heilen konnte. Heynckes bestätigte mir später: »Und dann hat mein Freund Ulrich mich noch mal angerufen und gebeten, dass ich das machen soll. Dann habe ich zugesagt.« Nachdenklich, dafür mit Nachdruck schob Heynckes hinterher: »Ich hatte das nie mehr vor. Ehrlich nicht!«

18.10.2017
Champions League, Gruppenphase, Spieltag 3:
FC Bayern vs. Celtic Glasgow 3:0
(Tore: Müller, Kimmich, Hummels)

Mittwoch, Allianz Arena: Es ist Champions-League-Spieltag und James Rodriguez sitzt mal wieder auf der Bank. Jupp Heynckes wechselt den geliehenen Real-Star immerhin in der 78. Minute für Coman ein. Ich warte nach Abpfiff in der Mixed Zone auf den Kolumbianer, der mit uns Journalisten eigentlich nicht spricht, eine Gewohnheit, die er offenbar von den Königlichen mitgebracht hat. In Madrid werden von der Presseabteilung nach Abpfiff drei Spieler bestimmt, die mit der Presse sprechen sollen. Die anderen sind angehalten zu schweigen. Bei Bayern darf jeder Profi, der zum Einsatz kam, seine Meinung zum Spiel sagen. James bevorzugt den madrilenischen Weg, den er in München auf die Spitze treibt. Er gibt auch abseits der Spiele keine Interviews oder Pressekonferenzen. Bei einer Leihgebühr von 13 Millionen Euro dürfte ein Klub schon etwas mehr Öffentlichkeitsarbeit von seinem größten südamerikanischen Star erwarten …

Das Schöne am Reporterjob ist, dass man nach so gut wie allem fragen kann, was einen selbst interessiert. Die Netflix-Serie *Narcos* ist gerade angesagt, ich bin bei Staffel drei angelangt. Die ersten beiden Staffeln handeln von der Lebensgeschichte des kolumbianischen Drogenbarons Pablo Escobar. Die Serie ist so erfolgreich, dass sie mit dafür verantwortlich ist, dass der Streaming-Dienst in den vergangenen drei Monaten weltweit einen Zuwachs um 49 Prozent im Vergleich zum Vorjahreszeitraum verzeichnen konnte. Was liegt für mich als Sportreporter daher näher, als den berühmtesten Kolumbianer der Bundesliga nach der bekanntesten Serie über Kolumbien zu fragen. Und die Tatsache, dass James eigentlich nicht mit Journalisten reden will? Da pfeife ich drauf! Ich sage es gerne noch einmal: 13 Millionen Euro Leihgebühr!

James ist der Überraschungstransfer des FC Bayern in diesem Sommer. Die Bayern-Bosse sind selbst ein wenig stolz auf sich, dass sie den Leih-Deal mit Real Madrid eingetütet haben. Der Kolumbianer versucht gar nicht erst so zu tun, als fühle er sich nicht selbst als Star. Er ist deswegen nicht weniger sympathisch. Ihn aber für Medienarbeit oder Interviews zu begeistern, daran verzweifelt die Medienabteilung des FC Bayern. Ich beschließe daher: Ich schnappe mir James einfach mal.

Der Mittelfeldregisseur ist ein wenig überrascht, dass ihn ein Reporter in den Katakomben der Allianz Arena anspricht. Die meisten Journalisten haben es bei ihm längst aufgegeben. Da ich mir aber die Sätze auf Spanisch zurechtgelegt habe (Google-Übersetzer sei Dank!), bleibt James tatsächlich kurz stehen. Vielleicht ist er einfach neugierig, wer die spanische Sprache derart vergewaltigt. Doch meine Frage versteht er!

Freundlich lächelt James mich an, um mir mitzuteilen: »Nein, ich schaue *Narcos* nicht.« Glücklicherweise habe ich mir auch eine Nachfrage zurechtgelegt, die ich auch hätte stellen können, sollte er die Serie mögen. »Por qué?«, hake ich nach. Weshalb? James zuckt mit den Schultern und lässt mich wissen: »Die Serie gefällt mir nicht.«

Aus kolumbianischer Sicht kann ich ihn sogar verstehen. Als Escobar im Dezember 1993 von einer US-amerikanisch-kolumbianischen Eliteeinheit erschossen wurde, war James Rodriguez gerade mal zweieinhalb Jahre alt. Seine Eltern Wilson und Maria erlebten den Terror des Escobar-Kartells in den 80er- und frühen 90er-Jahren mit. Was ich zu dem Zeitpunkt noch nicht wusste, erfahre ich erst, als ich mich nach und nach in die Lebensgeschichte von James einlese. Es gibt durchaus eine Verbindung zu dem Kartell.

Der Onkel von James, Arley Rodríguez, war selbst Fußballer und Mittelfeldspieler bei Independiente Medellín. In der Stadt herrschte Escobar. Arley wurde im Alter von 19 Jahren erschossen. Die Männer, die sechs Schuss abgefeuert haben sollen, gehörten zum Kartell. Der kleine James soll sogar von einem mächtigen Mitarbeiter des berüchtigten Drogenbosses Pablo Escobar gefördert worden sein. Der Mann namens Gustavo Upegui habe demnach James als 14-Jährigen einst zum Zweitligisten Envigado geholt. Upegui, ein Mafioso und Handlanger Escobars, wurde später ebenfalls erschossen, im Jahr 2006. Im Nachhinein tat es mir fast leid, James ausgerechnet mit dieser Serie konfrontiert zu haben. Da lobe ich mir Thomas Müller, bei dem einem Reporter das nicht passieren kann. In seinem Heimatort Pähl gibt es keine Kartells, höchstens eine »Spezlwirtschaft«. Im Gegensatz zur hochdeutschen Vetternwirtschaft ist die Spezlwirtschaft eine bayerische Tradition, die eher augenzwinkernd geduldet wird.

Als Müller nach James in der Allianz Arena um die Ecke geschlendert kommt, lässt er mich auf meine Frage nach Lieblings-TV-Serien wissen: Er schaut als Parade-Bayer im Analog-TV die ARD-Vorabendserie *Hubert und Staller* über zwei bayerische Streifenpolizisten, die im Münchner Vorort Wolfratshausen gedreht wird. Geschossen wird da selten, gemordet fast nie. Wenn einer schießt und trifft, dann Müller. So wie an diesem Abend zum 1:0 gegen Celtic Glasgow. Vielleicht war er daher einfach auch nur besser drauf als Bankdrücker James.

Ende Oktober 2017: Ich biege gerade am Münchner Terminal zum Gate für meinen Flug zum Pokalspiel in Leipzig ein, als mich eine wohlbekannte Stimme begrüßt. »Herr Falk, hat die *Sport Bild* eigentlich Spione bei der Lufthansa? Oder warum wissen Sie immer, mit welcher Maschine wir fliegen?« Es ist Uli Hoeneß, der offensichtlich Spaß daran hat, mich aufzuziehen. Tatsächlich ist es inzwischen schon ein Running-Gag der Bayern-Bosse, uns als Spione zu entlarven. Wobei ich zugebe: Natürlich haben wir unsere Informanten auch am Flughafen und buchen unsere Plätze absichtlich für die Maschinen der Bayern-Bosse.

Die Mannschaft residiert im »Steigenberger Grandhotel Handelshof« in der Innenstadt. Ich schaue vor dem Spiel kurz vorbei, ob es Neuigkeiten gibt. Bevor die Bosse im Teamquartier dazustoßen, sind sie zum Essen mit den Verantwortlichen des RB Leipzig eingeladen. Eine gute Grundlage ist heute wichtig, denn der Pokalabend wird in die Verlängerung und ins Elfmeterschießen gehen.

DFB-Pokal, zweite Runde:
RB Leipzig vs. FC Bayern 5:6 n. E.
(1:1, Tore: Forsberg; Thiago)

Mittwoch, Red Bull Arena: Dem FC Bayern droht das Pokal-Aus. Erst nach einer Roten Karte für Naby Keïta kommen die Münchner besser ins Spiel. Nach einer Verlängerung setzen sie sich gegen die Leipziger im Elfmeterschießen durch. Alle Bayern-Schützen treffen. Heynckes hatte jedem Einzelnen von ihnen noch einmal eingetrichtert: »Legt euch den Ball hin und schießt aggressiv!« Anders als im »Finale dahoam«, in dem der FC Bayern 2012 in der Champions League Chelsea im Elfmeterschießen in München so tragisch unterlag, trägt die Trainerintervention Früchte. Nach einem spannenden Spiel werde ich kurz nach Mitternacht noch eine persönliche Heynckes-Schrecksekunde durchleben.

Ich stehe im Pressebereich, in dem gleich die Interviews mit Spielern und Verantwortlichen geführt werden. Plötzlich herrscht Aufregung, es wird hektisch am Mannschaftsbus. Der Münchner Teamarzt Dr. Braun lässt von Sanitätern eine Trage in die Bayern-Kabine bringen. Meine ersten Gedanken gelten Jupp Heynckes, der zuvor auf der Bayern-Bank mit verblutetem T-Shirt saß, ohne dass ich dafür bisher eine Erklärung bekommen habe. Heynckes ist zu dem Zeitpunkt 72 Jahre alt. Mein Puls schnellt nach oben, da es mir nicht gelingt, die Bilder in meinem Kopf auszublenden, die ich mir ungewollt ausmale. Hat sich Heynckes doch zu viel zugemutet mit seinem Bayern-Comeback? Ein Gedanke jagt den nächsten: Wie schlimm würde es für Hoeneß sein, wenn sein Freund dem Stress des Trainerjobs in seinem hohen Alter nicht gewachsen wäre? Ich bin in dem Moment nicht Journalist, sondern mache mir ernsthaft Sorgen um die Trainerlegende. Es gibt Geschichten, die man um keinen Preis der Welt schreiben möchte. Ein Heynckes-Zusammenbruch gehört für mich persönlich definitiv dazu. Ich bin daher erleichtert, als Dr. Braun mit einem anderen Patienten aus der Kabine kommt, auch wenn ich mich dafür im nächsten Moment gleich schäme. Schließlich ist es ein alter, lieb gewonnener Bekannter. Es ist Physio Gianni Bianchi, den Luca Toni einst aus Italien mitbrachte. Gianni ist wesentlich jünger als Heynckes, zudem wird er nicht auf der Trage herausgebracht, sondern geht auf eigenen Beinen. Es wird sich herausstellen, dass Bianchi lediglich Nierenprobleme hatte, am nächsten Tag geht es ihm bereits wieder besser.

Auf dem Podium nimmt kurz darauf gesund und munter Heynckes für die Pressekonferenz Platz. Das blutige T-Shirt hat der Bayern-Trainer gegen ein Hemd getauscht. Der Klub-Sprecher ruft mich auf, ich darf die erste Frage stellen. »Herr Heynckes, wie geht es Ihnen?«, spreche ich ihn auf sein blutiges Shirt während des Spiels an. »Ich habe zu sehr geschnäuzt, danach hatte ich Nasenbluten. Aber mir geht es gut«, lässt Heynckes mich wissen und bedankt sich für die Nachfrage. Aus den Augenwinkeln sehe ich einen weiteren Bayern-Physio, der sich an der Wand des Presseraums bereithält. Ausgestattet mit einem Erste-Hilfe-Set, falls Heynckes' Nase noch einmal Wattepfropfen benötigt.

Der Schock, den mir der Arzteinsatz verpasst hat, bleibt allerdings in meinem Hinterkopf. Für mich ist klar, dass Heynckes nicht bis in alle Ewigkeit den Bayern-Retter geben kann. Der 72-Jährige weiß das auch und wird nicht müde, dies intern zu betonen. Öffentlich sagt Heynckes jedoch nicht, dass am Saisonende definitiv Schluss für ihn ist. Genau das wird zum Problem. Denn während Bayern-Boss Rummenigge sich bereits zusammen mit Salihamidžić Gedanken über einen Nachfolger macht, will Hoeneß nicht so einfach aufgeben. Zu perfekt ist für ihn die Heynckes-Lösung, die er auch gerne über den Sommer hinaus für den FC Bayern hätte. Damit blockiert Hoeneß eine geordnete Suche nach einem Nachfolger, der mit Thomas Tuchel längst bereitsteht.

Donnerstag, Flughafen Leipzig/Halle: Das Nachtlandeverbot in München lässt eine Rückreise der Bayern-Mannschaft am Pokalabend nicht mehr zu. Für den Tross des Rekordmeisters geht es erst am nächsten Morgen mit der Charter-Maschine zurück, für mich mit dem Linienflug der Lufthansa.

Am Freitag stehe ich dann wieder an der Säbener Straße. Kollege Tobi und ich haben einen besonderen Termin.

Freitag, Säbener Straße: Hasan Salihamidžić wurde am 31. Juli zum Sportdirektor ernannt. Inzwischen haben wir den 27. Oktober. Noch hat Brazzo außerhalb der Auftakt-Pressekonferenz und gelegentlichen Statements kein offizielles Antrittsinterview gegeben. Für Reporter ist das selbstredend eine Herausforderung. Jeder würde sich gerne das erste Exklusivgespräch auf die Fahnen schreiben. Und ich gebe zu: Mein Ehrgeiz schlägt dabei schon mal in Penetranz um. Ich erinnere mich gut, dass Hasan etwas verdutzt auf meinen Vorschlag reagierte, als ich ihm am Stadionparkplatz der Allianz Arena nach dem ersten Heimspiel der Saison anbot, mit ihm im Auto nach Hause zu fahren, um dort das Interview zu führen. So spontan klappte es leider nicht. Fast drei Monate später ist es aber nun so weit.

»Du bist der Erste, Falcao, siehst du!«, ruft Brazzo mir zu, als Tobi und ich im Konferenzraum des zweiten Stocks der Vorstandsetage Platz nehmen. »Manchmal muss man eben ein wenig warten.« Er hat mich nicht bewusst hingehalten, und natürlich wissen wir beide, dass ich ihm mit meinem Anliegen zwischendurch ein wenig auf die Nerven gegangen bin. Aber wir wissen auch: Das ist Teil meines Jobs. »Ich bin standhaft geblieben«, kommentiert der frisch gebackene Sportdirektor meine Bemühungen. Warum es fast ein Vierteljahr gedauert habe, bis er sich äußert, möchte ich wissen. »Ich wollte Zeit haben, alles in Ruhe anschauen. Einige Dinge machen, über die wir sprechen können«, sagt Hasan. »Du kennst mich. Ich bin keiner, der Dinge einfach so erzählt. Ich will etwas vorweisen können.« Diese Dinge wollen wir nun besprechen. Hasan bietet etwas zu trinken an, ich bitte um einen Espresso. Meine Müdigkeit, bedingt durch das Reisen in dieser Woche, habe ich noch nicht ganz abgeschüttelt. »Leipzig hängt uns allen noch ein wenig nach«, sage ich zu Brazzo. Er nickt zustimmend, meint zum aufstrebenden Konkurrenten RB: »Das ist eine gute Mannschaft, weißt du.« Nun stelle ich die erste Frage: »Darf man dich als Sportdirektor noch Brazzo nennen?« Salihamidžić lacht. »Mein Spitzname wird immer Spitzname bleiben«, sagt er. Dann wird er interviewt.

Eine Stunde und zehn Minuten sprechen wir über seine Arbeit. Interessant ist für mich vor allem unser letzter Punkt. Würde er als Sportdirektor einen Sportvorstand über ihm dulden? Die Klarheit, mit der Hasan die Frage beantwortet, überrascht nicht nur mich. Er stellt klar: »Nein. Für diese Aufgaben wird es nur eine Person geben, und die bin ich. Etwas anderes kann ich mir nicht vorstellen.« Es fehlt am Ende des Satzes nur das Hoeneß'sche »Basta!«.

31.10.2017
Champions League, Gruppenphase, Spieltag 4:
Celtic Glasgow vs. FC Bayern 1:2
(Tore: McGregor; Coman, Martínez)

Dienstag, Celtic Park: Nein, ich bin diesmal nicht vor Ort. Ich habe die Champions-League-Reise an meinen Kollegen Tobi abgetreten, der noch nie im Celtic Park war. So sehr ich es Tobi gönne, blutet mir vor dem Fernseher das Herz, als die Fans auf den Tribünen die Sternwerfer in die Hand nehmen. In der Saison 2003/04 hatte ich beim Gastspiel des FC Bayern die Atmosphäre erlebt und trotz eines unspektakulären 0:0 selten mehr Fußball in einem Stadion inhaliert. Damals war ich noch zum Ibrox Stadium, der Heimstätte des Lokalrivalen Glasgow Rangers gefahren, um mir das Match anzusehen. Das Bayern-Eigengewächs Christian Nerlinger kickte zu der Zeit bei dem schottischen Klub. Da ich im Sommer zuvor bereits mit der Nationalmannschaft in der EM-Qualifikation den Hampden Park erlebt hatte (1:1), machte ich als bekennender Groundhopper mein Glasgower Stadion-Triple so perfekt. Den 2:1-Sieg der Bayern im Celtic Park 2017 mit Toren von Coman und Martínez nicht live zu erleben tat dennoch etwas weh.

8.11.2017 @cfbayern (Selfie mit İlkay Gündoğan)
Wiedersehen mit @ilkayguendogan im Berliner DFB-Hotel

November 2017: Die deutsche Nationalelf gastiert zur Vorbereitung vor dem Länderspiel-Doppelpack gegen England (0:0) und Frankreich (2:2) in Berlin. Anders als gewöhnlich steigt die Mannschaft nicht im »Hyatt« am Potsdamer Platz ab, sondern wählt das Boutique-Hotel »Das Stue« im Botschaftsviertel am Tiergarten. Die Nationalspieler blicken aus ihren Zimmern direkt ins Gehege. Nach einer kurzen Google-Recherche bin ich über die tierische Unterkunft schlauer: Der Begriff »Stue« kommt aus dem Dänischen und bedeutet »Wohnzimmer«. In den späten 30er-Jahren diente das Gebäude als diplomatische Vertretung Dänemarks. Rund 90 Jahre später wird es der Schauplatz gelebter Sportreporter-Diplomatie.

Ich warte in der Lobby auf meinen Gesprächspartner Jérôme Boateng. İlkay Gündoğan, mit dem ich zur Vorberichterstattung bereits ein Telefoninterview geführt habe, lief mir bereits über den Weg. Solche Aufeinandertreffen sind im DFB-Hotel kein Zufall.

Bei Länderspielwochen besteht der DFB auf sogenannte Medienzeitfenster. Diese müssen mindestens zwei Tage vor dem »Matchday« stattfinden, um die Profis nicht bei ihrer Konzentration in der Spielvorbereitung zu stören. Ich persönlich finde das übertrieben, da ich weiß, dass sich die Spieler in dieser langen Phase oft zu Tode langweilen. Zudem sind einige Kicker noch eine Stunde vor Anpfiff für mich per Whatsapp auf dem Handy zu erreichen. Die 24 Stunden nach dem Spiel sind ebenfalls auf Anordnung des DFB in Sachen Interviews tabu, der Tag gilt der Erholung der Spieler. Die Medienzeitfenster liegen meistens in der Stunde nach dem Mittagessen der Mannschaft. Zusammengefasst: Bei zwei Spielen innerhalb einer neuntägigen Länderspielreise haben all diese Regeln gebündelt letztlich zur Folge, dass sich sehr viele Reporter und genauso viele Spieler zum selben Zeitpunkt am selben Ort aufhalten.

So stehe ich immer noch in der Lobby, als der Hoffenheimer Sandro Wagner mit dem Gladbacher Lars Stindl um die Ecke biegt. Die beiden Nationalspieler warten vor den Fahrstühlen und sind derart in ihr Gespräch vertieft, dass sie mich nicht bemerken. Um das an dieser Stelle klarzustellen: Ich befinde mich mitten in der Lobby, von einem Beschatten oder gar bewusstem Belauschen kann keine Rede sein. Die beiden Nationalspieler bemühen sich aber auch nicht, zu flüstern.

»Hat dich der Reporter beim Interview nach dem Bayern-Wechsel gefragt?«, höre ich Stindl Wagner fragen. Während Wagner verneint, bemerkt er mich aus dem Augenwinkel heraus. Stindls Gesichtsausdruck verrät seine Befürchtung, ein bisher gut gehütetes Geheimnis ausgeplaudert zu haben. Hat er auch. Wagner ist sofort bemüht, die Situation zu überspielen. Der

Stürmer bedeutet Stindl, dass er allein den Fahrstuhl nehmen soll, während er auf mich zuschlendert. Ein kurzer Blickkontakt genügt, um Sandro zu signalisieren: Ich habe durchaus etwas mitbekommen. »Wie geht's?«, begrüßt Sandro mich und mir ist klar, dass er gerne Gewissheit haben möchte: Wie viel weiß ich?

Wir beide haben uns vor genau zehn Jahren kennengelernt. Damals debütierte das Talent Wagner bei den Bayern-Profis in der Saison 2007/08 unter Trainer Ottmar Hitzfeld. Den Faden nehme ich nun auf. Mit einem wissenden Lächeln sage ich ihm: »Wandspieler hat dich Hitzfeld bei Bayern immer genannt, nicht wahr? Das waren doch gute alte Zeiten in München!« Der Wink genügt Sandro, er ist ein schlauer Kerl. Er hat nun Gewissheit: Ich habe »alles« gehört. Wir plaudern unverfänglich über die alte Bayern-Zeit, ohne das Thema einer neuen Phase anzuschneiden. Ganz so locker wie sonst ist Wagner nicht. Seine Anspannung wegen der Ungewissheit, wie ich mit der Nachricht umgehen werde, ist ihm anzumerken. Offen darüber reden können wir in dem Moment nicht. Die Lobby wird immer wieder von anderen Journalisten oder Mitspielern frequentiert. Nach dem Small Talk verabschiedet sich Sandro auf sein Zimmer, ich mich zu meinem Interview mit Boateng.

Zurück in meinem Hotel am Gendarmenmarkt, schicke ich Sandro eine SMS. Darin lasse ich ihn wissen: Da ich die Nachricht nicht selbst recherchiert habe, gedenke ich den Fauxpas von Stindl nicht auszunutzen. Zumal ich überzeugt bin, dass unsere Quellen so gut sind, dass wir den Transfer ohnehin vermelden, bevor der Wechsel offiziell wird. Ich bemerke in der SMS aber auch: Sollte er am Ende tatsächlich in der Winterpause in München landen, würde ich mich freuen, ihn zum Auftaktinterview zu treffen.

Und so erlebte Sandro selbst sein Wagner-Gate:

VON SANDRO WAGNER

Ich kann mich noch gut an die heikle Situation erinnern. Außer Bayern, meiner Frau und meinen Beratern wusste zu dem Zeitpunkt der Länderspielreise noch niemand von der Anfrage aus München. Ich hatte allerdings seit dem Confed Cup 2017 einen guten Draht zu Lars Stindl. Weder ich in Hoffenheim noch Lars in Gladbach spielten bei einem absoluten Spitzenklub. Er war, wie ich auch, in seiner Mannschaft ein Leistungsträger. Unsere sportliche Situation war also vergleichbar. Darum wollte ich für meinen möglichen nächsten Karriereschritt seinen Rat und seine Einschätzung, weshalb ich ihn bei unserem DFB-Treffen in mein Bayern-Geheimnis einweihte.

Die Anfrage des FC Bayern war sehr frisch und es war noch nicht sicher, dass es am Ende auch mit dem Transfer klappen würde. Ich hatte im Vorfeld bereits mit Trainer Jupp Heynckes ein sehr gutes Gespräch geführt, in dem er mir ganz offen vermittelte: Robert Lewandowski sei die klare Nummer eins, aber auch ich werde meine Einsatzzeiten bekommen. Ich war zudem bei Hasan Salihamidžić zu Hause und auch Brazzo meinte, dass ich mehr Spielminuten absolvieren werde, als ich mir vorstelle. Im Nachhinein kann ich sagen: Beide sollten Wort halten.

Aber: Ich stand im November 2017 bei Hoffenheim unter Vertrag und die TSG rief ein Ablösepaket für mich auf, mit dem selbst Bayern nicht gerechnet hatte. Anfangs wurde eine Mega-Ablöse von 20 Millionen Euro gefordert, dabei hatte ich gerade mal noch eineinhalb Jahre Vertrag. Am Ende sollte ich rund 13 Millionen Euro kosten, was mich auch dann noch zum teuersten deutschen Ü30-Transfer aller Zeiten machen würde. Das musste noch verhandelt werden, weshalb alles noch hätte platzen können, wenn die Nachricht vorzeitig öffentlich geworden wäre. Außer mir gab es zudem noch ein, zwei, drei andere Stürmerkandidaten, die der FC Bayern als Backup für Robert Lewandowski im Auge hatte.

Für mich stand mein großer Traum auf dem Spiel. Die Rückkehr in meine Geburtsstadt München war das i-Tüpfelchen und der Höhepunkt meiner Karriere. Viele Leute haben mich auch Jahre später gefragt, warum ich als Stammspieler von Hoffenheim zu Bayern wollte, wo mir die Bank drohte. Meine Antwort darauf lautet noch heute: Es ist ein Riesending für mich, den FC Bayern nochmals in meiner Vita zu haben! Dorthin zurückzukehren, wo für mich alles begann – in meiner Heimat. Dieser Verein ist mit nichts im deutschen Klub-Fußball zu vergleichen.

Im ersten Moment war es daher natürlich ein kleiner Schock für mich, als mir klar wurde, dass ein Journalist das Gespräch mit Lars mitbekommen hatte. Andererseits wusste ich, dass du es bist. Ich habe mich bereits als Spieler schon für die Medienwelt interessiert und mir ein Bild gemacht, welchen Journalisten ich vertrauen kann. Mir war daher klar: Der haut die Nachricht nicht einfach so raus. Du warst schon so lange im Geschäft, was nur funktioniert, wenn du kein Schnellschuss-Reporter bist, der für eine schnelle News viel Vertrauen kaputt macht. Ich wusste: Falls du eine Story machst, wärst du zumindest so fair, vorher noch einmal mit mir darüber zu reden. Ich informierte dennoch meine Berater, dass Christian Falk Bescheid weiß, und vertraute meiner Menschenkenntnis. Wir haben zwar damals nie darüber gesprochen, aber ich glaube, uns beiden war klar: Hättest du die Nachricht einfach so veröffentlicht, hätte ich vermutlich nie mehr mit dir geredet. Ich täuschte mich nicht. Das damalige Beispiel zeigt, wie eine Reporter-Spieler-Beziehung auch im modernen, schnelllebigen Nachrichtengeschäft auf der Basis gegenseitigen Vertrauens funktionieren kann.

Sandro hatte recht. Der FC Bayern hatte auch andere Stürmerkandidaten auf dem Zettel. Mit ganz oben auf der Liste stand ein anderer potenzieller Rückkehrer. Nachdem Mario Gómez 2013 den Klub als Triple-Sieger zum AC Florenz verlassen hatte, kam er über Beşiktaş Istanbul zum VfL Wolfsburg zurück in die Bundesliga. Den Münchner Bossen wurde signalisiert, dass der Ex-Bayer in der Winterpause wechseln möchte. Am Ende gab Gómez kein Comeback beim Rekordmeister, sondern landete beim VfB Stuttgart. Die Story über die Geheimverhandlungen zwischen Gómez und Bayern wird nicht den Weg an die Öffentlichkeit finden. Zumindest erst mal nicht.

Zu Beginn der Saison 2021/22 ist Mario Gómez zu Gast in meinem Podcast »Bayern Insider«. Mario ist hörbar überrascht, als er mit seiner Fast-Rückkehr zum FC Bayern in der Winterpause 2017/2018 konfrontiert wird. »Deswegen ›Bayern Insider‹ – ihr seid wirklich gut informiert«, nimmt er die Enthüllung mit einem Schmunzeln hin. »Es war auf jeden Fall so, dass es Gedanken dazu gab. Letztlich kam es nicht dazu.« Der Stuttgarter ist nicht unglücklich, wie die Transfers stattdessen abliefen. Gómez: »Sandro hat eine super Entwicklung gemacht, es sei ihm gegönnt!«

Der neue Bayern-Stürmer Sandro Wagner wird im Januar verkündet. Sein erstes Exklusivinterview gibt er – mir. Sandro Wagner lächelt breit, als er das Gesprächszimmer an der Säbener Straße betritt. »So sieht man sich wieder!«, begrüßt er mich. Wie von mir prophezeit, hatte *Bild* als erste Zeitung die Rückkehr Wagners zum FC Bayern vermeldet. Als ich Sandro daraufhin an meinen bereits im November hinterlegten Interview-Wunsch erinnerte, sagte er sofort zu. Wagner ist eben ein Ehrenmann.

Samstag, Allianz Arena: Wir warten auf Joshua Kimmich. Bei uns bei *Bild* ist Jo, wie er von uns gerufen werden will (die Aussprache »Joschua« mag Kimmich nicht), längst ein Superstar. Wir zeigen auf unseren Online-Plattformen gerade eine zehnteilige Videoserie über seinen Karriereweg. Auch bei Manchester City und dem FC Barcelona steht er ganz oben auf der Favoritenliste. Um den Angeboten zuvorzukommen, soll der zukünftige Mittelfeldchef in München einen Vertrag unterschreiben. Der aktuelle Kontrakt läuft zwar noch bis 2020, doch die Bayern-Bosse wollten ihre heißeste Aktie auf dem internationalen Transfermarkt vorzeitig bis zum 30. Juni 2023 verlängern.

Nach dem 3:0 über den FC Augsburg können wir Kimmich nicht selbst dazu befragen; zügig verlässt er die Allianz Arena. Er ist am Abend zur Babyparty seines Teamkollegen und Kumpels Mats Hummels und dessen Frau Cathy eingeladen. Wenn Kimmich nicht spricht, spreche ich eben seinen Berater. Sein Agent Uli Ferber hört sich in Ruhe die Details unserer Recherche an. Verheimlichen bringt nichts mehr, also bestätigt er: »Im Sommer kam Karl-Heinz Rummenigge auf uns zu, ob wir uns vorstellen könnten, die Zusammenarbeit auszuweiten. Wir haben uns nun im Herbst erstmals zusammengesetzt und wollen bis Ende des Jahres eine weitere Gesprächsrunde führen.«

Die Gesprächsrunde wird gut verlaufen. Vier Monate nach unserer Story verkündet der FC Bayern im März offiziell: Kimmich verlängert bis 2023.

An der zweiten Personalie arbeitet der FCB noch diskreter. Dennoch erfahren wir: Der Klub trifft sich mit Berater Jörg Neubauer, um einen weiteren deutschen Nationalspieler als Führungsspieler fürs Mittelfeld zu verpflichten. Sein Name ist: Leon Goretzka. Aus der Schalke-Kabine habe ich gehört, dass Leon bereits mit Mitspielern über einen geplanten Wechsel zum FC Bayern spricht.

Der FC Bayern arbeitet intensiv an seinem Umbruch in der Mannschaft. Die Bosse legen Wert auf eine deutsche Achse, die den FC Bayern mit seinen internationalen Weltstars führen muss und die »Mia san mia«-Identität bewahrt.

22.11.2017

Champions League, Gruppenphase, Spieltag 5:

RSC Anderlecht vs. FC Bayern 1:2

(Tore: Hanni; Lewandowski, Tolisso)

Mittwoch, Anderlecht, Lotto Park: Ich erlebe das bisher schwächste Spiel der Bayern seit der Rückkehr von Jupp Heynckes. Die Münchner gewinnen trotzdem, auch dank einer intensiven Kabinenansprache vom eigentlich so netten Jupp. »Zur Halbzeit war der Trainer so laut wie nie«, gesteht Jérôme Boateng offen nach Abpfiff ein. Und fügt an: »Zu Recht!« Dank der drei Punkte bewahrt sich der Rekordmeister seine Mini-Chance auf den Gruppensieg.

Freitag, Audi Dome: Die Jahreshauptversammlung wird für Jupp Heynckes ein erstes Alarmsignal sein, dass seine Mission aus Freundschaft zu Kumpel Ulrich falsch verstanden worden sein könnte. Aber zunächst geht es vor den versammelten Fans um die beiden Klub-Alphatiere. Über die Eiszeit ihrer Beziehung haben Uli Hoeneß und Karl-Heinz Rummenigge nie gesprochen. Deuteten wir sie in Artikeln an, kam postwendend die Antwort von der Säbener Straße, dass kein Blatt Papier zwischen die Bayern-Bosse passen würde. Da es offiziell also nie einen Streit gab, kommt die öffentliche Versöhnung daher doch ein wenig überraschend.

Bei der Jahreshauptversammlung 2016 reichte die Kapazität des Audi Dome aufgrund der Wiederwahl von Uli Hoeneß nicht für alle angereisten Mitglieder aus. Ein Nebenzelt mit Live-Übertragung aus der Halle musste aufgestellt werden. Im November 2017 ist die Halle mit 1459 Mitgliedern nicht mal halb gefüllt. Vor der mitfiebernden Bayern-Familie geht Hoeneß den ersten Schritt auf Rummenigge zu. Der Präsident wirkt fast rührselig, als er auf die Stunden nach dem Debakel gegen Paris Saint-Germain zu sprechen kommt. »Was diese Nacht von Paris auch erreicht hat: dass Karl-Heinz und ich wieder zusammengekommen sind«, sagt Hoeneß. Dann lässt er den Satz folgen, der die Monate zuvor weniger glaubhaft klang: »Wir arbeiten wieder ganz eng zusammen, es passt kein Blatt Papier dazwischen. Es macht wieder Spaß!« Rummenigge nimmt den Ball seines ehemaligen Mitspielers dankend auf. »Es macht mich genauso glücklich wie dich, dass wir unsere tiefe Freundschaft ein Stück weit erneuert haben«, gibt der Vorstandschef die Liebeserklärung zurück. »Danke!«

Einer hat sich nach diesem Abend nicht von den Emotionen einwickeln lassen: Jupp Heynckes. Auch an seinen Trainer hatte Hoeneß eine Liebesbotschaft gerichtet. Es sei ein Glücksfall gewesen, dass es der Bayern-Führung gemeinsam gelungen sei, Jupp Heynckes zu verpflichten. Auf dem Podium klang das noch alles gut und schön. Was Hoeneß aber in kleiner Presserunde nach der Veranstaltung verlauten ließ, entsprach nicht der Abmachung, die er mit seinem Freund getroffen hatte. Hoeneß ließ die Reporter wissen, dass er nicht so einfach akzeptieren werde, dass Heynckes sich am Saisonende erneut in den Ruhestand verabschiedet. Offiziell ließ der Bayern-Boss wissen: »Ich halte es für möglich, dass er auch über den Sommer hinaus bleibt, ja.«

5.12.2017
Champions League, Gruppenphase, Spieltag 6:
FC Bayern vs. Paris Saint-Germain 3:1
(Tore: Lewandowski, Tolisso [2]; Mbappé)

Dienstag, Allianz Arena: 69 Tage nach der 0:3-Pleite in Paris und dem Rauswurf von Carlo Ancelotti revanchieren sich Jupps Bayern bei Neymar & Co. Den Gruppensieg verpassen die Münchner dennoch. Dafür stabilisiert sich der Vertreter des verletzten vierfachen Welttorhüters Manuel Neuer (2020 wird die fünfte Ehrung folgen). Sven Ulreich, der mit seiner eigenen Unsicherheit und seiner fehlenden Ausstrahlung die Wackel-Abwehr zusätzlich verunsichert hatte, entwickelt sich Stück für Stück zum Rückhalt. Der Verdienst gebührt natürlich Don Jupp. Ulreich versichert nach dem Abpfiff:

»Jupp Heynckes hat mir vom ersten Tag an das Gefühl gegeben, dass er auf mich setzt. Nun kann ich das Vertrauen zurückzahlen, bis Manuel Neuer wiederkommt.«

Ende Dezember: Uli Hoeneß intensiviert sein Werben um Jupp Heynckes. Bei einem der traditionellen Fanklub-Besuche der Bayern an Weihnachten lässt er die Mitglieder der »Schießamer Red-White Dynamites« über die Zukunft des Bayern-Trainers abstimmen. Anschließend verkündet der Präsident stolz das »amtliche Endergebnis« mit 300 zu 0 Stimmen für einen Verbleib von Jupp Heynckes.

Das ist der Punkt, an dem Heynckes die Hoeneß-Offensive nicht mehr ganz so charmant findet. Ich erfahre, dass ein wütender Heynckes in Karl-Heinz Rummenigges Büro vorstellig wird. »Was sollte das?«, fragt Heynckes den Vorstandsvorsitzenden, der sich Hoeneß' Beweggründe selbst nicht erklären kann. Heynckes empfindet die Fan-Abstimmung als Druck, der gezielt auf ihn ausgeübt wird. Rummenigge muss seinen aufgewühlten Coach beruhigen.

Dezember 2017: Oliver Kahn und ich sitzen in einem verglasten Raum seines Büros am Münchner Ostbahnhof. Als ich zuletzt mit dem einstigen Welttorhüter in diesem Zimmer war, erklärte er mir, warum er Philipp Lahm nicht auf dem Posten als Sportchef des FC Bayern sieht. Sein Rat an Philipp war, zunächst etwas Abstand von seiner aktiven Laufbahn zu bekommen. Genau das tat Lahm, als er zu Anfang des Jahres das Angebot ausschlug. Auch Kahn hat inzwischen Abstand zum FC Bayern gesucht und sich in der freien Wirtschaft umgeschaut. Mit seinem Start-up Goalplay, das unter anderem online Amateurtorhüter trainiert, hat er das erfolgreichste Geschäftsjahr seit der Gründung hinter sich. Ich bin heute bei ihm zu Gast, um zum Jahresabschluss ein Interview zu einer Serie zu führen: Mit 557 Bundesligaspielen ist Kahn Mitglied im 500er-Klub und liegt in der ewigen Liste auf Platz drei. Wir reden ausgiebig über die Entwicklung des Torwartspiels, über das schräge Training mit Sepp Maier und natürlich über Manuel Neuer. Am Ende sprechen wir noch kurz über die aktuelle Lage des FC Bayern. Es ist meine letzte Frage des heutigen Termins, die ich ihm seit Jahren fast schon obligatorisch stelle: Kehrt er doch noch mal in einer führenden Funktion zum FC Bayern zurück? Olivers überraschende Antwort: »Das hängt von der Aufgabe ab.« Es ist das erste Mal, dass Kahn Bereitschaft zeigt, zum Klub zurückzukehren. Diesen Satz behalte ich im Hinterkopf.

Januar 2018: Der Mann ist ein Schrank – was sage ich –, er ist ein Bär. Wenn ich Niklas Süle spielen sehe, denke ich unweigerlich an Balu aus dem *Dschungelbuch*, der seine Ziele mit Ruhe und Gemütlichkeit am Ende doch immer erreicht. Nur ist »Balu Süle« schneller, viel schneller, aber ebenso gewaltig. Ich lernte ihn beim Confed Cup in Russland kennen und er gewann bei mir auf Anhieb Sympathiepunkte. Frisch von der Leber weg erzählte der damals 21-Jährige, er habe wohl im Urlaub zu viel Pizza und Burger gegessen. Aber so sei es nun mal, denn, so Süle: »Ich bin halt ein Lebemann.« Solche aufrichtigen Worte hört man heute nur noch selten von einem jungen Fußballprofi.

Süle erscheint zum Termin nur im T-Shirt, dabei ist es im Interviewraum recht kühl. Wenn ich ihn so vor mir sitzen sehe, komme ich nicht umhin, ihm eine Frage zu stellen, die mich schon seit dem Confed Cup im Sommer beschäftigt. Im Teamquartier in Sotchi fotografierte ihn ein Fotograf beim Tennis mit nacktem Oberkörper. Selbst seine Mitspieler schmunzelten über das Bäuchlein, das sich auf der Aufnahme abzeichnete. Hat er das Bild gesehen? Und wenn ja, findet er so etwas blöd? Ich frage ihn.

Süle lacht. Natürlich habe er das Bild gesehen, es sei ihm oft genug zugeschickt worden. Wenn ihn so etwas irritieren würde, hätte er sich ein T-Shirt angezogen, sagt er. Einen Waschbrettbauch habe er auch heute noch nicht und an Robert Lewandowskis Figur komme er auch in absehbarer Zeit nicht so schnell heran. Süle stellt klar: »Specki« habe ihn in der Kabine noch keiner gerufen, und er mache sich in dieser Hinsicht auch keine Gedanken. »Ich denke, dass meine Figur okay ist«, sagt Niklas. Sein Gewicht wird mit 97 Kilo angegeben. Ein echt bäriger Typ. Mein Kollege Tobi und ich unterbrechen das eigentliche Interviewthema und reden stattdessen über seine Physis.

Niki sagt, er wisse, dass er kein Usain Bolt sei, aber er sei schnell. Als Zehnjähriger hatte er im Leichtathletikteam der 50-Meter-Sprinter trainiert. Er musste sich wie jeder Profi irgendwann einmal entscheiden. Seine Wahl fiel auf Fußball. Und wieder war es seine Physis, die als Erstes ins Auge stach. »Ich war in der U15 schon 1,88 Meter, in der U19 1,93 Meter groß«, erzählt Süle, der inzwischen 1,95 Meter misst. Körperlich war er seinen Gegnern meist überlegen. Deshalb sei ihm oft nachgesagt worden: »Der kann das jetzt, der ist jetzt besser – aber nur, weil er größer ist! Irgendwann wird es nicht mehr reichen!« Das durfte er sich seine ganze Jugend lang anhören. »Ich bin froh, dass ich all diese Kritiker vom Gegenteil überzeugen konnte«, stellt Süle mit einer gewissen Genugtuung klar.

Niklas Süle wird sich diese Unbeschwertheit noch lange bewahren. Hier ein Best-of seiner Aussagen zum Thema Ernährung – Süle bei der Nationalmannschaft: »Der eine ernährt sich vegan, der andere frisst 5 Kilo Fleisch am Tag. Jeder sollte das so machen, wie er sich wohlfühlt.« Süle, der zu den 5-Kilo-Fleisch-Fressern zählt, über sein Savoir-vivre: »Das Leben genießen, mal etwas Schönes essen oder trinken gehen, das bin ich definitiv.« Süle zum Thema Fast Food: »Früher jeden Tag, jetzt vielleicht noch zweimal die Woche.« Über Spezi: »Das Schlimme bei mir sind eher die süßen Getränke. Spezi trinke ich gerne. Wenn ich das weglasse, ist das schon die halbe Miete. Wenn ich auf Wasser umstelle, habe ich zwei, drei Kilo weniger.« Süle über Döner: »Esse ich immer nur mit Fleisch und Soße, also nur die beiden Zutaten. Bei drei bis vier Dönern ist auch dann Schluss. Lecker.«

Leider ist es im Leistungssport so, dass einem diese Ehrlichkeit schnell um die Ohren fliegt, wenn die Performance auf dem Rasen nicht mehr stimmt. Und ja: Wir Medien leisten unseren Beitrag dazu. Im Fall Süle muss ich sagen: Wir Reporter haben schon oft gehört, dass es im Klub die eine oder andere Unzufriedenheit über seine Gewichtsschwankungen gab. Angeblich 7 Kilo zu viel soll der Verteidiger in Zeiten seines Höchstgewichts auf die Waage gebracht haben. Berichtet haben wir es nicht. Erst als der Klub reagierte, weil die Leistung darunter litt, nahmen wir das Thema auf. Im November 2020 strich Flick seinen Profi aus dem Kader. Bei der Rückkehr von der Nationalmannschaft, als Süle bei der legendären 0:6-Pleite gegen Spanien zur Halbzeit mit Bild*-Note 6 ausgewechselt worden war, zeigte die Messung beim Verteidiger an: exakt 1,7 Kilo zu viel. Was für uns nicht dramatisch klingt, war bei Süle etwas anderes: Er ist ein Wiederholungstäter. Bayern-Trainer Flick schützte seinen Spieler, indem er das Thema Übergewicht nicht bestätigte. Er ließ zu seiner Maßnahme lediglich wissen: »Niklas muss sein Potenzial ausschöpfen, dazu braucht er die notwendige Fitness.« Für Insider war damit genug gesagt. Die*

Klub-Bosse störten sich allerdings am Lebensstil des Verteidigers. In der Chefetage kursierte hinter vorgehaltener Hand der Vorschlag, bei McDonald's Bilder von Niklas Süle aufzuhängen und in Großbuchstaben darunterzuschreiben: WANTED.

Ende Januar 2018: Uli Hoeneß setzt seine Charmeoffensive für eine Weiterbeschäftigung von Jupp Heynckes gnadenlos fort. »Wir werden versuchen, den Jupp zu ›charmeurisieren‹«, lässt Hoeneß beim Ständehaus-Treff der *Rheinischen Post* in Düsseldorf wissen. Sein Vorgehen untermalt er dabei bildlich. Hoeneß: »Wenn ich ziemlich nackt vor ihm stehe, habe ich vielleicht eine kleine Chance.« Der Bayern-Präsident ist unbeirrbar und betont: Es gebe keinen Plan B für Heynckes. Was Hoeneß selbst betrifft, hat er damit sogar recht. Andere Führungskräfte im Klub sehen das anders, trauen sich aber nicht, Hoeneß bei seinem Kreuzzug Einhalt zu gebieten.

Freitagmorgen, Anfang Februar 2018: Der Tag vor dem Spiel ist der Tag des Trainers. Der Chefcoach stellt sich traditionell den Fragen der Journalisten zum anstehenden Spieltag. An diesem Freitag ist es der Vormittag vor der Partie in Mainz, die der FC Bayern dank der Tore von Franck Ribéry und James mit 2:0 gewinnen wird. Das Bundesliga-Duell steht journalistisch heute thematisch eher im Hintergrund.

Höflich nickt mir Jupp Heynckes zu, als er durch die linke Tür den Pressekonferenzraum betritt, grüßt mit einem freundlichen »Hallo!«. Die Fragen der Journalisten beantwortet er niemals in Eile und stets ausführlich. Nur ein Thema nervt ihn: Fragen zu seiner Zukunft …

»Einer muss sich ja trauen«, eröffnet ein Radioreporter vorsichtig die Fragerunde und bittet um Verständnis, dass er schließlich nur seinen Job mache. Heynckes drückt daraufhin sein Kreuz durch, in Erwartung dessen, was nun unweigerlich kommen wird: die Zukunftsfrage. Mein Kollege weiter: Habe Heynckes inzwischen nun ein klärendes Gespräch mit den Bossen gesucht? Der Trainer nimmt die Frage professionell: »Wir haben uns turnusmäßig zusammengesetzt, das ist richtig«, bestätigt er emotionslos. Er kann nicht verstehen, warum er jede Woche erneut Stellung beziehen muss. Heynckes richtet daher das Wort an die Journalisten, es klingt fast wie ein Appell an die Vernunft: »Der Leser will mit dem Thema nicht mehr konfrontiert werden. Es ist vergebene Liebesmüh. Wir sollten das Thema ad acta legen.« Schluss?

Aus? Wohl kaum. Solange Hoeneß den Kampf um Heynckes nicht aufgibt, ist auch die Zukunftsfrage nicht beantwortet.

Uli Hoeneß weigert sich, einen Plan B in Betracht zu ziehen, auch wenn er die Heynckes-Chancen selbst auf nur 10 Prozent beziffert. Schon einmal ist ihm dieses Vorgehen geglückt, als er Heynckes 2011 den Leverkusenern abspenstig machte. Der Fehler der Verantwortlichen des Bayer-Klubs war: Sie hatten einen Plan B, weshalb Heynckes den Klub nicht auf ihn angewiesen sah. Vielmehr war er über das Vorgehen der Leverkusener, sich nach Alternativen zu ihm umzuschauen, etwas verärgert. Im Februar 2010 hatte ich Heynckes in Leverkusen besucht. Nach dem Interview titelten wir die Überschrift: »Sucht schon mal meinen Nachfolger!«. Auch auf uns war Heynckes danach sauer, weil er das Thema nicht in der Überschrift lesen wollte – obwohl er es eigentlich gesagt hatte. Die Nachfolge ist bei Heynckes ein sensibles Thema, wie man in der Münchner Chefabteilung auch nach der Verpflichtung von Guardiola erfuhr.

Damals wie heute hatte Hoeneß nur einen Plan A – und der hieß Heynckes! Das war die Grundidee seiner »Charmeoffensive«. Es ist nicht Hoeneß' Aufgabe als Präsident und Aufsichtsratschef, einen Plan B zu haben, das ist der Job des Vorstands, deren Vorsitzender Karl-Heinz Rummenigge ist. Der Vorstand war so klug, sich nicht gegen die Charmeoffensive von Hoeneß zu stellen. Wer möchte schon der Buhmann sein, der die kleine Chance noch verringert, den beliebten Triple-Trainer zu halten.

Ich weiß zu dem Zeitpunkt bereits – auch wenn ich es nicht schreiben kann, ohne in ein Dementi zu laufen –, dass Rummenigge sehr wohl einen Plan B hat, den er mit Sportdirektor Hasan Salihamidžić teilt. Der Plan B heißt Thomas Tuchel, der von den beiden Münchner Verantwortlichen immer wieder vertröstet wird. Rummenigge und Salihamidžić können sich Tuchel als Heynckes-Nachfolger vorstellen. Aber Hoeneß seinen Plan A auszureden, das wagen sie beide nicht.

Neu beim FC Bayern: Gab es früher, als Hoeneß noch das Tagesgeschäft fest in der Hand hatte, immer nur einen Trainerkandidaten, weil sich die Bayern sicher waren, ihn am Ende ohnehin zu bekommen, gibt es nun nicht nur einen Plan B. Salihamidžić hat auch einen Plan C auf seiner Liste: Niko Kovač. Diesen Plan muss Frankfurts Sportchef Fredi Bobic gewittert haben.

Denn es ist äußerst ungewöhnlich, dass ein Verantwortlicher eines anderen Klubs sich zu Trainerpersonalien eines Ligarivalen äußert. Bobic tat es und sagte in einem TV-Interview, dass er wisse, wer der nächste Bayern-Coach werden würde. Es war wohl eine Schutzmaßnahme, um die Gerüchte um Ex-Bayern-Profi Niko Kovač zu zerstreuen. Geschickt lenkte er die Medien weg von seinem Trainer. Seinen eigenen Mann würde er sicherlich nicht der Öffentlichkeit als nächsten Bayern-Trainer preisgeben. Ein bisschen Insider-Wissen aus München dürfte Bobic dabei gehabt haben. Er hat immerhin denselben Medienberater wie Manuel Neuer. Der Frankfurt-Boss glaubte offenbar, Bayern würde Tuchel holen.

Februar 2018: Thomas Tuchel reist heimlich nach München beziehungsweise in den Vorort Grünwald. Salihamidžić hat den Trainer zu sich nach Hause für ein Geheimtreffen eingeladen. Über drei Stunden tauschen sich Salihamidžić und Tuchel aus. Nach Rummenigge ist nun auch der Sportdirektor von der »Lösung Tuchel« als Heynckes-Nachfolger komplett überzeugt. Sie sind vorbereitet für den Fall, dass Heynckes sich nicht von Hoeneß erweichen lässt. Währenddessen belastet das Werben von Freund Ulrich mehr und mehr sein Verhältnis zu Jupp.

Für Print-Reporter wie mich beginnt die intensive Arbeit in den Stadien meist erst nach dem Spiel. Die Begegnung ist abgepfiffen, die Profis haben geduscht. Das Einzige, was sie jetzt noch von einem Besuch in einem Feinschmeckerrestaurant oder ihrer Couch trennt, sind wir, die Journalisten. Mit Kameras, Mikrofonen und Schreibblöcken warten wir in einer Halle der Allianz Arena, um ihre Stimmen und Meinungen einzufangen und gegebenenfalls strittige Szenen zu diskutieren. Was viele Stars dabei vergessen: Wir sind hier nur stellvertretend für ihre Fans, die eben diese Antworten zu ihren Fragen wissen wollen. Als Reporter, der regelmäßig in der sogenannten Mixed Zone vor Ort ist, kennt man seine Pappenheimer und weiß, wer Rede und Antwort steht oder sich lieber mit dem Handy am Ohr an den wartenden Journalisten vorbeidrückt. Anbei ein Beispiel, wie so ein Abend ablaufen kann – und auch abgelaufen ist.

10.2.2018
Bundesliga, 22. Spieltag:
FC Bayern vs. Schalke 2:1
(Tore: Lewandowski, Müller; Di Santo)

Samstagabend, Allianz Arena: Nach dem 2:1-Sieg der Bayern kommt als Erstes Corentin Tolisso mit den typischen Kopfhörern zur Abschottung vor Fragen aus der Kabine. Es sei ihm verziehen, er spielte keine einzige Minute. Die Reservisten sind vom Klub angehalten, sich nicht zu äußern, schließlich könnten sie nur über die Leistung ihrer Kollegen sprechen. Wie auf dem Rasen sind die Laufwege der Profis auch in der Interviewzone für sie bezeichnend. Die Mixed Zone in der Allianz Arena ist so aufgeteilt, dass die Bayern-Profis linksherum die Kabinen verlassen und die Gegner den rechten Weg hinter der Absperrung nehmen, die Spieler und Reporter voneinander trennt. Schlitzohren wie Rafinha und Franck Ribéry wissen das natürlich, nehmen aus genau diesem Grund die Schalker Außenbahn. Bis die Journalisten auf der Münchner Seite sie bemerken, sind sie schon fast heraus. Ein Kollege ruft Ribéry noch eine Frage hinterher. Aus dem Seitengang dröhnt nur noch die tiefe charakteristische Stimme: »Heute nicht, Bruder, heute nicht.« Ich kann mir das breite Ribéry-Grinsen dazu bildlich vorstellen. Arturo Vidal ist anders. Er sucht sich weder Umwege, noch hat er Angst vor Konfrontationen. Der Chilene geht weder links noch rechts entlang, sondern hebelt stattdessen die Metallabsperrung auseinander und geht mitten durch die Reporterschar, teilt sie wie Moses das Meer. Dazu lacht er entschuldigend und zuckt mit den Schultern. Sein klares Signal: Keine Fragen! Aufhalten könnt ihr mich eh nicht! Recht hat er. Es folgt die Riege der pflichtbewussten Sprecher: Niklas Süle macht den Anfang, Mats Hummels, Sven Ulreich und David Alaba kommen ihm bald unterstützend zur Seite. Auch Arjen Robben spricht heute, was meistens heißt: Er hat gespielt, schoss mindestens ein Tor oder wurde zumindest nicht ausgewechselt. Gegen Schalke war Letzteres der Fall. Joshua Kimmich gibt auch immer Statements von sich, heute nicke ich ihm nur kurz zu, da er sonst immer Rede und Antwort steht, aber eine Frage an ihn habe ich diesmal nicht.

Von den eingesetzten Spielern geht die Medaille für den Rekord-Duscher an diesem Tag an Jérôme Boateng. Der Verteidiger bahnt sich seinen Weg samt Koffer durch die Mixed Zone. »Heute nicht«, weist er Fragesteller freundlich, aber bestimmt ab. Ich schaue auf die Uhr: 20.43 Uhr. Ich tippe auf die LH-21.30-Uhr-Maschine nach Berlin. Morgen scheint wohl frei zu sein ... Ich eile ihm dennoch hinterher, schließlich gilt es noch zu klären, wie sehr angeschlagen er ist. Nach seiner Auswechselung ließ er sich in der Kabine sofort am linken Fuß behandeln. »Es ist nicht so schlimm«, ruft mir Jérôme über die Schulter zu. Ich tippe das Statement bereits in mein Handy.

10.2.18, 20.44 Uhr @cfbayern
@JB17Official gibt Entwarnung: »Es ist nicht so schlimm« @sportbild

Kurz nach dem Absenden meiner Nachricht wird sie bereits auf anderen Accounts ins Englische übersetzt und geht durchs World Wide Web. So funktioniert Echtzeit-Berichterstattung in Zeiten der sozialen Medien.

Ich warte an diesem Abend auf Sven Ulreich. In Beraterkreisen wird gemunkelt, der Keeper stehe kurz vor der Vertragsverlängerung beim FC Bayern. Damit konfrontiere ich Ulreich jetzt. Er sagt dazu: »Es gibt noch nichts Neues zu vermelden.« Nachfrage: Kann es denn schnell gehen? »Das weiß ich nicht. Ich muss mir überlegen, was ich will, was für eine Tendenz da ist.« Ich glaube ihm kein Wort. »Noch nichts unterschrieben, wirklich?«, hake ich nach. Meine Quelle ist sehr vertrauenswürdig, ich kann deshalb nicht glauben, was mir Ulreich da erzählen will. »Nein, habe ich noch nicht. Es ist noch keine hundertprozentige Entscheidung getroffen worden«, versichert er mir. Ich bedanke mich dennoch und denke mir: abwarten. Aber wer würde wohl schon so dreist lügen? Die Antwort auf diese Frage lautet: Sven Ulreich. Am Tag darauf, keine 16 Stunden später, verkündet der FC Bayern per Pressemitteilung die Vertragsverlängerung von Ulreich bis 2021.

Bis zu einem gewissen Grad haben wir Reporter grundsätzlich Verständnis, wenn sich Spieler an Klubabsprachen halten müssen. Eine Vertragsverlängerung gibt der Verein gerne selbst bekannt. In diesem Fall hätte sich Ulreich aber geschickter, unverbindlicher ausdrücken können.

Robert Lewandowski ist fast schon an uns vorbei, als mein Online-Kollege mich auf seinen Durchmarsch hinweist. Ich will den Stürmer fragen, warum er bei der Antwort, ob Cezary Kucharski noch sein Berater sei, auf der Pressekonferenz unter der Woche gezögert hat. Gibt es einen Interessenkonflikt wegen der lancierten Real-Gerüchte oder gar eine Trennung? »Nein, nein, er ist noch mein Berater«, sagt mir Lewandowski. »Die Frage an sich hatte mich einfach nur überrascht. Das ist alles.« Ich verabschiede ihn mit folgenden Worten in den Abend: »Nur noch elf Treffer, Robert …« Er stutzt, bevor er versteht. Vor der Partie hatte er die 30-Treffer-Marke für sein persönliches Saisonziel ausgegeben. Mit seinem 1:0 gegen Schalke steht er nun bei 19. Robert nimmt den Ball mit einem Lächeln auf: »Ja, nur noch elf!«

Oktober 2020: Die polnische Polizei nimmt Cezary Kucharski, den früheren Berater von Lewandowski, fest. Der Agent wird verdächtigt, seinen Ex-Klienten mit »strafbaren Drohungen« unter Druck gesetzt zu haben, um 20 Millionen Euro von ihm zu erhalten, sagte ein Sprecher der Staatsanwaltschaft in Warschau. Kucharskis Haus wird durchsucht. Kucharski und Lewandowski hatten von 2008 bis Februar 2018 zusammengearbeitet. Sein neuer Berater wird Pini Zahavi, der für Lewandowski am Anfang der Zusammenarbeit einen Wechsel zu Real Madrid forciert.

Dann kommt endlich Müller. Der Kapitän musste wohl bei den TV-Kollegen schon Rede und Antwort stehen, denn er ist der Letzte. Zu Recht. Das Beste kommt bekanntlich erst am Schluss. Jetzt ist es noch an uns, ihn zu löchern. Bei inzwischen 18 Punkten Vorsprung in der Tabelle müssen die Kollegen schon kreativ sein, damit sich die Fragen nicht von Spieltag zu Spieltag wiederholen. Der BR-Reporter Philipp Nagel hat es sich zur Aufgabe gemacht, Spielertipps einzusammeln, wie der erkrankte und daher bei der Partie abwesende Trainer Jupp Heynckes wieder auf die Beine kommen könnte. Einige Stimmen hat er schon gesammelt. Süle rät zu Wick MediNait, da Heynckes als Coach nicht zur Doping-Probe müsse und dabei das Medikament auf der Liste verbotener Substanzen steht. David Alaba outet sich als Anhänger der Naturheilkunde, schlägt Ingwer vor. Hummels bittet um Verständnis, dass er für die Frage der falsche Ansprechpartner sei: »Ich bin ja selbst so oft erkältet …« Und was sagt Müller, der auf alles stets eine Antwort hat? Kann er Heynckes aus der Erkältung heraushelfen?

»Jetzt ist das Niveau erreicht, wo ich gehe!«, sagt Müller und schüttelt ungläubig den Kopf. Der BR-Kollege hakt nach, dass er doch ansonsten auch für jeden Spaß zu haben sei. Müller bittet um Verständnis. »Das ist wie auf dem Platz oft eine Frage des Timings – wenn ihr schon so dumme Fragen stellt«, sagt er, während er sich langsam versucht (wie bei einem Gegenspieler) davonzustehlen. Das »dumm« nimmt kein Reporter Müller krumm, inzwischen weiß jeder, dass das bei ihm nie böse gemeint ist. Dann schiebt Thomas den tatsächlichen Grund hinterher, warum es ihn nun endlich in den Feierabend drängt: »Und meine Frau wartet währenddessen oben schon wieder mit dem Essen auf mich.« Jetzt bin ich es, der schmunzeln muss. Schließlich weiß ich, dass an diesem Müller-Spruch mehr dran ist, als die Kollegen ahnen.

Allianz Arena, drei Wochen zuvor: Im Januar hatte Müller bereits im Heimspiel gegen Werder Bremen (4:2) getroffen und das gleich zweimal. Auch damals musste er durch einen Interviewmarathon, bis plötzlich sein Handy klingelte. Müller unterbrach seine Antwort an meinen Kollegen Tobi und nahm das Gespräch an. Es wurde schnell klar, dass es seine Frau Lisa sein musste, die in der Loge auf ihren Mann wartete. »Ja, ich komme gleich hoch«, sagte Thomas ins Telefon. Kurze Pause. »Aber du wünschst dir doch immer, dass ich Tore schieße …« Müller wandte sich nun dem Reporter zu und sagte für ihn bewusst gut vernehmbar mit breitem Grinsen: »Wenn ich dann aber Tore mache, dann muss ich mich danach eben den dummen Fragen stellen …« Müller-Zwinkern an Tobi – und dann ging es nach ein paar kurzen Antworten endlich in den VIP-Bereich. Aus diesem Wissen heraus rief ich Müller in den Gang hinterher: »Selbst schuld! Du darfst halt kein Tor schießen, dann fragen wir dich auch nichts.«

Gegen Schalke erzielte Müller den 2:1-Siegtreffer, in Schlawinerart ins kurze Eck. Der Arbeitsabend ist für uns damit abgehakt, Müller ist schon hinter der Trennwand verschwunden. Keiner rechnet mehr mit ihm, als er vor dem Tor plötzlich wieder wie aus dem Nichts auftaucht. Müller lacht über unsere überraschten Gesichter und stellt klar: »Wenn ich nicht treffe, sind die Fragen ja noch dümmer. Dann heißt es: Wieso triffst du denn schon wieder nicht?« Das Letzte, das wir von ihm hören, ist sein Lachen in den Katakomben. Kurz darauf lese ich in meinem Handy diesen Tweet:

22.48 Uhr @esmuellert_
Celebrating the 2:1 win against Schalke 04 with my wife Lisa
(Auf dem Foto zeigt Lisa Müller mit ihrem rechten Daumen nach oben. In der linken Hand hält sie einen Krapfen.)

Mittwoch, 14. Februar 2018, Flughafen München, Terminal 2: Oliver Kahn schlendert mir auf seinem Weg zum Gate entgegen. Der Titan will offenbar wie ich zum Topspiel der Champions League zwischen Real Madrid und Paris Saint-Germain. Obwohl wir beide überrascht sein sollten, dass wir zufällig auf demselben Flug nach Madrid sind, wundert es uns eigentlich nicht wirklich. »Ich bin für das ZDF als Experte im Einsatz«, sagt Oliver. »Ich schaue mir auch das Spiel an, allerdings werden wir uns diesmal nicht im Pressebereich sehen«, antworte ich. »Ich bin in erster Linie zu Gast bei Toni Kroos.« Den 3:1-Sieg der Königlichen über Paris sehe ich inmitten der Real-Fans auf der Tribüne.

Donnerstag, »Ciudad Real Madrid«, das Trainingsgelände der Königlichen: Toni kann nur wenige Stunden geschlafen haben, als wir uns am Morgen nach dem Paris-Spiel treffen. Er ist pünktlich, obwohl er sich am Vorabend eine Verletzung zugezogen hat, ich bemerke es an seinem leichten Humpeln. Er wird für Real in der nächsten Partie ausfallen, für mich nimmt er sich dennoch heute Zeit.

Ich kenne Toni seit seinen ersten Ballberührungen in der Profimannschaft des FC Bayern, die inzwischen elf Jahre zurückliegen. Seither haben wir zusammen zahlreiche Interviews geführt, teilweise spektakuläre Fotoshootings gemacht. Vor der Weltmeisterschaft 2010 in Südafrika – Toni spielte damals für Leverkusen – legten wir uns in der BayArena lebendige gelbe Python-Schlangen um den Hals für eine WM-Serie. Als er der letzte verbliebene »Ossi« in der Nationalmannschaft war, machten wir Aufnahmen samt Trabi an einer Graffiti-Mauer, wenn es auch keine Berliner, sondern eine Münchner Mauer war. Was wir diesmal veranstalten, wird auch für mich neu: Toni ist mein Chef – wenn auch nur für eine Ausgabe.

Unser Magazin feiert sein 30-jähriges Jubiläum, und als Chefredakteur haben wir den einzigen deutschen Nationalspieler, der die Champions League bereits dreimal gewinnen konnte, verpflichtet. Er plant für uns in der Rolle des Chefredakteurs eine komplette Ausgabe. Toni führt dafür Interviews mit Freiburgs Trainer Christian Streich sowie mit Matthias Sammer. Ich bin im Anschluss an meine Reise nach Freiburg nun zu Toni nach Madrid geflogen, um mit ihm die Magazinseiten zu planen.

Der Termin findet auf dem Trainingsgelände von Real Madrid statt. Journalisten wird nur von Fall zu Fall Zutritt gewährt. Ich war schon einmal hier für ein Interview mit Toni, diesmal würde ich jedoch eine Überraschung erleben. Wir bekommen vom Pressesprecher Zutritt zum Spielerbereich gewährt, sozusagen zu den heiligsten Räumen des Geländes. Toni gibt offenbar nicht nur auf dem Platz in diesem Klub mit den Ton an. Auf dem Weg dorthin sehe ich, dass die Spielerparkplätze mit Namen beschriftet und nach Rückennummern geordnet sind. Tonis (Nummer 8) Auto steht somit zwischen Cristiano Ronaldos (Nummer 7) und Karim Benzemas (Nummer 9).

Unser provisorisches *Sport-Bild*-Büro dürfen wir mit Blick auf die Trainingsplätze einrichten. Im Nebenraum befindet sich ein eigener Kinosaal für die Real-Stars, dahinter liegt ein Zimmer für Freizeitaktivitäten: Tischtennisplatte, Pool-Billard, ein Basketballkorb sowie Rennautosimulatoren – alles ist für die Profis eingerichtet. Wir sind allerdings zum Arbeiten hier, also starten wir unsere Redaktionskonferenz, danach führen wir das Interview mit Matthias Sammer via Zoom-Schalte. Das Gespräch läuft bereits, als Stürmerlegende Emilio Butragueño den Raum betritt. »Führt Toni da gerade ein Interview?«, fragt der einstige Vizepräsident des Klubs. »Da will ich wirklich nicht stören.« Daraufhin zieht »El Buitre«, der »Geier«, wie ihn die Fans ehrfürchtig rufen, sich leise zurück. Kurz darauf steckt Gareth Bale den Kopf durch die Tür. Als der Waliser die ausgedruckten Magazinseiten und die *Sport-Bild*-Logos an den Wänden sieht, blickt er mich fragend an und verabschiedet sich mit einem freundlichen Winken. Wie leicht, denke ich, wäre unsere Reporterarbeit, wenn wir bloß mehrere solcher Außenbüros hätten.

Am Ende unseres Termins bedanke ich mich bei meinem Boss Kroos und verabschiede mich mit den Worten: »Das Arbeiten unter dir hat wirklich Spaß gemacht! Schade, dass wir dich für eine Festanstellung wohl eher nicht von Real Madrid freikaufen können.« Als ich im Taxi sitze, checke ich am Handy Tonis potenzielle Ablösesumme. Der Betrag lautet: 80 Millionen Euro. Was ich zu dem Zeitpunkt noch nicht ahnen kann: Toni Kroos wie auch seinen Kollegen Gareth Bale werde ich bald wiedersehen …

20.2.2018

Champions League, Achtelfinale, Hinspiel:

FC Bayern vs. Beşiktaş Istanbul 5:0

(Tore: Müller [2], Coman, Lewandowski [2])

Dienstag, Allianz Arena: Der Heynckes-Hype geht weiter. Der souveräne 5:0-Triumph über Beşiktaş ist der 14. Pflichtspielsieg unter Trainer Jupp Heynckes in Folge. Damit stellt er den Rekord von Kult-Coach Pál Csernai aus dem Jahr 1980 ein. Die Fans träumen vom Triple – Kommentar Uli Hoeneß: »Absoluter Schwachsinn!«

Ende Februar 2018, Säbener Straße: Es ist normal, dass sich Journalisten vor einem Interview einen Fragenkatalog zusammenstellen. Da wir beim Termin mit Jupp Heynckes gleich drei Reporter vor Ort sein werden, ist das für den Gesprächsfaden umso wichtiger. Springt jeder Kollege von Thema zu Thema, das ihm gerade einfällt, wird es nicht nur konfus, sondern man beraubt sich selbst der entscheidenden Nachfragen. Zwei DIN-A4-Zettel haben wir mit Themen gefüllt. Ob es ein gutes oder ein sensationelles Interview wird, hängt allein von zwei Punkten ab. Ich habe sie mir in meinem Skript eingekreist. Der eine heißt »Zukunft«, der zweite »Thomas Tuchel«.

Jupp Heyneckes ist gut gelaunt, als er den Konferenzraum betritt. Wir bitten ihn zunächst, ein Belegfoto zu machen, für das wir uns nebeneinander aufstellen. »Zeigt doch mal mit dem Finger nach vorne«, bittet uns der Fotograf, um ein bisschen Bewegung in sein Motiv zu bekommen. Unser synchrones Schwingen der Arme fühlt sich an wie das Einstudieren einer Choreografie. »Das ist ja wie bei einer Band«, scherzt Heynckes. Ich schlage vor: »Dann sind wir die Flippers!« Der Gedanke amüsiert den Bayern-Trainer, er gluckst vor Lachen. Die Stimmung ist gelöst, wir setzen uns für das Gespräch.

Heynckes schenkt sich ein Wasser ein und erzählt uns aus seinem Hotelleben. Er wohnt nun schon fast drei Monate im Hotel. »Toni Tapalović hat mir einen Friseur organisiert«, ist er dem Torwarttrainer dankbar. »Wo mich mein Trainerteam unterstützen kann, unterstützt es mich«, erzählt Heynckes. »Ich muss mein Leben neu organisieren. Es fängt schon an bei den Kleidungsstücken, die man zum Spiel mitnimmt. Da packt ansonsten schon mal meine Frau mit an. Das muss ich jetzt alles allein machen.« Es ist Heynckes in jedem Moment anzumerken, dass er seine Situation nur als Übergang sieht. Eine Langzeitlösung, wie sie sich Uli Hoeneß vorstellt, scheint ihm tatsächlich fern zu sein. Aber warum hat er das bei den vielen Journalistenfragen während der Pressekonferenzen nie klargestellt? Wieso lässt er das Thema köcheln? Will er seinen Freund nicht vor den Kopf stoßen? Oder hat Heynckes vielleicht ein wenig Gefallen am Werben von Hoeneß?

Man darf dabei nicht vergessen: Hoeneß hatte im Dezember 2012 seinen Kumpel Jupp nicht eingeweiht, dass er nach New York flog, um Pep Guardiola zu verpflichten und damit Heynckes' Zeit in München ein Verfallsdatum aufzukleben. Für Heynckes war das damals eine Enttäuschung. Nicht weil er unbedingt nach der Saison 2013 weitermachen wollte. Vielleicht auch das. Entscheidender war: Hoeneß nahm Heynckes damit die Gelegenheit, seinen Abschied bei Bayern selbst zu bestimmen. Für diese Aktion revanchierte sich Heynckes mit dem Triple. Er trat zum größtmöglichen Höhepunkt ab und hinterließ Guardiola ein Erbe, an dem der Spanier in seinen drei Jahren in München stets gemessen werden sollte.

Es ist an der Zeit, uns langsam dem Grund unseres Besuchs zu nähern. »Herr Heynckes, haben Sie inzwischen Ihren Vertrag beim FC Bayern unterschrieben?«, frage ich. Don Jupp hatte tatsächlich nur per Handschlag seinen Retterjob angetreten. Finanzchef Jan-Christian Dreesen lief ihm seither mit dem Arbeitspapier hinterher. Heynckes war die Trainingsarbeit jedoch stets wichtiger, was Dreesen fast in den Wahnsinn trieb. Heynckes blickt verschmitzt auf die Tischplatte, als würde er dieser Nebensächlichkeit noch immer keine Bedeutung zumessen. »Ja, das ist vor drei, vier Wochen passiert«, bestätigt er nun. Ich hake nach, ob er auch auf die Laufzeit in dem Vertragswerk geachtet habe. Nicht dass ihm die Bosse heimlich einen Kontrakt bis 2019 untergejubelt haben. Heynckes Augen funkeln vergnügt. »Sie meinen, ich hätte besser genauer hinsehen sollen«, sagt er und nickt lachend. Er weiß genau, worauf wir hinauswollen. Ab jetzt beginnt das Katz-und-Maus-Spiel zwischen dem Protagonisten und den Reportern. Werden wir ihm endlich die Aussage entlocken, an der so viele Kollegen zuvor gescheitert sind? Als Erstes bekommen wir von Heynckes ein »Nein.« Dann fährt er fort: »Ich habe schon genau auf die Jahreszahl geachtet. Da stand 2018.« Wir spüren: Der Trainer ist noch nicht so weit für unsere entscheidende Frage nach seiner Zukunft.

Also nehmen wir wieder ein wenig Tempo aus dem Interview. Wir sprechen nun über seine erste Zeit bei Bayern, als Heynckes mit 42 Jahren den Klub trainierte. Wir betrachten auch die Arbeit anderer Kollegen wie Louis van Gaal und – Thomas Tuchel. Es gibt durchaus Parallelen zum jungen Heynckes und Tuchel. Beide gelten als Pedanten, die ihre Spieler mit Verboten nerven. »Wiggerl« Kögl erzählte mir einmal, dass Heynckes den Spielern bei seinem ersten Engagement in München Ende der 80er-Jahre sogar das Cola-Trinken verbieten wollte. Das war auch deshalb so lustig, weil uns Hans Dorfner schon so viele Geschichten erzählte, als die Bayern-Profis unter Heynckes heimlich im Trainingslager am Tegernsee ins Bräustüberl ausrückten, um dort Schweinshaxen mit einigen Bieren hinunterzuspülen. Das erzählen wir nun dem 30 Jahre älteren Jupp. Heynckes erinnert sich nicht an das Cola-Verbot, von den Bieren und Schweinshaxen wusste er tatsächlich nichts. Glauben mag er das, was er da gerade zu Ohren bekommt, auch heute noch nicht. Er selbst, sagt er, habe in seinem ganzen Leben vielleicht vier, maximal fünf Gläser Cola getrunken.

Weg von den Getränken, zurück zu den Trainern. Die Themenbrücke bilden wir kulinarisch. Ich wähle Pasta, die Thomas Tuchel seinen BVB-Spielern verboten hatte. Jupp muss unweigerlich darüber schmunzeln. Alle im Raum spüren: Heynckes findet Tuchel gut! Es ist in Interviews so, dass Trainer nicht gern über Kollegen reden. Eine Frage ist okay, vielleicht sind zwei gestattet. Mehr aber auch nicht, schließlich soll das Interview über die eigene Arbeit gehen. Heynckes hat aber bereits mehrere Fragen zu Tuchel beantwortet, ohne das kleinste Anzeichen zu zeigen, dass ihn das Thema nervt. Also fragen wir ein viertes Mal, etwas allgemein gehalten: »Ist Tuchel also ein erfahrener Trainer, der einen Weltklub trainieren kann?« Heynckes schaut uns alle drei an, einen Reporter nach dem anderen. Er weiß genau, welchen Weltklub wir meinen. Der Triple-Trainer überlegt kurz, dann sagt er: »Ich denke, dass Thomas Tuchel die Qualität hat, auch einen FC Bayern zu trainieren.« Jackpot!

Heynckes nimmt von sich aus den »FC Bayern« im Zusammenhang mit Tuchel in den Mund. Er ist lange genug Profi, um die Folgen seiner Aussage absehen zu können. Seine gezielte Antwort ist eine klare Empfehlung an seinen Arbeitgeber: Tuchel kann Bayern trainieren – also der Heynckes-Nachfolger werden. Das wird noch deutlicher, als wir über andere Kollegen sprechen. Weder Julian Nagelsmann noch Ralph Hasenhüttl erfahren eine ähnliche Adelung vom Triple-Trainer. Interessant ist auch Heynckes' Meinung zu dem Trainer von Eintracht Frankfurt: Niko Kovač. »Niko hat beim FC Bayern gespielt, er kennt den Verein«, beginnt Heynckes seine Antwort mit einer Wertschätzung. Dann folgt ein »Aber«. Heynckes' Einschätzung über Kovač lautet: »Aber es ist schon von Nutzen, wenn er im nächsten Jahr erst mal international mit seiner Eintracht spielt und diese Erfahrung macht.«

Wir reden nun schon so lange über potenzielle Nachfolger, dass das Thema Zukunft immer unausweichlicher wird: die Zukunft von Jupp Heynckes. Er selbst gibt uns dazu das Stichwort, indem er uns bittet: »Sie müssen abwarten, wer mein Nachfolger wird …« Jetzt ist es an der Zeit nachzuhaken. Wir erinnern Jupp Heynckes, dass er selbst seit Monaten zum Thema seiner Zukunft schweigt.

Der Bayern-Coach legt seine Stirn in Falten, das Thema quält ihn offensichtlich. Was folgt, ist für Heynckes-Verhältnisse eine Staatserklärung: »Ich bin gekommen, weil der FC Bayern in einer ganz schwierigen Situation war und kurzfristig nicht den Trainer verpflichten konnte, von dem der Klub überzeugt war. Deswegen habe ich gesagt: Ich mache das bis zum Saisonende, und dann müsst ihr sehen, wie es weitergeht. Das ist eine Vereinbarung, die steht, ich bin immer dafür, dass man sich an klare Fakten hält. Es gab ja zuvor berechtigte Stimmen: Kann ein 72-Jähriger noch einen Bundesligisten trainieren? Im Sommer bin ich 73, man weiß nie, wie viel Zeit einem noch bleibt. Ich habe nie mehr vorgehabt, auf die Trainerbank zu gehen. Das Leben besteht nicht nur aus Arbeit …« Natürlich haken wir nach: Heißt das, er hört im Sommer hundertprozentig auf? Heynckes schüttelt ungläubig den Kopf, als habe er den Eindruck, wir hätten ihm nicht zugehört. »Ich bin im Sommer 73, liebe Leute!«, erinnert er uns, als wäre das allein schon Antwort genug. Ist es vielleicht auch. Dennoch wollen wir es von Heynckes selbst hören. Also hören wir weiter zu. Nur ihn jetzt nicht unterbrechen.

Heynckes redet sich nun vom Herzen, was er uns bei Gesprächsbeginn bereits angedeutet hat. »Sehen Sie: So, wie ich arbeite, helfen mir meine Frau, meine Tiere nicht. Ich bin von morgens bis abends eingespannt.« Dieselbe Frage über Heynckes' Situation hatte ich noch am Morgen mit meiner Frau beim Frühstück diskutiert, bevor ich zum Termin fuhr. Sie sagte, sie könne nicht verstehen, warum Frau Heynckes das alles noch einmal mitmache. Das erzähle ich nun Jupp Heynckes. »Sehen Sie!«, stimmt er mir beziehungsweise meiner Frau zu.

Dass Hoeneß es dennoch immer wieder mit seiner Charmeoffensive probiere, dafür habe er, so Heynckes, bis zu einem gewissen Grad Verständnis. Er kenne seinen Uli schließlich »in- und auswendig«. Allerdings sieht Jupp auch nicht alles positiv, was Hoeneß veranstaltet. »Ich fand zum Beispiel seine Fan-Abstimmung zu dem Zeitpunkt nicht ganz glücklich«, räumt Heynckes offen ein. Der Klubpatron hatte, wie bereits erwähnt, bei einem Fanklub-Besuch vom Podium herab die Anhänger über den Verbleib von Heynckes abstimmen lassen. Das Wahlergebnis fiel wie zu DDR-Zeiten aus. Wer würde den Triple-Trainer nicht gerne noch länger bei Bayern sehen? Heynckes gesteht Hoeneß zu: »Ich weiß, wie ehrgeizig und ambitioniert Uli ist. Daher hatte er eben in diesem Moment Träume.« Dann folgt wieder ein »Aber«. Heynckes: »Nicht jeder Traum geht in Erfüllung!« Einmal haken wir noch nach: Und wenn Uli Hoeneß wie von ihm angekündigt am Ende doch »ziemlich nackt« vor Heynckes stünde, um doch noch eine Chance zu haben? Heynckes lacht bei dem Gedanken laut auf: »Das lassen wir besser, das wollen wir alle nicht!«

Wir drei Reporter werden an diesem Nachmittag noch lange mit Heynckes zusammensitzen und viele Anekdoten zu hören bekommen, beispielsweise über Nancy Sinatra und ihre Freundschaft zu Günter Netzer. Das Wichtigste für das Hier und Jetzt ist aber zu diesem Zeitpunkt bereits gesagt. Die Überschrift des Interviews wird lauten: »Heynckes: Ich mache das bis zum Saisonende!«. Unterzeile: »Der Bayern-Trainer beendet die Spekulationen um seine Zukunft. Er spricht über die jungen deutschen Trainer und verrät, wen er sich als Nachfolger bei Bayern vorstellen kann«.

Anders als 2013 wird Heynckes damit seine Zukunft selbst und aus einer Position der Stärke entscheiden. Und für Jupp ganz entscheidend: nicht Uli

Hoeneß für ihn. Der Bayern-Patron bekommt durch die klare Heynckes-Absage ein Problem: Der FC Bayern hat ab dem Zeitpunkt maximal vier Monate Zeit, um einen Heynckes-Nachfolger zu finden.

März 2018: Englischer Fußball fasziniert mich. Natürlich bin ich ein Kind der Bundesliga, aber als Sportreporter ist sie inzwischen eben ein Teil meines Jobs geworden. Bei jedem Ergebnis habe ich im Hinterkopf: Ist das eine Geschichte? Was bedeutet es für unsere nächste Ausgabe? Bei Spielen in England bin ich natürlich auch Journalist. Den Reporter bekommt man nie ganz aus dem Kopf. Allerdings darf ich in England noch ein bisschen mehr Fan sein. Was der FC Bayern für mich in Deutschland ist, bedeutet mir in der Premier League der FC Liverpool. Schon immer, für immer. So ist es kein Zufall, dass ich mir die Termine gerne so lege, wenn Liverpool in der Königsklasse spielt. Für dieses Champions-League-Achtelfinale habe ich gleich zwei Tickets für die Insel in der Tasche: eins für Anfield, eins für Wembley.

Tage, an denen ich Fußball und Rock verbinden kann, sind die Höhepunkte meines Reporterlebens. Vielleicht hat mich beides so leidenschaftlich gepackt, weil mir selbst das Talent für das eine wie das andere fehlte. Dabei bin ich ein noch wesentlich schlechterer Musiker als Fußballer. Meine E-Gitarre (Fender Stratocaster) hatte weniger Freude an mir als mein heiß geliebter Ball »Etrusco Unico«, den ich bespielte, bis die Nähte platzten. Die Gitarrensaiten blieben dagegen ganz und vernachlässigt. Warum ich das erzähle? In Liverpool erwartet mich eine Mutprobe, der ich mich freiwillig unterziehen will. In meinem Fall heißt das: Singen. Im Gegensatz zu meinen Gesangskünsten bin ich an der E-Gitarre noch ein Jimi Hendrix in fünf Akkorden.

6.3.2018

Champions League, Achtelfinale, Rückspiel:

FC Liverpool vs. FC Porto 0:0

Dienstag, Anfield Road: Das Spiel des FC Liverpool ist bei meinem Besuch diesmal Nebensache. Die Reds haben das Hinspiel in Porto bereits mit 5:0 gewonnen, sodass ich ein eher müdes 0:0 geboten bekomme. Ich bin allerdings nicht wegen des Matches in Liverpool, sondern für einen Termin am Tag danach.

Mittwoch, Trainingszentrum Melwood: Ich treffe Sadio Mané zum Interview. Organisiert hat mir das Gespräch sein Berater Björn Bezemer. Den Kontakt hat mir Andreas Ottl hergestellt; der Ex-Bayer arbeitet in derselben Agentur. Allein mein Kollege Tobi weiß, was ich vor meiner Abreise aus Deutschland in meinen Koffer gepackt habe. Es ist die Tamburinrassel meiner kleinen Tochter. Das Treffen mit Mané möchte ich neben dem Interview noch für eine andere Aktion nutzen.

Seit diesem Sommer wirbelt bei den Reds unter Leitung von Jürgen Klopp ein magisches Dreieck mit Neuzugang Mohamed Salah, Ex-Hoffenheim-Spieler Roberto Firmino und Sadio Mané. Der Senegalese fasziniert mich dabei ganz besonders, weil er einen der ungewöhnlichsten Karrierewege hinter sich hat, die es derzeit im modernen Profifußball gibt. Mit 17 Jahren, einem Alter, in dem andere bereits in ihrer Nationalmannschaft debütieren, hörte er erstmals von Taktik oder Spielsystemen. Ohne fußballerische Ausbildung schaffte er es aus Afrika in den Kreis der besten Kicker der Champions League. Aber auch ein weiterer Aspekt interessiert mich an ihm: Ein Song, der im Internet bereits ein Hit ist.

Youtube Video: New Liverpool song by Corks biggest Liverpool fan (We got Salah do do do ...")

»I am Corks biggest Liverpool-Fan«. Mit diesen Worten startet Kevin Murphy, augenscheinlich ein Liverpool-Fan vom Scheitel bis zur Sohle, sein Youtube-Video, das zum Zeitpunkt meiner Reise bereits 3,1 Millionen Mal geklickt wurde. Zur Melodie des Archies-Klassikers »Sugar, Sugar« singt Murphy: »Salah DO DO DO DO DO DO! Mané Mané! And Bobby Firmino!« Zunächst dachte ich, Murphy sei tatsächlich der irische Fan aus Cork, für den er sich ausgibt. Bald musste ich jedoch feststellen, dass er nur eine Kunstfigur des Stand-up-Comedian Richy Sheehy ist. Der Euphorie um sein Lied tat das weder bei mir noch bei den Liverpool-Anhängern einen Abbruch. Mein Plan für die Liverpool-Reise: Ich möchte das Lied mit Mané singen!

Als ich das Trainingszentrum Melwood betrete, läuft Innenverteidiger Dejan Lovren in Socken im Eingangsbereich auf und ab. Sein Abwehrpartner Joel Matip holt sich gerade seine Post an der Rezeption ab. Der Ex-Schalker gibt mir freundlich die Hand und lächelt bei meinem deutschen

»Hallo!«. Dann lasse ich sowohl Lovren wie Matip in der Lobby zurück, denn gleich beginnt mein Interview mit Mané.

Sadio wirkt zierlicher, als ich ihn mir vorgestellt habe. Als Erstes fällt mir sein schüchternes Lächeln auf. Der Mann hat laut transfermarkt.de einen Wert von 60 Millionen Euro, aber er spricht sehr bescheiden über sich. Er ist mir ab dem ersten Moment sympathisch. Rund eine halbe Stunde sitzen wir zusammen, in der wir über Jürgen Klopp, die Liverpooler Champions-League-Chancen, das magische Dreieck und seinen bewegenden Karriereweg sprechen. »Das war's, mit dem Interview wären wir fertig«, sage ich zu Sadio und frage mich, ob ich das nun wirklich durchziehe. Zuvor haben wir schon über das Mané-Mané-Video gesprochen, daher weiß ich zumindest, dass Sadio es kennt und es okay findet. Also lasse ich es drauf ankommen.

»Ich habe eine verrückte Idee, bei der ich nicht sicher bin, ob sie dir gefällt«, setze ich an und greife entschlossen zu der Rassel, die ich mit einem *Sport-Bild*-Logo beklebt habe, damit das Spielzeug wenigstens semi-offiziell aussieht. Dann unterbreite ich Sadio meinen Vorschlag: »Wenn ich den Mané-Mané-Song singe, machst du dann mit?« Sadio klopft sich auf seine 60-Millionen-Euro-Schenkel, schüttelt lachend den Kopf und sagt cool: »Für mich ist das okay, lass es uns machen!« Im nächsten Moment hat er die Rassel in der Hand, ich mein iPhone, das bei einem 442oons-Video zum Mané-Mané-Song nicht nur die Musik abspielt, sondern wie beim Karaoke auch den Text passend zum Rhythmus mitlaufen lässt. Und wir machen es tatsächlich. Sadio Mané, der Topstürmer des FC Liverpool, und ich singen: »Salah DO DO DO DO DO DO! Mané Mané!"

Als ich Melwood verlasse, kann ich immer noch nicht glauben, dass ich es wirklich getan habe. Noch ist meine persönliche Mutprobe nicht überstanden. Doch auch den letzten Schritt ziehe ich durch: Ich stelle das Video ins Internet. Noch im selben Monat werde ich darauf eine Reaktion bekommen, die noch mehr Klicks generiert als dieses Video. Aber dazu später mehr.

7. März 2018 @cfbayern

This is Wembley! Heute Champions League in London

7.3.2018
Champions League, Achtelfinale, Rückspiel:
Tottenham Hotspur vs. Juventus Turin 1:2
(Tore: Son; Higuaín, Dybala)

Mittwoch, Wembley Stadium: Tottenham Hotspur baut zurzeit an seinem neuen Stadion und trägt seine Heimspiele in Wembley aus. Bei der Anreise aus Liverpool wird es knapp bis zum Anpfiff. Mit dem Zug geht es in die Londoner Innenstadt. Zeit, im Hotel einzuchecken, bleibt mir nicht. Ich muss also mit dem Koffer ins Stadion, obwohl mein Hotel neben dem Stadion in Fußnähe liegt. Ich schaffe es, bin pünktlich zum Anpfiff.

Es wird ein bitterer Abend für die Spurs, obwohl es zunächst gut aussieht. Nach einem 2:2 in Turin gehen sie vor eigenem Publikum durch Son Heung-min in Führung, um am Ende nach Toren von Gonzalo Higuaín und Paulo Dybala doch noch auszuscheiden. Eine gute Voraussetzung für meine anstehende Verabredung. Ich bin nach London gereist, um mit Sami Khedira über die anstehenden Länderspiele zu sprechen. Sami weiß Bescheid, dass ich ihn nach Abpfiff in der Mixed Zone erwarte.

Für mich wird die Wartezeit mit einem Highlight versüßt: Ich treffe auf Rod Stewart. Als ein Ordner bemerkt, dass mich der Rockstar noch mehr fasziniert als die Profis der Spurs und von Juve, verrät er mir: »Wenn du noch ein wenig bleibst, siehst du hier vielleicht auch noch Mick Jagger.« Für ein paar Worte mit der Legende der Rolling Stones hätte ich sogar das Interview mit Khedira sausen lassen. Am Ende musste ich mich nicht mit dem Gewissenskonflikt befassen. Sami kam, Jagger nicht.

14.3.2018
Champions League, Achtelfinale, Rückspiel:
Beşiktaş Istanbul vs. FC Bayern 1:3
(Tore: Love; Thiago, Gönül [ET], Wagner)

Mittwoch, Vodafone Park: Das Beşiktaş-Stadion ist das lauteste in Europa, die fanatischen Fans bringen eine Lautstärke bis 14 Dezibel auf den Rasen. Die Bayern bringen den Hexenkessel aber schnell zum Verstummen, lassen durch Tore von Thiago, einem Eigentor von Gönül sowie einem Treffer von Wagner Istanbul keine Chance. Jupp Heynckes wird den Rivalen in Europa langsam unheimlich. Er holt seinen elften Sieg in Folge in der Champions League. Das gelang bisher noch keinem Trainer!

Die Rückkehr von Jupp Heynckes entwickelt sich immer mehr zur Erfolgsstory. Nichts soll seine Spieler von den Saisonzielen ablenken, auch nicht seine Zukunftsfrage. Als es am Wochenende jedoch eine empfindliche 1:2-Niederlage bei RB Leipzig setzt, trifft der Trainer eine Entscheidung. In der Tabelle haben die Münchner ein fettes Polster mit einem Vorsprung von 17 Punkten auf Schalke. Es ist erneut das Triple drin, den von Hoeneß entfachten Wirbel mit dessen Charmeoffensive kann Heynckes nicht gebrauchen. Hatte er es denn nicht deutlich genug im Interview mit der *Sport Bild* klargestellt?

Es ist Montag, der 19. März, als Jupp Heynckes das Büro von Uli Hoeneß betritt. Die beiden Freunde haben das Thema lange umschifft, es nie endgültig geklärt. Heynckes ist es nun endgültig leid, will es vom Tisch haben. Ein für alle Mal! Darum lässt er seinen »Ulrich« mit Nachdruck wissen: Es bleibt dabei! Im Sommer ist für ihn als Trainer bei Bayern Schluss!

Es ist der Zeitpunkt, an dem auch Uli Hoeneß endlich einsieht, dass das Werben um seinen Freund Jupp vergeblich war. Von Kandidat Tuchel ist der Bayern-Patron dennoch nicht hundertprozentig überzeugt. Von Montag bis Mittwoch holt Hoeneß Informationen über andere Trainerkandidaten ein, telefoniert alle potenziellen Optionen ab, die ihm in den Sinn kommen. Selbst die Mini-Chance bei Jürgen Klopp, der sehr glücklich beim FC Liverpool ist, klopft er ab. Hoeneß hatte Klopp das Traineramt bei Bayern bereits 2008 in Aussicht gestellt, bevor es dann doch auf Vorschlag von Rummenigge Ex-Bundestrainer Jürgen Klinsmann wurde. Zehn Jahre später hat Hoeneß bei Klopp nicht den Hauch einer Chance, es kommt nicht einmal zu einem direkten Gespräch zwischen den beiden.

Eine echte Alternative zu Tuchel findet der Aufsichtsratschef auf die Schnelle nicht. Die Folge: Am Donnerstag gibt Hoeneß bei Rummenigge und Salihamidžić grünes Licht für Tuchel. Für Freitagnachmittag wird eine Telefonschalte arrangiert. Rummenigge, Hoeneß und Salihamidžić wollen direkt mit Tuchel sprechen. Zu diesem Zeitpunkt wissen sie bereits, dass die Chancen für den FC Bayern inzwischen schlecht stehen. Doch die Bosse sind überzeugt, Tuchel noch umbiegen zu können. Umso bitterer muss für die Klubverantwortlichen gewesen sein, was ihnen der Trainer am Telefon mitteilt: Tuchel bedauere selbst, dass sich sein Wunsch, den FC Bayern zu trainieren, nicht erfüllen werde. Sieben Monate habe er auf grünes Licht für Verhandlungen gewartet, doch als die Wartezeit immer länger und länger wurde, habe er erst vor Kurzem einem anderen europäischen Topklub zugesagt. Tuchel weiter: Er würde sich freuen, wenn nichts hängen bliebe. Denn es wäre bestimmt eine super Zusammenarbeit geworden.

Dass sich Tuchel für Paris Saint-Germain entschieden hat, verrät er nicht. Die Münchner Bosse nehmen an, es sei Arsenal London, der ihnen den Trainer weggeschnappt hat. Der Reporter eines Fachmagazins, der mit einem der Bayern-Bosse telefoniert, nimmt die Annahme der Münchner für bare Münze und berichtet über eine Tuchel-Einigung mit Arsenal. Es ist eine Ente, wie falsche Storys im Journalismus bezeichnet werden.

So oder so: Der FC Bayern braucht nun schnell einen Trainerplan B. Oder besser gesagt: nach Heynckes und Tuchel einen C-Kandidaten.

27.3.2018

Freundschaftsspiel:
Deutschland vs. Brasilien 0:1
(Tor: Gabriel Jesus)

Dienstag, Olympiastadion Berlin: Es ist WM-Jahr. Vier Tage zuvor waren meine Kollegen und ich beim 1:1 der deutschen Nationalmannschaft gegen Spanien (Tore Rodrigo und Thomas Müller) in der Düsseldorfer Esprit Arena, die zuvor LTU Arena hieß und drei Monate später in Merkur Spiel-Arena umgetauft werden sollte. Ach wie schön war es, als die Fortuna einfach nur im Rheinstadion spielte. Heute berichten wir aus dem Berliner Olympiastadion, das seinen Namen bereits seit über 80 Jahren trägt, über das letzte Länderspiel, bevor Jogi Löw seinen Kader für das Turnier in Russland nominieren muss. Deutschland wird nicht nur das Spiel 0:1 verlieren, sondern auch Zweifel an der Wettbewerbsfähigkeit bei der WM wecken. Die

Leistung ist eines Mitfavoriten und Titelverteidigers unwürdig. Das sieht auch Toni Kroos so.

Nach Abpfiff halte ich Toni mein Aufnahmegerät unter die Nase, wie auch die Kollegen neben mir. Denn der Real-Star schlägt WM-Alarm. »Mannschaftlich überwog heute das Negative. Wir sind nicht so gut, wie uns immer eingeredet wird und wie wir vielleicht selbst glauben«, schimpft sich Kroos in Rage. »Wir haben uns viel zu leicht abkochen lassen. Heute war es deutlich zu wenig von allen. Wir haben viele Bälle verloren, entweder durch technische Fehler oder weil wir uns in den Zweikämpfen nicht durchgesetzt haben.« Ohne einen Namen zu nennen, zielt die Kritik vor allem auf die Jungstars ab. Insbesondere auf Leroy Sané von Manchester City. Kroos kocht, bringt das aber wie immer kühl rüber. Sein Hauptkritikpunkt: »Wenn man die Möglichkeit hat in so einem Spiel, dann kann man hier und da schon eine andere Körpersprache erwarten.« Das ist jede Menge Stoff für ein Testspiel, das sportlich keinen allzu großen Wert hat. Kroos hat seine Ausführungen beendet, als ein Mann um die Ecke biegt, mit dem ich gerne sprechen möchte. Ich weiß allerdings nicht, ob er stehen bleiben wird. Denn Philippe Coutinho und ich kennen uns nicht.

Der Brasilianer ist zu diesem Zeitpunkt der zweitteuerste Spieler der Welt. Im Januar hatte er sich vom FC Liverpool zum FC Barcelona gestreikt. Als Trostpflaster bekamen Jürgen Klopp und die Reds eine Ablöse von 163 Millionen Euro. Die Liverpool-Fans fühlten sich dennoch von ihrem Zehner verraten. Neulich habe ich deshalb auch über Coutinho gesungen, als ich das Lied mit Sadio Mané in Melwood aufnahm. Denn in dem Refrain über das Liverpooler Sturmtrio »Salah! Mané Mané! And Bobby Firmino!« folgt noch eine kleine Breitseite an den »Söldner«. In der Songzeile heißt es übersetzt: »Aber wir haben Coutinho verkauft …« Danach werden dann gleich noch einmal die drei Reds-Helden Salah, Mané und Firmino besungen.

Mich interessiert: Wie findet das Lied eigentlich das abtrünnige Mitglied des einst in der Beatles-Stadt als neue »Fab Four« gefeierten Quartetts? Coutinho, der im Spiel ausgewechselt wurde, eilt schnellen Schrittes durch den Gang, der die Journalisten mit einem Absperrgitter von den Spielern trennt. »Philippe«, rufe ich ihm zu und zücke mein iPhone, während ich das Video aktiviere. Mit Manés und meinem Gesang habe ich Coutinhos

Aufmerksamkeit. Er schaut auf mein Display. Ich nutze die Gelegenheit und frage: »Kennst du das Video, in dem Mané singt ›We sold Coutinho‹?« Er schaut mich etwas irritiert an, nicht sicher, ob ich ihn damit provozieren will. Er erwidert knapp: »Yes.« Ich hake nach: »Gefällt es dir?« Coutinho antwortet noch einen Buchstaben knapper: »No.« Dann dreht er ab Richtung Mannschaftsbus. Das finde ich als Antwort unbefriedigend. Also eile ich dem Brasilianer hinterher. Kurz vor dem Bus fange ich ihn noch einmal ab. Das Video sei doch ganz lustig, sage ich ihm. Aber Coutinho bleibt dabei: Er mag das Lied nicht und will auch nicht mit mir darüber reden. Dann steigt der Barca-Star in den Bus ein und ist weg. Enttäuscht trotte ich zu den Kollegen zurück. Leider ohne Geschichte zu Coutinho und dem Mané-Song. Lächelnd erwartet mich mein Kollege Timm. »Willst du mal mein Video sehen?« Ich habe zwar keine Ahnung, was er mir gleich präsentieren wird, schaue es mir jedoch bereitwillig an. Meine aktuelle Stimmung kann nur besser werden. Und das wird sie! Viel besser sogar! Ich blicke Timm an und würde ihn am liebsten umarmen: »Du hast uns gefilmt?« Timm nickt, weil er genau weiß, was wir als Nächstes mit seinem Video machen werden. Wir stellen es online! Timm hat tatsächlich genau die Szene aufgenommen, als Coutinho seinen Unmut über den Mané-Song ausdrückt.

Um das klarzustellen: Ich hatte wirklich nichts Böses im Sinn, hatte von Coutinho eher mit einer launigen Antwort gerechnet. Hey, er ist Brasilianer! Ich bin sicher, Giovane Élber oder Dante hätten sich über ein Video mit einem singenden Reporter und einem Ex-Kollegen totgelacht. Die kühle Reaktion von Coutinho kam daher für mich überraschend. Noch mehr täuschte ich mich aber hinsichtlich der Wirkung des neuen Videos. In England übernahmen es die großen Boulevardzeitungen, vom *Liverpool Echo* bis zur *Sun*. Letztere berichtete: »Ein deutscher Reporter zog Coutinho heran, um dem 25-Jährigen das Video auf seinem Handy zu zeigen, nachdem Brasilien am Dienstag mit 1:0 gegen Weltmeister Deutschland gewonnen hatte.« Die Überschrift lautete: »Philippe Coutinho scheint das Lied des Liverpool-Fans über ihn nicht zu mögen«. Das Video ging viral. Mehr Abrufe hatte ich noch nie. Coutinho und ich werden noch Gelegenheit bekommen, darüber zu schmunzeln. Im August 2019 wechselt er erneut das Trikot. Er wird wieder ein Roter. Nicht bei Liverpool, sondern beim FC Bayern.

3.4.2018
Champions League, Viertelfinale, Hinspiel:
FC Sevilla vs. FC Bayern 1:2
(Tore: Sarabia; Navas [ET], Thiago)

Dienstag, Estadio Ramón Sánchez-Pizjuán: Der FC Bayern setzt seine Rekordserie unter Jupp Heynckes in der Champions League fort. Der zwischenzeitliche Rückstand allein reicht schon, dass Jupp Heynckes über die Leistung seiner Spieler toben wird. »Wenn wir die Champions League gewinnen wollen, müssen wir uns steigern!«, fordert Don Jupp. Tatsächlich präsentieren sich einige Profis in Sevilla unter Form, allen voran Juan Bernat (*Bild*-Note 5) spielt einen rechten »Scheißdreck« (Uli Hoeneß). Doch dazu an späterer Stelle mehr …

Auf meiner Berlinreise für die Länderspiele hatte ich bereits enthüllt, dass Thomas Tuchel dem FC Bayern für den Posten des Cheftrainers abgesagt hat. Inzwischen verfolge ich die nächste heiße Trainerspur.

4. April @cfbayern
Nach der Absage von @TTuchelofficial – nun ist Niko Kovač der @FC-Bayern-Kandidat Nummer 1

11.4.2018
Champions League, Viertelfinale, Rückspiel:
FC Bayern vs. FC Sevilla 0:0

Mittwoch, Allianz Arena: Jupp Heynckes hatte sein Eindruck nicht getäuscht. Seine Bayern lassen nach. Nach einem eher glücklichen 2:1-Sieg im Hinspiel reicht in München ein 0:0 für den Halbfinaleinzug. Nach zwölf Siegen in Folge ist damit Heynckes Rekordserie an Siegen gestoppt. Dafür trennen ihn nur noch drei Spiele von einem erneuten Triumph in der Champions League. Sogar das zweite Triple ist noch drin.

Donnerstag, 12. April: Eine gefüllte Allianz Arena, eingetaucht in das Flutlicht der Champions League, ist für mich auch nach 20 Jahren als Sportreporter immer noch ein Feiertag. Vergleichbar ist für mich nur eine ausverkaufte Konzerthalle. Ich kann diesen Satz nicht oft genug schreiben: Fußball ist mein Rock 'n' Roll! Mindestens genauso liebe ich aber Rock an sich. Was sind das für geniale Momente, wenn ich beides miteinander verbinden kann! An diesem Abend im »Zenith« mit meinem Kollegen Tobi. Auf der Bühne steht Noel Gallagher, einstiger Bandleader von Oasis. Jetzt tourt er mit seiner neuen Band, den High Flying Birds. Gallagher, selbst Fan von Manchester City, macht Station in München auf seiner »Stranded on the Earth World Tour«.

Tagsüber haben wir hart in der Trainerfrage recherchiert. Mein Handy-Akku ist im roten Bereich. Während alle anderen, auch Tobi, schon in die Konzerthalle gehen, stehe ich noch draußen vor dem »Zenith«, hänge am Telefon. Nur eins ist im Moment für mich spannender als Gallagher: Ich kenne den Namen des nächsten Bayern-Trainers! Mithilfe meiner Kollegen bekommen wir die heißeste Info, die aktuell auf dem deutschen Fußballmarkt ist, in trockene Tücher. Ich spreche mit meinem Chef Matthias Brügelmann die Überschrift für die morgige Ausgabe ab. Nur ein kleiner Kreis eingeweihter Personen weiß, was wir wissen. Fredi Bobic, Sportvorstand von Eintracht Frankfurt, zählt nicht dazu.

Ich habe meine Kollegin Uli, die für unsere Redaktion über die Eintracht berichtet, gebeten, die Frankfurter mit unserer Trainerinformation zu konfrontieren. Bobic ist wenig amüsiert, von *Bild* in die aktuellen Vorgänge eingeweiht zu werden. Wir lassen den Eintracht-Sportchef wissen: Niko Kovač soll ab der kommenden Saison Trainer des FC Bayern werden! »Ich komme gerade aus dem Flieger aus Dänemark, ich habe keinen Anruf bekommen«, lässt Bobic meine Kollegin Uli wissen. Bobic hat im Ausland Transferverhandlungen geführt. Die Story erwischt in kalt. Der Eintracht-Boss will die Info daher nicht glauben, sagt: »Niko redet immer mit mir, aber es sind keine Infos zu mir geflossen.« Wenige Stunden später wird Kovač ihm bestätigen, was wir herausgefunden haben. Lesen kann es Bobic zudem online auf BILD.de.

Bild 12.4.2018: 21.27 Uhr
TRAINER-HAMMER! Darum entschieden sich die Bayern-Bosse für Kovač

12.4.2018, @brfootball, 21.48 Uhr
BREAKING: Bayern Munich's head coach next season will reportedly be Frankfurt boss Niko Kovač, reports @cfbayern

»Zenith«, 21.27 Uhr: Noel Gallagher hat eine Fahne seines Herzensklubs Manchester City über eine Box gehängt und spielt den Song »In the heat of the moment«, als wir die Nachricht herausgeben. Zeitgleich drücken Tobi und ich auf den Button unserer Twitter-Accounts, dann stoßen wir auf die Breaking News an. Selten hat Bier aus Plastikbechern so gut geschmeckt. Gallagher rockt, die Nachricht rockt. Was für ein Abend! Am Ende des Konzerts ruft Gallagher, dessen Klub Manchester City gerade im Viertelfinale der Königklasse ausgeschieden ist, in sein Mikro: »Viel Glück für die Champions League, München!« Ein guter Satz.

In den kommenden Tagen werde ich zu unserer Story von einigen TV-Sendern interviewt. Sport1 macht eigens eine Schalte zu der Topmeldung, für die ich als Experte aus Berlin gesendet werde. Der kroatische Sender Nova TV kommt für ein Gespräch mit mir extra nach München. Immer wird mir die Frage gestellt, wie wir davon erfahren haben. Beantworten können wir sie natürlich nicht. Eins kann und werde ich in den nächsten Tagen immer wieder ausschließen, nämlich die Traumvorstellung, dass ein Bayern-Boss anruft und sagt: »Herr Falk, ich verrate Ihnen jetzt den neuen Bayern-Trainer!« So etwas gibt es im realen Reporterleben leider nicht. Ich stelle noch einmal an dieser Stelle richtig für alle, die das wie Fredi Bobic anzweifelten: Der FC Bayern steckte uns die Information nicht. Der Rest ist Quellenschutz. Am Tag darauf fühlt sich der Klub aufgrund unserer Berichterstattung veranlasst zu reagieren.

Freitag, 13.10 Uhr, Pressemitteilung: *Niko Kovač wird ab 1. Juli 2018 neuer Trainer des FC Bayern*

Niko Kovač wird ab der Saison 2018/19 neuer Cheftrainer des FC Bayern München. Der deutsche Rekordmeister und der 46-jährige Fußballlehrer haben sich auf einen Dreijahresvertrag geeinigt, der vom 1. Juli 2018 bis zum 30. Juni 2021 datiert ist. Kovač, aktuell Coach des Bundesligisten Eintracht Frankfurt, bringt als Co-Trainer seinen Bruder Robert Kovač (44) aus Frankfurt mit.

»Wir sind sehr glücklich, dass wir Niko Kovač als neuen Trainer für den FC Bayern gewinnen konnten«, sagt Sportdirektor Hasan Salihamidžić. »Niko war Spieler bei Bayern, er kennt die handelnden Personen sowie die Strukturen und die DNA des Klubs sehr gut. Wir sind überzeugt, dass er der richtige Trainer für die Zukunft des FC Bayern ist.«

April 2018, Madrid: Noch heißt der Trainer des FC Bayern Jupp Heynckes. Es steht zudem ein Halbfinale gegen Real Madrid an. Zur Vorberichterstattung fliege ich schon eine Woche vor dem Champions-League-Duell nach Madrid. Und darum stehe ich an diesem Abend am Tresen einer Tapas-Bar an der Plaza Mayor im Herzen Madrids. Im Hintergrund läuft im TV Real gegen Bilbao. Ich nippe erleichtert an meinem eisgekühlten Cruzcampo, als endlich Gareth Bale eingewechselt wird. Mit ihm schafft Real noch den 1:1-Ausgleich, den Treffer erzielt allerdings Cristiano Ronaldo. Immerhin, denke ich mir, dürfte das Ergebnis die Laune des Walisers ein wenig bessern. Exakt 19 Stunden später werde ich dem Superstar gegenübersitzen.

25.4.2018 @cfbayern (Selfie mit Gareth Bale)
Für das Duell @fcbayern gegen @realmadrid traf ich Gareth Bale in Madrid

Unser Treffpunkt befindet sich 40 Minuten Fahrzeit außerhalb des Stadtzentrums. Ich bin gespannt: Wie gibt sich ein Mann, der 101 Millionen Euro gekostet hat? Da betritt Bale auch schon den Raum, mit seinem Zöpfchen auf dem Kopf. Mein erster Eindruck: Bale ist schüchtern, ein Typ der leisen Sorte. Wir unterhalten uns auf Englisch. Erst als er anfängt, im Gespräch Vertrauen zu entwickeln, taut er auf. Bei seinen Aussagen ist er deutlich. Ein sympathischer Star.

Es ist sicher kein Zufall, dass unser Treffpunkt im Madrider Vorort Alcobendas im Norden der Stadt liegt. Für Bale garantiert das eine kurze Anfahrt von seinem Haus. Der Waliser wohnt in der unmittelbaren Nachbarschaft von Toni Kroos. Wie Cristiano Ronaldo haben beide ihre Villen im exklusiven Wohnviertel »La Finca«. Als ich erwähne, dass ich Toni kenne, gerät Bale über den deutschen Weltmeister regelrecht ins Schwärmen. Sie würden sich hin und wieder in der Nachbarschaft treffen, gemeinsam mit den Familien und Kindern etwas miteinander unternehmen. Auch über einen anderen alten Bekannten sprechen wir. Ich frage Bale, ob er glaubt, dass sein Ex-Kollege James ein paar Real-Geheimnisse mit nach München genommen hat. Der Waliser lacht und bejaht, das könne durchaus sein. Allerdings, gibt er zu bedenken, müsste auch ich wissen, dass der Fußball manchmal seltsam sein könne. Egal, was man über den Gegner zu wissen oder wie gut man ihn zu kennen glaube: Auf dem Platz könne am Ende einfach alles passieren. Mit der walisischen Nationalmannschaft Titel zu gewinnen dürfte allerdings schwierig sein, merke ich an. Doch Bale setzt einen gelungenen Konter: »Vergiss nicht: Bei der Europameisterschaft zuletzt in Frankreich kamen wir genau so weit wie ihr Deutschen!« Da gibt es in der Tat nichts zu widersprechen.

Ich habe die aktuelle Ausgabe unseres Magazins auf den Tisch gelegt, auf deren Titelseite der zukünftige Bayern-Trainer Niko Kovač ist. Bale mustert ihn aus den Augenwinkeln und ich merke, dass er überlegt. Ich sage ihm den Namen, doch erst als ich erwähne, dass Kovač aktuell Eintracht Frankfurt trainiert, leuchten Bales Augen wissend auf: »Ja, daher kenne ich ihn!« Ich möchte mit dem Waliser auch über seinen Trainer sprechen. Doch als ich den Namen Zinedine Zidane erwähne, ist es mit der guten Stimmung vorbei. Statt zu antworten, dreht sich Bale seinem Medienmanager zu, der mit im Raum sitzt, und sagt: »Das war nicht vereinbart!« Ich brauche einen Moment, bis ich eins und eins zusammenzähle. Bale ist unter Zidane nur Reservist. Offenbar ist das Zerwürfnis tiefer, als ich ahnte. Es ist sicher auch kein Zufall, dass ich den Terminzuschlag zu diesem Zeitpunkt bekommen habe. Bales Berateragentur hat gerade erst eine Geschäftsstelle in München eröffnet; der FC Bayern ist einer der wenigen Topklubs in Europa, die sich einen Spieler der Kategorie Bale leisten könnten. Als ich Bale auf die Konstellation anspreche und frage, ob er sich einen Wechsel zum FC Bayern vorstellen könne, lächelt er. Die Frage hat er offenbar erwartet. Er sagt nicht Nein. »Ja« sagen darf er aber auch nicht, sonst bekommt er Ärger mit Real Madrid. So formuliert Bale es diplomatisch: »Im Fußball kannst du niemals nie sagen: Der FC Bayern hat eine fantastische Mannschaft und war auch in der Vergangenheit schon immer einer der erfolgreichsten Vereine Europas. Mit diesem Klub in Verbindung gebracht zu werden ist für jeden eine Ehre.« Die Antwort wird an der Säbener Straße gelesen werden, da darf er sich sicher sein.

Zurück in München, hake ich bei den Bayern-Bossen nach, ob Bale eine Option für die Nachfolge von Robben oder Ribéry werden könnte. Die Antwort, die ich nur *off-the-record* zur Einschätzung erhalte, ist deutlich: zu verletzungsanfällig, zu teuer. Damit unterschätzen sie den Waliser, zumindest für die aktuelle Saison. Im Laufe des Wettbewerbs wird von Bale noch die Rede sein …

25.4.2018 @cfbayern (Selfie mit Roberto Carlos)
Seine großen Duelle mit @realmadrid gegen den @fcbayern sah ich noch als Jungreporter im Olympiastadion: Legende Roberto Carlos ist heute TV-Experte. Kurz davor traf ich Olli Kahn (fürs ZDF) hier …

25.4.2018
Champions League, Halbfinale, Hinspiel:
FC Bayern vs. Real Madrid 1:2
(Tore: Kimmich; Marcelo, Asensio)

Mittwoch, Allianz Arena: Zum zweiten Mal innerhalb eines Jahres gastiert Real Madrid in München. Erneut kommen die Königlichen als Titelverteidiger der Champions League. Die Anspannung auf beiden Seiten ist noch größer als in der Vorsaison, schließlich geht es diesmal um den Einzug ins Finale. Toni Kroos befand das Ausscheiden des FC Bayern im Viertelfinalduell 2017 gegen Real als verdient. Noch im Bus nach Abpfiff in München hatte sich der Ex-Bayer geärgert, dass man die Runde nicht schon im ersten Spiel für sich entschieden hatte. Die Kräfteverhältnisse bei der Neuauflage wird der Weltmeister anders beurteilen. Für »Bayern Insider« erinnert sich

Toni an die nächste legendäre Fußballschlacht zwischen Real und seinem Ex-Klub Bayern München.

VON TONI KROOS

Ich hatte Carlo Ancelotti selbst bei Real Madrid erlebt. Dass er ein guter Trainer ist, steht außer Frage, dafür muss man nur sehen, was er in seiner Karriere erreicht hat. Was intern bei Bayern unter Carlo nicht gepasst hat, kann ich von außen nicht beurteilen. Mein Eindruck von Bayern nach dem Comeback von Jupp Heynckes bei unserem erneuten Duell war: Bayern spielte definitiv besser als im Jahr zuvor.

Wir werden das Hinspiel erneut mit 2:1 gewinnen, doch die Partie an sich ist eine komplett andere. Dank Joshua Kimmich werden die Bayern erneut in Führung gehen und das völlig verdient. Sie hätten auch 2:0 oder 3:0 vorne liegen können und wir uns nicht beschweren dürfen. Kurz vor der Pause trifft dann aber Marcelo mit einem Schuss vom Strafraum zum überraschenden Ausgleich. Ich habe Marcelo noch oft danach gesagt: ›Das war das mit Abstand wichtigste Tor in der gesamten Champions-League-Saison!‹ Ich bin überzeugt, ohne diesen Treffer wären wir nie weitergekommen. Für Bayern wirkte Marcelos Treffer wie ein Nackenschlag, ein Schuss mitten in das Selbstbewusstsein des Gegners. Wir hatten bis dahin nicht eine Torchance gehabt. Bayern spielte dagegen auch danach weiterhin überragend. Beim 2:1 durch Asensio profitieren wir von einem individuellen Fehler, in dem Fall von Rafinha. Wir führten in München und keiner wusste wirklich, warum. Als ich nach Abpfiff im Bus saß, wusste ich: Diesmal haben wir nicht verdient in München gewonnen.

Mai 2018: Mit der Mannschaftsmaschine des FC Bayern fliege ich nach Madrid. An Bord spüre ich: Die Spieler glauben weiterhin fest daran, den Finaleinzug möglich machen zu können. Das Hinspielergebnis mag bitter gewesen sein, aber die Stars im vorderen Bereich unseres Sonderflugs sind total fokussiert. Sie wollen nicht erneut scheitern, sie wollen ins Olympiastadion von Kiew, wo das Finale stattfinden wird. Sie wollen: den Henkelpott! Dafür müssen sie im Rückspiel Real Madrid im Wohnzimmer der Königlichen aus dem Weg räumen.

2.5.2018 @cfbayern (Selfie mit Sergio Ramos)
Real-Kapitän Sergio Ramos spielt erneut eine überragende Champions-League-Saison

1.5.2018
Champions League, Halbfinale, Rückspiel:
FC Bayern vs. Real Madrid 2:2
(Tore: Benzema [2]; Kimmich, James)

Dienstag, Bernabéu-Stadion: Ich stehe in den Katakomben des legendären Stadions von Real Madrid und kann immer noch nicht fassen, was ich die 90 Minuten zuvor auf dem Rasen mitansehen musste. Toni Kroos kommt gerade aus der Kabine und bleibt auf einen kurzen Plausch bei mir stehen. »Die wissen wohl heute selbst nicht, warum sie gegen uns ausgeschieden sind«, sagt mir Toni mit einem Blick auf seine ehemaligen Bayern-Kollegen, die mit hängenden Köpfen aus dem Stadion trotten. Wie ich im Rückblick erfahre, hatte Toni diese Einschätzung gegenüber eines Bayern-Profis kurz zuvor ganz ähnlich formuliert.

Das Rückspiel der Bayern in Madrid in der Analyse aus Sicht von Toni Kroos.

VON TONI KROOS

Vor eigenem Publikum im Bernabéu sind wir stärker als im Hinspiel, dennoch wird Bayern auch diesmal die bessere Mannschaft sein. Wieder erzielt Kimmich die 1:0-Führung – und das schon in der 3. Minute. Wir setzen den relativ schnellen Ausgleich durch Karim Benzema dagegen. Anfang der zweiten Halbzeit fällt für uns das 2:1 durch einen Fehler von Sven Ulreich, der den Rückpass von Tolisso nicht aufnimmt, sondern den Ball durchrutschen lässt. Benzema schaltet schnell und schiebt den Ball ins leere Tor. Ich bin kein Freund davon zu sagen, was passiert wäre, wenn ein anderer gespielt hätte. Ich gehe aber davon aus, dass mit Manuel Neuer dieses Gegentor nicht gefallen wäre.

Bayern kommt mit dem 2:2 durch James zurück. Auch danach machen sie sehr viel Druck, erspielen sich weitere guten Chancen. Wir müssen wirklich zittern, können am Ende erleichtert sagen: Wir haben es überlebt. Mit den zwei eigenen Fehlern in Hin- und Rückspiel, die jeweils zu Toren führen, scheidet Bayern gegen uns aus. Wir dagegen waren effizient. Ich erinnere mich noch, dass ich zu Mats Hummels nach Abpfiff sagte: ›Dieses Halbfinale haben nicht wir gewonnen, sondern ihr verloren.‹

Es war auch eine ungewöhnliche Ausgangssituation: Wir hatten zu dem Zeitpunkt bereits zweimal die Champions League in Folge gewonnen, was zuvor noch keiner Mannschaft gelungen war. Da hast du automatisch immer ein wenig im Hinterkopf: ›Wir werden alles tun, um dieses Halbfinale zu gewinnen. Aber sollten wir rausfliegen, wird uns keiner den Kopf abreißen.‹ In der Nachbetrachtung kann man das Duell aus unserer Sicht so zusammenfassen: ›Wenn die anderen nicht wollen, dann gewinnen wir eben das Ding zum dritten Mal.‹

Anfang Mai 2018: Das Geheimtreffen findet in einer privaten Wohnung in einem Münchner Vorort statt, gute 30 Minuten Fahrzeit von der Säbener Straße entfernt. Die Postleitzahl zählt noch zu Bogenhausen. Es ist das Mietshaus meines ehemaligen *Bild*-Kollegen Kai Psotta. Kai war einst Reporter, inzwischen hat er auf die Beraterseite gewechselt. Sein Spielertelefonverzeichnis hat er mitgenommen, auch die Nummer von Jérôme Boateng. Dem Bayern-Star hat er die Anfahrt mit seinem Handy abgefilmt und zugeschickt. Die Fernbedienung zur Tiefgarage erhielt Boateng per Post. Aus Erfahrung weiß Kai: Ein Treffen in einem Restaurant oder Hotel könnte jederzeit von *Bild*-Informanten an uns weitergegeben werden. Sogar Taxifahrer zählen zu unserem Netz. Darum kommt Jérôme Boateng in seinem Privatauto – und Thomas Tuchel, der extra aus Paris eingeflogen ist, mit seinem Berater Olaf Meinking im Mietwagen.

Es ist das erste persönliche Kennenlernen zwischen Boateng und Tuchel, die gerne bei Paris-Saint Germain zusammenarbeiten würden. Kai hat den Kontakt hergestellt und das Treffen vermittelt. Im Kinderzimmer stapeln sich die Umzugskartons. Der neue Berater steht kurz vor dem Umzug, ein Millionen-Deal wäre da der passende Karriereeinstand.

Das Gespräch könnte nicht besser laufen. Die beiden Protagonisten sind von Anfang an auf einer Wellenlänge. Tuchel spricht mit Jérôme zunächst über dessen private Situation. Boateng kämpft um das Sorgerecht seiner Zwillingstöchter, ein Umzug ins Ausland ist da nicht förderlich. Auch über Bücher, die sie gerne lesen, tauschen sich beide aus. Erst dann geht es um das Wesentliche: Fußball. Tuchel zeigt Jérôme auf, warum er unbedingt ihn und nur ihn haben will. Seine Qualität als spielstarker Verteidiger fehle PSG. Tuchel wünsche sich seine Diagonalpässe, mit denen Boateng die erste Pressing-Reihe der Gegner überspielen kann. Sogar seine Taktik für ein PSG-Team mit Boateng zeichnet Tuchel auf. Jérôme räumt gegenüber dem PSG-Trainer ein, dass er sich nicht mit Mats Hummels verstehe. Die Bemerkungen des Ex-BVB-Profis beim Training nerven ihn. Das gegenseitige Vertrauen ist so groß, dass Tuchel seinem potenziellen Neuzugang anvertraut, welche beiden Spieler er zusätzlich für die kommende Saison holen will. Tuchel lässt Jérôme wissen: Allein aufgrund seiner vielen Titel würden selbst die PSG-Stars in der Kabine auf Anhieb zum deutschen Weltmeister aufschauen. Nach einer Stunde und 47 Minuten gehen beide Parteien mit dem Gefühl auseinander, ab der Saison 2018/19 zusammenzuarbeiten.

Mudau (Baden-Württemberg), 10. Mai 2018, Odenwaldstadion: Das Allstar-Team des FC Bayern tritt zu einem Benefizspiel an, gewinnt gegen eine von Ex-Nationalspieler Karl-Heinz Förster betreute Odenwald-Auswahl mit 7:3. Ein gewisser Hansi Flick wohnt keine Stunde entfernt in Bammental. Obwohl der Ex-Bayer aus Verletzungsgründen nicht für die Allstars antreten wird, kommt er trotzdem. Denn Flick weiß: Uli Hoeneß kommt auch. Im Bierzelt wird es zu einem Gespräch zwischen Flick und Hoeneß kommen. Der Bayern-Patron erkundigt sich, wie Flick seine Zukunft sieht und ob der FC Bayern darin eine Rolle spielen könnte. Flick wiederrum versichert, dass ihn Hoeneß dazu immer anrufen darf.

19.5.2018
DFB-Pokalfinale:
FC Bayern vs. Eintracht Frankfurt 1:3
(Lewandowski; Rebić [2], Gaćinović)

Samstag, Berliner Olympiastadion: Niko Kovač triumphiert mit Eintracht Frankfurt über seinen zukünftigen Arbeitgeber FC Bayern. Dass die Münchner zügig in die Kabine verschwinden und nicht der Siegerehrung der Eintracht beiwohnen, wird ihnen als Unsportlichkeit ausgelegt. »In diesem Moment haben wir nicht daran gedacht«, entschuldigt sich Jupp Heynckes in der ARD für das Verhalten. Während ich die Interviews mit den Bayern-Bossen höre, bekomme ich das Gefühl, dass sie bei der Niederlage nicht ganz so unglücklich sind, wie es eigentlich der Fall sein müsste. Als hätten sie schon im Hinterkopf, dass dieser Sieg ihren zukünftigen Chefcoach den Start in München erleichtere. Immerhin hatte die langwierige Trainersuche Niko Kovač als B-Lösung geoutet und den zukünftigen Bayern-Trainer im Vorfeld bereits genug geschädigt.

Das Endspiel verschaffte Kovač den Ruf als Titeltrainer und Bayern-Bezwinger. Ein Trainer-Spieler-Verhältnis sollte durch dieses Pokalfinale dafür nachhaltig beschädigt werden. Bevor die beiden betreffenden Protagonisten in München überhaupt ihre Zusammenarbeit starten konnten, war es bereits belastet. Bei Fußballspielern gibt es – wie in vielen anderen Berufsbereichen – unter Kollegen auch die Stille Post. So erfuhren nicht nur wir Journalisten, sondern auch die Bayern-Kabine bald, welche spezifische Anweisung Niko Kovač seinen Frankfurtern für das Pokalfinale mitgegeben hatte. Der Eintracht-Trainer hatte Mats Hummels als Schwachpunkt der Bayern-Defensive ausgemacht. Nach Meinung von Kovač sei Hummels zu langsam. Genau das sollten seine Angreifer ausnutzen. Die Traineranweisung lautete: Spielt lange Bälle über den langsamen Hummels!

Es bedurfte wenig Recherche, bis wir von einem Kommando Wind bekamen, dass Ante Rebić im Finale seinem Mitspieler Kevin-Prince Boateng zurief: »Schlag den Ball lang, Bruder!« Rebić traf gegen Bayern zweimal, Hummels sah dabei nicht gut aus.

Sollte Mats Hummels irgendwelche Zweifel an der von Kollegen überlieferten Geschichte gehabt haben, bekam er mit der Mannschaftsaufstellung am 1. Bundesligaspieltag unter Trainer Niko Kovač eine Bestätigung. Der neue Trainer setzte in der Innenverteidigung zum Ligaauftakt gegen Hoffenheim (3:1) auf das Innenverteidigerduo Jérôme Boateng/Niklas Süle. Hummels durfte auf der Bank Platz nehmen – und das nicht zum letzten Mal in der Saison.

Ende Mai 2018: Das Champions-League-Finale sehe ich nach dem Ausscheiden der Bayern anstatt im Olympiastadion von Kiew in einem Südtiroler Biergarten auf einer Leinwand im Kreise meiner Kollegen, die ebenfalls über das WM-Trainingslager der deutschen Nationalmannschaft berichten. Mit Sadio Mané trifft ein alter Bekannter zum Ausgleich für Liverpool (Karim Benzema hatte die Führung erzielt). Die Entscheidung führt ausgerechnet mein anderer Interviewpartner Gareth Bale herbei, der die beiden Treffer zum 3:1-Endstand erzielt und zum »Player of the match« gekürt wird. Toni Kroos darf zum dritten Mal in Folge den Henkelpott hochstemmen. Es ist insgesamt sein vierter Triumph in der Königsklasse. Das hat vor Kroos noch kein anderer Deutscher geschafft.

Die schon fast kitschig-schöne Geschichte, dass der FC Bayern nach der Rückkehr von Jupp Heynckes erneut das Triple holt, wird in dieser Saison nicht geschrieben. Was das Saisonende für die Münchner so bitter macht: Die Bayern wissen, dass ein zweites Triple mit Heynckes nicht nur ein Traum war, sondern durchaus Realität hätte werden können.

4 KEINE ECHTE CHANCE MIT UND FÜR NIKO KOVAČ (SAISON 2018/19)

Saison 2018/19
Champions League, Gruppe E: FC Bayern, Ajax Amsterdam, Benfica Lissabon, AEK Athen
Zugänge: Leon Goretzka, Alphonso Davies (1.1.2019)
Abgänge: Douglas Costa, Arturo Vidal, Sebastian Rudy, Sandro Wagner, Juan Bernat

Köln, 7. Juni 2018: Die deutsche Nationalmannschaft hat soeben 1:2 in Österreich (mit David Alaba) verloren und bereitet sich auf das letzte Länderspiel vor der WM gegen Saudi-Arabien in der Leverkusener BayArena vor. Bundestrainer Jogi Löw steht vor dem Mannschaftshotel »Hyatt« und raucht. Als ein Wagen vorfährt, erkennt er den Kollegen und neigt sich zum Autofenster herunter. Thomas Tuchel freut sich über den unverhofften Small-Talk mit dem Bundestrainer, dabei ist er eigentlich inkognito unterwegs. Im »Hyatt« ist ein Raum für eine Besprechung reserviert. Tuchel wird aus Paris von Maxwell, dem Assistenten des PSG-Sportdirektors Antero Henrique, begleitet. Weitere Teilnehmer des Meetings sind die Spielerberater Christian Nerlinger und Volker Struth sowie: Jérôme Boateng. Thema der einberufenen Zusammenkunft ist seine Zukunft: Die Runde bespricht Voraussetzungen und Details eines Transfers des Verteidigers vom FC Bayern zu Paris-Saint Germain.

Wien, 10. Juni 2018: Im Ernst-Happel-Stadion verliert die österreichische Nationalmannschaft das Freundschaftsspiel gegen Brasilien mit 0:3. Im Rahmen der Begegnung kommt es zu einem Treffen, das zukunftsweisend sein wird für David Alaba. Vater George ist befreundet mit Berater Pini Zahavi. Alaba senior lädt den in London lebenden israelischen Agenten nach Wien ein. Zahavi ist zudem Agent von Neymar, der das zwischenzeitliche 2:0 für Brasilien erzielt. Die Gruppe ist sich sympathisch. Es ist der Anfang einer Zusammenarbeit, die den FC Bayern in Zukunft noch sehr beschäftigen und viel Ärger bereiten wird.

München, 2. Juli 2018: Seit 20 Jahren habe ich keine Vorstellung eines neuen Bayern-Trainers verpasst. Das gilt natürlich auch für Karl-Heinz Rummenigge und Uli Hoeneß, wobei Letzterem nur während seiner Haftstraße die Präsentation von Carlo Ancelotti entging. Wenn es den Bayern-Bossen nur irgendwie möglich war, nahmen sie neben ihrem neuen Coach auf dem Podium Platz. Jürgen Klinsmann war von dem Chefduo sogar zweimal vorgestellt worden. Einmal vorab bei der Entscheidung im Januar 2008 in einem extra angemieteten Hotelsaal, dann erneut im Juli 2008 in der Allianz Arena zum Dienstantritt. Bei der Vorstellung von Niko Kovač fehlen nun aber sowohl Hoeneß als auch Rummenigge. Beide sind offiziell noch im Urlaub. Nicht nur für Kovač wirkt diese Außenwirkung befremdlich, auch wir Journalisten nehmen davon Notiz. So stellt Sportdirektor Hasan Salihamidžić den neuen Coach allein vor, der aufgrund der turbulenten Trainersuche in München ohnehin schon maximal als B-Lösung gilt.

Anfang Juli 2018: Jérôme Boateng schreibt Thomas Tuchel eine SMS. Er sei in Paris und würde sich über ein Treffen freuen. Trainer und Spieler sind weiterhin optimistisch, dass ein Transfer von Bayern zu Paris klappt. Auch Jürgen Klopp ist auf der Suche nach Verstärkungen. Klopp war wenige Monate zuvor noch eine der A-Lösungen, die sich Uli Hoeneß noch vor der Tuchel-Absage hatte vorstellen können. Klopp ist bereits in seinem vierten Jahr Trainer beim FC Liverpool, den er auch für den deutschen Rekordmeister nicht verlassen will. Er hat aber bisher noch keinen Titel mit den Reds auf dem Konto. Der Coach sucht einen erfahrenen Führungsspieler, der

Siegermentalität mitbringt. Ein Mittelsmann von Liverpool lässt für Thomas Müller anfragen: Ist der Weltmeister von 2014 bereit, noch einmal eine neue Herausforderung zu suchen? Kann er sich den Schritt in die Premier League vorstellen? Die Antwort aus München lautet ganz klar: Nein! Hätte Müller geahnt, was ihn in der Kovač-Ära erwartet, hätte er vielleicht doch ein paar Sekunden länger über seine Entscheidung nachgedacht.

Samstag, 21. Juli 2018, Wörthersee Stadion in Klagenfurt: Der FC Bayern tritt für ein Testspiel in Österreich an. Gegner ist ausgerechnet Paris Saint-Germain mit dem neuen Trainer Thomas Tuchel, die vorherige 1A-Lösung der Bayern für die Heynckes-Nachfolge. Niko Kovač und der PSG-Coach reichen sich die Hand, der Kroate wird das Duell mit 3:1 für sich entscheiden. Das Spiel wird von Sport1 übertragen. So kommt es dazu, dass Tuchel live im TV über das Interesse der Bayern aus dem Frühjahr spricht. Für ihn sei die Anfrage aus München »eine große Ehre« gewesen, lässt Tuchel wissen, es sei »immer fair gespielt« worden. Bei PSG habe er seinem »ersten Bauchgefühl« vertraut. Die zuvor geheimen Verhandlungen, die Bayern in der Presse unkommentiert gelassen hatte, sind damit nun endlich offiziell bestätigt.

Montag, 23. Juli 2018, München, Flughafen »Franz Josef Strauß«: Der FC Bayern geht zum fünften Mal in Folge auf eine internationale Sommertour, zum dritten Mal ist es eine US-Reise. Nach 2014 (New York, Portland) und 2016 (Chicago, Charlotte, New York) fliegt der deutsche Rekordmeister diesmal an die Ostküste nach Philadelphia und Miami, wo zum Abschluss der Tour ein Testspiel gegen Manchester City mit Ex-Coach Pep Guardiola organisiert ist. In Miami wird es zum ersten Bruch der Mannschaft mit Kovač kommen.

Die Stadt von Sonny Crocket und Ricardo Tubbs, die mit Luxussportwagen und coolen Outfits in der TV-Serie *Miami Vice* ermittelten, regt die Fantasie der Bayern-Stars an. Bei ihrer letzten US-Station der »Summer Tour« wollen die Spieler noch einmal richtig einen draufmachen. Die Mannschaft sitzt gerade beim Abendessen und feilt an den Details des Nachtprogramms, als ihr Trainer empfindlich dazwischengrätscht. Niko Kovač hat wohl von der heimlichen Aktion des Teams erfahren oder er kennt die Gedankenspiele noch gut genug aus eigener Erfahrung seiner aktiven Zeit als Spieler. Auf jeden Fall hat Kovač eine Entscheidung getroffen. So beginnt der Trainer seine Ansprache mit den Worten: »Keiner geht raus!« Damit hat Kovač sofort die ungeteilte Aufmerksamkeit seiner Spieler. Jeder wartet darauf: Was kommt jetzt? Welche Begründung gibt er, dass er ihnen den Spaß kaputt machen will? Sie hatten doch gut trainiert, alle ihnen abverlangten Strapazen mitgemacht. Die Enttäuschung an den Spielertischen ist enorm. Ihr Trainer fährt mit ruhiger Stimme bestimmend fort: »Wir haben in drei Tagen ein unheimlich wichtiges Testspiel!« Die Profis tauschen untereinander verständnislose Blicke aus. Das Tempo, in dem Kovač die Vorbereitung während der Marketingtour anging, hatte sie überrascht. Die Einheiten waren hart und anstrengend gewesen. Aber sie hatten mitgezogen, ihren Teil erfüllt. Dass sie nun um ihre erwartete Belohnung gebracht werden sollten, machte sie wütend. Ungerührt von der Unruhe im Saal fährt Kovač fort: »Wir müssen fokussiert und konzentriert sein. In sechs Wochen erwartet uns bereits das erste Bundesligaspiel. Feiern geht nicht in der Vorbereitung!« Ende der Ansage.

Vor den Kopf gestoßen, verlassen die demotivierten Spieler den Raum der Mannschaftsbesprechung. Einige der Profis sind noch im Fahrstuhl auf dem Weg in ihre Zimmer, als auf ihren Handys eine neue Whatsapp-Gruppe aufploppt, und ihr Titel lautet: »Miami Nights«. Eine Spielerrevolte ist losgetreten.

Beim Blick auf den Gruppenadministrator wird den Bayern-Stars schnell klar, dass es sich dabei nicht um das Musical mit den Hits der 80er-Jahre handelt. Rafinha, David Alaba und Franck Ribéry haben sich zusammengetan, um den Mannschaftsabend zu retten. »Vamooosss! Vamooosss«, heizt Rafinha mit Whatsapp-Mitteilungen die Stimmung an und los geht das bunte Treiben in der Gruppe. Alaba ist für die Organisation der Abendveranstaltungen zuständig. Die klare Anweisung in »Miami Nights« lautet: Abfahrt in 15 Minuten vor der Lobby! Die Spieler bemühen sich nicht einmal, aus ihrem Aufbruch ein Geheimnis zu machen. Tatsächlich sieht Co-Trainer Robert Kovač die Reisegruppe, bevor es für sie in das Nachtprogramm geht. Die Spieler scheren sich nicht darum. Sie wollen ihren Spaß haben. Vor dem Mannschaftshotel fährt eine Karawane an SUVs vor. James

Rodríguez hat seine Drähte spielen lassen. Ziel ist eine stadtbekannte Diskothek. Der Kolumbianer outet sich als Feierbiest und wird das Nachtleben der Bayern-Stars mit den meisten Posts in der Whatsapp-Gruppe dokumentieren. Partytrunken fallen die letzten Nachtschwärmer um 6 Uhr morgens in ihre Zimmerbetten.

Vor der nächsten Einheit sind die Spieler gespannt: Wie wird der neue Trainer reagieren? Welche Folgen würde ihr offener Verstoß gegen die klare Kovač-Anweisung haben? Es ist *das* Gesprächsthema in der Mannschaft. Die klare Meinung im Team: Er sagt was, er muss was sagen! Schließlich hatten Teambetreuer sowie Kovač-Bruder Robert sie vor dem nächtlichen Ausflug gesehen. Zur großen Überraschung aller sagt Kovač kein Wort. »Wenn ein Trainer so eine ›Mr-Hart-Ansage‹ macht, muss er Konsequenzen ziehen. Wir hätten das akzeptiert«, sagt mir dazu ein Spieler. »Indem er nichts sagte, hatte Kovač bei uns verloren. Die Folge war: Die Mannschaft rückte in Miami noch ein weiteres Mal für eine Partynacht aus, und so ging das die nächsten Monate munter weiter. Der Respekt vor Kovač war damit von Anfang an weg.«

Das für Kovač wichtige Testspiel gegen Vorgänger Pep Guardiola werden die Bayern mit 2:3 gegen Manchester City verlieren. Nach einer zwischenzeitlichen 2:0-Führung durch Amateur Meritan Shabani und Arjen Robben bricht die Mannschaft vor den Augen der Zuschauer im »Sun Life Stadium« im weiteren Spielverlauf ein. Rafinha und Ribéry werden ausgewechselt, von den Partylöwen spielt nur Alaba durch. Alles richtig gemacht hat dagegen Feierbiest James. Der Kolumbianer ist erst in Miami zum Team gestoßen und steht aufgrund seines Trainingsrückstands nicht im Kader.

August 2018, Tegernsee: Beim FC Bayern heißt es »Back to the roots« – zurück zu den Wurzeln. Zur Saisonvorbereitung reisen die Münchner nicht mehr an den Gardasee, sie quartieren sich mit ihrem Trainingslager am Tegernsee ein. Es ist auch für mich eine Rückkehr zu meinen Anfängen als Sportreporter. Zu Zeiten von Trainer Ottmar Hitzfeld war ich mit dem FC Bayern für die Sommertrainingslager ins »Hotel Bachmair« angereist, wo einst bereits die Generation um Franz Beckenbauer nächtigte. Ich stehe am Rande des Platzes und beobachte meine erste Einheit unter Anleitung von

Trainer Niko Kovač. Ich werde sofort aufmerksam, als Niko das Trainingsspiel unterbricht. Als Spieler hatte Kovač mit dem FC Bayern einmal die Meisterschaft wie auch den DFB-Pokal gewonnen, danach folgten gerade mal zwei Titel mit Red Bull Salzburg. Nun schnappt er sich ausgerechnet Robert Lewandowski, dessen Ziel es ist, Cristiano Ronaldo und Lionel Messi als Dauer-Weltfußballer abzulösen, um ihm zu erklären, wie er den Ball annehmen sollte, um ihn mit dem Rücken zur Abwehr für seine Mitspieler abtropfen zu lassen. Robert schaut nicht glücklich aus, da ihm bei der Unterweisung des kleinen Fußball-Abc durch Kovač nicht nur die gesamte Mannschaft und Journalisten, sondern auch Hunderte von Fans rund um das Spielfeld beobachten. Lewandowski macht den Eindruck, als könne er nicht wirklich fassen, ob Kovač das jetzt ernst meint. Aber er schweigt stoisch zu den Anweisungen des neuen Trainers. Ich behalte die Szene für mich im Hinterkopf, mit dem Gefühl, dass es eine interessante Saison werden könnte.

Seit 37 Tagen ist Niko Kovač inzwischen Trainer beim FC Bayern. Für meinen ersten Termin mit dem Kovač, den ich 17 Jahre zuvor als Spieler in München auf seinen Weg zur Berliner Hertha verabschiedet hatte, bin ich ins Mannschaftsquartier am Tegernsee geladen. Mein *Bild*-Kollege David und ich sind mit dem neuen Coach im Fünfsternehotel »Überfahrt«, in dem die Mannschaft wohnt, verabredet.

Niko reicht mir die Hand und wir schmunzeln beide darüber, dass man sich im Leben wie beim FC Bayern immer zweimal sieht. Zu Beginn des Interviews arbeiten wir zunächst die Gerüchte auf, die zu seiner Zeit bei Eintracht Frankfurt kursierten. Kovač soll seinen Profis während des Trainings nur erlaubt haben, warmes statt kaltes Wasser zu trinken. »Die Geschichte mit dem lauwarmen Wasser kam nie von mir – damit räume ich jetzt mal auf«, sagt Niko und lacht über die Story. Wir wollen zudem wissen, wie er es geschafft hat, mit Eintracht Frankfurt den FC Bayern im Pokalfinale zu schlagen. Kovač beugt sich über den Tisch und lässt uns an seiner Erfolgsformel teilhaben. Jeder Spieler, sagt Niko, sei von seiner Mentalität her sehr beeinflusst durch seine Herkunft. Mit einem deutschen Spieler könne er in Sachen Disziplin ganz anders vorgehen als beispielsweise bei einem Südamerikaner, den man auch mal als Trainer in den Arm nehmen müsse. Seine kroatischen Landsleute würde er dagegen schon mal härter anpacken. Auch seine Mehrsprachigkeit helfe ihm. Neben Deutsch, Kroatisch und Englisch beherrsche er auch »Fetzen« an Französisch, Spanisch und Italienisch. »Frankfurt ist international, der FC Bayern genauso. Wenn man versucht, andere Menschen besser zu verstehen, kann man gemeinsam viel mehr erreichen«, sagt Kovač.

Es wird ein launiges Gespräch an diesem Vormittag. Ich verabschiede mich von Niko mit der Ankündigung, dass er nun drei Wochen Ruhe von mir habe. Denn ich habe jetzt Urlaub. Wobei ich natürlich weiß: Ein Sportreporter kann – und in meinem Fall will – nie komplett abschalten. Zumindest sollte er sein Handy eingeschaltet lassen.

Es ist Tag eins der Italienrundreise, die ich für meine Familie geplant habe. Wir machen Station in Verona. Für den Abend habe ich Tickets in der »Arena di Verona« gebucht, dem römischen Amphitheater, das derart gut erhalten ist, dass Opern in ihm aufgeführt werden. In unserem Fall der Klassiker »Aida« von Guiseppe Verdi. Wir haben soeben unseren Korb mit Panini-Broten und Pizzastücken auf den Steinstufen ausgepackt und die Flasche Weißwein geöffnet, als mein iPhone klingelt. Der ältere Herr, der neben uns unerlaubt die Aufführung filmt, wirft mir einen bösen Blick zu. Als ich die Nummer auf dem Display erblicke, weiß ich: Da sollte ich besser rangehen. Als ich mich kurz entschuldige, zuckt meine Frau nur mit den Schultern. Im Gegensatz zu dem älteren Herrn ist sie solche unliebsamen Unterbrechungen bereits von mir gewohnt und es leid, dagegen zu protestieren.

Reporterregel Nummer eins: Du musst immer erreichbar sein. Reporterregel Nummer zwei: Bist du nicht erreichbar, bekommt die Story ein anderer. Aida hin, Rademès her – natürlich bin ich für meine Informanten erreichbar. So stehe ich während des ersten Akts unter einem der Bogen des Außenrings. Während hinter mir Aida trällert, lausche ich den Ausführungen aus meinem Handy. Es ist ein weiterer Akt der Transferoper um Jérôme Boateng. Der Bayern-Verteidiger hat im Laufe des Tages José Mourinho, dem Trainer von Manchester United, in einem persönlichen Telefonat abgesagt.

Boateng und Mourinho sind natürlich zwei Knallernamen für eine Story. Telefonisch gebe ich die Infos erst an eine Online-Redakteurin in Berlin durch, danach sage ich dem Kollegen der Printausgabe Bescheid. Die Überschrift wird lauten: »Boateng – Absage an ManUnited«.

Die äthiopischen Truppen unter dem Kommando von König Amonasro sind gerade erst in Ägypten eingefallen, als ich wieder auf den Steinstufen sitze. Ich stoße mit einem noch immer kühlen Glas Weißwein mit meiner Frau Kerstin an, die dank der wunderbaren Abendatmosphäre nicht einmal sauer wirkt. Dann wende ich mich meinem Sohn zu, den Boateng viel mehr interessiert als Aida. Auch dem grimmig blickenden älteren Herrn proste ich noch einmal zu.

Mitte August 2018: Wir sitzen beim Frühstück auf der Terrasse unseres Mobile Home, das trotz expliziter Buchung der ersten Strandreihe nicht den erhofften Meerblick auf die Adria bietet, sondern stattdessen auf eine Pool-Landschaft. Es ist die Woche Auszeit von der Städtetour, die uns über Pisa, Florenz, Cinque Terre und Bologna nach Verona geführt hat. Nun steht zum Abschluss noch eine zweitägige Station in Venedig an. Ruhe und Erholung pur. Bevor die Familie aufsteht, hole ich jeden Morgen die Brötchen und arbeite ein paar E-Mails ab, die ich am Abend zuvor beim letzten Bier nicht mehr geschafft habe zu beantworten. Es ist eigentlich längst überfällig, dass etwas passiert, was mich aus dem Urlaubsfeeling zurückholt. So bin ich nicht überrascht, als mein Telefon klingelt. Und wieder ist die Story zu gut, als dass ich sie ablehnen könnte.

Kontakte zu Spielern sind das A und O unseres Berufs. Ein echtes Vertrauensverhältnis aufzubauen ist noch einmal ganz etwas anderes. Im besten Fall dauert so etwas Monate, in der Regel Jahre. So greife ich natürlich zum Hörer, als ein Anruf kommt, den ich auch im Urlaub unmöglich ablehnen kann. Toni Kroos wird mir die Antwort auf die Frage geben, ob er seine Karriere in der Nationalmannschaft fortsetzt. Ich hole mir die Erlaubnis meiner Frau für ein längeres Telefonat, verspreche im Gegenzug, mich mit Pizza für die Familie zu revanchieren. Die Überschrift des Interviews mit Toni Kroos, das am nächsten Tag in *Bild* erscheint, wird lauten: »Meine Frau sagte: Schatz, so kannst du nicht aufhören«. Als ich wieder zum Mobile Home zurückkehre, sage ich mit einem Schmunzeln zu Kerstin: »Bei Fußballern ist es auch nicht anders als bei Reportern: Am Ende haben die Frauen das letzte Wort.«

Ende August 2018: Mit einem Interview mit Niko Kovač hatte ich mich in den Urlaub verabschiedet, mit einem Interview mit dem Bayern-Trainer melde ich mich auch aus den Ferien zurück. Kovač wird von *Sport Bild* mit dem Award zum »Trainer des Jahres« ausgezeichnet. Per Learjet fliegen wir Niko zur Preisverleihung nach Hamburg ein. Mein Kollege Tobi und ich nutzen die Flugzeit, um mit Niko über sein Bundesligadebüt als Trainer des Rekordmeisters zu reden. Drei Tage zuvor hatte ich auf der Pressetribüne der Allianz Arena seinen Auftaktsieg gegen die TSG Hoffenheim (3:1) verfolgt. Die Führung von Thomas Müller glich Ádám Szalai nach einer Stunde aus. Es sah bereits alles danach aus, als legte Kovač einen Stotterstart mit den Bayern hin, aber Robert Lewandowski und Arjen Robben retteten mit ihren Treffern in der 83. sowie 91. Minute die Heimpremiere von Kovač. In 10 000 Höhenmetern erläutert uns Niko regelrecht enthusiastisch, wie er auf die Taktikkniffe von TSG-Coach Julian Nagelsmann reagiert hat. Einerseits höre ich fasziniert zu, wie viele Gedanken sich Kovač über Nagelsmanns Matchplan gemacht hatte. Ich denke mir aber auch: Hätten die Machtverhältnisse nicht genau andersherum sein müssen? Wäre es nicht am FC Bayern gewesen, die Hoffenheimer so zu dominieren und Nagelsmann unter Druck zu setzen, um auf die Münchner zu reagieren? Doch am Ende gibt Kovač der Auftaktsieg recht.

Juli 2021, Säbener Straße: Julian Nagelsmann grüßt aus seinem Trainerzimmer via Videoschalte. Mit 33 Jahren ist er der neue Trainer des FC Bayern. »Auf diesen Moment habe ich seit 21 Jahren gewartet«, eröffne ich das Interview, dass wir aufgrund der Hygienemaßnahmen in Corona-Zeiten per Videoschaltung führen. Nagelsmann schaut mich ein wenig verwundert an, daher fahre ich fort: »Ich habe seit Ottmar Hitzfeld viele Bayern-Trainer erlebt. Erstmals ist einer jünger als ich. Daher darf ich das »Du« anbieten.« Jetzt lacht Nagelsmann und meint: »Sehr gerne! Meinen Nachnamen höre ich eh nicht so gerne.« Julian ist Nachfolger von Hansi Flick, der einst bei Niko Kovač Assistent war.

Zurück im August 2018: Was Druck betrifft, so erzählt uns Niko noch eine Anekdote aus seinem Trainerlehrgang, die zu unserer Anreise passt. In einem Flugsimulator sei er daraufhin trainiert worden, eine Maschine zu landen. Den betreffenden Flughafen habe er sich aussuchen dürfen. Kapitän Kovač setzte sein Flugzeug in den Lichtern von New York erfolgreich auf die Landebahn. Wir rollen mit der kleinen Privatmaschine gerade in Hamburg aus. Kovač wird auf der Gala gebührend geehrt werden. Bei seiner Dankesrede wird er nach der Zukunft Jérôme Boatengs gefragt. Kovač stellt klar: Er will den Weltmeister behalten!

Anfang September 2018: Uli Hoeneß platzt wieder einmal der Kragen. Diesmal darf sich der *Kicker* darüber freuen, der den Bayern-Patron zum Interview gebeten hat. Ziel der Attacke ist diesmal PSG-Sportdirektor Antero Henrique. »Ich würde Paris Saint-Germain raten, seinen Sportdirektor auszutauschen. Dieser Mann ist kein Aushängeschild für diesen Verein. Wenn PSG ein Weltklub sein will, kann sich der Verein einen solchen Sportdirektor nicht leisten«, betreibt Hoeneß PSG-Politik. Beim Lesen der Zeilen muss ich doppelt schmunzeln. Erstens, weil ich weiß: Ganz unschuldig an dem Henrique-Debakel, aufgrund dessen der Last-Minute-Transfer von Jérôme Boateng platzte, ist Hoeneß nicht. Zweitens: Sauer ist Hoeneß auf Henrique schon seit Wochen – und den Grund dafür, den er im Interview nicht verrät, kenne ich.

Anlass für Hoeneß' Zorn war ein Termin, den Hasan Salihamidžić mit dem PSG-Kollegen vereinbart hatte. Dieser sah eine Geheimverhandlung am Münchener Flughafen vor, in der es um den Verkauf von Jérôme Boateng gehen sollte. Henrique wollte für ein Gespräch am frühen Morgen extra am »Franz Josef Strauß«-Flughafen zwischenlanden, bevor er für seinen eigentlichen Termin nach England weiterzufliegen gedachte. Salihamidžić war pünktlich vor Ort. Anders als der PSG-Sportdirektor. Nicht nur, dass Henrique unpünktlich war, der Portugiese war nicht mal erreichbar. Sein Handy war ausgeschaltet. Nach großzügiger Wartezeit rief Salihamidžić bei Hoeneß an und unterrichtete ihn vom Fehlen des Verhandlungspartners. Salihamidžić wollte noch etwas vor Ort bleiben, schließlich ging es um eine hohe Millionen-Ablöse. Der PSG-Mann befindet sich vielleicht noch im Anflug, in der Maschine muss das Handy abgeschaltet sein. Davon wollte Hoeneß aber nichts wissen! Für ihn kam das einem Affront gleich. Einen Sportchef vom FC Bayern, so Hoeneß, lässt man nicht warten! Salihamidžić solle keine Minute mehr von seiner Zeit für Henrique verschwenden!

Hoeneß' Rat würde sich als absolut richtig herausstellen, auch wenn die Begründung des Fernbleibens den Bayern-Präsidenten kaum in seiner Wut beruhigt haben dürfte. Henrique ließ ausrichten: Er habe schlichtweg verschlafen.

Das Transfergeschäft zwischen PSG und Bayern wird nicht zustande kommen. Leidtragender ist Boateng. Nach mehreren Gesprächen mit Thomas Tuchel ist der Bayern-Verteidiger von seinem Schritt zu Paris Saint-Germain überzeugt. Gegenüber Hasan Salihamidžić hatte PSG-Sportdirektor Henrique ein Angebot angekündigt. Doch dies hatte auf sich warten lassen. Als Paris mit einem 40-Millionen-Angebot kam, war es den Bayern zu spät. Die Münchner wollten plötzlich zudem 50 Millionen Euro für Boateng haben. Für den Plan, als Ersatz für Boateng den Stuttgarter Benjamin Pavard per Ausstiegsklausel nach München zu holen, fehlte Ende August schlichtweg die Zeit. Dabei hatte es mit dem französischen Nationalspieler bei der WM in Russland schon ein Treffen gegeben, in dem der Deal vorbesprochen worden war. Stattfinden würde er aber nun erst 2019. Der Wechsel war geplatzt. Und Boateng mächtig sauer.

Dezember 2020: Jérôme Boateng hat eine Einladung zum Sportschau-Club der ARD angenommen, deren Sendung einen Tag vor Weihnachten ausgestrahlt wird. Den Frust, den sich der Verteidiger im Gespräch mit Moderator Alexander Bommes von der Seele redet, hatte ich schon oft von ihm gehört. Besonders verbittert Jérôme die Art und Weise, wie ihm im Sommer 2018 der Wechsel zu Paris Saint-Germain verbaut wurde. »Mir wurde zugesagt, dass mir keine Steine in den Weg gelegt werden, wenn eine bestimmte Summe aufgerufen wird. Das kam am Ende auch alles so – und wurde trotzdem nicht zugelassen.« Für die Zuschauer muss es irritierend wirken, wenn der tätowierte, muskelbepackte Weltmeister davon spricht, dass er sensibel sei und diese Dinge nicht einfach so wegstecken könne. Ich kenne Jérôme gut genug, dass mich diese Erkenntnis wirklich nicht überrascht. Was ich zudem weiß: Boateng ist auch extrem stur. In vielen Situationen mag ihm dieser Wille in seiner Karriere geholfen haben. Bei Bayern hat ihm dieser Charakterzug sicher geschadet. Sein Ende im Klub will er zu dem Zeitpunkt noch immer nicht akzeptieren. Eine Verlängerung seines am Saisonende auslaufenden Vertrags, sagt Jérôme zu Bommes, könne er sich daher »absolut vorstellen«.

19.9.2018
Champions League, Gruppenphase, Spieltag 1:
Benfica Lissabon vs. FC Bayern 0:2
(Tore: Lewandowski, Sanches)

Mittwoch, Sky-Studio in Unterföhring: Die Reise nach Lissabon schlage ich aus. Ich habe bereits dem Pay-TV-Sender Sky für die Champions-League-Sendung als Experte zugesagt. Ich komplettiere die Runde zusammen mit Lothar Matthäus, René Adler und Gastgeber Sebastian Hellmann. Für die Zuschauer muss es pompös wirken, wenn die Gäste nach und nach mit den Limousinen vorgefahren werden. Tatsächlich sitzen wir darin nur eine Strecke von knapp 20 Metern. Ich werde dafür aus dem Studio geführt, um dann für den Effekt vorgefahren zu werden. Sobald ich ausgestiegen bin, dreht die Limo um, um den nächsten Gast für die Kameras vorzufahren.

Die TV-Zuschauer sehen uns vor dem Anpfiff talken. Wenn das Spiel angepfiffen ist, dürfen wir in die Lounge gehen, um selbst vor fünf Fernsehern die Partie zu verfolgen. Lothar und ich sind uns einig, dass wir dazu ein Tegernseer Bier trinken. René Adler hält nicht mit, setzt bei der Bier-Runde lieber aus. Selbst schuld.

In der Halbzeitpause ist nur die Expertise von Lothar gefragt, ich darf in der Lounge bleiben. Die komplette Expertenrunde kommt erst nach dem Abpfiff wieder zum Einsatz. Renato Sanches gibt ausgerechnet bei seinem Ex-Klub sein Pflichtspieldebüt 2018 für den FC Bayern, ein guter Motivationstrick von Kovač. Der Portugiese erzielt das 2:0. Als mich Hellmann fragt, wie eine mögliche *Bild*-Überschrift am nächsten Tag lauten könnte, antworte ich spontan: »Cool, cooler, Kovač«. Was ich nicht weiß: Der Bayern-Trainer steht in der TV-Schalte bereit und bedankt sich für das Kompliment. Bisher läuft der Saisonstart bestens für den jungen neuen Bayern-Trainer.

Zusammen mit dem Supercupfinale gegen Frankfurt und der ersten DFB-Pokalrunde hat Kovač mit dem Benfica-Spiel das sechste Pflichtspiel gewonnen, mit dem 2:0 bei Schalke wird das siebte folgen. Die guten Ergebnisse auf dem Rasen überdecken die Unzufriedenheit in der Bayern-Kabine.

Die erste Mini-Krise mit einem 1:1 gegen Augsburg und einer 0:2-Niederlage bei der Hertha nutzen die Bayern-Stars sofort, um ihren Unmut über den jungen Coach nach außen durchsickern zu lassen. Nun rächt sich, dass Kovač die Miami-Nights-Rebellen nicht zur Rede gestellt hatte. Ausgerechnet Real-Star James macht Stimmung gegen den Trainer in der Kabine. Meinen *Bild*-Kollegen Heiko und David wird ein Wutanfall des Kolumbianers aus der Kabine zugetragen. James, den der FC Bayern als Transfer-Coup von den Königlichen ausgeliehen hatte, schimpft über Kovač: »Wir sind hier nicht in Frankfurt!« James will sich nicht von einem Mann auf die Bank setzen lassen, der selbst nie – anders als James – zweimal die Champions League gewinnen konnte. Ersatzspieler sind meistens nicht mit dem Trainer zufrieden. Das Problem von Kovač ist, dass die Kritik auch bei James' Mitspielern auf fruchtbaren Boden fällt. Die Mannschaft stört sich daran, dass Kovač mit seinem Trainerteam Kroatisch spricht. Zudem vermissen die Stars, die zuvor von Welttrainern wie Pep Guardiola, Jupp Heynckes und Carlo Ancelotti trainiert wurden, eine Handschrift bei der Spielidee von Kovač. Insbesondere für die Offensive lässt Kovač kaum Neues einstudieren. Stattdessen beklagen die Stars, er zeige in seinen Analysen immer nur auf, wie die Innenverteidiger zu stehen haben. Auch die intensive Rotation geht den Stars auf die Nerven. Durch die vielen Wechsel der Startelf fühlen sie sich verunsichert.

2.10.2018
Champions League, Gruppenphase, Spieltag 2:
FC Bayern vs. Ajax Amsterdam 1:1
(Tore: Hummels; Mazraoui)

Dienstag, Allianz Arena: Mit dem Unentschieden gegen Ajax gewinnt der FC Bayern das dritte Spiel in Folge nicht. Die Bayern-Bosse nehmen nun auch Anstoß an der Rotation. Mit spitzer Zunge lässt Uli Hoeneß wissen: »Das ist Sache des Trainers, der muss das entscheiden. Am Ende muss er ja auch den Kopf dafür hinhalten.«

Kovač ist clever genug, um die Alarmsignale zu erkennen. Zudem wird er medientechnisch vom Ex-Pressesprecher des FC Bayern, Markus Hörwick, beraten. Dafür, dass Kovač selbst den Spielern immer wieder predigt, sie sollen keine Zeitungen lesen und nicht auf Berater hören, verliert er weiter an Respekt. Denn die Profis haben ihn schon oft dabei beobachtet, wie er die

Zeitungen in seiner Trainerkabine studiert, obwohl er vor dem Team vorgibt, die Medien selbst nicht zu verfolgen. Das Unentschieden gegen Ajax stimmt Kovač nach dem Höhenflug zu Saisonbeginn nachdenklich. »Ich muss das auch erst einmal verarbeiten. Ich muss die Gedanken sortieren, schauen, warum und wieso in den letzten drei Spielen die Leistung so ist, wie sie ist«, kommentiert er seine erste Bayern-Krise. Vier Tage darauf verliert der FC Bayern zu Hause mit 0:3 gegen Mönchengladbach. Die Fraktion der Kovač-Kritiker in der Kabine wird immer größer. Der Rekordmeister fällt in der Tabelle auf Platz sechs zurück. Die Bosse erkennen, dass ihr Experiment mit Kovač zu scheitern droht. Die ersten Profis werden auf der Chefetage vorstellig, um taktische Defizite beim Trainer anzuprangern.

Einen Tag nach dem FC Bayern spielt Thomas Tuchel mit Paris Saint-Germain in der Champions League, gewinnt gegen Roter Stern Belgrad mit 6:1. Dreimal trifft an diesem Abend der Brasilianer Neymar. Auf der Tribüne des Prinzenparks sitzt Hansi Flick. Acht Monate zuvor hatte Flick seinen Job als Geschäftsführer der TSG Hoffenheim gekündigt. Die Lust am Trainergeschäft hatte ihn in seiner Auszeit wieder gepackt, weshalb er Tuchel in Paris für eine Mini-Hospitation besucht. Tuchel und Flick waren zudem zum Essen gegangen, um sich über ihre Ideen zum Fußball auszutauschen. Vier Tage nach dem 6:1-Kantersieg sieht Flick die PSG-Elf mit 5:0 gegen Olympique Lyon triumphieren. Flick kann zu diesem Zeitpunkt nicht ahnen, dass er beide Teams 22 Monate später für ein Champions-League-Turnier noch einmal analysieren wird.

Oktober 2018: So kann eine Woche starten, denke ich mir, als ich aus dem Taxi vor dem Studio der Sterneküche von Holger Stromberg steige. Im Vorjahr hatte Stromberg noch für die deutsche Nationalmannschaft am Herd gestanden, da bleiben die alten Kontakte natürlich weiterhin heiß. Der Grund meines Besuchs beim Ex-DFB-Koch: Thomas Müller stellt in dessen Räumen eine Ernährungs- und Fitness-App vor. Eigentlich sind keine Fragen nach der Pressekonferenz an den Nationalspieler gestattet. Thomas weiß, dass ich das weiß. Dennoch bleibt er nach der Veranstaltung am Auto stehen, als ich ihn anspreche. »Falki, brauchst mal wieder etwas exklusiv?«, zieht er mich auf. »Wenn du das schon weißt, können wir ja gleich zum Thema kommen«, kontere ich. Lachend gibt er sich geschlagen und beantwortet mir meine Fragen für ein Kurzinterview. Dann muss er weiter zum Flughafen. Ich klicke gerade die Sprachmemo-App an, um mir die Aussagen von Thomas für meinen Artikel nochmals kurz anzuhören, als das Display aufleuchtet. Der angezeigte Name lässt keinen Zweifel daran, dass es etwas Wichtiges ist. Ich sollte recht behalten: Der Anruf hat es tatsächlich in sich!

Es ist kein Informant, sondern Matthias, mein Chef aus Berlin. »Wenn das, was ich gehört habe, stimmt, ist das eine Riesengeschichte«, sagt er und weiß natürlich: Ab diesem Moment hat er meine ungeteilte Aufmerksamkeit. Es geht um Oliver Kahn. Ich hatte Matthias von meinem Gespräch mit Oliver im Dezember 2017 erzählt und ihm meinen Eindruck vermittelt, dass der Titan nach rund zehn Jahren offenbar Lust verspüre, zum FC Bayern zurückzukehren. Was Matthias nun erzählt, ist weit mehr als ein Gefühl. Es ist ein konkreter Vorgang. Die Info lautet: Der FC Bayern habe bereits Pläne, wie diese Rückkehr ablaufen könnte. Kahn soll der Nachfolger von Vorstandschef Karl-Heinz Rummenigge werden. Matthias ordnet ein: Bis jetzt sei es nur ein Gerücht, wenn auch aus einer sehr verlässlichen Quelle. Was wir nun brauchen, ist eine Bestätigung. An der Stelle komme ich ins Spiel.

Was meine Gegenrecherche kompliziert gestaltet: Ich habe gleich zwei zeitliche Probleme. Erstens ist es Montag und damit der Tag, an dem die nächste Ausgabe von *Sport Bild* in Druck geht. Die Zeit für einen Aufmacher dieser Tragweite wird knapp. Ein Blick in meinen Terminkalender zeigt mir zudem die Abflugzeit meiner Maschine LH2050 nach Berlin. Um 19 Uhr will ich Richtung Hauptstadt abheben, wo sich die deutsche Nationalmannschaft im »Stadion auf dem Wurfplatz« auf die Länderspiele in der Nations League gegen die Niederlande und Frankreich vorbereitet, die mich bald weiter nach Amsterdam und Paris führen werden. Die Nachricht, die ich bestätigt bekommen möchte, ist aber zu wichtig, als dass ich mich auf ein Telefonat verlassen kann. Hierfür braucht es ein persönliches Gespräch. Mir bleibt dafür ein kleines Zeitfenster, bevor ich mich wie Müller an den Flughafen begeben muss. Ich entscheide mich für einen Abstecher an den Ostbahnhof. Während ich ein Taxi heranwinke, wähle ich die Nummer von Oliver Kahns Assistenten, der den Terminkalender des Titans verwaltet. In solchen Momenten ist es ein unschätzbarer Vorteil, wenn man sich schon lange kennt. Das gilt für Oliver wie auch für den Assistenten, den ich kurz darauf am Apparat habe.

Sein Vertrauter hört sich mein Anliegen an. Obwohl ich nicht auf Details eingehe, kennt er mich lange genug, um zu wissen: Wenn ich sage, es sei dringend und für beide Seiten wichtig, dass ich umgehend mit Oliver sprechen muss, dann muss das Thema von einiger Tragweite sein. Er bittet mich darum, in der Leitung zu bleiben. »Herr Falk«, meldet er sich darauf zurück. »Sie können auf einen Kaffee mit Oliver kurz vorbeikommen.« Freudig darf ich informieren: Ich bin bereits unterwegs!

Rund 15 Minuten später stehe ich mit meinem Koffer, den ich seit dem Müller-Termin mit mir herumziehe, im Werksviertel Mitte. Das Gelände liegt im Münchner Osten, direkt zwischen den Stadtteilen Haidhausen und Berg am Laim. Dank der Nachbarschaft zum Ostbahnhof könnte ich es durch die S-Bahn-Anbindung zum Flughafen weiterhin rechtzeitig zu meiner Maschine schaffen. Es ist typisch für Oliver Kahn, dass er mit seinem Start-up hierher umgezogen ist. Das Werksviertel wirbt mit seinen »Impulsen für das neue urbane Lebensgefühl«. Umfunktionierte Industriegebäude und zahlreiche Neubauten sorgen für architektonische Vielfalt und Rund-um-die-Uhr-Betriebsamkeit mit Loft-Büros, Kunst- und Konzerträumen, Klubs, Werkstätten, Bars und Restaurants. Kurzum: Es ist ein ziemlich hipper Platz für ein Büro.

Das Türschild ist dagegen so schlicht, dass man es leicht übersieht. Darauf zu lesen ist: »Titaneon AG« - der neue Titan. Eine Agentur entwickelte den Agenturnamen für Kahn. Der alte und neue Titan hat es sich schick in einem Loft eingerichtet, mit Blick auf die Baustelle der neuen Philharmonie. Start-up-getreu sitzt Kahn nicht in einem separaten Büro. Der Chef hat seinen Platz an einem der Vierertische, gleichberechtigt mit seinen Mitarbeitern. Kahn begrüßt mich mit einem Lächeln. Ich merke, auch er ist gespannt darauf zu hören, was ich für ein dringendes Anliegen habe. Zunächst holt er uns aber für das Gespräch Espresso. Hinter dem Vollautomaten leuchtet ein Neonröhrenschriftzug mit »Oliver Kahn Titan«. Davor liegen in einer

Obstschüssel: Bananen. Tatsächlich isst Kahn sehr gerne die gelbe Südfrucht, die ihm gegnerische Fans untermalt von Affenlauten zu seiner aktiven Zeit in den Strafraum warfen. Kahn besitzt genügend Humor, mit diesem Image zu spielen.

Dezember 2020: Wir treffen Oliver Kahn zum großen Jahresrückblick an der Säbener Straße. Der einstige Torhüter-Titan ist inzwischen seit einem Jahr Vorstand des FC Bayern. Er begrüßt meinen Kollegen Tobi und mich auf der Chefetage des FC Bayern vorbildlich mit Ellenbogengruß und Gesichtsmaske (Aufschrift »FIFA Legends«). In Zeiten von Corona geht es nicht anders. Meine Aufmerksamkeit fällt sofort auf Olivers Platz am Tisch. »Ist das inszeniert oder was willst du uns damit sagen«, frage ich Kahn. Der Bayern-Vorstand wirkt ehrlich überrascht, folgt daraufhin meinem Blick. Vor seinem Stuhl steht ein Teller auf dem Tisch. Darauf liegt eine geschälte Banane. »Das ist mein Mittagessen«, sagt Oliver mit unschuldiger Miene. Natürlich weiß er genau, worauf wir anspielen, und mit breitem Lachen fügt er an: »Ich habe aus meiner Spielerkarriere noch so viele Bananen im Keller, die irgendwann mal gegessen werden müssen.«

Zurück im Oktober 2018, nicht Säbener Straße, sondern Kulturbahnhof. Kahns Zukunft ist noch ein Geheimnis, das es zu lösen gilt. »Was gibt es denn so Dringendes, dass du mich sprechen musst?«, fragt Oliver mich. Sein Blick verrät, dass er durchaus neugierig ist. Start-up hin oder her – ich bitte ihn, dass wir uns für das vertrauliche Gespräch doch besser in die ungestörte Atmosphäre des Glaskastens zurückziehen. »Dann muss es ja wirklich wichtig sein«, sagt er und bittet mich mit einer ausschweifenden Handbewegung in das Konferenzzimmer. Oliver hat wenig Zeit, ich habe es ebenfalls eilig, weshalb wir uns nicht mal setzen. Ich rede nicht lange um den heißen Brei herum und konfrontiere ihn direkt mit den Gerüchten, die wir gehört haben. Kahn schaut mich nachdenklich an, blickt sodann erst in seine Espressotasse, sieht sich danach in seinem Büro mit den Mitarbeitern um. »Du siehst doch, dass ich hier nicht von heute auf morgen einfach so wegkann«, sagt er. »Wir bauen gerade etwas auf, haben einige Projekte umzusetzen.« Nun bin ich es, der ihn eindringlich anschaut. »Du wirst also nicht Vorstandschef des FC Bayern?«, frage ich. Kahn antwortet: »Dafür habe ich im Moment keine

Zeit.« Natürlich fällt mir auf, dass er sich bei seinen Antworten stets eine kleine Hintertür auflässt. Immer findet sich in seinen Worten ein »gerade« oder »im Moment«. Unsere Info besagt auch, dass es erst in den nächsten Jahren mit seiner Bayern-Rückkehr so weit sein soll. Oliver lässt sich in dem Punkt aber nicht festnageln. Ich merke: Ich komme nicht weiter. Ich weiß zudem: Oliver lügt mich nicht an. Meine Skepsis komplett auszuräumen schafft er aber auch nicht. Ich merke: Alles erzählt er mir offenbar nicht. Er registriert mein innerliches Ringen. »Mehr kann ich dir zu deinen Gerüchten leider nicht sagen«, schließt er das Thema ab und ich spüre, dass er Verständnis hat, dass ich so hartnäckig bin. Eine Bestätigung bekomme ich nicht. Im Gegenteil: Ich bin mehr denn je verunsichert. Zur Verabschiedung sage ich daher zu ihm: »Sollte das Thema aktuell werden, hoffe ich, dass wir beide dann in Ruhe darüber sprechen können.« Oliver lächelt und sagt: »Einverstanden. Das verspreche ich dir.« So schlau wie zuvor stehe ich wieder vor dem Titaneon. Ich rufe als Erstes meinen Chef Matthias an und sage ihm genau das. Uns beiden ist klar, dass wir damit auch nach meinem Treffen keine Geschichte haben. Doch wir sind beide auch lange genug Journalisten, um zu wissen, dass eine große Story einem selten auf dem Silbertablett serviert wird. Es wäre auch zu schön gewesen. Mit meinem Rollkoffer mache ich mich auf den Weg zum Flughafen. Immerhin: Meine Maschine werde ich erwischen.

Die Nacht verbringe ich im »Courtyard by Marriott« in Berlin-Mitte. Das Businesshotel liegt nur zwei Querstraßen vom Axel-Springer-Gebäude entfernt, wo der Hauptsitz meiner Sportredaktion ist. Da die Nächte für Boulevardjournalisten bei Recherchen an der Bar kurz werden können, schätze ich die Zeit, die ich mir am Morgen danach auf dem Weg ins Büro einspare. Die »Mittelbar« in der Axel-Springer-Passage hat leider noch geschlossen, als ich den Sicherheitscheck an der Schleuse, die an die Kontrollen am Flughafen erinnert, passiert habe. Sie ist mein Zweit-Lieblingsplatz in unserem Verlagsgebäude (nach der Bar des Journalisten-Clubs im 19. Stock), das sich im Herzen von Berlin nicht weit vom ehemaligen Checkpoint Charlie befindet. Das Doppelaquarium der »Mittelbar« wirkt wie ein Ruhepol zwischen den hin und her hetzenden Reportern in der Lobby. Solche Orte wecken mein Interesse, weshalb ich mich in seine Geheimnisse ein wenig eingelesen habe.

Daher weiß ich: Die Herausforderung beim Bau der »Mittelbar« bestand darin, die 14 Meter Höhenunterschied zwischen den Aquarien in der Lounge und der Technik zur Wasseraufbereitung im Untergeschoss zu überbrücken. Je zwei Edelstahlsäulen tragen das Gewicht der drei Tonnen Wasser. Ein wenig sehnsüchtig blicke ich auf die silbernen Espressomaschinen, die hinter der Theke noch abgeschaltet sind, und hole mir stattdessen einen Espresso to go im »Deli News Bistro«, bei dem ich nicht nachlesen muss, dass es sich offenbar um eine Anspielung auf »Daily News« handeln soll.

Mit meinem Espresso-Pappbecher in der rechten und meiner Laptop-Tasche in der linken Hand höre ich das Klingeln meines iPhones in meiner Hosentasche. Ich fluche und versuche, einen Platz zu finden, an dem ich meinen Kaffee abstellen und das Gespräch mit einer freien Hand annehmen kann. Als ich auf das Display schaue, werde ich hektisch: Der Anruf ist unterdrückt. Was in meinen Job heißt: Die Chance, dass der Teilnehmer von einem anlogen Anschluss am Tegernsee anruft, ist hoch. Würden allein die Vorwahl 08022 und die ersten Ziffern der Nummer »66« erscheinen, könnte ich mir sicher sein, dass »er« es ist. Aber so schwingt bei unterdrückten Anrufen immer die Ungewissheit mit: Ist es wirklich Uli Hoeneß?

Die Nummer von Hoeneß' Anwesen hoch über Bad Wiessee habe ich in meinem Handy eingespeichert, das ist nicht das Problem für Rückrufe bei einem verpassten Gespräch. Erstens kann ich aber nicht nach jedem verpassten Anruf bei Hoeneß zu Hause durchklingeln und fragen: »Haben Sie gerade probiert, mich zu erreichen?« Und zum anderen: Anrufe zu Hause schätzt er nicht. Noch weniger seine Frau Susi, die mir das schon mal deutlich zu verstehen gab. Ein Fax schicken, das dürfen wir Journalisten. Der Präsident kann dann selbst entscheiden, ob er zurückruft – oder eben nicht.

Die unterdrückte Nummer klingelt in meinem Fall gerne mittwochs durch, zwischen 8 und 9 Uhr morgens. Das ist der Tag, an dem die Sport Bild *erscheint. Der Verlauf des Gesprächs ist anfangs immer ähnlich und hört sich so an: »Hier spricht Hoeneß! Herr Falk, ich habe Sie doch nicht etwa geweckt?«, erklingt es zunächst stets freundlich aus der Leitung. Als ich einmal einen solchen Anruf zwischen 8 und 9 Uhr dreimal innerhalb dieses Zeitfensters im Urlaub verpasst hatte, klingelte es anschließend etwas weniger freundlich bei meinem Kollegen durch. Der Hoeneß-Wortlaut wurde mir wie folgt ausgerichtet: »Ich rege mich hier über seinen unverschämten Artikel auf und der dreht sich im Bett noch gemütlich ein paarmal um!« Ich kann aber ehrlich behaupten: Meist bin ich erreichbar. In dem Fall geht das Gespräch in der Regel nach der kurzen Begrüßung wie folgt weiter. Hoeneß sagt: »Mein Hausmeister hat mir zufällig Ihre* Sport Bild *heute Morgen vor die Türe gelegt …« An der Stelle bewundere ich den Hausmeister, der früh genug aufsteht, um die Wochenausgabe schon ausgelesen bei Hoeneß abzulegen. Es mag aber auch sein, dass es doch nicht die Ausgabe des Hausmeisters ist, die Hoeneß gerade gelesen hat … Es ist in jedem Fall der Auftakt, bevor der jeweilige Artikel in alle Einzelheiten zerlegt wird. Manchmal kühl, oft emotional laut. Ich weiß: Je leiser Hoeneß spricht, desto gefährlicher kann es für den Autor werden, sprich: für mich. Ein schreiender Bayern-Patron ist mittwochmorgens also durchaus eine willkommenere Option als eine in sich ruhende »Abteilung Attacke«.*

Der unterdrückte Anruf, der mich in der Axel-Springer-Passage versucht zu erreichen, erfolgt jedoch an einem Dienstag. Unsere *Sport-Bild*-Ausgabe erscheint erst am nächsten Tag, also gehe ich relativ unbedarft ans Telefon. »Hallo, Christian«, erklingt eine freundliche Damenstimme, womit ich schon ahne, was mich erwartet. Bei der Assistentin von Uli Hoeneß weiß ich: Ist sie gut gelaunt, bekomme ich gleich Ärger. Sie meint das gar nicht böse, aber eine gewisse Vorfreude auf das anstehende Spektakel ist durchaus verständlich. Ich kann mir gut vorstellen, dass es lustig klingt, wenn Hoeneß im Nebenraum durchs Telefonat einen Reporter zur Schnecke macht. »Darf ich dich durchstellen?«, flötet mir die Assistentin ins Ohr. Sie darf. Ein paar Sekunden später erklingt die Stimme von Uli Hoeneß in der Leitung. Ruhig, überlegt, hörbar amüsiert. »Herr Falk, was wollen Sie denn schon wieder für eine Geschichte machen?«, begrüßt mich der Bayern-Präsident. Ich zähle im Kopf eins und eins zusammen. Meinen Gedankengang wird mir Hoeneß im nächsten Moment bestätigen. »Der Oliver hat mich angerufen und mir erzählt, was Sie sich da schon wieder ausgedacht haben. Da haben Sie sich ja mal wieder schön blamiert!« Hoeneß lacht daraufhin lange. Genauer gesagt: mich aus. Er fügt an: »Was für ein Unsinn!« Ich erwidere, dass das Recherchieren von Informationen zu meinem Job gehört. Ich lasse ihn zudem wissen, dass wir von einer Veröffentlichung der Geschichte in der morgigen Ausgabe abgesehen haben. Hoeneß hat spürbar Freude an dem Telefonat. »Das ist auch besser so für Sie!«, sagt er. »Über diese Geschichte hätten sich nur unsere Anwälte gefreut. Mit *der* Geschichte hätten Sie sogar den Trump noch in Sachen Fake News in den Schatten gestellt!« Ich weiß, dass ich das Spotten erst mal besser über mich ergehen lasse. Also warte ich, bis ich in Ruhe zu Wort komme, und nippe einstweilen an meinem Espresso. Dann kommt mein Moment. Ich habe mir eine Vorgehensweise überlegt, um vielleicht doch an die Wahrheit zu kommen. Freundlich sage ich nun zu Hoeneß: »Unabhängig davon, ob die Info nun stimmt oder nicht: Die Idee, Oliver Kahn in den Vorstand zu holen, finde ich richtig.« Nun habe ich die Aufmerksamkeit von Hoeneß. Ich erzähle ihm, dass ich exakt vor einem Jahr in meinem Blog schon mal angeregt hatte, den einstigen Welttorhüter in den Aufsichtsrat zu holen. Jetzt ist es Hoeneß, der zuhört. Freundlich erklärt er mir darauf ausführlich, warum beide Posten derzeit für Oliver Kahn nicht verfügbar seien. Die Aufsichtsratsposten, so Hoeneß, seien beispielsweise an strategische Partner, etwa an die Anteilseigner, geknüpft. Mein Einwand, dass mit Helmut Markwort sogar ein Journalist einen Posten innegehabt habe, wischt Hoeneß beiseite. Das, argumentiert er, seien noch andere Zeiten gewesen. »Und ein Posten im Vorstand?«, nähere ich mich Stück für Stück wieder meinem eigentlichen Thema an. Da sitze doch immerhin Karl-Heinz Rummenigge als Vorstandschef, erwidert Hoeneß. Ich hake nach: »Vielleicht möchte Herr Rummenigge nach rund zwei Jahrzehnten auch mal aus dem Tagesgeschäft ausscheiden und wie Herr Beckenbauer und Sie in den Aufsichtsrat aufrücken.« Erneut lacht Hoeneß über meine Ideen. Er scheint mehr und mehr Spaß an diesem Telefonat zu finden. »Na, da wird sich Karl-Heinz aber bedanken!« Es klingt nicht danach, als meine Hoeneß das positiv. Seinen Gedanken ausführen mag er jedoch nicht. Nun ändert Hoeneß schlagartig das Thema, geschickt weg von meinen Kahn-Vorstand-Fragen. Er will plötzlich wissen, was ich denn in Berlin mache. Ich erkläre ihm meinen Reiseplan. Da Hoeneß ein sehr politischer Mensch ist, füge ich an: »Keine Sorge. Meine Briefwahl für die Landtagswahl habe ich schon gemacht. Ich bin schließlich ein pflichtbewusster, stolzer Bayer.« Dazu Hoeneß: »Dass Sie ein Bayer sind, merke ich aber selten.« Als ich ihm erkläre, dass ich in Bayern geboren, aufgewachsen und zur Schule gegangen bin, bemerkt er seinen gedanklichen Fehler. »Ach, ich dachte ›Bayer‹ im Sinne von Bayern-Fan«, sagt er und wartet ab, was ich dazu nun sagen werde. Ist das eine Fangfrage? Wahrscheinlich. »Ich bin gebürtiger Bayer«, wiederhole ich, als hätte ich nun seine Frage missverstanden. Zwanzig Jahre kennt mich Hoeneß nun schon, ohne je Gewissheit darüber bekommen zu haben, wie meine private Einstellung zu seinem Herzensklub ist. Meine Vergangenheit in der Südkurve (die Fan-Kurve des FC Bayern) habe ich ihm bewusst verschwiegen und werde sie ihm auch heute nicht aufs Brot schmieren. Unabhängigkeit ist ein wichtiges Gut als Journalist. Wir beide merken, dass wir an das Ende unseres Gesprächs kommen. Ich sage ihm, dass ich als Bayer genauso gerne am Chiemsee wohne wie er am Tegernsee und dass er mich gerne mal besuchen kommen könne, nachdem ich schon bei ihm zu Hause Gast gewesen sei. Unser Verhältnis war die vergangenen Monate ein wenig angespannt. Darum lässt Hoeneß mich wissen: »Am besten, Sie bleiben an Ihrem Chiemsee und ich bleibe am Tegernsee. Das ist für alle das Beste.« Eine Spitze fällt Hoeneß bei dieser Gelegenheit noch ein: »Grüßen Sie mir bitte noch Ihren Informanten vom Schliersee! Das ist doch Ihr Informant, richtig?« Ein Schuss von Hoeneß ins Blaue, der nicht trifft. »Ich werde ihn grüßen, Herr Hoeneß, auch wenn ich die Geschichte nicht von ihm weiß«, sage ich. Mir ist natürlich klar, wen er meint. Hatte mich Hoeneß bis zu dieser Aussage noch geschickt weiter und weiter von meinem eigentlichen Thema weggeführt, habe ich es nun wieder stärker denn je präsent. Wo ein Informant gesucht wird, gibt es auch eine Information. Doch Hoeneß ist da schon bei seiner Verabschiedung, die ihm nun nicht mehr schnell genug gehen kann. Er wünscht mir einen schönen Tag und legt auf. Dabei passiert ihm ein verhängnisvoller Fehler. Für mich ist er ein unverhofftes Geschenk. Ich will das Handy gerade wegstecken, da vernehme ich aus meinen AirPods, die ich mir während des Gesprächs ins Ohr gesteckt hatte, erneut das Lachen von Hoeneß. »Dem habe ich es aber jetzt gezeigt! Die Geschichte habe ich ihm gründlich ausgeredet. Die schreibt er erst mal nicht«, ruft er jemandem zu. Hoeneß muss den Hörer versehentlich neben die Gabel gelegt haben, denn schon höre ich von jemandem, der sich die ganze Zeit während unseres Telefonats in Hoeneß' Büro befunden haben muss, eine

Antwort: »Ja, und das mit der Quelle war gut, sehr gut war das!« Ich drücke schnell auf das rote Telefonhörersymbol, um die Verbindung zu beenden. Die Gefahr, dass ich in der Leitung entdeckt werde und das als mutwilliger Lauschangriff gewertet werden könnte, war mir zu hoch. Ich wollte auch nicht absichtlich lauschen. Zudem hatte ich genug gehört. Hoeneß hatte mir die Geschichte nicht ausgeredet, sondern sich im Gegenteil gehörig verplappert. Wenn ich eines bei Terminen gelernt habe, dann dies: Rede nie mit deinem Fotografen oder Kollegen über den Interviewpartner, wenn du nicht sicher außer Hörweite bist. Die Gefahr, dass ein unbedachter Kommentar falsch aufgenommen werden könnte, ist immer gegeben. Bei dem Kommentar von Hoeneß gab es aber wenig bis gar keinen Deutungsspielraum: Meine Geschichte wollte er mir mit seinem Anruf bewusst ausreden, und zwar aus dem einfachen Grund: Weil sie schlichtweg stimmte und er sie nicht in der Zeitung lesen wollte.

Obwohl ich bereits im Berliner Gebäude bin, rufe ich meinen Chef Matthias noch direkt aus der Lobby an und teile ihm mit: Wir müssen an unserer Kahn-Geschichte dranbleiben! Hoeneß hatte sie zwar nicht direkt bestätigt, aber nun sprach einiges dafür, dass er die Wahrheit vertuschen wollte.

Unsere Recherche wird fast sechs Wochen dauern. Am Ende bündeln wir all unsere Erkenntnisse und packen sie in einen Fragenkatalog. Es ist wieder ein Montag, an dem wir die Punkte mit der Bitte um Stellungnahme an den FC Bayern mailen. Eine der Fragen lautet: »Ist es richtig, dass Aufsichtsratschef Uli Hoeneß mit Oliver Kahn bereits über eine Vorstandsberufung für 2020 gesprochen hat?« Ich hätte zu gerne im Büro von Uli Hoeneß Mäuschen gespielt, als ihm der Fragenkatalog vorgelegt wurde. Der FC Bayern wird alle Punkte unbeantwortet lassen. Da wir unserer Fakten inzwischen absolut sicher sind und Hoeneß sie diesmal nicht leugnen wird, erscheinen wir am Mittwoch mit einem Kahn-Porträt und der Schlagzeile auf der Titelseite: »Kahn neuer Bayern-Boss? Sport Bild *kennt alle Hintergründe«. Im Heft wird unter der Überschrift »Der Kahn-Plan« auf drei Seiten alles erläutert. Auch dass es eine Übergangsphase zusammen mit Vorstandschef Karl-Heinz Rummenigge geben könnte, berichten wir.*

An diesem Mittwoch bin ich schon vor 8 Uhr morgens hellwach. Einen Anruf mit unterdrückter Nummer erhalte ich allerdings nicht.

19. Oktober 2018: Es ist der Tag, der mit der legendären »Grundgesetz«-Pressekonferenz in die Klubgeschichte des FC Bayern eingehen wird. Die Bayern-Bosse vollziehen dabei eine Generalabrechnung mit den Medien. Ein kurzer Auszug aus den Highlights: Karl-Heinz Rummenigge zitiert Artikel 1 des Grundgesetzes: »Die Würde des Menschen ist unantastbar!« Uli Hoeneß beschimpft Ex-Spieler Juan Bernat: »Der hat einen Scheißdreck gespielt!« Hasan Salihamidžić poltert gegen die Berichterstattung: »Das ist respektlos und unverschämt, was hier passiert!« Auch ich persönlich werde einiges zu hören bekommen. Von Rummenigge: »Und der Protagonist sitzt ja in der ersten Reihe, der in jeder Sendung groß auftritt mit: Wir wissen, wir wissen ja immer, wir haben unsere Informationen ... Da lache ich mich tot!« Von Hoeneß: »Oder ein anderes Beispiel, Herr Falk!« Und von Salihamidžić: »Wenn dir das die Quelle gesagt hat, musst du die Quelle kündigen.« Letzter Satz ist für die damalige Auseinandersetzung mit den Bayern-Bossen entscheidend. Aber der Reihe nach.

Die Veranstaltung ist auf 17.30 Uhr angesetzt, wir Journalisten sind schon alle in Erwartung der anstehenden Ereignisse anwesend. Gegenüber dem Podium, auf dem gleich Rummenigge, Hoeneß und Salihamidžić Platz nehmen werden, befinden sich zwei Kabinen, sie sind für Interviews gedacht. Ein Raum ist größer und ist vor allem für TV-Teams; der kleinere für Eins-zu-eins-Gespräche mit Bayern-Profis. Meine vier Kollegen und ich, die sogenannte »geballte Macht der Springer-Presse«, wie Karl-Heinz Rummenigge uns wenige Minuten später vor laufenden Kameras in Reihe eins betiteln wird, ziehen uns kurz zur Beratung zurück. Wir wissen bereits, dass wir für unsere *Bild*-Berichterstattung attackiert werden würden. Wir besprechen uns, wie wir uns dazu verhalten wollen.

Meine Kollegen verlassen schon den Raum, um unsere fünf Plätze in Reihe eins zu reservieren. Wir wollen von Angesicht zu Angesicht die Vorwürfe mit den Bayern-Bossen diskutieren, statt sie von oben herab einstecken zu müssen. Ich bleibe noch kurz in der Kabine für eine letzte Vorbereitung. Ich schließe die Tür und wähle die Nummer des Beraters von Jadon Sancho.

Emeka Obasi geht direkt ans Telefon. Der nigerianische Agent transferierte das englische Talent schon vom FC Watford zu Manchester City.

Zuletzt fädelte er den Deal zwischen Borussia Dortmund und Sancho ein. Ich hatte erfahren: Obasi verhandelte zudem mit Hasan Salihamidžić. Zudem weiß ich: Weil ich darüber berichtet habe, wird es gleich auf der Pressekonferenz knallen. Nur bin ich nicht sicher, was genau mir die Bayern-Bosse vorwerfen wollen. Ich versichere mich daher bei Obasi noch einmal direkt, ob meine Berichterstattung korrekt war. Darum frage ich: Ist es richtig, dass der FC Bayern Sancho haben wollte? Ja, das sei richtig, bestätigt mir Obasi. Woran scheiterte der Wechsel nach München? Obasi zögert. Ich setze noch einmal nach: Lag es am Angebot? Obasi möchte dazu nichts sagen, verrät nur so viel: »Das Angebot der Bayern war sehr fair.« Daraufhin bittet er mich um Verständnis, dass er nichts weiter dazu sagen möchte. Auch ich habe keine Zeit mehr – denn jetzt beginnt die Pressekonferenz.

Ich habe mich als einer der ersten Kollegen gemeldet, dennoch werde ich lange nicht aufgerufen. Als mich Pressesprecher Dieter Nickles drannehmen will und auf mich zeigt, geht Uli Hoeneß dazwischen, verweist auf einen anderen Reporter. Als Nickles mich daraufhin noch einmal aufrufen will, unterbricht diesmal Rummenigge und tadelt mich wegen meines TV-Auftritts im *Doppelpass* auf Sport1. In Minute 31 ist es endlich so weit. Dieter Nickles nickt mir zu: »Du hast dich lange gemeldet.« Dann ruft er mich auf: »Christian Falk.« Bevor ich meine Frage stelle, muss ich auf die Vorwürfe von Herrn Rummenigge eingehen, die ich so nicht stehen lassen kann. »Herr Rummenigge«, sage ich und wende mich dem Vorstandsvorsitzenden zu. »Ich möchte noch einmal klarstellen: Wenn unsere Reporter bei Ihnen nachfragen, kann man ihnen das nicht vorwerfen. Das ist Recherche. Es wurde auch nichts dazu geschrieben und Sie haben auch nicht geantwortet. Wie auch auf viele Anfragen nicht. Aber dass Journalisten nachfragen, sollte man ihnen nicht vorwerfen.« Rummenigge will gerade beginnen, mich erneut zu attackieren, da drehe ich mich von ihm weg und schaue zu Brazzo: »Die Frage ist aber eigentlich an Hasan …« Rummenigge blickt etwas perplex, damit hatte er offenbar nicht gerechnet. Es ist für mich die Gelegenheit, endlich Hasan Salihamidžić zum Thema Sancho zu befragen. Ich weiß, es bleibt mir nicht viel Zeit. Die Gelegenheit für Nachfragen werden mir die Bayern-Bosse an diesem Tag und in der spannungsgeladenen Atmosphäre gewiss nicht einräumen, das hatten mir Hoeneß und Rummenigge mit ihren vorherigen

Einlassungen deutlich zu verstehen gegeben. Darum packe ich drei Fragen in eine und stelle sie gebündelt an den Sportdirektor des FC Bayern: »Es wurde über Sancho gesprochen, thematisiert von Herrn Rummenigge. Würdest du bestreiten, dass du dich mit dem Spieler befasst, dass du dich mit dem Berater getroffen hast? Und falls das stimmt: Warum ist der Transfer dann nicht zustande gekommen?« Mein Vorgehen scheint aufzugehen. Hasan setzt bereits zu seiner Antwort an – doch da fällt ihm Rummenigge ins Wort. Rummenigge, der wenig Rücksicht darauf nimmt, dass er seinen Sportdirektor, dem er das Wort abschneidet, durchaus schlecht aussehen lässt: »Ich beantworte die Frage jetzt mal, weil ich Zeitzeuge bin. Wir haben Ihnen die Antwort durch unseren Medienanwalt zukommen lassen. Folglich ist die beantwortet.« Und noch mal scharf an mich: »Ja?« Eine Antwort erwartet er nicht. Überrascht entgegne ich ihm: »Nein.« Seine Wut über meine Dreistigkeit lässt Rummenigge über meinen Namen stolpern, der ihm nicht über die Lippen kommen will: »Die ist beantwortet, Herr …« Ich versuche, etwas zu erwidern. Rummenigge lässt mich nicht, hat stattdessen wieder den Faden gefunden: »Wir machen jetzt keinen Kleinkrieg, der Ihnen gefallen würde, damit Sie nächsten Mittwoch wieder eine Geschichte haben. Sie kriegen – wenn Sie sie noch nicht haben, Post von unserem Anwalt und dementsprechend …« Jetzt springt Hoeneß seinem Vorstandschef zur Seite, da der Präsident offenbar bemerkt hat, dass Rummenigge nahe dran ist, die Contenance zu verlieren. Hoeneß meint betont gelassen zu mir: »Sie brauchen ja nur abzuwarten. Und wenn Sie recht haben, brauchen Sie die Unterlassungserklärung nicht abzugeben. Und wir alle hier oben sind hundertprozentig überzeugt, dass wir dieses Ding gewinnen werden. Und wir lassen es darauf ankommen.« Hasan schaut mich an. Ich schaue Hasan an. Er beschließt, trotz der Einlassungen von Hoeneß und Rummenigge sich doch noch selbst zu Wort zu melden. Brazzo wirkt in seiner Antwort an mich persönlicher: »Wenn dir das deine Quelle gesagt hat, dann musst du die Quelle kündigen.« Ich nicke ihm zu und beende das Wortgefecht mit dem abschließenden Satz: »Das ist ja dann mal eine Antwort.« Auch Pressesprecher Nickles scheint erleichtert, dass der verbale Schlagabtausch nun vorbei ist, und ergreift die Gelegenheit: »Damit beschließen wir die Fragerunde, sonst geht das zu sehr ins Detail«, sagt er. »Ich hoffe, dass viel rübergekommen ist.«

Die Bayern-Bosse fühlen sich als große Gewinner der Pressekonferenz. Mir wird zugetragen, dass sie sich auf ihren vermeintlichen Triumph im zweiten Stock Zigarren zur Feier des Tages anzünden. Unten im Presseraum schütteln die Journalisten immer noch ungläubig den Kopf. Keiner kann richtig fassen, was sich soeben auf dem Podium abgespielt hat. Anders als offenbar die Bayern-Bosse haben wir schon die ersten Reaktionen aus dem Büro, aber auch aus den sozialen Kanälen auf dem Handy gelesen. Es wird Spott und Hohn ausgeschüttet. Nicht aber wie von den Bayern-Granden geplant über die Journalisten, sondern über die Klub-Bosse selbst. Zu einem Klassiker wird ein Youtube-Video mit dem Titel »Mimi«. Zu den Aussagen von Rummenigge, Hoeneß und Salihamidžić wird ein Clip aus der *Muppet Show* gegengeschnitten, in dem eine der Puppen eine weinerliche Gesangseinlage mit den Lauten »Mimimimi« vorträgt. Das Netz betitelt den Auftritt der Bayern-Bosse anstelle des selbstbewussten Vereins-Credos »Mia san mia« als selbstmitleidiges »Mia san mimimi«.

Was an meiner Sancho-Berichterstattung falsch war, weiß ich noch immer nicht. Das erfahre ich tatsächlich erst durch die Anwaltspost. Es geht um ein Detail, das den Bayern-Bossen scheinbar sehr wichtig ist. Ich hatte geschrieben, dass am Ende der FC Bayern Sancho nicht haben wollte. Nun lese ich vom Rechtsanwalt, dass es genau umgekehrt war. Per eidesstattlicher Erklärung versichert Salihamidžić: »Richtig ist, dass der FC Bayern München Jadon Sancho sehr wohl haben wollte und ihm deshalb ein Angebot gemacht hat, das leider nicht angenommen wurde.«

Ich frage mich: Schaut Bayern wirklich dabei besser aus, wenn der Spieler lieber zu Dortmund wollte? Wäre es nicht ein geringerer Gesichtsverlust für den Rekordmeister gewesen, stehen zu lassen – auch wenn es, wie ich einräumen muss, nicht richtig war –, dass die Münchner am Ende nicht hundertprozentig überzeugt waren? Denn interessant ist, wie wir nun aus Dortmund erfahren: Bayern soll Sancho finanziell sogar ein besseres Angebot als der BVB gemacht haben.

Für den Moment sind all die Überlegungen für mich irrelevant. Entscheidend ist: Ich lag mit der Überschrift falsch. Hoeneß behielt recht, wir gaben die Unterlassungserklärung ab. Aber auch Rummenigge lag richtig: Wir hatten für Mittwoch eine Geschichte, und die Überschrift lautete: »Darum sagte Sancho Bayern ab«. Gestützt wurde die Story durch eine eidesstattliche Erklärung. Selten hatte ich eine belastbarere Quelle für eine Geschichte gehabt.

Montag, 22. Oktober 2018: Treffpunkt an diesem Morgen ist wieder einmal Terminal 2 des Münchner Flughafens. Ich habe einen Platz in der Bayern-Maschine, die zum Champions-League-Spiel nach Athen abheben wird. Es ist das erste Mal, dass ich wieder auf die Bayern-Bosse treffe, nachdem wir uns auf der Grundgesetz-Pressekonferenz gezofft haben. Die Bayern-Granden hatten die Wirkung ihrer Worte deutlich unterschätzt. Die Art und Weise ihres Auftritts wurde in der Presse durchweg kritisiert. Zudem meldeten sich Bayern-Mitglieder, die aus ihrem Herzensvereins austreten wollten, weil sie sich mit dieser Klubführung nicht mehr identifizieren konnten. Darüber wollen wir nun am Flughafen sprechen.

Karl-Heinz Rummenigge erklärt sich bereit, den mitreisenden Medienvertretern Rede und Antwort zu stehen. Ein Kollege fragt den Vorstandsvorsitzenden, ob er die Pressekonferenz noch einmal geben würde. »Jede PK ist emotional, das ist auch im Sinne der Medien, sonst ist es ja langweilig«, versucht es Rummenigge mit Humor. »Wir sollten die Geschichte nun dabei belassen. Sinn und Ziel der ganzen Geschichte war auch, dem Trainer und der Mannschaft zu zeigen, dass wir sie schützen. Es gab Spieler, die haben sich dafür bedankt.« Es kommt auch noch einmal die Frage nach Juan Bernat, der laut Hoeneß einen »Scheißdreck« gespielt habe. Mit der unantastbaren Würde des Menschen Bernat, die Rummenigge ins Feld geführt habe, sei das nun wirklich schlecht vereinbar. Rummenigge räumt dazu ein: »Der Uli weiß, dass er mit dem einen Wort nicht gut gelegen ist.« Rummenigge weiter: »Ich kenne das Grundgesetz.« Der Vorstandsvorsitzende möchte es damit nun gut sein lassen. »Leute, wir sollten nicht jedes Detail der Pressekonferenz minutiös Revue passieren lassen«, bittet er nun kumpelhaft. So richtig klar ist immer noch nicht, ob die Bosse inzwischen zu der Erkenntnis gekommen sind, dass sie mit ihrem Auftritt über das Ziel hinausgeschossen sind. Ich hake daher nach: »Herr Rummenigge, hinterfragt sich der FC Bayern trotzdem?« Der Vorstandvorsitzende blickt mich kühl an und antwortet:

»Der FC Bayern will einen erfolgreichen Fußball spielen lassen. Daran arbeiten wir gerade.« Damit war für den Moment alles und zugleich nichts gesagt.

23.10.2018
Champions League, Gruppenphase, Spieltag 3:
AEK Athen vs. FC Bayern 0:2
(Tore: Martínez, Lewandowski)

Dienstag, Olympiastadion von Athen: Die Griechen legen unbeeindruckt vom deutschen Meister los, ergreifen mutig in der Anfangsphase die Initiative. Den Bayern ist das nur recht. So haben sie Räume genug, um den Underdog mit zwei Toren zu bestrafen. Am Ende wird es ein ungefährdeter Sieg.

Es ist so zugig in der Arena, dass ich mir eine AEK-Athen-Mütze kaufe. Ich habe ein regelrechtes Mützensortiment von meinen Reisen, da ich stets vergesse, eine einzupacken. Von Manchester United bis zur Nationalmannschaft von Nordirland ist alles dabei. Das Spiel in Athen hat außer dem Wind auf den Tribünen wenig zu bieten. Interessant wird es dagegen nach dem Spiel in der Mixed Zone, die sich außerhalb des Stadions befindet. Ein Kollege verstimmt Serge Gnabry. Der Reporter fragt den Flügelspieler, der nach einer Ausleihe an Hoffenheim zurück nach München gekommen war, ob er kein schlechtes Gewissen habe, dass aufgrund seiner guten Leistungen Hochkaräter wie Thomas Müller oder Franck Ribéry immer öfter von der Bank aus zuschauen müssten. Mit hinter dem Rücken verschränkten Armen antwortet Gnabry mit einer Gegenfrage: »Wenn ich auf der Bank sitze, ist auch ein Hochkaräter draußen, oder?« Der fragende Reporter überlegt, ob Gnabry einen Scherz macht oder es ernst meint. Der Blick von Serge sagt: Der selbsternannte Hochkaräter Gnabry meint es ernst. Dem Kollegen bleibt nichts übrig, als zaghaft zu nicken. Den Faden für sein Interview verliert er dabei allerdings völlig. Während Gnabry weiterredet, richtet sich meine Aufmerksamkeit auf einen Spieler, der ein Hochkaräter ist und überraschend auf der Bank Platz nehmen musste. Jérôme Boateng stiehlt sich hinter Gnabrys verschränkten Armen vorbei. Zum Schutz vor Fragen hat er seine dicken JBL-Kopfhörer übergestülpt. Im Gegensatz zu mir hat der Verteidiger auch an eine rote Mütze gedacht.

Ich kenne den starren Blick von Jérôme gut genug, um ihn zu hinterfragen. Mats Hummels und Niklas Süle hatten von Niko Kovač den Vorzug bekommen, wie bereits im Ligaspiel zuvor gegen Wolfsburg (3:1). Boateng gibt an diesem Abend kein Interview. Weil sein Blick jedoch Fragen bei mir aufwirft, mache ich mich an die Recherche. Am selben Abend komme ich zu keinem Ergebnis mehr, dafür die Tage darauf. Und was ich da zu hören bekomme, ist ein handfester Krach. Boateng hatte die Reservistenrolle nicht wortlos akzeptiert. Bei der Diskussion zwischen Boateng und Trainer Niko Kovač stieß Hasan Salihamidžić dazu. Als sich der Sportdirektor einmischt, wird der Verteidiger laut. Boateng lässt Salihamidžić mit einem Kraftausdruck wissen, dass dieser seiner Meinung nach besser schweigen solle. Angeblich soll der Verteidiger gerufen haben: »Du hast mir gar nichts zu sagen! Halt die Fresse!«

Eine ähnliche Wortwahl wird Hasan Salihamidžić zweieinhalb Jahre später von Kovač-Nachfolger Hansi Flick zu hören bekommen, als dieser ihn im Mannschaftsbus beim Gastspiel bei Eintracht Frankfurt zu verstehen gibt: »Jetzt halt endlich mal das Maul!«

Boateng lässt es damit noch lange nicht gut sein. Der Verteidiger erinnert seinen Sportdirektor nachdrücklich daran, dass dieser ihn im Sommer hatte verkaufen wollen. Wer das Temperament von Hasan Salihamidžić kennt, weiß, dass sich der heißblütige Bosnier das nicht so einfach bieten lässt. Es ist der Bruch mit dem zweiten Bayern-Boss nach Karl-Heinz Rummenigge, den Boateng heraufbeschwört. Seine Zukunft im Klub über den bis 2021 laufenden Vertrag hinaus wird damit nicht gerade wahrscheinlicher.

7.11.2018
Champions League, Gruppenphase, Spieltag 4:
FC Bayern vs. AEK Athen 2:0
(Tore: Lewandowski [2])

Mittwoch, Allianz Arena: Das Müller-Brodeln wird für Niko Kovač langsam zu einem ernsthaften Problem. Ein Instagram-Post von Müller-Ehefrau Lisa hatte beim Ligaspiel am Samstag zuvor für Aufregung gesorgt. »Mehr als 70

Min., bis der mal 'nen Geistesblitz hat«, schrieb sie in ihren Video-Post. In der Instagram-Story war Kovač zusammen mit Thomas Müller vor dessen später Einwechslung am Spielfeldrand zu sehen. Zu diesem Zeitpunkt stand es gegen den SC Freiburg 0:0. Auch mit Müller kam Bayern nicht über ein 1:1 hinaus. Der schlagfertige Müller versuchte nach Abpfiff die kritischen Worte seiner besseren Hälfte vor den laufenden TV-Kameras einzufangen. »Das war aus der Emotion heraus, ich finde es im Nachhinein nicht unbedingt super«, kommentierte er den Post einsichtig, fügte dabei charmant an: »Sie liebt mich halt, was soll ich machen?« Die Fußballnation konnte sich nun bildhaft ausmalen, welchen Tenor die Diskussionen über den Bayern-Trainer Niko Kovač im Hause Müller haben dürfte. Gegen Athen reagiert Kovač auf die Kritik und stellt Müller in der Startelf auf. Das Müller-Brodeln kann er damit aber nicht mehr abkühlen.

Während es in der Champions League weiter positiv für den FC Bayern läuft, kriselt es in der Bundesliga. Nach dem 1:1 gegen Freiburg muss der FC Bayern als Dritter mit vier Punkten Rückstand auf den Tabellenführer nach Dortmund anreisen. Hoeneß erkennt den Ernst der Lage. Die Profis sind überrascht, als der Bayern-Patron am Freitag zur Abreise nach Dortmund plötzlich mit in den Teambus zum Flughafen einsteigt. Einige der Spieler hatten das noch nie erlebt. Das klare Signal des Ober-Bayern: Vor dem Gipfeltreffen in Dortmund will Hoeneß wieder ganz nah ans Team rücken, wie in alten Zeiten. Die neue Spielergeneration beobachtet gespannt, wie sich der Bayern-Boss in der ersten Reihe seelenruhig seine Brille aufsetzt, um dann in sein Handy zu tippen. Sie alle fragen sich: Würde er auch wie früher eine Ansprache halten? Die Antwort erhalten sie am Abend: Hoeneß tut es!

Für seine Spielbesprechung versammelt Niko Kovač nach dem Abendessen seine Mannschaft in der Sportschule Kaiserau, die sich in der Nähe von Dortmund befindet. Hoeneß sitzt zunächst dabei, lauscht interessiert den Worten seines Trainers. Dann lässt er seine eigenen folgen. Die Hoeneß-Botschaft an die Spieler lautet: Der Klub stehe bedingungslos hinter ihnen. Als Gegenleistung erwarte er nur eins: Sie müssten rennen und kämpfen. In jeder Minute müsse zu spüren sein, dass sie sich mit all ihrer Kraft gegen eine drohende Niederlage beim Spitzenreiter stemmten, und das ginge nur zusammen. Hoeneß beschwört eine Wagenburg-Mentalität, die frühere große

Bayern-Mannschaften ausgezeichnet habe. Der Klubpräsident tut es nicht nur für den FC Bayern, er stützt damit vor allem seinen Trainer Niko Kovač. Ohne Erfolg. Am nächsten Tag verliert die Kovač-Elf nach einer starken ersten Halbzeit mit 2:3 gegen Dortmund. Statt sich mit aller Kraft gegen die drohende Niederlage zu stemmen, bricht das Bayern-Team am Ende auseinander. Kovač liegt nach der BVB-Pleite auf Platz fünf, sogar hinter seinem Ex-Klub Eintracht Frankfurt. Hoeneß, der die Kovač-Risiken schon vor der Partie erkannt hat, stellt klar: »Der Trainer steht bei uns überhaupt nicht infrage.« Rummenigge sagt das nicht.

Die Kovač-Krise erreicht ihren Höhepunkt, als der Meister gegen den Aufsteiger Düsseldorf durch drei Tore von Dodi Lukébakio nur 3:3 spielt. Innerhalb von 15 Minuten verspielt der haushohe Favorit eine 3:1-Führung. Hoeneß entgeht nicht, dass in der VIP-Lounge der Bayern bereits Namen potenzieller Nachfolger für Kovač gehandelt werden. Der Präsident hält sich aus den Diskussionen heraus, aber er unterbindet sie auch nicht. Er lässt die Runde der Verantwortlichen wissen, dass er nach dem schockierenden Spielverlauf erst einmal eine Nacht darüber schlafen müsse. Hoeneß hat derzeit ganz andere Pläne, die er vorantreiben will. Die Krise passt ihm zu diesem Zeitpunkt überhaupt nicht.

Unsere Berichterstattung über den zukünftigen Bayern-Boss Oliver Kahn zeigt unterdessen Wirkung. Der ZDF-Experte sagt kurzfristig seinen Auftritt im Sonntagabend-Talk *Sky90* ab. Kahn lässt ausrichten: aus privaten Gründen. Der einstige Torwart-Titan ahnt, welche Fragen auf ihn zukommen würden, die er im Moment nicht beantworten darf.

Montag: In der Chefetage kommt es zwischen Bayern-Bossen und Spielerrat zur Krisensitzung. Thema: Niko Kovač. Der Trainer selbst ist nicht zu der Besprechung geladen. Manuel Neuer, Thomas Müller, Franck Ribéry und Robert Lewandowski sollen Karl-Heinz Rummenigge und Uli Hoeneß erklären, warum es zwischen Mannschaft und Trainer solche Reibungen gibt. Hoeneß argumentiert in der Rolle von Kovač' Anwalt, Rummenigge dagegen hört sich die kritischen Stimmen der Führungsspieler aufmerksam an. Eine Ablösung des Trainers fordern die Profis nicht, das Team ist gewillt, dem Trainer eine weitere Chance zu geben. Anschließend sprechen sich die

Spieler mit ihrem Trainer aus. Salihamidžić begleitet die Führungsspieler zu Niko Kovač, der bereits die Profis erwartet.

27.11.2018

Champions League, Gruppenphase, Spieltag 5:

FC Bayern vs. Benfica Lissabon 5:1

(Tore: Robben [2], Lewandowski [2], Ribéry; Fernandes)

Dienstag, Allianz Arena: Die Nerven bei Niko Kovač liegen blank. Wir erfahren von einer Kabinenrede, die der Trainer am Tag vor der Aussprache mit seinen Spielern gehalten hat. Mit seinen Worten vermittelt der Trainer ein Gefühl, das ihn und die Mannschaft in ein »ich« und »ihr« teilen wird. Er, ließ Kovač die Profis wissen, sei nicht schuld an den schlechten Ergebnissen und vielleicht bald kein Bayern-Trainer mehr, aber vorher möchte er noch etwas erreichen. Als Kroate habe er stets hart für seinen Weg arbeiten müssen, während es sich manche Deutsche bei Bayern zu bequem machten. Mit diesen Worten erreicht Kovač trotz der Aussprache mit dem Mannschaftsrat nicht mehr alle Spieler seines Teams. Der Bruch zwischen Trainer und Mannschaft ist intern bei Bayern offenkundig, auch wenn er nach außen hin von den Verantwortlichen konsequent bestritten wird. Mit dem 5:1-Sieg über Benfica sichert sich der FC Bayern in seiner Champions-League-Gruppe die Tabellenspitze. Das ist wichtig für die Stimmung im Klub, denn es steht die Jahreshauptversammlung an.

Freitag, 30.11.2018, Audi Dome: Bei der Jahreshauptversammlung schenkt Uli Hoeneß den Bayern-Mitgliedern endlich reinen Wein hinsichtlich seiner Zukunft ein. Und wir, die seit Wochen darüber recherchiert haben, notieren genüsslich mit. Der Präsident verkündet zur zukünftigen Besetzung in der Führungsetage: »Ich kann Ihnen versichern, dass der Name Oliver Kahn in unseren Überlegungen eine Rolle spielt.« Damit bestätigt Hoeneß unseren Bericht vom 21. November. Kahn könnte die Nachfolge des Vorstandsvorsitzenden Rummenigge antreten, allerdings »nicht heute oder morgen«, so Hoeneß. Der Aufsichtsrat werde sich mit dem Thema Kahn bei der Sitzung im Februar 2019 beschäftigen.

Auf unser Gespräch über Kahn, in dem der Bayern-Präsident noch sechs Wochen zuvor alles abgestritten hatte, spreche ich Hoeneß (bei einem weiteren unterdrückten Anruf) an, als mich der Bayern-Patron wieder einmal bezichtigt, ich würde Unsinn verbreiten (es aber nicht tat). Auf meinen Einwand, dass er beim Kahn-Comeback alles andere als ehrlich zu mir war, lässt er mich barsch wissen: »Ich lasse mich doch nicht von Ihnen in die Ecke stellen!« Ich konnte mir diese Spitze nicht verkneifen und hatte mich für den Trump-Vergleich revanchiert.

Das potenzielle Kahn-Comeback gerät bei der Jahreshauptversammlung allerdings aufgrund einer Fan-Rede fast in den Hintergrund. Die Wortmeldung gefällt Hoeneß ganz und gar nicht. Zunächst bekommen diesen Teil der Veranstaltung nur die Mitglieder in der Halle mit, da die Live-Übertragung im Internet stets vor den Fan-Reden endet. Was Mitglied Johannes Bachmayr zu sagen hat, wird Hoeneß jedoch auch trotz gekappter Live-Übertragung noch lange verfolgen.

Die Wortmeldung des Mitglieds Bachmayr hat den Titel »Kritik an der Vereinsführung«. Bachmayr beginnt seinen Beitrag mit dem Statement: »Früher wollte ich werden wie Uli Hoeneß, der große Manager. Heute bin ich mir da nicht mehr so sicher.« Zum Entsetzen des Bayern-Patrons erntet Bachmayr in der Halle großen Applaus. Hoeneß ist es seit jeher gewohnt, bei Jahreshauptversammlungen ausschließlich Zustimmung für seine Handlungen und Beifall für seine Attacken zu ernten. Diesmal bekommt er von dem Mitglied eine Generalabrechnung zu hören. Und das Schlimmste daran: Viele Mitglieder stimmen ihr unverhohlen und lautstark zu. Kritikpunkte: die Verbannung von Ehrenspielführer Paul Breitner aus dem Klub durch Hoeneß; die Grundgesetz-PK; die Trainingslager in Katar, in dem die Menschenrechte mit Füßen getreten werden. Bachmayr prangert gegenüber Hoeneß an: »Der FC Bayern ist keine One-Man-Show!« Hoeneß kontert: »Wenn du jetzt geschwiegen hättest, wärst du ein Philosoph. Da waren so viele Unwahrheiten drin, das würde drei Stunden dauern. Auf der Basis diskutiere ich nicht.« Für diese undemokratische Haltung folgt für den Bayern-Präsidenten ein gellendes Pfeifkonzert in der Halle. Einige Mitglieder rufen in Richtung Hoeneß: »Feigling« und »Lügner«.

Hoeneß fühlt sich einer Kampagne ausgesetzt. Gegenüber einer kleinen Journalistengruppe zweifelt er nach der Veranstaltung an, dass sich das Mitglied dieses Wissen und den Vortrag allein habe erarbeiten können. Hoeneß verdächtigt sogar uns Journalisten, dass wir Bachmayr bei seiner Wortmeldung geholfen hätten. Genauer gesagt: Er verdächtigt *Bild.*

Wenige Tage darauf äußert Hoeneß einen Teil seiner Vermutungen sogar öffentlich. »Der Fan am Freitag war wahrscheinlich von außen gesteuert, der hat doch gar keine Fragen gestellt«, sagt Hoeneß bei einer Podiumsdiskussion der *Stuttgarter Nachrichten.* »Seit Wochen läuft da eine Kampagne«, mutmaßt Hoeneß weiter, »speziell auch gegen mich.« *Bild* nennt Hoeneß diesmal nicht.

12.12.2018
Champions League, Gruppenphase, Spieltag 6:
Ajax Amsterdam vs. FC Bayern 3:3
(Tore: Tadić [2], Tagliafico; Lewandowski [2], Coman)

Mittwoch, Johan Cruijff Arena: Ein Last-Minute-Tor in der 95. Minute verhagelt den Bayern die Stimmung, die Hoffnung auf eine Kovač-Renaissance macht. Immerhin: Der Gruppensieg ist durch das 3:3 gesichert, auch wenn die Münchner erneut nicht gegen Ajax Amsterdam gewinnen können. Müller steht bei den Kovač-Bayern wieder einmal im Blickpunkt. Der Münchner feiert mit seinem 105. Champions-League-Spiel einen Bayern-Rekord. Dem Höhepunkt folgt ein Tiefschlag: Nach einem Kung-Fu-Sprung trifft er einen Ajax-Spieler am Kopf, Nicolás Tagliafico muss noch auf dem Rasen getackert werden. Müller sieht für die übermotivierte Aktion die Rote Karte. Im Achtelfinale wird er den Bayern fehlen. Das Los beschert den Bayern den englischen Konkurrenten FC Liverpool mit dem deutschen Trainer Jürgen Klopp.

Mittwoch, 19. Dezember 2018: In der Bundesliga steht Bayern weiterhin vor einer Aufholjagd. Fünf Tage vor Weihnachten ist RB Leipzig (Platz vier) bei den Bayern (Platz drei) zu Gast. Franck Ribéry erzielt mit seinem 1:0 den Treffer des Abends. Für mindestens genauso viel Betriebsamkeit bei den Journalisten sorgt aber bereits vor Anpfiff eine Meldung aus Spanien. Ich bin soeben im Presseraum angekommen, als ich im Ticker lese:

Madrid/München (dpa) – Der FC Bayern München soll der spanischen Sportzeitung Marca zufolge in der Winterpause den französischen Weltmeister Lucas Hernández von Atlético Madrid verpflichten. Der deutsche Fußballrekordmeister überweist für den 22 Jahre alten Linksverteidiger angeblich 80 Millionen Euro Ablöse nach Spanien. Hernández spielt seit 2007 in Madrid und hatte erst im Sommer seinen Kontrakt um weitere zwei Jahre bis Ende Juni 2024 verlängert. Im Juli feierte er mit Frankreich den Gewinn der WM in Russland.

Statt auf die Pressetribüne zu gehen, telefoniere ich mit meinen Kontakten in Spanien. Schnell wird klar: Die *Marca* war vielleicht ein wenig voreilig, was den Wintertransfer betrifft, aber: An dem Bayern-Interesse ist definitiv etwas dran! Was mich stutzig macht: Der FC Bayern soll demnach die Ausstiegsklausel des Weltmeisters für 80 Millionen Euro ziehen wollen, wohlgemerkt: nicht für Cristiano Ronaldo oder Lionel Messi! Nicht einmal für Antoine Griezmann! Was ich zu dem Deal denke, ist aber egal. Fakt ist: Bayern will Lucas Hernández tatsächlich kaufen.

Die Meldung der *Marca* wird uns die nächsten Tage und Wochen noch beschäftigen. Bayern steht immerhin vor dem teuersten Transfer der Ligageschichte. Das heißt zudem: Für Boateng und Hummels wird es im Sommer eng (dass Hernández im Winter kommt, wie vermeldet wurde, konnte ich zu dem Zeitpunkt bereits ausschließen). Ich erfahre aus der Chefetage des Klubs die Beweggründe für das Millionenwagnis: Hernández sei ein »Mentalitätsspieler«, der nicht nur wegen seiner fußballerischen Fähigkeiten, sondern auch wegen seines Charakters überzeugt. Der FC Bayern will ihn als Führungsspieler der Zukunft, als *Aggressive Leader*, wie es einst Mark van Bommel war. Karl-Heinz Rummenigge verabschiedet uns Reporter mit den Worten in die Winterpause: »Es ist noch nichts fix!«

Dezember 2018: Bei Thomas Müller klingelt kurz vor Weihnachten das Handy. Am Apparat ist Jogi Löw. Das Debakel bei der WM 2018 in Russland ist für den Bundestrainer noch lange nicht überwunden und auch in der Nations League lief es für die deutsche Nationalmannschaft nicht gut. Deutschland stieg sportlich aus seiner Gruppe ab. Zuletzt hatte Löw bereits Weltmeister Jérôme Boateng nicht für seinen Kader nominiert und den Bayern-Verteidiger zuvor per Anruf informiert, dass es nur eine zwischenzeitliche

Maßnahme sei, um jüngeren Spielern hinsichtlich der EM 2020 eine Chance zu geben. Müller hatte in den beiden Novemberpartien gegen Russland (3:0) und die Niederlande (2:2) zweimal nicht in der Startelf gestanden, war zweimal nur für Newcomer Serge Gnabry eingewechselt worden. Nach Boateng gibt es auch für ihn das Jogi-Gespräch. Der Bundestrainer bietet Müller mehr Pausen an. Müller erwidert, dies sei nicht nötig. Der Bayer versichert Löw zudem, dass er kein Problem damit habe, wenn der Bundestrainer jüngeren Spielern eine Chance geben wolle. Er, Müller, würde sich auch auf die Bank setzen, ohne Ärger zu machen. Löw dankt Müller für sein Verständnis und seine uneigennützige Bereitschaft. Dass er nicht mehr mit seinem Weltmeister von 2018 plane, dazu fällt in dem Gespräch kein Wort. Müller geht in dem festen Glauben in seine Weihnachtsferien, weiterhin ein fester Bestandteil des Kaders für die anstehende EM-Qualifikation im März zu sein.

Januar 2019: Die Bayern schwitzen im Trainingslager in Doha für ein großes Ziel. Der Titelverteidiger will Tabellenführer Dortmund noch abfangen. Bayern ist inzwischen immerhin Zweiter, der Rückstand auf den BVB beträgt jedoch satte sechs Punkte. »Wir sind im Moment der Jäger«, sagt Kovač. »Mit guten Ergebnissen wollen wir den Druck auf den BVB erhöhen.« Die meisten Spieler glauben nicht den Worten ihres Trainers. Aber die Profis wissen auch: Bayern spielt im April noch zu Hause gegen Dortmund, kann allein in einem Spiel aus eigener Kraft auf drei Punkte herankommen. Zudem wird eine taktische Ausrichtung festgelegt, die sich im Laufe der Rückrunde mehr und mehr auszahlt. Thomas Müller soll wieder seine Wunschposition zentral hinter der Spitze Lewandowski bekommen. Die Kovač-Rückwärtsrolle wird eine Schlüsselentscheidung werden, sowohl sportlich als auch in der Mannschaftsführung. Müllers Wort in der Kabine hat Gewicht. Der alte und neue Stamm- und Führungsspieler motiviert die Mannschaft mit einer Vision, die den Dauermeistern Spannung verspricht: »Es wäre ein Traum, die Meisterschaft am 34. Spieltag zu holen, und ein komplett anderes Gefühl als in den Jahren zuvor«, gibt Müller seinen Kollegen als Saisonziel vor.

Franck Ribéry sorgt für Schlagzeilen, weil er ein Goldsteak verspeist und das auch noch im Internet verbreitet. Der FC Bayern verpflichtet für die anstehende Saison Benjamin Pavard per Ausstiegsklausel. Stürmer Sandro Wagner ergreift vor Trainer Niko Kovač die Flucht und wechselt nach China.

Anfang Februar 2019: Ich fliege mit LH2502 für 24 Stunden in Liverpool ein, bevor mich LH2503 am nächsten Tag wieder zurück nach München bringen wird. Ich habe einen Termin in Melwood, dem altehrwürdigen Trainingsgelände des FC Liverpool. Zur Vorbereitung geht es aber zuerst in den »Cavern Club«, in den legendären Keller, in dem die Beatles sich in die Musikgeschichte spielten. Den Koffer noch an der Seite, bestelle ich mir ein Pint Guinness, und da die Engländer sagen, »A bird can't fly with just one wing«, noch ein zweites. Erst dann geht es ins gebuchte Hotel. Meine Termine starten erst am Folgetag.

Mein Kollege Robert wartet bereits auf mich. Treffpunkt ist Anfield, direkt vor der Außenmauer von »The Kop«, der Fankurve der treuesten Liverpool-Fans. Bevor unsere Stadiontour beginnt, gehe ich ins Stadionmuseum mit den Klubpokalen. Der FC Liverpool konnte fünfmal die Champions League gewinnen – genauso oft wie der FC Bayern. Das Museum ist wenig beeindruckend, aber unser Ticket gilt dafür eben auch; eigentlich sind wir für den Stadionrundgang hier. »Kennt ihr den Kerl?«, fragt unser Guide. Vor dem Ausgang zur Haupttribüne ist eine Leinwand aufgespannt. Als käme er gerade aus den Katakomben, schlendert uns Jürgen Klopp entgegen. »This is Anfield. A special place, a secret place«, richtet Klopp das Wort an uns. Für mich ist es immer noch ungewöhnlich, ihn auf Englisch sprechen zu hören. Dabei geht er inzwischen in seine vierte Saison mit den Reds, einen Titel hat er hier noch nicht geholt. Einen umso heißeren Empfang will er seinen Landsleuten aus München in seinem »special place« bereiten. Wir gehen weiter, um den Geheimnissen des »secret place« näherzukommen.

Seit 1882 ist Anfield die Heimat des FC Liverpool. Vor seinem Umzug spielte der FC Everton ebenfalls hier. Der Guide zeigt aus einem Fenster, wir blicken auf den Goodison Park, in dem ich auch schon auf der Tribüne sitzen durfte. Es ist das Stadion des Lokalrivalen FC Everton, das in Fußnähe liegt. Die Roten gegen die Blauen in einer Stadt – die Konstellation kommt mir sehr bekannt vor. In die Ahnengalerie der Liverpooler Ex-Trainer, die an den Wänden verewigt sind, hat es Klopp noch nicht geschafft. Dafür ist in einem Seitengang der Kabinen ein Leitspruch von ihm aufgemalt: »This is a place for big football moments«. Ich biege links ab und stehe vor dem Heiligsten, das ein Stadion zu bieten hat, ein Platz, der Reportern ansonsten verwehrt bleibt: die Spielerkabinen. Schon auf den ersten Blick wird klar, dass dem Gegner ein sehr spartanischer Raum zur Verfügung gestellt wird. In den Behandlungsraum passen gerade einmal zwei Massageliegen. Hier ist so gut wie nichts an Anfield-Atmosphäre zu spüren. Ganz anders im »Liverpool FC Dressing Room«. Hier beherrscht das Rot der Reds den Raum. An jedem Spind hängt das Trikot eines Stars, Nummer für Nummer aneinandergereiht. Auf James Milner (Nummer 7) folgt Ex-Leipzig-Profi Naby Keïta (Nummer 8), darauf Ex-Hoffenheimer Roberto Firmino (Nummer 9). Ich öffne den Schrank von Nummer 23. Xherdan Shaqiri, den ich noch aus Münchner Zeiten kenne, wird es mir verzeihen. Ohnehin hat er nur einen Kleiderbügel hängen lassen.

Dann kommt der Moment, den jeder Anfield-Besucher herbeisehnt: einmal das legendäre »This is Anfield«-Schild berühren. Trainerlegende Bill Shankly (seine Statue steht vor »The Kop«) ließ es in den 60er-Jahren über dem Spielertunnel anbringen. Ich gestehe, ich habe Gänsehaut. Es ist ein »special moment«, als ich über das Schild streichle, auf dem schon so viele Spielerlegenden ihre Fingerabdrücke hinterließen. Als Klopp das Schild über dem Durchgang erstmals vor einem Freundschaftsspiel als BVB-Coach abklatschte, führte darunter noch eine Treppe in den Innenraum. Seit dem Umbau 2014 geht es schnurstracks hinaus auf den Platz. Noch etwas hat sich geändert: Während ich sanft das weiß umrahmte Klubemblem antippe, ist es den Liverpool-Profis inzwischen verboten. Erst wenn sie etwas gewonnen haben, dürfen sie es berühren! So lautet die strikte Anweisung von Klopp. Wenige Sekunden später sitze ich auf seinem Trainerstuhl, ganz rechts außen auf der Liverpool-Bank (aus Klopp-Sicht). Zwei Stunden später werde ich seine Hand drücken. Denn unser Liverpool-Trip geht noch weiter.

Klopp läuft mir zufällig in Melwood in die Arme, als er von einer Besprechung des Trainerteams auf dem Weg zur Vorbereitung der Nachmittagseinheit ist. Der Termin in Melwood ist der eigentliche Grund unseres Besuchs. Schon bald will der FC Liverpool auf eine größere, modernere Anlage umziehen. Ich bin froh, dass ich Melwood noch erleben darf, schließlich ist es das traditionelle Trainingsgelände des FC Liverpool seit 1950. Wir sind in einem Nebenraum mit den Liverpool-Profis Sadio Mané und Naby Keïta zum Doppelinterview verabredet. »Hello my friend«, begrüßt mich

Sadio. Dass ich mich in sein Gedächtnis gebrannt habe, verdanke ich wohl der verrückten Idee, dass ich mit ihm bei unserem ersten Termin für ein Video gesungen habe (»Mané, Mané«). Als wir mit dem Gespräch fertig sind, erhaschen wir einen flüchtigen Blick in Jürgen Klopps Trainerzimmer. Dort steht in breiten Lettern an der Wand auf Deutsch: »Hauptsache 3 Punkte«. Bei dem Anblick denke ich: In zwei Wochen wird es um weit mehr gehen. Ich verlasse Liverpool am nächsten Tag mit dem tröstlichen Gedanken, dass ich sehr bald zurück sein werde.

Weiterhin Februar 2019: Es ist schön, mal wieder durch den Olympiapark zu spazieren. Bis 2005 war ich hier jedes zweite Wochenende, um über die Heimspiele des FC Bayern zu berichten. Als Kind habe ich in der Olympiahalle im Winter das Hallenmasters verfolgt, das damals noch in der Winterpause ausgetragen wurde. In der Olympiahalle werden am heutigen Tag die Pläne zu einer ganz neuen spektakulären Halle präsentiert. Die Stadt München und der FC Bayern stellen die Pläne vor, die an der Stelle des ehemaligen Olympia-Radstadions eine multifunktionale Sportarena für 11 500 Zuschauer für die Bayern-Basketballer und den aktuellen Eishockeymeister Red Bull München entstehen lassen. Bei der Veranstaltung im »Club Coubertin« der Olympiahalle ist auch Uli Hoeneß dabei.

Ich habe eine Info in meinem Block, die ich mir bei der Gelegenheit gerne von dem Bayern-Präsidenten bestätigen lassen möchte. In der Medienrunde mit den Kollegen kann ich meine Frage nicht stellen, ansonsten wäre die Info nicht mehr exklusiv. So warte ich ab, bis alle Antworten gegeben sind und begleite Hoeneß zu seinem Auto.

Das Landgericht München II hatte Hoeneß 2014 wegen Steuerhinterziehung zu dreieinhalb Jahren Gefängnis verurteilt. Anfang Januar 2015 war Hoeneß in den offenen Vollzug des Freigängerhauses Rothenfeld in Andechs verlegt worden. Das ermöglichte ihm, als Freigänger in der Jugendabteilung des FC Bayern zu arbeiten. Ich erinnere mich gut daran, als ich mich ein Jahr darauf im Januar 2016 mit einer Info für Uli Hoeneß in sein Büro durchstellen ließ. Die Staatsanwaltschaft München II hatte mir die Freilassung des ehemaligen Bayern-Präsidenten auf Bewährung bestätigt, ebenso das Landgericht Augsburg. Kurios: Ich hatte es eher als Hoeneß' Anwälte erfahren. Der Bayern-Patron war hörbar überrascht, als ich ihm die Entscheidung mitteilte. »Herr Falk, wer hätte das gedacht, dass ich mich einmal über einen Anruf von Ihnen freuen werde!«, scherzte Hoeneß. Er war so im Glück, wie ich es vielleicht noch nie bei ihm erlebt habe. Das teilte ich ihm genauso mit. »Seien Sie vorsichtig, Herr Falk«, warnte er mich. »Der Überbringer von guten Nachrichten wurde von den Griechen geköpft!« Ich korrigierte Hoeneß nicht, dass in der Antike der Tod nur den Boten drohte, die schlechte Nachrichten überbrachten. Die Stimmung war dafür zu gut.

Im Februar 2019 werde ich Hoeneß nicht mit der frohen Botschaft überraschen. Er kennt sie diesmal bereits schon, wie ich von ihm erfahre. Das zuständige Gericht hatte geprüft, ob Hoeneß gegen seine Bewährungsauflagen verstoßen habe. Dafür blickte es ins Bundeszentralregister, in dem alle Verurteilungen oder neuen, anhängigen Verfahren aufgelistet sind. Es fand dort: nichts. Daraufhin erstellte es einen Erlassbeschluss, in dem Hoeneß schwarz auf weiß lesen konnte: Ab dem 28. Februar ist er ein freier Mann. »Das Schreiben habe ich schon bekommen«, lässt mich Hoeneß über den Erhalt des Erlassbeschlusses und über das Ende seiner Bewährung zum 28. Februar 2019 wissen. Er ist wieder ein freier Mann. Bevor er ins Auto steigt, ruft er mir noch zu: »Das ist ein gutes Gefühl!«

Kurz darauf erscheint eine *Sport-Bild*-Ausgabe, wieder einmal mit Oliver Kahn auf dem Titel. Neben ihm abgebildet ist Uli Hoeneß mit erhobenem Zeigefinger. »So läuft das mit Kahn und Bayern«, lautet die Schlagzeile. Im Bericht ist zu lesen, dass Kahn Anfang 2020 als Vorstand im Klub einsteigen soll, um 2022 den Posten des Vorstandschefs zu übernehmen. Wir schreiben über einen Geheimgipfel mit Kahn im Feinschmeckerrestaurant »Käfer«. Dazu enthüllen wir, wer mit am Tisch saß: Ex-Adidas-Boss Herbert Hainer. Auch er wird in den Zukunftsplänen von Hoeneß noch eine entscheidende Rolle spielen.

Mitte Februar 2019: Niko Kovač hat im ersten Stock des Leistungszentrums ein für die Öffentlichkeit geheimes Motivationsplakat aufhängen lassen. Es soll den Stars in den finalen Wochen der Saison den Weg weisen. Ganz oben darauf prangt der Spruch »Let's do the double 2019« (»Lasst uns das Double

2019 holen), darunter sind Fotos von jubelnden Spielern mit Pokal und Meisterschale zu sehen. Ein Plakat für den Sieg in der Champions League ist nicht im Spielertrakt zu finden.

Dienstag, 18. Februar: Ich höre über meine Kopfhörer das Lied »Let's Dance to Joy Division« der Wombats im Journalistenbus in Dauerschleife. Die erste Textzeile lautet: «I'm back in Liverpool and everything seems the same«. Doch diesmal wird nichts sein wie immer. Wir landen nicht wie die Mannschaft am John-Lennon-Airport; mich bringt der Sonderflug LH 2570 zunächst nach Manchester. Ich werde diesmal nicht wie sonst direkt mit dem Taxi in den legendären »Cavern Club« fahren und mir ein Pint Guinness bestellen (das mache ich erst am nächsten Tag). Ich muss zu einer Pressekonferenz. Meine Vorfreude auf diesen Trip ist riesig: Erstmals werde ich nun endlich den FC Bayern an der Anfield Road spielen sehen! Seit ich denken kann, schaue ich Spiele des FC Bayern. Und ebenso lange fiebere ich dieser Partie entgegen: Der FC Bayern gegen den FC Liverpool – viel mehr geht nicht an Fußballmythos aus deutscher Sicht. Für die bisher drei Partien zwischen den beiden Kultklubs in Liverpool war ich schlichtweg zu jung. Als Reporter sah ich zwar 2001 das 2:3 der Bayern gegen die Reds im Supercup, doch die Partie fand im wenig stimmungsvollen »Stade Louis II« in Monaco statt (der heutige Sportdirektor Hasan Salihamidžić verkürzte damals auf 1:3). Ich erinnere mich noch gut, wie Franz Beckenbauer bei einer Interview-Runde am Pool eines monegassischen Fünf-Sterne-Hotels die Partie mit den Worten umschrieb: »In Germany we call it a ›Klassiker‹.« Ein Spruch, der später einem Länderspiel zwischen Deutschland und England zugeordnet wurde. Aber Beckenbauer machte einen guten Spruch auch schon mal öfter.

In Anfield traten die Bayern zuletzt 1981 an. Es war das Halbfinale des damaligen Europapokals der Landesmeister. Aufseiten der Reds standen Terry McDermott und Kenny Dalglish auf dem Rasen, ihnen gegenüber Karl-Heinz Rummenigge und Paul Breitner. Wie in allen vorherigen Gastauftritten beim FC Liverpool gelang den Bayern kein Tor (0:0, zuvor 0:3 und 0:0). Durch das 1:1 im Rückspiel in München 1981 schieden sie aus, den Pott holte Liverpool anschließend im Finale gegen Real Madrid (1:0). Ganze 38

Jahre später ist es nun so weit: Meine dritte Partie, die ich auf der Tribüne in Anfield sehe, wird die erste mit dem FC Bayern.

19.2.2019
Champions League, Achtelfinale, Hinspiel:
FC Liverpool vs. FC Bayern 0:0

Mittwoch, Anfield: Lange war ich vor einer Partie nicht mehr so angespannt. Die Vorfreude ist riesig. Einen ersten Dämpfer erhält mein Abend jedoch, als die Champions-League-Hymne versucht, mit der Fan-Hymne »You'll never walk alone« zu konkurrieren. Die Liverpool-Fans übersingen sie einfach. Dann beginnt die Partie. Arjen Robben ist nach einer Verletzungsphase nicht im Kader. Franck Ribéry wird von Trainer Niko Kovač auf die Bank gesetzt; Thomas Müller ist gesperrt. Klopp muss auf den gesperrten Abwehr-Riesen Virgil van Dijk verzichten, hat ansonsten aber alle seine Stars auf dem Rasen. Liverpool gehört die Anfangsphase. Mohamed Salah hat die erste Großchance, nach einer halben Stunde steht Mané allein vor Neuer und vergibt. Bayern wird in Halbzeit eins nur durch eine von Matip abgewehrte Flanke gefährlich, in Hälfte zwei durch einen Abschluss von Gnabry. Ansonsten konzentrieren sich die Bayern darauf, den Spielfluss zu stören. So habe ich den FC Bayern noch nie spielen sehen. Neuer und seine Verteidiger spielen sich im eigenen Fünfer die Bälle zu, um Zeit von der Uhr zu nehmen. Ich bin enttäuscht. Die Fans von Liverpool auch. Die Gesänge werden immer leiser, verstummen teilweise ganz. Der FC Bayern hat mit seinem destruktiven Spiel »The Kop«, der südwestlichen Stehplatztribüne mit den treuesten Reds-Fans, den Zahn gezogen.

Kleiner Geschichtsunterricht am Rande: »The Kop« ist benannt nach dem südafrikanischen Berg Spion Kop. Im Burenkrieg fanden dort viele englische Soldaten aus Liverpool in einer Schlacht den Tod. Die Benennung zeigt, wie ernst den Liverpool-Fans der Fußball ist. Oder wie der legendäre Reds-Trainer Bill Shankly es formulierte: »Es gibt Leute, die denken, Fußball sei eine Frage von Leben und Tod. Ich mag diese Einstellung nicht. Ich kann Ihnen versichern, dass es noch sehr viel ernster ist.« Nicht zufällig steht die Bronzestatue von Shankly vor dem Stadion, natürlich hinter »The Kop«.

Der FC Bayern setzt bei seiner Schlacht in Anfield nur auf Verteidigung, will gar nicht erst angreifen. Mané prüft noch einmal Neuer per Kopfball, dann ist die Partie, die ich so lange herbeigesehnt habe, vorbei. Der Plan von Niko Kovač war aufgegangen. Stolz bin ich auf die Vorstellung des deutschen Meisters in England nicht. Meine Kollegen sehen das allerdings anders. Das 0:0 wird in fast allen Zeitungen als Triumph der Bayern gefeiert. Ich kann das nicht ganz nachvollziehen. Ein 0:0 ist ein gefährliches Ergebnis, das bedeutet: Trifft Liverpool mit seiner Dreier-Sturmreihe aus Salah, Mané und Firmino nur einmal, braucht der FC Bayern aufgrund der Auswärtstorregel zwei Tore. Mit meiner Analyse stehe ich jedoch ziemlich allein da.

Donnerstag: Für unseren Rückflug aus Liverpool müssen wir erneut einen Flieger vom Manchester Airport nehmen. Ich war schon so oft an diesem Flughafen, dass ich die besten Stellen kenne, um die Protagonisten für ein Kurzinterview abzufangen, bevor sie in die Maschine steigen. Die erste befindet sich direkt nach den Sicherheitskontrollen, zwischen einem Café und dem linken Gang zu den Toiletten. Ein guter Reporter folgt seiner Story überall hin, zur Not auch aufs Klo. Gut, dass ich in dem Fall weiß: Der Gang ist eine Sackgasse. DFB-Präsidenten Reinhard Grindel, der ebenfalls mit der Maschine fliegt und den ich sprechen will, muss folglich wieder den Weg zurück. Als Grindel Richtung WC abbiegt, warte ich in Ruhe und trinke einen Espresso. Erst dann spreche ich den DFB-Oberboss an.

Ich habe erfahren, dass Philipp Lahm neuer EM-Botschafter für das Heimturnier 2024 werden soll. Grindel ist überrascht, dass ich die Information habe. Er bittet mich um Verständnis, dass er mir den Vorgang nicht offiziell bestätigen könne. Dafür machen wir einen Termin aus, um das Thema zu vertiefen. Damit signalisiert mir der DFB-Präsident: Die Story ist mir sicher.

Danach schlendere ich in die große Wartehalle, in der es sich erst am Nadelöhr vor dem »Burger King« zu warten lohnt. Die letzte Gesprächsmöglichkeit ist direkt am Gate. Allerdings besteht dort die Gefahr, dass der betreffende Protagonist so spät kommt, dass er direkt in den Flieger muss.

An jenem Gate hatte mir Karl-Heinz Rummenigge 2014 den Tipp gegeben, bei Karl Hopfner nachzufragen, als ich in einem Finanzthema um Borussia Dortmund recherchierte. Als Borussia Dortmund fast pleite war, hatte Uli Hoeneß mit seinem FC Bayern für den BVB mit einem Kredit über 2 Millionen Euro als Sicherheit gebürgt. Zinslos! In einem Interview mit der spanischen Sportzeitung AS bezeichnete BVB-Boss Aki Watzke diesen Vorgang als »Legende«, die so nicht richtig sei. Ich wollte das genauer wissen. Ich ließ mir nach der Landung in München zeitnah einen Termin beim designierten Bayern-Präsidenten Hopfner geben. Streitpunkt der Angelegenheit war: Watzke behauptete, der FC Bayern habe im Gegenzug für den Kredit acht Prozent Zinsen erhalten, weshalb man Uli Hoeneß nicht als »Mutter Teresa« bezeichnen könne.

Hopfner sitzt mir im zweiten Stock der Bayern-Geschäftsstelle gegenüber, hat zum Beleg seiner Worte Akten mitgebracht. Als ich ihn nach der Watzke-Darstellung frage, antwortet der Finanzexperte mit ruhiger, überlegter Stimme: »Um es sehr vorsichtig auszudrücken: Was Herr Watzke da behauptet hat, ist die absolute Unwahrheit. Angefangen von seiner Behauptung, dass es seine erste Aufgabe gewesen sein soll, das Darlehen zurückgezahlt zu haben, bis hin zu der angeblichen Verzinsung von acht Prozent. Wenn Herr Watzke über Uli Hoeneß als keine ›Mutter Teresa‹ spricht, finde ich das äußerst diskreditierend. Ich muss sogar sagen: Das ist beschämend.« Hopfner weiter: Erst rühme sich Watzke im selben Interview, er habe Uli Hoeneß angerufen, um ihm zur Meisterschaft zu gratulieren und ihm seine Anerkennung für seine Arbeit beim FC Bayern zu versichern. Und dann würde er über ihn und den gesamten FC Bayern fast im selben Atemzug solche Unwahrheiten verbreiten. Hopfners Worte sind so drastisch, dass mir unwillkürlich das Bild des legendären Schauspielers Hans Albers auf der Kanonenkugel vor Augen schwebt. Also frage ich den Bayern-Vorstand: Würden Sie Herrn Watzke also als einen »Baron Münchhausen« bezeichnen? »Das wird ihm nicht gerecht«, beginnt Hopfner seine Antwort und ich befürchte bereits, dass sie langweilig ausfallen könnte. Stattdessen fährt Hopfner mit einem schelmischen Grinsen fort: »Eine Unwahrheit bleibt eine Unwahrheit. Den Baron von Münchhausen sehe ich da schon als eine andere Figur. Damit wäre Herrn Watzke noch geschmeichelt. Und das will ich in diesem Falle absolut vermeiden.« Rumms. Nach dem Interview würden Watzke und Hopfner keine Freunde mehr werden.

Auf das Gate als Interview-Location will ich mich beim Liverpool-Abflug nicht verlassen. Ich warte also vor dem »Burger King«, nach dem sich auf dem langen Gang zu den Gates noch genügend Zeit für ein Gespräch bieten würde. Da erscheint auch schon Uli Hoeneß.

Hoeneß hat es eilig, will nichts mehr zum Spiel erzählen. Als ich aber nach Niko Kovač frage, wittert er wohl die Gunst der Stunde. Immerhin hatte der Präsident Kovač seine Unterstützung zugesagt. Sofort scharen sich um Hoeneß und mich die Reporterkollegen. Hoeneß nutzt die Bühne beziehungsweise die vielen entgegengestreckten Aufnahmegeräte. Er tut es für Kovač. Dabei geht er wie immer antizyklisch vor. Statt Kovač einfach zu loben, denkt Hoeneß bereits an die potenziellen zukünftigen Kritiken.

»Wir müssen aufhören, jedes Spiel auf den Trainer zu beziehen. Das ist alles Käse!«, legt Hoeneß los. »Käse« sehe ich im Block meines Kollegen neben mir dick aufgeschrieben. Ja, Hoeneß beherrscht das Spiel mit markigen Worten. Er wäscht uns Medienvertretern den Kopf hinsichtlich unseres Umgangs mit dem jetzigen Helden von Liverpool, mit seinem Trainer Niko Kovač. »In einem Umfeld, wo jedes Spiel über seine Zukunft bewertet wird! Die Argumente dazu finde ich lächerlich! Das Thema können Sie sich allmählich abschminken!« Es ist wirklich ein klassischer Hoeneß-Auftritt. Statt sich darüber zu freuen, dass ich ihn auf das gute Ergebnis unter Kovač anspreche, gibt er skeptisch zurück: »Wieso fragen Sie dann nach dem Trainer?« Nein, es geht im Kopf von Hoeneß schon lange nicht mehr um das 0:0 in Liverpool. Es geht um die komplette bisherige Saison. »Vielleicht hat er mit dem ein oder anderen Spieler mal gesprochen, dass er den Gegner nicht immer in seinen Rücken laufen lässt …«, stellt Hoeneß nun die Trainerleistung heraus. »Er wird den Spielern [für das Spiel gegen Liverpool] nichts anderes erzählt haben als gegen Augsburg.« Beim FC Augsburg hatte Bayern vier Tage zuvor nach zweimaligem Rückstand die Partie noch mit Ach und Krach zu einem 3:2-Sieg gedreht. Die Schlussfolgerung von Hoeneß lautet: »Die Fehler auf dem Platz macht nicht der Trainer.« Es fehlt nach der Lehrstunde an uns Journalisten nur noch das finale Hoeneß-Wort »Basta«. Damit ist alles gesagt, findet Hoeneß. Mit einem zufriedenen Lächeln tritt er ab. Unglücklich sind wir Reporter auch nicht. Eine kleine Story ist das allemal, auch weil ich weiß: Die Pro-Kovač-Rede richtet sich nicht nur an uns als seine Kritiker, sondern auch an Karl-Heinz Rummenigge, der den Trainer weiterhin skeptisch sieht. Die Fragen, die der Vorstandschef intern stellt, werden bald darauf neue Argumente bekommen.

Wir hören in die Mannschaft herein, um die Stimmung in der Kabine nach dem 0:0 zu erfahren und einschätzen zu können. Tatsächlich überwiegt nicht die Euphorie bei den Spielern, vielmehr sind viele genervt. Kovač weiß inzwischen, dass ihn einige Leistungsträger gerne loswerden würden. Vielleicht betont der Trainer daher vor dem Team etwas zu demonstrativ seinen Anteil am Remis. »Da seht ihr, dass es klappt, wenn ihr auf mich hört«, lässt Kovač die Spieler wissen. Dieser Satz kommt in der Kabine nicht gut an. Zumal er auch die öffentliche Darstellung von Hoeneß in den Medien stützt: Klappt es, liegt es am Trainer. Geht es schief, sind die Spieler schuld, die nicht auf ihren Trainer gehört haben.

Das Örtchen Grünwald bedarf einer kurzen Erklärung. Eingefleischte FCB-Fans kennen den Münchner Vorort, in dem die Bayern-Stars ihre Millionärsvillen haben. Wir Reporter bekommen manchmal einen Einblick in ihr Zuhause. Ich erinnere mich, als ich erstmals bei Verteidiger Lúcio in Grünwald saß und überrascht war, dass auch ein Bayern-Star seine Möbel bei Ikea kauft. Seinen Innenpool gab es aber mit Sicherheit nicht beim schwedischen Einrichtungshaus. Auch für Leroy Sané, der 2020 ebenfalls in das Fußballerdorf gezogen ist, war das interne Schwimmbecken ein Kaufargument. Mitspieler sagen sogar: Sané habe sich sein Haus schon allein wegen dem Pool erworben. Über Franck Ribéry heißt es, er habe beim Erwerb seiner Villa die Möbel der Eigentümerin gleich mitgekauft, weil sie ihm so gut gefielen.

In Ribérys Haus werden die Gäste im Foyer von einem fast zwei Meter großen Porträt begrüßt, das Franck als Simpson-Comic-Figur darstellt. Seit 2013 sind die Ribérys hier zu Hause, die Villa ist auch weiterhin ihr Lebensmittelpunkt, nachdem Franck zum AC Florenz wechselte. Auch bei ihm durfte ich schon zu Gast sein.

Vor dem Haus ist ein schweres Eisengitter. Für uns Fußballreporter ist vor allem Ribérys Keller interessant. Hinter einer weißen Flügeltür hat er dort sein Pokalzimmer. Die Wand ist geschmückt mit Auszeichnungen. Auch der goldene »Bravo Otto« steht hier, darunter hängen Akkreditierungen seiner Welt- (2006,

2010) und Europameisterschaften (2008, 2012). Seine Trophäen hat Ribéry zwischen den Fitnessgeräten verteilt, quasi als Motivation, wenn er sich beim Krafttraining quält. Repliken des Champions-League-Pokals, des DFB-Pokals, der Meisterschale und des europäischen Supercups stehen hier. Ribéry hat sich die Nachbildungen bei der Bremer Silbermanufaktur Koch & Bergfeld anfertigen lassen, ein Stück kostete ihn rund 10 000 Euro. Unter dem Beamer hat Ribéry sein persönliches Schmuckstück in einem verspiegelten Regal aufgestellt: die Auszeichnung zu Europas Fußballer des Jahres 2013. Eine Medaille von der Weltfußballerwahl hängt etwas lieblos zwischen ein paar anderen Auszeichnung. Franck war enttäuscht, dass er trotz des Triple-Gewinns bei der Wahl nur Dritter hinter Cristiano Ronaldo und Lionel Messi geworden war. Kein Bayern-Profi hat es bisher geschafft, die Weltfußballerwahl seit ihrer Einführung 1991 zu gewinnen. Das bisher beste Ergebnis erreichte Oliver Kahn, der 2002 immerhin Platz zwei belegte, hinter dem Brasilianer Ronaldo. Im Frühjahr 2019 ist noch nicht absehbar, dass ein Bayern-Star einen Ronaldo, in dem Fall den Portugiesen, schlagen könnte.

3. März 2019: Sonntags wirkt Grünwald wie ein Dorf. Es ist eigentlich auch eins, nur eben vor den Toren Münchens und nahe an der Säbener Straße. Die Läden sind geschlossen und auf den Straßen sind kaum Menschen. Ohne den Berufsverkehr ist man schnell hindurchgefahren, und man bekommt nicht den Eindruck, dass hier viele der Profis des FC Bayern ihre Heimat haben. Die Bäckerei direkt an der Hauptstraße hat sonntags geöffnet. Daher ist sie der Treffpunkt für das Gespräch, auf das ich nun schon seit fünf Monaten gespannt warte.

Oliver Kahn betritt kurz nach 11 Uhr »Lang's Caféserie« (Slogan: Das süße Herz Grünwalds). Er kann nicht vor 4 Uhr im Bett gewesen sein, und trotzdem ist er pünktlich. Als ZDF-Experte saß er am Vorabend noch bis nach Mitternacht im *Sportstudio*. Sein Sender hätte ihm auch einen Rückflug aus Mainz nach München bezahlt, doch Kahn fuhr die über 400 Kilometer in der Nacht im Auto zurück, ohne Chauffeur. Ein Titan sitzt selbst am Steuer. »Das fahren entspannt mich«, sagt Oliver, als er sich zu mir an den Tisch setzt.

Im vergangenen Oktober hatte ich Oliver mit den geheimen Bayern-Plänen konfrontiert, die er mir damals nicht bestätigen konnte. Seit November berichten wir kontinuierlich darüber, dass Kahn als zukünftiger Boss des Rekordmeisters in den Klub zurückkehren wird. Wir kennen uns nun seit rund zwei Jahrzehnten. Das gegenseitige Vertrauen wurde nie missbraucht. Im Oktober hatte er mir zugesagt: Wenn er etwas zu dem Thema sagen könne, würde er es mir gegenüber tun. Im Sportjournalismus muss man manchmal Verständnis aufbringen, wenn ein altbekannter Protagonist zu einem Zeitpunkt nicht antworten kann. Nachdem Aufsichtsratschef Uli Hoeneß im Sport1-*Doppelpass* erstmals öffentlich unsere zuvor veröffentlichte Schlagzeile (»So läuft das mit Kahn und Bayern«) bestätigte, ist das nun auch Kahn möglich. Jetzt sitzt Oliver vor mir beim Kaffee, um, wie vereinbart, über seine Zukunftspläne mit Bayern zu sprechen. Ein Kahn, ein Wort.

In der Vergangenheit hatte Oliver dem FC Bayern einige Absagen erteilt, zuletzt 2017 für den Posten des Sportdirektors. Er fühlte sich damals noch nicht bereit, wollte mehr Erfahrungen in der freien Wirtschaft sammeln. Je länger wir darüber sprechen, desto deutlicher wird, wie tief die Verbindung zwischen Kahn und dem FC Bayern noch immer ist. So richtig weg war er ja nie. Vor Jahren ertappte ich Uli Hoeneß und ihn, wie sie sich in einem der Hinterzimmer des Feinkostrestaurants »Käfer« zu vertraulichen Gesprächen trafen. Schon zu Spielerzeiten gab es kaum einen Profi, der den Klub besser verstand und der das »Mia san mia«-Gefühl der Bayern stärker verkörperte als Kahn.

»Du weißt, wie das alles damals war, du warst dabei«, erinnert mich Oliver. Ja, es waren große, erfolgreiche Zeiten, mit dem Champions-League-Sieg 2001 als Höhepunkt. Als Jungjournalist stand ich damals beim Finale in Mailand gegen Valencia im Bayern-Block, direkt hinter dem Tor von Kahn. So auch beim erfolgreichen Elfmeterschießen, in dem er drei Schüsse hielt. Kahn hat mit dem FC Bayern alles erlebt, was in der Karriere eines Fußballers möglich ist. Heute weiß er, was er seinem Klub zu verdanken hat. Ich spüre im Verlaufe des Interviews, dass er nun den Zeitpunkt für sich gekommen sieht, um dem FC Bayern auch nach seiner aktiven Karriere etwas zurückzugeben. Ich frage ihn: Wieso aber gerade jetzt und nicht schon früher?

»Meine Bereitschaft, Verantwortung zu übernehmen, war immer vorhanden, aber es muss auch passen. Die Konstellation ist jetzt eine andere«, antwortet Oliver. Ich weiß, was er damit meint, aber nicht sagen kann: Uli

Hoeneß hat alles genau geplant. Öffentlich bestätigt sind diese Pläne noch nicht. Nach unseren Informationen hat der Bayern-Präsident sogar Karl-Heinz Rummenigge damit überrumpelt. Schließlich ging es ja um dessen Posten, der neu besetzt werden soll. Als Rummenigge in Kenntnis gesetzt wurde, hatte Hoeneß in den Hinterzimmern bereits alles für die Kahn-Rückkehr eingefädelt. Als Aufsichtsratschef ist das laut Organigramm das Recht von Hoeneß. Für einen harmonischen Übergang wurde der 2019 auslaufende Vertrag von Rummenigge als Vorstandsvorsitzender kurz vor Weihnachten bis Ende 2021 verlängert. Für Kahn bedeutet das, er hat zwei Jahre Zeit für die Einarbeitung, wenn er im Januar 2020 als Vorstand einsteigt. Fakten, die der Klub, wie wir wissen, und damit auch Kahn zum jetzigen Zeitpunkt nicht bestätigen kann. »Um genau zu sagen, wie konkret das alles ausschauen soll, ist der jetzige Zeitpunkt noch zu früh«, sagt Oliver. Er wird anschließend so deutlich, wie er es in der aktuellen Situation tun kann: »Denkbar ist von Anfang an eine Position im Vorstand, mit klar zugeordneten Aufgaben. Parallel dazu ist es möglich, den FC Bayern als Ganzes kennenzulernen. Alles Weitere sollte sich dann ganz natürlich entwickeln.«

Fast genauso interessant wie seine Antworten sind die Fragen, die mir Oliver über die aktuellen Konstellationen und Personen im Klub stellt. Es ist zu spüren, dass er sich nicht einfach in ein gemachtes Nest setzen möchte. Kahn ist ein akribischer Arbeiter, der in seinen Jahren als Unternehmer gelernt hat, dass alles und jeder für den Erfolg hinterfragt werden muss. Dann sagt Oliver den Satz, der meine letzten Zweifel für seine Zukunft bei Bayern endgültig ausräumen wird: »In dem Moment, in dem ich mich für eine Aufgabe entschieden habe, gibt es für mich normalerweise kein Zurück mehr.«

Als Oliver nach zwei Stunden das Café verlässt, bin ich mir sicher: Schon bald werde ich ihn wiedersehen – als Vorstandsmitglied des FC Bayern.

Ende August 2019: Um 9.01 Uhr klingelt es in meinem Mail-Postfach. Zehn Monate sind vergangen, seitdem Uli Hoeneß die Pläne über eine Rückkehr von Oliver Kahn zum FC Bayern mir gegenüber bestritten hat. Fast sechs Monate, nachdem Oliver und ich beim Kaffee darüber gesprochen haben. Ein kurzer Blick in die Betreffzeile bestätigt mir, dass es nun offiziell ist. In der Mitteilung ist zu lesen:

Vorstandsvorsitzender ab 2022.

Oliver Kahn in den Vorstand der FC Bayern München AG berufen

Bei der Sitzung des Aufsichtsrates der FC Bayern München AG am gestrigen Donnerstag haben die Mitglieder den einstimmigen Beschluss gefasst, Oliver Kahn in den Vorstand der FC Bayern München AG zu berufen. Oliver Kahn unterschrieb einen Fünfjahresvertrag, der am 1. Januar 2020 in Kraft tritt. Zunächst fungiert der frühere Bayern-Kapitän und heutige Unternehmer als Mitglied des Vorstandes. Mit Ablauf des Vertrages von Karl-Heinz Rummenigge am 31. Dezember 2021 übernimmt Oliver Kahn von ihm das Amt des Vorstandsvorsitzenden.

Dublin, 5. März 2019: Ich stehe vor Howth Castle, einem ehemaligen Lord-Sitz östlich von Dublin, als mein iPhone klingelt. Es ist mein Chefredakteur Matthias. Er weiß, dass ich derzeit mit meiner Familie im Kurzurlaub bin. Er weiß aber auch: Ich könnte ebenso gerade im Anflug auf den Mond sein, und das Thema seines Anrufs würde ich dennoch um nichts in der Welt verpassen wollen. Es geht um den FC Bayern. Es geht um die Nationalmannschaft. Kurz gesagt um das Kerngebiet meiner Berichterstattung und meiner Fußballleidenschaft.

Meine Frau verdreht bereits die Augen, als sie den aufgeregten Unterton in meiner Stimme heraushört. Es geht um eine Story, eine große Story. Ich werde daher bestimmt nicht einfach im Urlaubsmodus bleiben und die Geschichte an mir vorüberziehen lassen. Aus Erfahrung weiß Kerstin, dass ich jetzt erst mal nicht mehr ansprechbar bin, daher navigiert sie unsere Kinder in die nahe gelegene Parkanlage. Meine Familie und ich sind eigentlich für einen Tagesausflug aus der irischen Hauptstadt in das ehemalige Fischerörtchen gekommen, um die Klippen mit dem Leuchtturm und den Seehunden zu sehen. In Gedanken bin ich längst zurück an der Münchner Säbener Straße, wo sich gerade unglaubliche, zuvor nicht vorstellbare Vorgänge abspielen.

Mein Chef fragt, ob ich unsere Information gegenchecken will. Er fügt an, dass er auch volles Verständnis dafür habe, wenn ich lieber weiter meinen Urlaub genießen möchte. Er und ich kennen die Antwort darauf jedoch längst: Diese Story interessiert mich selbst zu sehr. Ich würde keine Sekunde des Urlaubs mehr genießen können, wenn ich nicht Gewissheit hätte.

Die Story lautet: Bundestrainer Jogi Löw ist mit seinem Assistenten Marcus Sorg und Nationalmannschaftsdirektor Oliver Bierhoff in eben diesem Moment an der Säbener Straße, um unseren Münchner Weltmeistern Jérôme Boateng, Mats Hummels und Thomas Müller mitzuteilen: Sie sind ab sofort nicht mehr länger Bestandteil der deutschen Nationalmannschaft.

Jetzt muss es schnell gehen! Wenn wir exklusiv die News vermelden wollen, brauchen wir eine Bestätigung. Ich habe Glück. Der Mann, den ich erreichen will, geht sofort ran. Ich muss nicht lange drum herumreden. Er weiß, was gerade passiert, und er weiß: Wenn ich in diesem Moment anrufe, weiß auch ich es. Entscheidend ist: Er bestätigt die Nachricht. Unsere Berliner Redaktion ist bereits vorbereitet. Der erste Satz des Artikels ist ein *Bild*-Klassiker aus der Textschublade und lautet: »Das ist der Hammer«. Wenige Minuten später geht die Geschichte auf unsere Online-Plattformen. Um 14.46 Uhr titeln wir: »Müller weg! Hummels weg! Boateng weg!«. Ich lese mir den Artikel noch einmal auf meinem Handy durch, dann rufe ich meiner Frau im Park zu: »Ich brauche jetzt erst mal ein Guinness!«

Ein Boulevardreporter denkt immer erst an die Nachricht, so wie ein Stürmer an sein Tor denkt. Der Angreifer darf jedoch befreit jubeln, wenn er den Ball im Netz versenkt hat. Hat der Reporter seine Nachricht ins Ziel gebracht, denkt er bereits an die Folgen. In meinem Fall trifft mich die Breaking News persönlich und ich gebe zu: Ich bin regelrecht geschockt. Meine Familie sitzt in der Sonne vor einem Hafen-Pub und erfreut sich an Fish & Chips. Ich starre dagegen nachdenklich in mein Guinness, während auf meinem Handy die ersten Glückwünsche zur Exklusivgeschichte aufleuchten. Erfreuen kann ich mich an der Story dennoch nicht. Rund ein Jahrzehnt habe ich das Trio begleitet. Ihre Handynummern habe ich eingespeichert. Zu jedem habe ich eine Beziehung, die in ihrer Art speziell ist. Nun soll der Weg der drei Weltmeister in der Nationalmannschaft vorbei sein? Trotz des peinlichen WM-Aus in Russland wenige Monate zuvor kommt diese Nachricht auch für mich überraschend. Während ich an meinem Bier nippe, denke ich zurück, wann ich die drei Jungs erstmals getroffen habe. Hummels 2006, Müller 2009, Boateng 2011.

»Papa, spielt Müller jetzt wirklich nicht mehr für die Nationalmannschaft?« Die Frage meines Sohnes reißt mich aus meinen Gedanken. Ja, Müller. Auch meine Überlegungen kreisen vor allem um den Ur-Bayern. Wie mag es da erst einem Elfjährigen gehen, der noch nie einen anderen Meister als den FC Bayern bewusst erlebt hat? Immer mit einem Müller, der verlässlich seine zehn Tore im Schnitt pro Saison beisteuert? Und dieser Müller soll nun nicht mehr das DFB-Dress tragen? Kian kennt Thomas fast so lange wie ich. Im Alter von knapp vier Jahren schob mein Sohn sich mit Müller bereits Bälle zu, als ich Thomas für ein Interview im Münchner »Hilton« traf. Später sollte mein Sohn selbst einmal für ein paar Fragen neben dem Bayern auf der Couch Platz nehmen dürfen. Müller ließ ihm sogar einmal einen Zehn-Euro-Schein über mich zukommen, signiert mit seinem Autogramm. Hintergrund war ein Versprechen gewesen. Mein Sohn hatte auf mich nach einem Heimspiel der Bayern im Pressegang der Allianz Arena gewartet, während ich noch mit Spielern sprach. Thomas kam Kian in Begleitung mit Mario Götze entgegen. Als Müller ihn grüßte, antwortete Kian: »Du warst heute der beste Spieler auf dem Platz!« Als dem jungen Fan klar wird, dass sich Götze zurückgesetzt fühlen könnte, schob er schnell an Mario nach: »Du warst auch ganz gut.« Müller lächelte erst Mario an, dann noch breiter meinen Sohn. »Dafür gibt's 'nen Zehner!«, versprach er Kian und klopfte dabei feixend Götze auf die Schulter. Müller hielt Wort, reichte das Geld an der Bar der »Villa Kennedy« nach. Das Hotel ist das Quartier der Nationalmannschaft, wenn sie sich in Frankfurt trifft. Mir wird mehr und mehr bewusst: Müller werde ich bei der nächsten DFB-Reise nicht mehr sehen. Und ihn am meisten vermissen.

Mit jeder Stunde werden mehr Hintergründe über die Umstände des Rauswurfs des Weltmeistertrios bekannt. Eine Delegation um Löw, Nationalmannschaftsdirektor Oliver Bierhoff und Co-Trainer Marcus Sorg ist überraschend an die Säbener Straße angereist, um ihre Entscheidung umzusetzen. So überraschend, dass die DFB-Reisegruppe das bayerische Brauchtum nicht einberechnet hat. An der Gebäudefront erwartet sie ein Zettel: »Am Faschingsdienstag ist die Geschäftsstelle ab 13 Uhr geschlossen.« Wenn am Viktualienmarkt traditionell die Marktweiber tanzen, steht der FC Bayern still. Deshalb warteten Löw & Co zunächst vor verschlossenen

Bayern-Türen. Die beiden Anrufe von Löw am Vormittag hatte Trainer Niko Kovač aufgrund einer Besprechung nicht bemerkt. Kovač' Rückruf wiederum verpasste Löw im Anflug auf München. Via Handy wird die Bayern-Führung informiert, dass man unten stehe. Karl-Heinz Rummenigge und Hasan Salihamidžić bitten Löw, Bierhoff und Sorg danach hoch ins Büro des Vorstandschefs. Innerhalb von 90 Minuten werden die Bayern-Bosse unterrichtet, was gleich folgen soll. Nacheinander werden die drei Weltmeister in den zweiten Stock hochzitiert, und zwar in dieser Reihenfolge: Boateng, Müller, Hummels. Danach ist das Kapitel Nationalmannschaft für die drei Weltmeister abgeschlossen.

Ich bin weiterhin an der Berichterstattung beteiligt, wenn auch gewissermaßen als Irland-Korrespondent. Da ich nicht in der Redaktion sitze, verfolge ich wie alle Fans die Reaktionen der drei abservierten Stars auf meinem Handy. Das Vorgehen der Spieler bestätigt mich in meiner Einschätzung, wie sich die Berichterstattung unabänderlich gewandelt hat. Die getroffenen Profis antworten weder bei uns in *Bild* noch in einer anderen Zeitung. Stattdessen melden sie sich in der stärksten Konkurrenz zu Wort, die wir als Medienhaus bisher erlebt haben: in den sozialen Medien.

5. März 2019: Boateng eröffnet auf Instagram

Ich bin traurig über diese Nachricht, weil es für mich immer das Allergrößte war, mein Land zu repräsentieren. Ich hätte mir natürlich einen anderen Abschied für uns gewünscht. Dennoch respektiere ich den neuen Kurs und habe Verständnis für die Entscheidung des Bundestrainers.

6. März 2019: Müller rechnet mit Löw und dem DFB via Twitter ab

… Allerdings, je länger ich drüber nachdenke, macht mich die Art und Weise, wie das Ganze abgelaufen ist, einfach sauer. Kein Verständnis habe ich vor allem für die suggerierte Endgültigkeit der Entscheidung. Mats, Jérôme und ich sind immer noch in der Lage, auf Topniveau Fußball zu spielen. Wir haben gemeinsam mit dem DFB einen langen, intensiven und meist auch erfolgreichen Weg bestritten in den vergangenen Jahren. Und wenn dann, kurz nachdem wir von der Entscheidung des Bundestrainers erfahren, vorgefertigte Statements seitens des DFB und des DFB-Präsidenten an die Presse herausgegeben werden, dann ist das aus meiner Sicht kein guter Stil und hat mit Wertschätzung auch nichts zu tun.

Was Thomas in seinem Post nicht verrät: Aufgenommen hatte der Bayern-Star das Video nach dem Training im Traditionswirtshaus am Paulaner Nockherberg. Typisch Müller eben.

7. März 2019: Hummels schreibt als Letzter auf Facebook

Mit etwas Abstand möchte auch ich mich zu der Entscheidung des Bundestrainers äußern. Unabhängig von der aus meiner Sicht schwer nachvollziehbaren sportlichen Entscheidung (die ich natürlich respektiere), stößt die Art und Weise bei mir auf Unverständnis. Nach meinem Dafürhalten hatte ich zu den handelnden Personen beim DFB immer ein gutes Verhältnis und wir sind stets fair miteinander umgegangen. Thomas, Jérôme und ich haben jahrelang alles für die Nationalmannschaft gegeben, und dieser Umgang wird dem, was wir geleistet und erreicht haben, in meinen Augen nicht gerecht. Und das lässt mich alles andere als kalt, weil ich es geliebt habe, für Deutschland zu spielen!

Instagram, Twitter, Facebook – schöne neue Spielerwelt. Das Signal von Boateng, Müller und Hummels an uns: Liebe Medien, wir können auch mal ohne euch! Hintergrund ihres Ärgers: Sie vermuten, dass wir in der Sache mit drinhängen, verdächtigen uns, dass es vielleicht ein abgekartetes Spiel mit dem DFB war. Sie können sich einfach nicht erklären, woher wir die Information ihres Rauswurfs aus der Nationalmannschaft so schnell haben konnten. Ich kann es ihnen allerdings auch nicht erklären und muss die Vorwürfe so hinnehmen. Stichwort: Quellenschutz. Somit bleibt der Verdacht, den ich leider nicht ausräumen kann. In Dublin wird mir klar: Ich habe drei meiner liebsten und mir wichtigsten Nationalspieler erst einmal verloren. Für die Nationalmannschaft wie auch fürs Erste an Twitter, Instagram, Facebook & Co.

13.3.2019
Champions League, Achtelfinale, Rückspiel:
FC Bayern vs. Liverpool 1:3
(Tore: Matip [ET]; Mané [2], Van Dijk)

Mittwoch, Allianz Arena: Es wird ein Abend zum Vergessen. Erstmals seit acht Jahren wird der FC Bayern nicht das Viertelfinale der Champions League erreichen. Noch bitterer sind die Umstände. Ausgerechnet Manuel Neuer, der in seinem 100. Champions-League-Spiel im Tor steht, ist an einer unglücklichen Szene beteiligt. Bei einem langen Ball auf Liverpool-Stürmer Sadio Mané eilt Neuer aus dem Tor. Der Senegalese registriert den Torhüter und hebt den Ball über ihn zum 1:0 hinweg. Der Anfang eines Auftritts der Bayern, der glück- und mutlos ist. Selbst das Eigentor des ehemaligen Schalke-Verteidigers Joel Matip zum 1:1 bringt die ängstlich auftretenden Münchner nicht zurück ins Spiel. Am Ende verlieren die Kovač-Bayern verdient mit 1:3. Ein Auftritt, der nicht zu den »Mia san mia«-Bayern passt und Fragen aufwirft. Wir stellen sie bei einem Termin mit Niko Kovač.

Presseraum, Säbener Straße: Niko Kovač steht meinem Kollegen Tobi und mir die vereinbarten 30 Minuten für das Interview zur Verfügung. Am Ende des Gesprächs wird die Diskussion immer intensiver. Nicht mehr wir Journalisten stellen die Fragen, sondern der Bayern-Trainer. »Wie viel Geld hat der FC Bayern in der laufenden Saison ausgegeben?«, fragt uns Kovač. Wir geben zur Antwort: »Circa 10 Millionen Euro Ablöse für Alphonso Davies.« Nachfrage Kovač: »Und wie viel der FC Liverpool und Jürgen Klopp in den vergangenen vier Jahren?« Unsere geschätzte Antwort: »Etwa 440 Millionen Euro.« Kovač lehnt sich mit dem Ergebnis seiner Beweisführung zufrieden zurück und meint dazu: »Seht ihr: Man muss irgendwo schon auch fair bleiben und das analytisch und sachlich angehen.« Was uns Kovač damit sagen will: Das Aus gegen den FC Liverpool sitzt erstens noch tief und zweitens herrschte seiner Meinung nach mit dem Spielermaterial keine Waffengleichheit. Eine Frage haben wir zum Schluss aber auch noch. Es ist die Schuldfrage beim 0:1-Gegentor durch Mané. Kovač' offizielle Antwort dazu lautet: »Gegen Liverpool hat er für mich keinen Fehler gemacht«, lässt er wissen und meint damit Manuel Neuer. »Beim 0:1 von Mané hat er sich perfekt verhalten.« Pressesprecher Dieter Nickles will den Termin an dieser Stelle beenden. Kovač bremst den Sprecher jedoch aus. »Wir diskutieren das noch zu Ende«, sagt er. Die Aufnahmegeräte sind zu dem Zeitpunkt bereits abgeschaltet. Was jetzt besprochen wird, gilt als *off-the-record* und wird damit nicht Teil des Interviews. Aus gutem Grund: Ein Trainer würde niemals öffentlich einzelne Spieler kritisieren, zumindest sollte er das nicht. Das gilt auch für den Spieler, den Kovač als Schuldigen für das 0:1 ausgemacht hat: Rafinha. Tatsächlich war der kleine Brasilianer am Gegentor nicht frei von Schuld. Kovač analysiert das fehlerhafte Abwehrverhalten von Rafinha schonungslos – wie auch korrekt. Rafinha steht im Laufduell gegen Mané außen, dabei sollte der Verteidiger die Innenposition haben, um den Weg zum Tor zu verstellen. Bei der Körperdrehung des Senegalasen ist Rafinha dadurch chancenlos und bringt damit auch seinen Torhüter in Bedrängnis. Kovač macht klar: Das Gegentor geht nicht auf die Kappe von Neuer, sondern von Rafinha. Allen in unserer Dreierrunde ist klar: Wäre Joshua Kimmich nach einem Foul an Mané im Hinspiel nicht Gelb-gesperrt gewesen, hätte Kovač Rafinha in dieser Partie niemals als Rechtsverteidiger aufgestellt.

5.6. 2019, @r_official
Danke Deutschland

Rafinha verabschiedet sich nach Brasilien und bedankt sich für 13 Jahre in der Bundesliga. Dabei zählt er alle seine Ex-Trainer auf: Ralf Rangnick, Mirko Slomka, Fred Rutten, Felix Magath, Gian Piero Gasperini, Davide Ballardini, Jupp Heynckes, Pep Guardiola und Carlo Ancelotti. Nur Niko Kovač fehlt. Ein Versehen? Nein, ich weiß: Rafinha revanchierte sich damit bewusst bei Kovač, der ihm sein letztes Jahr bei Bayern verdorben hat. Vamos!

Freitag, 5. April 2019: Es ist der Tag vor dem Gipfelduell gegen Dortmund. Der FC Bayern führt die Tabelle mit 61 Punkten an, gefolgt vom BVB. Mit einem Sieg in München kann die Borussia an den Titelverteidiger auf einen Zähler herankommen. Trotz eines 5:2-Siegs über Frankfurt ist die Stimmung an der Säbener Straße angespannt. In der Chefetage ist die Haltung zu

Kovač gespalten, in der Kabine ist sie eindeutiger. Uns wird aus dem Mannschaftskreis zugetragen: Geht das Spitzenspiel verloren, will eine Spielerdelegation im zweiten Stock vorstellig werden und den Bossen mitteilen: Mit Kovač geht es so nicht weiter!

Offenbar spürt Hoeneß, dass sich etwas gegen seinen Trainer Niko Kovač im Klub zusammenbraut. Darum lädt er den Bayern-Coach am Tag vor dem BVB-Spiel zum Mittagessen ein. Allerdings nicht an die Säbener Straße, sondern fernab aller Blicke fünf Kilometer entfernt. Für Freitagmittag vor dem Abschlusstraining reserviert der Präsident eine Hinterzimmerstube im Feinkostrestaurant »Käfer«, wo traditionell wichtige Entscheidungen rund um die Bayern getroffen werden. Was heute hier besprochen wird, soll niemand hören. Ich erfahre dennoch davon.

Beim Mittagessen erklärt der Bayern-Patron seinem Trainer, dass er mit seinen Aussagen am Vortag (Hoeneß: »Es darf keine Ausreden mehr geben, es muss geliefert werden«) nicht Druck auf ihn, sondern auf die Spieler ausüben wollte, die seiner Meinung nach in der öffentlichen Kritik zu einfach davongekommen seien. Seit Weihnachten hatte sich der Aufsichtsratschef auf den einen oder anderen Kaffee mit Kovač getroffen. Hoeneß schätzt die Diskussionen mit dem 47-Jährigen, auch weil er so immer weiß, was in seinem Verein und in der Mannschaft passiert. Am Ende des Gesprächs stärkt der Präsident seinem Trainer den Rücken, prognostiziert einen hohen Sieg gegen die Borussia.

6. April 2019
Bundesliga, 28. Spieltag:
FC Bayern vs. Dortmund 5:0
(Tore: Hummels, Lewandowski [2], Martínez, Gnabry)

Samstag, Allianz Arena: Der FC Bayern weist Dortmund in die Meisterschaftsschranken, demütigt den Herausforderer beim 5:0-Kantersieg. Bei jedem anderen Klub würde nun erst einmal Jubel, Trubel, Heiterkeit herrschen. Beim Rekordmeister dauert der interne Frieden keine 24 Stunden an.

Sonntag, Unterföhring: Karl-Heinz Rummenigge ist Studiogast bei der Sky-Talksendung *Wontorra.* Trotz des 5:0-Siegs über den BVB verweigert der

Vorstandschef ein Bekenntnis zu Trainer Niko Kovač über die Saison hinaus. Uli Hoeneß sitzt zu dem Zeitpunkt zu Hause am Tegernsee. Der Bayern-Präsident wird seinen Ohren nicht trauen, als er von den Worten seines Vorstandschefs hört. Rummenigge sagt live im TV: »Es gibt für niemanden eine Jobgarantie bei Bayern München. Jeder muss liefern. Wer mit dem Druck nicht umgehen kann, ist im falschen Klub.«

Die Eskalation ist offenkundig. Selbst Rummenigges Ankündigung, nach seinem Rücktritt als Vorstand zum 31. Dezember 2021 keine weitere Aufgabe mehr beim FC Bayern übernehmen zu wollen, gerät zur Nebensache. Dem FC Bayern droht ein Richtungsstreit. Die Personalie Kovač steht mehr denn je im Mittelpunkt des ewigen Machtkampfs zwischen den Bayern-Bossen Hoeneß und Rummenigge.

Ob Rummenigge zu dem Zeitpunkt wusste, wie nah die Mannschaft vor dem Spitzenspiel gegen Dortmund vor einer Trainerrevolution stand? Vermutlich. Angesichts des hohen Siegs sowie des anstehenden Pokalfinales gegen RB Leipzig sahen die Spieler davon ab. Der greifbare nächste Titel und damit das Double waren ihnen wichtiger als Kovač.

April 2019: Es knallt nicht nur im TV, sondern auch auf dem Rasen. Ich schicke Bixente Lizarazu ein Bild per Whatsapp, auf dem ein *Bild*-Zeichner eine Szene aus dem Bayern-Training vom Vortag nachempfunden hat. Darauf zu sehen sind Robert Lewandowski und Kingsley Coman, die sich mit erhobenen Fäusten gegenüberstehen. Für die Antwort braucht Lizarazu nur ein paar Minuten. »Die Kopie wird niemals so gut sein wie das Original«, schreibt er, dazu ein lachendes Emoji. Liza weiß genau, auf welchen Vorfall ich anspiele. Er selbst kann heute darüber Witze machen. Zu seiner Bayern-Zeit war sein ähnlicher Vorfall bitterer Ernst.

August 1999: Beim Warmmachen zwischen Lothar Matthäus und Bixente Lizarazu kracht es. Der Franzose hatte sich geweigert, beim Kreiserl in die Mitte zu gehen, da er den Fehler nicht bei sich sah. Kreisel sagt man in Bayern zu der Trainingsform, bei der sich die Spieler einen Ball untereinander im Kreis zuspielen und ein oder zwei Kollegen in der Mitte versuchen müssen, das Spielgerät zu erobern oder zumindest zu berühren. Klappt das, muss der Passgeber, der den Ball unsauber gespielt hat, in die Mitte. Lizarazu sah damals den Fehler nicht bei sich, sondern bei Lothar. Führungsspieler Matthäus gab wiederum die klare Anweisung, dass Lizarazu sich ins Zentrum begeben solle. Das Problem dabei: Liza verstand kein Deutsch, war ein stolzer Baske und fühlte sich vom deutschen Weltmeisterkapitän beleidigt. Die Folge war eine kräftige Ohrfeige für Matthäus. Trainer Ottmar Hitzfeld schickte daraufhin beide in die Kabine.

Was ich erst später erfuhr: Hitzfeld rieb sich nach dem Training über den Vorfall die Hände. Einem Vertrauten sagte er: »Das war das Beste, was mir passieren konnte. Jetzt ist endlich richtig Feuer in der Mannschaft.« Hintergrund: Die Mannschaft hatte im Mai zuvor das legendäre Champions-League-Finale in Barcelona mit zwei Last-Minute-Toren gegen Manchester United verloren (1:2). Hitzfeld behielt recht: Die Prügelei der beiden Führungsspieler belebte das Team. Bayern holte am Saisonende das Double.

Zurück im April 2019, Donnerstagvormittag, Säbener Straße. Es rumort in der Mannschaft. Die Planen am Trainingsplatz sind wieder einmal hochgezogen. Es steht das Auswärtsspiel beim Aufsteiger Düsseldorf an, gegen den sich der Meister bereits im 3:3-Hinspiel blamiert hatte. Niemand soll die Trainingseinheit beobachten, als hätten die Verantwortlichen bereits gewusst, dass Explosionsgefahr droht. Niko Kovač hat es immer noch nicht geschafft, aus seinen Stars eine funktionierende Einheit zu schmieden. Stattdessen sorgen persönliche Eitelkeiten für gegenseitige Verärgerung. Lewandowski liegt noch immer quer, dass Kingsley Coman bei der 1:3-Niederlage in Leverkusen nicht zu ihm abspielte, sich ständig in Dribblings auf der linken Außenbahn verhedderte. Mit mehrmaligem Abwinken machte der Pole aus seinem Ärger auch keinen Hehl, was wiederum dem Franzosen sauer aufstieß. Im Geheimtraining brach die Wut nun aus den Protagonisten heraus. Nach einem kurzen Wortgefecht fliegen zwischen Lewandowski und Coman die Fäuste. Mitspieler müssen dazwischengehen, um die Streithähne zu trennen.

Trainer Kovač will beide Profis erst vorzeitig in die Kabine schicken, entscheidet sich dann doch anders. Nach der Einheit setzt er sich mit Lewandowski und Coman zusammen, bespricht den Vorfall in einem Sechsaugengespräch.

Am nächsten Tag wird der Trainer auf der Pressekonferenz gute Miene zum Prügel-Spiel machen und sagen: »Gestern gab es einen Trainingsvorfall, den ich kurz kommentieren möchte. Es kam zu einer Handgreiflichkeit zwischen zwei Spielern, die namentlich erwähnt wurden«, diktiert Kovač den Journalisten. »Im Training gibt es Emotionen. Man kann es auch positiv sehen: Wir leben!« Allerdings kann man es auch negativ sehen: So ein Vorfall sorgt schnell für einen Riss durch die Mannschaft, indem sich die Mitspieler aus Solidarität in zwei Lager aufteilen. Einer ist allerdings immer der Verlierer: der Trainer, es sei denn, er schafft es, die Situation richtig zu managen.

November 2002: Ich stehe live dabei, gemütlich über dem niedrigen Gitterzaun lehnend, als es auf dem Trainingsrasen Prügel gibt. Sammy Kuffour geht nach einer Spielsituation auf Jens Jeremies los. Ich zücke sofort meinen Block, als Thorsten Fink vom Rasen geht. Denn er wurde dabei zum Kollateralschaden.

Nach dem Coman-Vorfall rufe ich Thorsten Fink an, um meine Erinnerungen an damals aufzufrischen. Thorsten begrüßt mich lachend, denn er kann sich denken, um was es geht. Er hatte über den Lewandowski/Coman-Zoff schon gelesen. »Ja, damals war ich das Opfer. Dabei wollte ich nur als Schlichter dazwischengehen. Am Ende bekam ich von Sammy eine reingehauen und trug ein Veilchen davon«, schildert mir Thorsten nochmals die Szene. Als ich ihn auf die Hitzfeld-Theorie anspreche, sagt Fink, der heute selbst Trainer ist: »Da hat Ottmar absolut recht. Er nutzte solche Momente wie kein anderer, um die Mannschaft neu zu beleben.« So kam es auch: Wie schon zum Saisonende 2000 holten die Münchner 2003 erneut das Prügel-Double. Fink merkt aber auch an: »So etwas hat meist nur einen positiven Effekt, wenn es läuft. Steckt die Mannschaft in einer sportlich eher schwierigen Situation, kann das auch negative Auswirkungen haben …«

11. Mai 2019
Bundesliga, 33. Spieltag:
RB Leipzig vs. FC Bayern 0:0

Samstag, Red Bull Arena: Ich stehe in den Katakomben des ehemaligen Leipziger Zentralstadions, es ist genau 18.13 Uhr. Die Mannschaft des FC Bayern hat gerade 0:0 gegen Gastgeber Leipzig gespielt. Da Dortmund zeitgleich 3:2 gegen Düsseldorf gesiegt hat, ist das Meisterrennen auch bis zum letzten Spieltag weiterhin offen. Die meisten Bayern-Stars sitzen bereits im Bus, der Arbeitstag für uns Reporter scheint beendet, als hinter mir eine Stimme ertönt. »Herr Falk, ist das für Sie Abseits?«

Uli Hoeneß, der es sich bereits mit Penne Bolognese und einem Bier in der ersten Reihe des Mannschaftsbusses bequem gemacht hatte, ist doch noch mal ausgestiegen. Nun hält er mir sein Smartphone vors Gesicht, auf dem die spielentscheidende Szene zu sehen ist. Genauer gesagt: Robert Lewandowski, der von der kalibrierten Abseitslinie des Videobeweises angeschnitten ist. In der Folge wurde das 1:0 von Leon Goretzka aberkannt. Hoeneß wettert: »Das ist doch gleiche Höhe!« Antworte ich ihm nun als Journalist, müsste ich angesichts der Bilder sagen: Es ist Abseits! Als Fußballliebhaber sage ich Hoeneß allerdings dazu: »Ich kann Sie ehrlich verstehen. Das sind wirklich nur Millimeter.«

Hoeneß und ich sind nicht immer einer Meinung, oft sogar sehr unterschiedlicher. Erst wenige Minuten zuvor fuhr er mich noch an, weil ich uns Journalisten nicht von ihm die Schuld an der aktuellen Trainerdiskussion beim FC Bayern in die Schuhe schieben lassen wollte. Ich entgegne, dass die Aussagen von Karl-Heinz Rummenigge kamen, welche die Zukunft des Trainers Niko Kovač infrage stellten – nicht von uns Reportern. Mit beiden Aussagen von mir ist der Präsident nicht glücklich. Dafür muss man ihm recht geben. Hoeneß schnauft tief durch, schweigt und geht zurück in den Bus.

Interviewtermin an der Säbener Straße: Beladen wie Packesel verlassen wir die Geschäftsstelle des FC Bayern, als uns Javi Martínez auf dem Fußgängerweg entgegenschlendert. Der spanische Weltmeister blickt interessiert auf meine Tüte, aus der ein Hermelinmantel herauslugt. Statt die Szene aufzulösen, frage ich ihn: »Javi, würdest du gerne mal ein König sein?« Martínez scheint nicht verwundert, dass wir eine komplette royale Montur mit uns tragen, und entgegnet trocken: »König war ich schon einmal. In Spanien, als einer der Heiligen Drei Könige. Der mit dem roten Bart.« Dank Google erfahre ich, dass in Spanien so Casper dargestellt wird. Javi stellt eine Gegenfrage: »Wo wart ihr denn heute eigentlich beim Training?« Wo wir waren? Wir hatten einen Termin bei König Franck!

Nur wenige Stunden zuvor: Franck Ribéry gibt eine Pressekonferenz. »Männer, nochmals Dankeschön!«, verabschiedet er sich von den Journalisten im Raum. Es sei zwar in seinen zwölf Jahren bei Bayern nicht immer einfach mit uns allen gewesen, aber auch vieles positiv. Ribéry sagt dazu: »Das ist Fußball, das ist Leben.« Dann kommt er zum Termin zu uns in den ersten Stock der Geschäftsstelle.

Franck lacht bereits, als er den Besprechungsraum betritt: »Was habt ihr euch diesmal wieder ausgedacht?« Im Laufe seiner zwölf Spielzeiten streifte er bei unseren gemeinsamen Fotoshootings Kostüme u. a. als Musketier und Napoleon über. Für sein großes Abschiedsinterview kleiden wir Franck mit der Garderobe des Bayern-Königs Ludwig II. ein. So, wie er im August 2007 auf einem 250 Quadratmeter großen Plakat in der Münchner Innenstadt zu sehen war. Mein Kollege Tobi hilft Franck in die blaue Uniform, ich ihm in den Hermelinmantel, fertig ist König Franck. Seine ersten königlichen Worte lauten: »Ganz schön warm!« Nach gut zehn Minuten hat unsere Fotografin Nadine die Bilder im Kasten. Sie lässt Ribéry ganz schön brüllen, um den richtigen Gesichtsausdruck von der Vorlage nachzustellen. Sein Schrei tönt zur Verwunderung vieler Mitarbeiter über die Gänge der Geschäftsstelle. Wir sprechen während des Shootings natürlich auch über seine Scherze, die er in seiner Bayern-Zeit Mitspielern, aber auch Reportern gespielt hat.

Meine persönliche Top Three der Ribéry-Scherze:

Platz 1. Dubai, Trainingslager: Ribéry setzt sich ans Steuer des Mannschaftsbusses, baut damit einen Unfall. Mitspieler zittern anschließend vor Schreck. Franck erinnert sich: »Mark van Bommel hat fast geweint vor Lachen.« Trainer Klinsmann soll vor Angst geschrien haben. Auch mich foppte Franck auf jener Dubaireise: Vor dem Rückflug klaute mir Ribéry mein Ticket aus der Hosentasche. Erst kurz vor Schließung des Gates gab er es mir zurück, nachdem er genüsslich zugesehen hatte, wie ich die Stewardess erfolglos anflehte, mich mitzunehmen. Es war nicht der erste Ticket-Klau, den Franck an mir vollzog.

Platz 2. Dubai, erneut Trainingslager: Beim Besuch des Privatzoos des Scheichs bricht ein Gepard aus. Ribéry versteckt sich mit Van Buyten in einer Kammer. Trotz der Gefahr ist Ribéry die Situation offenbar zu langweilig. Darum schubst er den Belgier vor die Tür und verriegelt sie. Frage an Ribéry: Ob das nicht gefährlich war? Franck: »Gefährlich? Sogar lebensgefährlich!« Dazu schüttelt er sich vor Lachen.

Platz 3. Mit Daniel van Buyten schüttete Franck einen Eimer Wasser vom Dach der Umkleidekabine auf den geraden frisch geduschten Oliver Kahn (samt Gucci-Täschchen). Vorher erwischte es mich. Ich will endlich wissen: Warum ausgerechnet ich? Ribéry: »Du warst sozusagen die Testperson …«

Nach dem Termin plaudern wir noch auf der Straße mit Bayerns Physiolegende Fredi Binder, als Ribéry erneut um die Ecke biegt. Franck freut sich, den Binder Fredi nach langer Zeit wieder mal zu sehen, umarmt ihn herzlich. Dann fragt er uns: »Wisst ihr, was der mit mir gemacht hat?« Natürlich geht es um einen Scherz. Die Vorgeschichte: Ribéry und Van Buyten hatten Binder und einen Physiokollegen nach dem Training in den Kabinen-Whirlpool geworfen. Die Rache ließ nicht lange auf sich warten. »Daniel und ich hatten für die Meisterfeier unsere Lederhosen angezogen. Erst Autokorso, dann Rathausbalkon. Uns beiden wurde immer heißer und heißer in der Lederhose«, erzählt Ribéry. »Ich frage Daniel: Was ist bloß los? Ich halte es nicht mehr aus!« Folgendes war passiert: Die Physios hatten die Lederhosen der beiden Profis mit einer speziellen Salbe präpariert, die sorgte für ordentliche Temperatur in der Tracht. »Dieser …«, flucht Franck über Binder, um ihm anschließend um den Hals zu fallen. Ribéry resümiert: »Das waren schöne Zeiten!«

18. Mai 2019
Bundesliga, 34. Spieltag:
FC Bayern vs. Eintracht Frankfurt 5:1
(Tore: Coman, Alaba, Sanches, Ribéry, Robben; Haller)

Samstag, Allianz Arena: Franck Ribéry kommt nach Abpfiff mit der Meisterschale unter dem Arm aus der Kabine. »Amigos!«, begrüßt er meinen Kollegen Tobi und mich. Gemeinsam machen wir ein Selfie zur Erinnerung. Der FC Bayern hat am letzten Spieltag der Saison den Titel mit einem 5:1 zu Hause über Eintracht Frankfurt perfekt gemacht. Was aber an diesem Tag tatsächlich noch fast wichtiger ist: Es ist das Ende einer Ära mit einem Happy End für die Legenden Franck Ribéry und Arjen Robben, die beide nach ihren Einwechslungen jeweils noch ein Tor erzielen konnten.

Die Altstars in ihrem letzten Ligaspiel für den FC Bayern auf der Bank zu lassen ist durchaus ein großes Risiko für Kovač. Eine frühe Verletzung von

Leon Goretzka macht die Hereinnahme von Renato Sanches nötig. Damit sind nur noch zwei Wechsel im Kontingent des Trainers möglich. Ich beobachte, wie Robben wütend beim Aufwärmen gegen den Pfosten tritt, als Kovač nach einer knappen Stunde Ribéry für Kingsley Coman bringt. Kurz zuvor fiel das 3:1 durch Sanches. Kovač hätte sich das Leben mit einem Doppelwechsel wahrlich leichter machen können. Sechs Minuten später wechselt er dann doch noch den Niederländer für Serge Gnabry ein. Mein nächster Blick geht zu Rafinha, für den nun klar ist: Ihm wird von Kovač kein letzter Bundesligaauftritt nach acht Jahren in München vergönnt. Auch das hätte Kovač anders lösen können, indem er Rafinha in der ersten Halbzeit für Goretzka eingewechselt und Kimmich dafür ins Mittelfeld vorgezogen hätte. Rafinha ist wieder einmal sauer. Für Kovač mag der Brasilianer nur ein Ergänzungsspieler sein. In der Bayern-Kabine hat Rafinha allerdings viele Freunde. In dem Fall gilt im Fußball die Regel: Der Feind meines Freundes ist mein Feind.

Dienstag, 21. Mai 2019: Die Vereinsführung lädt mich im kleinen ausgewählten Kollegenkreis zu einem Mittagessen ins »Spatenhaus an der Oper« ein. Ich bin über die Hintergründe bereits im Vorfeld telefonisch informiert worden. Eine Einladung wie diese nennt man »Kamingespräch«, auch wenn es dabei meist keinen Kamin gibt. Es handelt sich um einen hintergründigen Austausch, was nichts anderes heißt: Wir können über alles sprechen, sollen aber nichts darüber schreiben. Es ist eine vertrauensbildende Maßnahme. Die Informationen, die wir erhalten, sollen dabei helfen, unsere Berichte besser einordnen zu können. Auch der FC Bayern hat ein Interesse: Die Stimmung in Sachen Trainer Niko Kovač ist kritisch, sowohl innerhalb des Klubs als auch in der Medienlandschaft. Es ist also auch ein Versöhnungsessen.

Der FC Bayern hat sich bewusst dazu entschieden, auf die Journalisten zuzugehen, nachdem sich Klub und Reporter zuletzt viel übereinander geärgert haben. Es wird sogar zwei Gesprächsrunden geben. Eine am Dienstag, an der auch ich teilnehme, und eine weitere am Tag danach. Von der *Süddeutschen Zeitung* über *Kicker* bis hin zu Sky und Internetportalen sind Vertreter eingeladen. Der Springer-Verlag wird mit drei Personen für *Bild*, *Sport Bild* und *Welt* anwesend sein. Von der Führung des FC Bayern sitzen Uli Hoeneß, Karl-Heinz Rummenigge und Hasan Salihamidžić am Tisch.

Ich finde mich früh in der kleinen Opernstube ein, die im ersten Stock für das Treffen reserviert ist. Mein Kollege Uli Köhler von Sky ist auch schon da. Wir beide sind alte Bekannte und gerade im Gespräch vertieft, als Uli Hoeneß den Raum betritt. Er durchquert den kleinen Saal und gesellt sich direkt in unserer Ecke dazu. Noch ist Zeit, bis das Essen um 13 Uhr beginnt. Nachdem wir ein wenig zu dritt vertraulich geplaudert haben, frage ich: »Wird heute auch die Zukunft von Niko Kovač besprochen?« Hoeneß raunzt ein wenig verächtlich. Das Thema nervt ihn sichtlich. Dann sagt er. »Das müsst ihr schon ihn fragen.« Mit »ihn« ist Karl-Heinz Rummenigge gemeint. Der Vorstandschef ist der große Kovač-Kritiker im Klub und damit der Gegenspieler von Hoeneß. Während der Bayern-Präsident immer wieder seinem Trainer den Rücken stärkt, lässt Rummenigge die Gerüchte über eine Trennung im Sommer unkommentiert. Diese konträren Haltungen sind auch ein Grund, warum Hoeneß und Rummenigge aktuell nur das Nötigste miteinander sprechen. Wie unterkühlt ihr Beziehungsstatus derzeit wirklich ist, wird bei einer Szene deutlich, die sich kurz darauf ereignet.

Rummenigge ist inzwischen eingetroffen. Die beiden Bayern-Bosse wissen nicht so recht, wie sie miteinander umgehen sollen. Ihre Blicke weichen einander aus. Es ist Hoeneß, der sich ein Herz packt. Der Präsident nimmt einen Stuhl und sagt: »Kalle, lass uns doch heute mal nebeneinander sitzen.« Rummenigge nimmt diesen Vorstoß mit einem Lächeln dankbar zur Kenntnis. Beide Bosse nehmen Seite an Seite in der Mitte der Tafel Platz, Salihamidžić ihnen gegenüber und damit direkt neben mir. Das Essen kann beginnen.

Zum Auftakt konfrontierten die Bosse einen Kollegen mit einer Geschichte, die er gerade auf seinem Online-Portal veröffentlicht hat. Er behauptet darin, die Trennung von Niko Kovač nach dem Pokalfinale sei bereits von der Klubführung beschlossen. Die Info habe er aus dem Aufsichtsrat. Unabhängig davon, wie das Endspiel gegen Leipzig ausgehen würde: Für Kovač sei Ende Juni Schluss. Das wollen die Bayern-Bosse nicht so stehen lassen. Wie in alten Zeiten argumentieren Hoeneß und Rummenigge Seite an Seite, bis der Reporter relativ schnell einknickt. Nichts sei beschlossen, werfen die Bosse dem Journalisten an den Kopf. Es ist die traditionsreiche Wagenburg-Philosophie des FC Bayern: So tief der Graben zwischen Rummenigge und

Hoeneß auch wieder ist – wenn jemand den FC Bayern von außen angreift, bilden sie eine Allianz, um ihren Klub geschlossen zu verteidigen.

Die gemeinsame Attacke hat beiden Bossen sichtlich Spaß gemacht. Der errungene Sieg im Disput und der Wiedergewinn der Deutungshoheit schweißt Rummenigge und Hoeneß sichtlich zusammen. Die Stimmung am Tisch lockert sich, die Gespräche kommen mehr und mehr in Gang. Doch eine Frage wird von allen weiträumig umgangen: Wenn die Trennung von Kovač nicht beschlossen ist, wieso macht der Klub dann nicht öffentlich klar, dass er auch kommende Saison der Trainer des FC Bayern sein wird? Immerhin hat Niko noch zwei Jahre lang einen gültigen Vertrag.

Die Zeit läuft, die Hauptspeise ist schon serviert. Ich halte es nicht mehr aus. Auch wenn es die gute Stimmung, die in der Runde endlich aufgekommen ist, kosten könnte: Die Frage muss gestellt werden. Also sage ich in Richtung der Bayern-Bosse: »Einer muss ja fragen: Wird denn Kovač nun kommende Saison noch der Trainer des FC Bayern sein?« Die Gespräche am Tisch verstummen. Ich merke, alle sind ein wenig angespannt. Hoeneß senkt den Blick und starrt auf seinen Teller. Damit macht er klar, dass er sich nicht angesprochen fühlt. Rummenigge schaut sich kurz in der Runde um. Dann lacht er auf und meint trocken: »Die Frage ist dann wohl an mich gerichtet …« Der Vorstandschef erntet für seine lässige Reaktion einige Lacher am Tisch. Hoeneß starrt weiter auf seinen Teller. Der Präsident hört andächtig zu, wie sich Rummenigge erklärt. Beim FC Bayern, argumentiert der Vorstandschef, müsse jeder Verantwortliche immer wieder seine Arbeit mit Leistung bestätigen. Er habe nichts gegen Kovač, aber dieses Leistungsprinzip gelte eben auch für den Trainer. Es gebe keine Garantien – für niemanden im Klub. Damit beendet er seine Ausführung.

Rummenigge hat die Situation geschickt gelöst. Er hat weder dem Ruf des Trainers Kovač Schaden zugefügt noch gesagt, dass dieser zu hundert Prozent über die Saison bleiben wird. Ich hake noch einmal nach, doch mehr ist dem Vorstandsvorsitzenden zu dem Thema nicht zu entlocken. Das Essen kann weitergehen. Am Ende, es ist schon später Nachmittag, ist die Stimmung regelrecht ausgelassen, alte Geschichten werden ausgetauscht von Zeiten, in denen die Bayern-Bosse und Journalisten noch zusammen die Nächte an der Bar verbrachten. Bei der Verabschiedung sind sich Hoeneß und Rummenigge einig: So ein Essen wie heute müsse man ab sofort regelmäßig machen! Es sei einfach schön gewesen. Der Ankündigung wird nur ein einziges Essen folgen, und zwar das bereits arrangierte am Folgetag mit der zweiten Journalistenrunde …

Kurz nach dem Mittwochsgespräch mit den anderen Kollegen sorgt eine Meldung der *Süddeutschen Zeitung* für Aufsehen. Die *SZ* zitiert Hoeneß mit einem Satz über Leroy Sané von Manchester City: »Wir beschäftigen uns mit der Personalie.« Woher der Satz kommt und wo Hoeneß gesprochen hat, lässt der Artikel offen. Ich versichere mich mit dem Blick in die Einladungsliste der zweiten Journalisten-Einladung: Die *Süddeutsche Zeitung* war an jenem Tag mit am Tisch in der Runde, aus der nicht zitiert werden sollte.

Donnerstag, 23. Mai, »Ritz Carlton«: Der FC Bayern reist zum Pokalfinale nach Berlin und wir Reporter reisen hinterher. Trotz der Meisterschaft sitzt Kovač keinesfalls fest im Sattel. Uns wird zugetragen, dass Ralf Rangnick sich bereits beim FC Bayern als Nachfolger ins Gespräch gebracht haben soll. Nicht nur ich erfahre davon, sondern auch Uli Hoeneß. Ein Berater soll bei Rummenigge vorstellig geworden sein und das Interesse des ehemaligen RB-Trainers hinterlegt haben. Auch ein ehemaliger Bayern-Trainer bekam einen Anruf, in dem Fall von Rangnick selbst, um seine Bereitschaft zu signalisieren, die gerne weitergetragen werden dürfe. Hoeneß findet diese Vorgänge so unerhört, dass er sich bei einem Gespräch mit einem Vertrauten im Mannschaftshotel »Ritz Carlton« so echauffiert, dass es auch andere Gäste mitbekommen. Tenor Hoeneß: Rangnick würde im Sommer nie im Leben Trainer bei Bayern! Er würde alles dafür tun, damit Kovač im Amt bleibe.

Freitag, 24. Mai, Berlin, Axel-Springer-Gebäude: Am Vortag des Pokalfinales laden wir zu »BILD100« in den Hauptsitz unseres Verlags. Beim großen Sportgipfel treffen sich die Macher und die Bosse der Klubs und Verbände, um in den Talk-Runden aufzutreten oder zuzuhören. Ich liebe es, in den Paternosteraufzug zu steigen und ganz nach oben in die 19. Etage zu fahren. Es gibt keinen Platz, an dem ich mehr spüre, was für einen tollen Beruf ich ausüben darf. Hier befindet sich der Journalisten-Club. An den Wänden befindet sich die Originalvertäfelung des 1785 errichteten Gebäudes der Londoner *Times*. Das Gebäude in der Fleet Street wurde abgerissen, die Redaktion zog um. Axel Springer kaufte vorher die Vertäfelung auf und ließ sie nach Berlin bringen, um damit eine Etage des Verlags zu schmücken. Das Holz reicht im Springer-Haus nicht ganz bis zur Decke, denn ursprünglich war die Bar im 18. Stock, während in der obersten Etage Axel Springer sein Büro hatte. Seine Decken waren einen Tick höher als die unteren. Nach dem Ableben des Springer-Oberhaupts zog der Journalisten-Club einen Stock höher. Statt des Schreibtisches des legendären Verlegers bildet nun die Bar das Zentrum des Raums. Club-Gäste waren bereits George Bush, Michail Gorbatschow, Helmut Kohl wie auch der Dalai Lama. Ich saß hier immerhin schon mit einem Königlichen, etwa mit Toni Kroos. An jenem Freitag biege ich aber nach dem Paternoster nicht links in die Bar ab, sondern in den Konferenzraum rechts, in dem »BILD100 Sport« stattfindet. Ich begleite Jogi Löw, der einer der Talk-Gäste ist. Ein weiterer Redner ist Bayerns Vorstandschef Karl-Heinz Rummenigge.

Noch immer hat der Bayern-Boss ein Bekenntnis zu Niko Kovač verweigert. Der Trainer des FCB weiß, dass Rummenigge kein Befürworter von ihm ist. Ein Meister-Titel reicht beim FC Bayern nicht, um diese Meinung zu ändern. Rummenigge nimmt in der Mitte der aufgebauten Tribünen Platz, mein Chef Matthias Brügelmann ist sein Gesprächspartner. Um uns herum sitzen Sport-Promis wie die Eislegende Katarina Witt, Nationalmannschaftsdirektor Oliver Bierhoff, XXL-Manager Reiner Calmund, Leipzig-Boss Oliver Mintzlaff, Trainer Felix Magath, Schiedsrichter Manuel Gräfe und Ski-Ass Maria-Höfl Riesch. Alle wollen wissen: Wie äußert sich Rummenigge nun zu Niko Kovač? Ein Treuebekenntnis wird dem Vorstandschef erneut nicht über die Lippen kommen, dennoch wird die Neugier der Zuschauer – wie auch meine – befriedigt, als der Moment der Wahrheit kommt: Ist Niko Kovač nächste Saison Trainer von Bayern München? Als Reaktion auf diese Abschlussfrage schmunzelt Rummenigge und sagt: »Ich mache jetzt mal so …« Dazu reckt er seinen linken Daumen nach oben. Eine Liebeserklärung ist das nicht, nicht einmal den Namen Kovač nimmt Rummenigge in den Mund. Am Ende aber zählt: Niko Kovač darf auch in der Saison 2019/20 den FC Bayern trainieren. Kovač wird die Geste telefonisch sofort zugetragen, ist dementsprechend erleichtert. Vor dem Pokalfinale fällt einiges an Druck von ihm ab.

25.5.2019
DFB-Pokalfinale:
RB Leipzig vs. FC Bayern 0:3
(Tore: Lewandowski [2], Coman)

Samstag, Olympiastadion Berlin: Kovač wird vor dem Anpfiff zu seiner Zukunft am ARD-Mikrofon befragt. Der Coach gibt sich zurückhaltend: »Das ist sekundär und nicht wichtig. Was wird, werden wir morgen oder übermorgen besprechen.« Auf dem Rasen wird es erst mal eine Lewandowski-Gala. Der Stürmer erzielt zwei Tore. Zum fünften Mal trifft er im fünften Endspiel. Das ist Rekord! Die Kovač-Bayern machen durch den 3:0-Sieg das Double perfekt. Die Fans feiern ihren Trainer mit »Niko Kovač«-Sprechchören auf den Rängen, und der Coach bedankt sich bei den mitgereisten Bayern-Fans per Megafon: »Als Erstes möchte ich mich bei euch allen bedanken für die wirklich tolle Unterstützung der Mannschaft in der ganzen Saison. Ohne euch wäre es nicht möglich gewesen. Herzlichen Dank, ich kann euch gar nicht sagen, wie stolz ich auf euch bin.«

Sonntag, Münchner Marienplatz: Uli Hoeneß verkündet bei der Double-Feier am Rathausbalkon auf die Frage, ob Kovač nächste Saison Trainer bleibe: »Hundertprozentig ja! Das ist gar keine Frage, dass der Trainer nächste Saison Niko Kovač heißt, das ist keine Sekunde eine Frage.«

So gewiss, wie Hoeneß in diesem Moment meint, ist die Kovač-Zukunft dennoch nicht. Der Trainer selbst stellt sie infrage. Kovač ist von dem fehlenden Rückhalt in der Chefetage schwer enttäuscht, der ständige Kampf um seinen Posten zehrt an ihm, er überlegt zurückzutreten. Vor allem durch Rummenigges fehlende Rückendeckung fühlt der Trainer seine Arbeit erschwert. Menschlich trifft ihn das fehlende Vertrauen des Vorstandschefs schwer. Was er dem Bayern-Boss nicht sagt: Ausgerechnet Rummenigge war der Fußballheld seiner Kindheit. Ich erfahre, dass Kovač als Kind Anfang der 80er-Jahre am liebsten mit dem Bayern-Trikot (Brustsponsor »Magirus Deutz«) und der Nummer 11 kickte, der Rückennummer von Rummenigge. Darauf spreche ich Kovač an. »Natürlich war ich schon immer ein großer Bayern-Fan«, sagt er und räumt ein: »Mein großes Vorbild war Karl-Heinz

Rummenigge.« Das Trikot war ein Geschenk seiner Eltern, als der kleine Niko noch für Rapide Wedding in Berlin kickte.

Von den Rücktrittsgedanken aufgrund des belasteten Verhältnisses zu Rummenigge und der Mannschaft bekommt Kovač' größter Unterstützer im Klub Wind. Uli Hoeneß nimmt seinen Trainer zur Seite, sichert ihm seine uneingeschränkte Unterstützung zu. Er selbst werde dafür kämpfen, dass der Double-Trainer in der kommenden Saison in einer ruhigeren Arbeitsatmosphäre seinen Job tun könne.

Für Jérôme Boateng wird das Saisonfinale noch ein Nachspiel haben, das seiner Karriere beim FC Bayern ein endgültiges Verfallsdatum beschert. Denn wer sich wie Kovač zum Kreis des Vertrauens um Uli Hoeneß zugehörig fühlen darf, dem kann beim FC Bayern so gut wie nichts passieren. Wer aber außerhalb steht, sollte sich keine Fehler erlauben, und Jérôme Boateng leistete sich gleich zwei hintereinander. Nachdem er im letzten Saisonspiel gegen Frankfurt bereits nach zehn Minuten mit Rot vom Platz geflogen war, schwänzte er anschließend die Meisterfeier mit seinen Kameraden am Nockherberg. Er hatte einem Freund versprochen, ihn auf seiner Hochzeitsfeier zu besuchen. Eine Woche später saß Boateng beim Pokalfinale auf der Bank, was seine Stimmung nicht verbesserte, auch die Pokalparty verließ er als Erster. Ein Eklat zu viel für Hoeneß, der den Weltmeister auf der Rathausfeier nicht nur öffentlich heftig kritisiert, sondern auch zum Abschuss freigibt – was im Falle des FC Bayern heißt: Verkauf. Hoeneß' klare Ansage an Boateng lautet: »Ich würde ihm als Freund empfehlen, sich einen neuen Verein zu suchen, denn im Moment wirkt er wie ein Fremdkörper.« Der FC Bayern, so Hoeneß, werde ihm »keine Steine in den Weg legen«.

Es ist der Bruch mit dem dritten Bayern-Boss nach Karl-Heinz Rummenigge und Hasan Salihamidžić in kürzester Zeit. Seine Zukunft beim FC Bayern hat Boateng damit verspielt. Das Einzige, was den Verteidiger noch an München bindet, ist sein Vertrag. Dieser läuft bis Sommer 2021.

26. Mai: Nach Arjen Robben, Franck Ribéry und Rafinha verabschiedet sich noch eine wichtige, wenn auch nicht so prominente Erfolgsfigur vom FC Bayern. Peter Hermann, Triple-Sieger an der Seite von Jupp Heynckes

und auch Co-Trainer unter Niko Kovač, sagt zum Saisonende Servus. »Peter Hermann hat heute auch sein letztes Spiel gemacht«, teilt Vorstandschef Karl-Heinz Rummenigge in der Nacht zum Sonntag auf der Pokalparty in Berlin mit. Für einen Nachfolger ist bereits gesorgt. Uli Hoeneß hat bereits einige Tage zuvor einen gewissen Hansi Flick angerufen. Flick verfolgte zu dem Zeitpunkt bereits andere Pläne. Der Weltmeister-Assistent hatte ein Angebot, in San Francisco eine Fußballakademie aufzubauen. Doch der Bayern-Präsident ist einmal mehr überzeugender, macht den Wechsel von Flick an die Säbener Straße fix. In der Öffentlichkeit wird Hoeneß später die Co-Trainer-Personalie als Kovač-Idee verkaufen. Tatsächlich zog aber wieder einmal der Bayern-Patron im Hintergrund heimlich die Strippen.

5 TRIPLE INNERHALB NEUN MONATEN MIT HANSI FLICK (SAISON 2019/20)

Saison 2019/20
Champions League, Gruppe B: FC Bayern, Tottenham Hotspur, Olympiakos Piräus, Roter Stern Belgrad
Zugänge: Lucas Hernández, Benjamin Pavard, Philippe Coutinho, Michaël Cuisance, Ivan Perišić, Álvaro Odriozola (Januar 2020)
Abgänge: Franck Ribéry, Arjen Robben, Mats Hummels, Rafinha, Renato Sanches

Es gibt Anrufe, die vergisst man in einem Reporterleben nie wieder. Es mag albern klingen, aber ich gebe zu: Ich bekam bei dem, was ich nun hören sollte, eine Gänsehaut. Es ist mein Chef Matthias, der mir sagt: »Falls die Geschichte stimmt, ist sie noch größer als das Kahn-Comeback ...« Er weiß: Ab diesem Moment hat er meine hundertprozentige Aufmerksamkeit. Eine Quelle sagt, dass Uli Hoeneß beim FC Bayern Schluss machen möchte, im November weder als Präsident noch als Aufsichtsratschef kandidieren will. Tausend Bilder gehen mir durch den Kopf. Ein FC Bayern ohne Uli Hoeneß? Das ist für mich wie für viele andere unvorstellbar. Hoeneß trat sein Amt als Bayern-Manager 1979 an, als ich noch nicht ganz ein Jahr alt war. Ob nun als Manager, Vorstand, Aufsichtsrat oder Präsident – immer war Hoeneß als Patron des Klubs präsent. Und jetzt soll er bereit sein, ins zweite Glied zurückzutreten? Matthias bittet mich, diese Information vorsichtig – sehr vorsichtig – gegenzurecherchieren. Sollte sie stimmen, wäre es die größte Fußball-News des Sommers. Ich mache mich also an die Arbeit.

Der Kreis der Eingeweihten muss verdammt klein sein. Denn überall, wo ich mich vortaste – niemand im Klub weiß etwas davon. Nicht mal der Vorstand ist eingeweiht! Was die Frage aufwirft: Stimmt die Info am Ende vielleicht gar nicht? Wie schon bei der Kahn-Rückkehr, bei der Hoeneß alles tat, um seine Pläne vor uns zu verschleiern, gilt es auch diesmal, bei den geführten Gesprächen genau zuzuhören, was die Insider sagen – oder bei welchen Themen sie es nicht tun. Ein Schweigen an der entscheidenden Stelle, ein kurzes Zögern vor einer Antwort verrät oft mehr als manche triviale, ausweichende Antwort. Je mehr wir bohren, desto mehr Indizien sprechen dafür, dass die Nachricht stimmt. Inzwischen ist auch mein ehemaliger Chefredakteur und jetziger Kolumnist Alfred Draxler in die Recherche mit eingebunden. Wir sind uns inzwischen so sicher, dass es an mir ist, Uli Hoeneß mit unserer Information zu konfrontieren. Meine Kollegen Jörg und Tobi, die den FC Bayern gerade auf seiner US-Tour begleiten, werden am selben Nachmittag Karl-Heinz Rummenigge im »Intercontinental-Hotel« in Kansas City über den Hoeneß-Geheimplan in Kenntnis setzen. Der Vorstandsvorsitzende reagiert überrascht, weiß nach eigenen Worten von nichts. Seine Überraschung ist glaubhaft. Es wäre nicht die erste Personalie in der Führungsriege, die Hoeneß vor seinem Vorstandschef geheim gehalten hätte. So war es bei Sportvorstand Matthias Sammer gewesen, ebenso bei Jan-Christian Dreesen, inzwischen der stellvertretende Vorstandschef, und auch die Nachfolge von Rummenigge hatte Hoeneß zunächst im Geheimen vorangetrieben.

Hoeneß muss etwas von unserer Recherche mitbekommen haben, denn persönlich geht er nicht mehr ans Telefon, reagiert auch auf meine Faxe nicht. Ich rufe also im Vorzimmer seines Büros an. Über seine Assistentin lässt mir Hoeneß ausrichten, dass es zu meinem angefragten Thema von seiner Seite nichts zu sagen gebe. Ich bitte darum, Herrn Hoeneß noch einmal mitzuteilen, welche Details wir wissen und dass wir vorhaben, sie in unserer morgigen Ausgabe zu veröffentlichen. Als Antwort bekomme ich diesmal zu hören: »Herr Hoeneß will dennoch nichts dazu sagen und wird die Inhalte unserer Geschichte morgen mit Interesse in der Zeitung lesen.« Er will es so. Und er soll es auch so bekommen.

Auf unserer Titelseite wird in großen Lettern über dem roten Datum »Mittwoch, 24. Juli 2019« stehen: »*Bild* enthüllt den Geheimplan: Hoeneß macht Schluss bei Bayern«. Im Text berichten wir, dass Hoeneß den ehemaligen Adidas-Chef Herbert Hainer zu seinem Nachfolger machen will. Als Reaktion des FC Bayern passiert einen Monat lang erst einmal gar nichts. Wir berichten unbeirrt weiter, denn: Jetzt, da die News heraus ist, muss Hoeneß nach und nach seine Vertrauten und auch diejenigen, denen er weniger vertraut, in Kenntnis setzen. Davon erfahren wir ebenfalls, was eine weitere Bestätigung für uns ist. Einen Monat und vier Tage nach unserem Bericht folgt dann die offizielle Stellungnahme des Klubs.

29. August 2019

PRESSEERKLÄRUNG FC BAYERN MÜNCHEN:

Uli Hoeneß kandidiert nicht mehr als Präsident/
Herbert Hainer als Nachfolger nominiert

Uli Hoeneß (67) wird bei der Jahreshauptversammlung des FC Bayern München e. V. am 15. November 2019 nicht mehr für das Amt des Präsidenten des Vereins kandidieren. Am gestrigen Mittwoch informierte Uli Hoeneß zunächst seine Präsidiumskollegen Prof. Dr. Dieter Mayer und Walter Mennekes, danach den Verwaltungsbeirat des FC Bayern München e. V. über diese Entscheidung. Am heutigen Donnerstag teilte er seinen Entschluss dem Aufsichtsrat der FC Bayern München AG mit.

Bereits Anfang August 2019 geht es für Niko Kovač erneut ins Trainingslager an den Tegernsee. Der Trainer strotzt nach dem Double-Gewinn vor Selbstvertrauen. In seinem engsten Kreis spricht er davon, dass er ein sehr gutes Gefühl für die Spielzeit habe. Er spricht vom möglichen Sieg in der Champions League. Grundlage ist für ihn erneut eine harte Vorbereitung, die die Spieler fit machen soll – aber sie auch hinter vorgehaltener Hand über den Coach fluchen lässt.

Juli 2004: 15 Jahre vor Kovač war der FC Bayern ebenfalls zur Vorbereitung am Tegernsee, damals hieß der Trainer Felix Magath. Spätere Spielergenerationen sollten noch davon sprechen, unter welchen Qualen Magath sie auf den Wallberg laufen ließ. Was sie nicht wussten: Bei der Wahl des Bergs hatte ich eine Rolle gespielt.

Ein Informant hatte mir gesteckt, dass Magath eine Laufeinheit der besonderen Art plane. Auf dem Riederstein hatte Magath 534 quälende Stufen entdeckt, die er seine Stars hochzujagen gedachte. Meine Story-Idee: Ich teste einen Tag vor den Bayern-Spielern Magaths Kreuzweg. Beim Wandern ist es eine Stunde bis zur Galaun-Hütte, danach beginnen die 534 Stufen zur Riedersteinkapelle.

Es gießt in Strömen. Die Strecke ist mit Kreuzweg-Schildern bestückt, bei Station IX (»Jesus fällt zum dritten Mal«) rutschte ich zum wiederholten Mal aus. Noch vor dem Ziel gebe ich auf, spaziere den Rest des Weges bis zur Kapelle hoch, alles Bild für Bild von einem Fotografen dokumentiert. Am nächsten Morgen lege ich im Bayern-Quartier »Bachmair Alpina« die Zeitung mit meiner Reportage aus. Titel: »Ich bezwang den Quälix-Berg«. Magath wurde der Artikel ebenfalls vorgelegt, mit der Konsequenz: Der Bayern-Coach änderte kurzfristig die Route! Statt den Riederstein (1207 Meter) mussten die Profis den Wallberg (1772 Meter) hoch! Ich nahm diesmal die Seilbahn, um die Spieler oben zu empfangen. Zé Roberto kam mir fix und fertig entgegen, schimpfend wie ein Rohrspatz. Anders als Hasan Salihamidžić hatte der Brasilianer die Zeitung nicht gelesen. Doch Brazzo wusste, wer ihnen die erweiterte Tour eingebrockt hatte. »Schönen Dank auch!«, rief mir Salihamidžić zu. Magath dagegen schenkte mir ein vielsagendes, verschmitztes Lächeln. Ihm waren die Extra-Höhenmeter für seine Mannschaft offenbar nicht ungelegen gekommen.

Im August 2019 sitzt Salihamidžić im weißen Hemd gemütlich als Sportdirektor am Spielfeldrand. Wenige Meter weiter treibt Co-Trainer Robert Kovač das Team bei den Sprints an. Auch er lief damals noch als FCB-Profi die Wallberg-Tour mit. Nach dem Training reden Robert und ich abseits des Platzes kurz über alte Zeiten. Sein Bruder und Chefcoach Niko, der vor dem Amtsantritt von Magath zu Hertha BSC wechselte, quält seine Profis keinen Berg mehr hoch. Heute radeln die Spieler vor und nach dem Training sonnengeschützt in einem extra aufgebauten Zelt. Am Mittwoch lässt Kovač seine Spieler dafür mit Gewichtswesten trainieren. Was uns Reporter betrifft, sind die Zeiten definitiv weniger qualvoll geworden. Der FC Bayern stellt auch für uns während der Trainingseinheiten einen weißen Pavillon zur Verfügung, in dem wir mit Wasser, alkoholfreiem Bier, Wurstsemmeln und sogar Kuchen versorgt werden. Ich trinke nur das Wasser. Ohne Wallberg-Lauf und Quälix Magath kann ich mir in meinem Alter nicht mehr an Kalorien leisten …

16.8.2019
Bundesliga, Auftaktspiel:
FC Bayern vs. Hertha BSC 2:2
(Lewandowski [2]; Lukébakio, Grujić)

Freitagabend, Allianz Arena: Der FC Bayern hat das Auftaktspiel in die neue Saison nicht gewonnen, muss sich mit einem 1:2-Rückstand gegen die Hertha dank eines gegebenen Elfmeters am Ende mit einem Unentschieden zufriedengeben. Thomas Müller ahnt offenbar wirklich nichts, als wir ihm nach Abpfiff die Mikrofone unter die Nase halten. Der Bayer hatte sich der Fragerunde in der Annahme gestellt, es würde allein um das enttäuschende Remis gegen die Berliner gehen. Doch als wir ihm mitteilen, dass der FC Bayern Philippe Coutinho vom FC Barcelona für die aktuelle Saison ausgeliehen hat, sehe ich den schlagfertigen Bayern erstmals in meinem Leben sprachlos. »Na gut, dann …«, startet Müller einen Versuch einer passenden Antwort. Aber ihm will nicht wirklich etwas einfallen. Die Enttäuschung ist ihm ins Gesicht geschrieben. Nach ein paar belanglosen Worten gibt er seine Bemühungen auf und dreht ab. Müller ist sichtlich bedient. Und ich verstehe sehr gut, warum.

Der FC Bayern hatte sich eigentlich um einen Flügelstürmer bemüht. Als Leroy Sané, dessen Zusage die Münchner in der Tasche hatten, sich im nahezu unbedeutenden »Community Shield«-Spiel Anfang August schwer verletzte, brauchten die Bayern-Bosse einen neuen Star-Zugang. Das Problem für Müller: Statt eines Linksaußen wie Sané holte Bayern nun Coutinho, der seine Stärken als Zehner hat. Die Position von Thomas Müller bekam damit einen neuen Konkurrenten. Das war dem Münchner jedoch nie kommuniziert worden. Er war davon ausgegangen, dass er mehr denn je unter Kovač das Vertrauen des Trainers sicher habe. Schließlich hatte Kovač auch insbesondere wegen der Umstellung, Müller von rechts ins Zentrum zu ziehen, mit seiner Mannschaft in der vorangegangenen Rückrunde noch die Kurve bekommen, am Ende sogar das Double geholt. In den Vorgesprächen für die Saison war Müller daher klar signalisiert worden, dass mit ihm weiterhin auf seiner Wunschposition in der Zentrale geplant werden würde. Und nun Coutinho.

Der Transfer hatte uns Reporter selbst wenige Stunden zuvor überrascht. Erst tickerten ein paar Meldungen aus Spanien herüber. Zugleich stellten wir fest, dass Barcelona den Brasilianer aus dem Kader für die eigene Partie genommen hatte. Kurz vor Anpfiff der neuen Bundesligasaison zeigte mir mein Kollege Philipp auf seinem Display eine SMS, die er gerade bekommen hatte: Der Barca-Pressesprecher bestätigte uns offiziell das Leihgeschäft der Bayern für Coutinho.

Die Bayern-Bosse freuen sich nach der Partie über ihren vermeintlichen Coup, den sie gelandet haben. »Ich war mit Hasan am Mittwoch in Barcelona, wo wir sowohl mit dem FC Barcelona als auch mit dem Spieler Einigkeit über den Transfer erzielt haben«, bestätigt Rummenigge der Reporterrunde wie selbstverständlich. Eineinhalb Jahre zuvor hatte Barca den Brasilianer für sage und schreibe 145 Millionen Euro vom FC Liverpool losgeeist. Das machte Coutinho zum zweitteuersten Spieler der Welt. Und jetzt sollte er nach München kommen! Rummenigge resümiert freudestrahlend über den Deal: »Wir leihen den Spieler für eine Saison aus und verfügen anschließend über eine Kaufoption.« Für 8,5 Millionen Euro, wie ich bald darauf vermelden würde, klang die Leihe tatsächlich wie ein Schnäppchen. Worüber die Bayern-Führung allerdings schweigt: Das Gehalt, dass die Münchner im Gegenzug übernehmen, würde zukünftig für Spannungen im Bayern-Kader sorgen. Coutinho soll beim FC Barcelona 13 Millionen Euro verdienen – netto! Ein Betrag, den Bayern nun übernehmen muss, wenn die Gerüchte über die Höhe des Salärs stimmen. Damit wäre Coutinho auf einen Schlag der Spitzenverdiener. Zum Vergleich: Müller bekommt zum selben Zeitpunkt bei Bayern eine nur wenig höhere Summe – allerdings brutto statt netto …

Flughafen München, General Aviation Terminal: Zum Ende des Monats steht eine Reise an, die sich inzwischen fast traditionell Jahr für Jahr in anderer Besetzung der Passagierliste wiederholt. Beim *Sport-Bild*-Award stellt der FC Bayern aufgrund seiner Erfolge fast immer mindestens einen Preisträger. In diesem Jahr fliegen wir per Privatjet Robert Lewandowski als »Star des Jahres« sowie Arjen Robben für den »Sonderpreis der Chefredaktion« ein. Die beiden Bayern-Profis Robert und Arjen haben ihre Frauen Anna und Bernadien mit an Bord, die sie bei der Gala begleiten werden. In 10 000 Metern Höhe führen wir die Interviews mit den Spielern. Im Fall von Lewandowski ist natürlich für uns interessant: Ist er nach seiner Kritik am Kader mit der Transferpolitik des Klubs inzwischen zufrieden? Robert lässt wissen, dass er ein gutes Gespräch mit Hasan Salihamidžić und Karl-Heinz Rummenigge geführt hat. »Da habe ich die Antworten auf meine Fragen bekommen«, sagt der Stürmer. »Danach wusste ich: Es wird etwas passieren, der Verein holt noch Qualität. Das war mir wichtig und hat mich beruhigt.« Auch von Coutinho wusste er, anders als Müller, im Vorfeld. Lewandowskis Ziel ist immer noch jenes, mit dem er vor fünf Jahren zum FC Bayern gewechselt ist: Der Pole will um jeden Preis die Champions League gewinnen. Ohne diesen Titel soll und darf seine Karriere nicht zu Ende gehen. »Der Verein hat das gleiche Ziel wie ich: Titel holen, auch die Champions League«, sagt uns Lewandowski. »Ich will in München eine besondere Geschichte schreiben.«

18.9.2019
Champions League, Gruppenphase, Spieltag 1:
FC Bayern vs. Roter Stern Belgrad 3:0
(Coman, Lewandowski, Müller)

Mittwochabend, Allianz Arena: Die Personalie Coutinho entwickelt sich langsam, aber sicher zum Politikum. Die Klubführung würde den Star-Neuzugang gerne spielen sehen. Der Zehner verspricht zudem, sollte er einschlagen, viele Trikotverkäufe. Beim 3:0 Sieg über Schalke in der Bundesliga (dreimal traf Lewandowski) spielte Müller zunächst von Beginn an, für den nach einer Stunde Coutinho eingewechselt wurde. Beim 6:1 gegen Mainz debütierte der Brasilianer, für den Müller auf die Bank weichen musste, in der Startelf. Im Spitzenspiel gegen Leipzig (1:1) begann wiederum Müller.

Aus der Kabine sickerte durch, dass Coutinho über seine späte Einwechslung in der 88. Minute mächtig sauer gewesen sein soll.

Die große Frage vor dem Spiel gegen Roter Stern Belgrad lautet: Müller oder Coutinho – wer startet, wenn ganz Fußballeuropa zuschaut? Die Antwort gibt Kovač mit seiner Aufstellung: Der Trainer stellt Coutinho nicht nur auf, er gibt ihm die Zehner-Rolle gemäß seiner Rückennummer nun auch auf dem Feld. Coutinho liefert eine starke Leistung als Spielmacher. Allerdings ist es Müller, der nach seiner späten Einwechslung in der 83. Minute – natürlich für Coutinho – zum 3:0 trifft. Kovač lobt nach dem Spiel vor allem seinen neuen Zehner Coutinho. Der Trainer sagt zwei Sätze über die Barca-Leihgabe, die Müller doppelt wehtun: »Es ist seine Schokoladenposition, die wir ihm präsentieren wollen. Ein Spieler wie er tut Mannschaft und Klub sehr gut.«

London: Ich stehe vor der Arena, die aussieht, als wäre gerade ein Ufo mitten im Norden Londons gelandet. Das neue Stadion der Spurs war erst im April eingeweiht worden, ich darf nun innerhalb eines halben Jahres zum zweiten Mal hier zu Gast sein. Ich muss zugeben: Vor meinem ersten Besuch war ich ein wenig skeptisch gewesen. Ich liebte die legendäre »White Hart Lane«, die altehrwürdige Spielstätte der Spurs, die zuvor an derselben Stelle gestanden hatte. Als ich im Frühjahr das Champions-League-Halbfinale zwischen Tottenham und Ajax Amsterdam (0:1) verfolgen durfte, waren alle meine Vorurteile gegen den neuen Fußballtempel beseitigt. Wenn man schon eine alte Arena abreißen muss, was mir bei den englischen Stadien besonders wehtut, dann kann man die Neugestaltung fast nicht besser machen. Die Zuschauerplätze trennen nur fünf Meter vom Rasen, jede Tribüne ist etwas anders gestaltet. Das Herzstück bildet der »South Stand«, mit 17 500 Zuschauern die größte Tribüne Englands. Mir fällt sofort die Anlehnung an die Dortmunder »Gelbe Wand«, die Südtribüne im Signal Iduna Park, auf, die als Vorbild diente. Mir persönlich ist zudem sehr sympathisch: Im »Tottenham Hotspur Stadium« gibt es eine eigene Brauerei. Ich habe gelesen, dass in einer Minute 10 000 Pints Bier ausgeschenkt werden können. Dazu kann ich nur sagen: Cheers!

1.10.2019
Champions League, Gruppenphase, Spieltag 2:
Tottenham Hotspur vs. FC Bayern 2:7
(Tore: Son, Kane; Kimmich, Lewandowski [2], Gnabry [4])

Dienstag, Tottenham Hotspur Stadium: Vor Anpfiff registriere ich: Coutinho startet erneut in der Champions League, Müller sitzt auf der Bank und wird das auch die vollen 90 Minuten tun. Zunächst wirkt es, als würden die Münchner von der englischen Mannschaft des als gewieft geltenden Trainers Mauricio Pochettino überrollt werden. Der Argentinier lässt sein Team um Kapitän Harry Kane ein extremes Pressing spielen, das die Bayern-Profis zunächst vor Probleme stellt. Folgerichtig gehen die Spurs durch den Ex-Bundesligaprofi Heung-Min Son mit 1:0 in Führung. Es ist Joshua Kimmich, der ausgleicht. Ich bin beeindruckt, dass der Jungspund erneut einen wichtigen Treffer in der Champions League erzielt. Kimmich hebt sich seine Tore wahrlich für besondere Anlässe auf. Das Feuer, unbedingt die Königsklasse gewinnen zu wollen, brennt in ihm. Es ist erst einmal ein enges Match. Doch Lewandowski trifft kurz vor der Pause mit einem Distanzschuss zum 2:1. Eiskalt wird die Dusche für Tottenham in der zweiten Hälfte. Serge Gnabry startet mit einem 30-Meter-Solo und schließt zum 3:1 ab. Der Auftakt von vier Toren, die der ehemalige »Gunner«, wie die Profis von Arsenal London gerufen werden, in seiner alten Heimatstadt erzielt. Dazu trifft ein weiteres Mal Lewandowski; auf der Gegenseite verwandelt Kane noch einen Elfmeter. Das war's! Bayern deklassiert Tottenham im eigenen Stadion mit sage und schreibe 7:2. Allein das 7:1 beim AS Rom 2014 fiel auswärts höher aus. Was für ein Spiel! Und selbst als Reporter denke ich: Wow! Ich war dabei!

In der Mixed Zone dreht sich anschließend natürlich alles um Gnabry und seine vier Treffer. Sogar über seinen Jubel kann ich heute schmunzeln, bei dem er in einem imaginären Topf rührt (das sogenannte »Cooking« hat sich Basketball-Fan Serge von NBA-Star James Harden der Houston Rockets abgeschaut). Tatsächlich bevorzuge ich normalerweise spontane Emotionen, so, wie Thomas Müller nach einem Treffer seine Freude einfach hinausbrüllt. Keine Sekunde hat sich der Bayer vorher überlegt, wie er ein Tor bejubelt.

Müller streckt die Faust nach oben, oder beide Fäuste, geht vielleicht noch ein wenig in die Hocke, feiert dann mit seinen Mitspielern. Selbst Robert Lewandowski verzichtet inzwischen auf seine Versuche, ein Jubel-Markenzeichen zu schaffen. Keine vor der Brust verschränkten Arme mehr, kein eingesprungener Jubel. Beim ersten Treffer in London rutscht er auf den Knien. Ansonsten breitet er kurz die Arme aus, umarmt dann seine Kollegen. Es ist ein Teil der Lewandowski-Entwicklung vom Solotorjäger zum Teamspieler.

In der Mixed Zone im »Tottenham Hotspur Stadium« kann man als Journalist wunderbar arbeiten, einen Spieler nach den anderen darf ich über eine kleine Bande hinweg sprechen. Bei Kimmich warte ich, bis wirklich keine Kollegen mehr in der Nähe stehen und sich anderen Protagonisten zugewandt haben. Der Jungprofi hatte zuletzt beim 3:2-Sieg gegen Paderborn die Einstellung der Mannschaft kritisiert und wurde dafür von Rummenigge öffentlich gescholten (O-Ton Rummenigge: »Dann muss er auch große Leistung liefern«). Mit seinem Treffer zum Ausgleich hatte Kimmich die richtige Antwort gegeben. Ich hake daher noch mal nach, wie er in der Zwischenzeit zu seiner Aussage steht. »Ich würde es in der Art und Weise wieder so tun, weil es einfach meine Meinung ist«, lautet Kimmichs selbstbewusste Antwort. Nachsatz: »Mich verbiegt keiner!«

Ich warte noch auf Salihamidžić. Ich weiß, dass er sich vor der Verpflichtung von Kovač intensiv um Tottenham-Coach Pochettino bemüht hatte. Darauf spreche ich ihn nun an, immerhin haben die Kovač-Bayern den Argentinier deutlich in die Schranken gewiesen. »Ja, wir beide kennen uns«, sagt Brazzo lediglich zu meiner Pochettino-Frage und lächelt mich verschmitzt an. Für ein Zitat reicht das nicht. Die Reaktion gibt mir immerhin Gewissheit, dass meine Information nicht so falsch gewesen sein kann.

Die Nacht ist dabei für uns noch lange nicht vorbei. Mit dem Journalistenbus geht es weiter ins Mannschaftsquartier »Courthouse Hotel Shoreditch«. Zwischenzeitlich hatte die Klubführung die Reporter von der Gästeliste des traditionellen Champions-League-Banketts gestrichen. Anlass war: Wir hatten bei einem Achtelfinalhinspiel 2016 in Turin berichtet, dass Arturo Vidal mit ein paar Mitspielern entgegen der Anordnung von Pep Guardiola nach dem offiziellen Essen ausgebüxt war. Kollegen hatten das im Mannschaftshotel nach dem Bankett gesehen und natürlich auch darüber berichtet. Inzwischen ist die Story vergessen und wir Medien sind wieder beim Bankett zugelassen. So können wir die Mitternachtsrede im Ballsaal vom Vorstandschef der Bayern mitanhören. »Unsere Mannschaft hat etwas Geschichte geschrieben«, startet Rummenigge sein Loblied. »Ich möchte dem Trainerteam mit Niko an der Spitze und auch der gesamten Mannschaft einen herzlichen Glückwunsch sagen. Das war unglaublich, was wir erlebt haben.«

Kurios: Einen Monat später werden sowohl der gelobte Kovač wie auch Pochettino entlassen sein. Der Argentinier bleibt sogar 16 Tage länger im Amt.

Oktober 2019: Hansi Flick hat keine Ahnung, was ihn erwartet, als er die Tür zum Konferenzraum im zweiten Stock der Chefetage öffnet. Etwas verdutzt blickt der Assistent von Cheftrainer Niko Kovač in die finsteren Mienen von Vorstandschef Karl-Heinz Rummenigge, Präsident Uli Hoeneß und Sportchef Hasan Salihamidžić. Ihnen gegenüber sitzt Thomas Müller.

»Entschuldigung«, sagt Flick, woraufhin er sich schnell wieder zurückzieht. Eine Erklärung für die Runde braucht es für Flick, der als Assistent von Bundestrainer Jogi Löw bereits mit Müller 2014 Weltmeister wurde, nach den Vorkommnissen der letzten Tage nicht. Auch ihm musste klar sein: Die Bayern-Bosse und Müller tagen zu einem Krisengipfel.

Bereits am Tag zuvor hatte Trainer Niko Kovač versucht zu retten, was nicht mehr zu retten war. Auf dem traditionellen Oktoberfestbesuch des FC Bayern in der »Käfer Wiesn-Schänke« hatte er Müller bei einem Vieraugengespräch versichert, dass seine Statements vor der Kamera unbedacht und nicht so gemeint gewesen seien. Nachdem Kovač Müller am Samstag bei der 1:2-Pleite gegen Hoffenheim zum fünften Mal in Folge auf die Bank gesetzt hatte, hatte der Coach die Maßnahme am Sky-Mikrofon mit der Aussage erklärt: »Wenn Not am Mann sein sollte, wird er mit Sicherheit auch seine Minuten bekommen.« Dafür, dass Kovač den verdienten Münchner, der seit seinem zehnten Lebensjahr für den FC Bayern spielt, öffentlich zum Notnagel degradierte, erntete der Trainer einen öffentlichen Rüffel von Bayern-Boss Rummenigge. Aus Müllers Sicht änderte dies dennoch nichts. Eine Aussprache musste her. Als Erstes war Müller an der Reihe, sich seinen

Frust von der Seele zu reden. Der Chefrunde erklärte der Profi, dass ihm unter Trainer Kovač die nötige Wertschätzung fehle. Der Vizekapitän äußerte darauf zur Überraschung der Bosse, dass er in Folge der Kovač -Demütigung für den Winter die Freigabe möchte. Hoeneß erkannte sofort den Ernst von Müllers Absicht und steuerte entschieden dagegen. Die Wertschätzung habe man doch schon allein mit seiner Gehaltserhöhung zum Ausdruck gebracht, argumentierten die Bosse. Tatsächlich hatte Müller seinen Vertrag bis 2021 zu sehr guten Gehaltskonditionen verlängert, zählte bei Bayern seither zu den Spitzenverdienern. Müller hielt dagegen, es gehe ihm nicht um finanzielle Wertschätzung, sondern um die sportliche.

Inter Mailand hatte zuletzt erneut bei Müller angeklopft. Auch Interessenten aus der Premier League würden sich sicher finden, wäre der Weltmeister auf dem Transfermarkt. Die Bayern-Bosse versicherten ihrem Eigengewächs, dass seine wichtige Rolle für den Klub außer Frage stehe. Eine Freigabe für den Winter wurde ihm daher nicht erteilt. Müller musste das akzeptieren. Allerdings stellte er klar: Würde sich an der Situation nichts ändern, fordere er einen Wechsel im kommenden Sommer.

Juli 2015: Vier Jahre vor dem Krisengipfel an der Säbener Straße hätte Thomas Müller zum teuersten Transfer der Münchner Klubgeschichte werden können. Der FC Bayern befindet sich gerade auf Werbetour in China, als wir vermelden: Trainer Louis van Gaal, Trainer von Manchester United, möchte nach Bastian Schweinsteiger auch Thomas Müller auf die Insel holen. Karl-Heinz Rummenigge dementiert unsere Nachricht von Guangzhou aus: Ein United-Angebot für Müller habe es nie gegeben. Wörtlich sagt Rummenigge: »Das ist eine Ente, die in München losgeflogen, dann aber im Pazifik untergangen ist.« Der Vorstandschef darf das Angebot verneinen, denn zu dem Zeitpunkt ist noch keine offizielle Offerte für den Ur-Bayern eingetroffen. Was Rummenigge offenbar nicht weiß: Hinter den Kulissen wirbt van Gaal bereits heftig um das Talent, das er beim FC Bayern einst gefördert und zum Profi gemacht hatte. Tatsächlich kommt es sogar zu mehreren Telefongesprächen mit der Verbindung München/Manchester. Müller steht aber noch bis 2019 bei Bayern unter Vertrag. Van Gaal richtet Müller aus, dass er ihn unbedingt bei United spielen sehen will. Er wisse ja, bei ihm spiele Müller immer!

Der Niederländer hat zudem ein verlockendes Angebot für Müller in der Tasche: United wäre bereit, dem Bayern ein Gehalt von 20 Millionen Euro im Jahr zu zahlen. So viel verdient in der Bundesliga zu dem Zeitpunkt allein Robert Lewandowski. Seit Wochen bearbeitet van Gaal mit dem Müller-Wunsch seinen United-Boss. Ed Woodward hatte seinem Trainer bereits vor Wochen für den Transfer ein Gesamtpaket von 160 Millionen Euro für die Ablöse und das Gehalt des Spielers zugesagt. Zuletzt besserte der United-Vorstand noch einmal nach, stellte eine Ablöse von über 100 Millionen Euro in Aussicht.

Im August ist es tatsächlich so weit: United gibt ein Angebot für Müller ab. Über 100 Millionen Euro bieten die Engländer dem FC Bayern. Müller wäre damit der teuerste Spieler der Bundesligageschichte. Rummenigge wird nun nicht mehr von einer Ente sprechen können, sagt dazu gar nichts mehr. United bekommt allerdings eine Antwort und sie lautet: No! Doch das Angebot wird vorerst ein Geheimnis bleiben.

Später wird mir Bayerns Finanzchef Jan-Christian Dreesen in einem Interview bestätigen, wie ernst es mit der über 100-Millionen-Offerte für Thomas Müller war. »So etwas hat es tatsächlich mal gegeben. Da kam ein Fax aus England. Für uns stand ein Verkauf von Thomas Müller aber nie zur Diskussion«, stellt Dreesen klar.

Im Oktober 2020 spreche ich Louis van Gaal noch einmal auf seinen Versuch aus dem Juli 2015 an, Müller zu United zu locken. Wie immer ist der Tulpen-General für eine Überraschung gut. Ich frage nach einem Transfervorstoß, er bestätigt mir daraufhin zwei. »Ich habe versucht, Müller sowohl in der Saison 2014/15 als auch in der Saison 2015/16 nach Manchester United zu holen«, schreibt mir van Gaal aus seinem Domizil an der Algarve, wo ich ihn schon einmal besucht hatte. Der Double-Trainer der Bayern erinnert sich auch gut an die jeweiligen Gründe, warum sein Vorhaben scheiterte. Van Gaal zu Absage eins: »Im Jahr 2014 war der Vorstand des FC Bayern hartnäckig.« Van Gaal zu Absage zwei: »Im Jahr 2015 wäre es möglich gewesen, wenn seine Frau ein bisschen mehr offen für einen Transfer ins Ausland gewesen wäre. Zumindest war das der Grund, den Thomas gegenüber meinem Assistenten Marcel Bout, der alle Gespräche mit ihm geführt hatte, angab, warum der Transfer abgelehnt worden war.«

Ende Oktober 2019: Es ist Montagmorgen, innerhalb eines Jahres werde ich mit dem deutschen Meister zum zweiten Mal in Athen einfliegen. Ich habe die Sicherheitskontrolle am Münchner Flughafen bereits passiert und biege am Terminal 2 beim »Dallmayr Bistro« links ab, um zum Abfluggate zu schlendern, wo schon bald unser Sonderflug des FC Bayern abhebt. Da entdecke ich Thomas Müller vor mir. »Servus, Thomas«, rufe ich ihm zu. Müller blickt zurück, bleibt nicht stehen, beschleunigt aber auch nicht. »Servus, Falki«, sagt er. Bei Müller klingt das »Falki« immer ein bisschen mehr wie »Falke«. Seine Aussprache trifft wohl am besten »Falkä« – bayerisch halt. Oft sagt er auch einfach »Falcao« – heute zögert er allerdings nach der Begrüßung, ob er mit mir flachsen will oder lieber weitergeht. Ich merke, dass er unentschlossen ist, ob er mit mir sprechen soll. Es ist unser erstes Aufeinandertreffen seit seiner Demütigung durch Kovač' Notnagel-Aussage. Im Anschluss hatte ich meine Recherchen unter der Schlagzeile veröffentlicht: »Müller will weg«. Während Thomas zögert, habe ich bereits zu ihm aufgeschlossen. »Hat dir meine Geschichte nicht gefallen«, frage ich ihn aufrichtig. Ich weiß, dass solche Stories bei den betroffenen Spielern Ärger nach sich ziehen können. Obwohl fünf oder sechs Menschen im Raum sind, fragen sich dann alle: Wer hat es dem Reporter am Ende erzählt?

Thomas hat sich wohl entschieden, dass es ihm wurscht ist, was andere denken. Er weiß so gut wie ich: Passiert ist es nun mal so. Müller wirft seinen Kopf zurück, lacht demonstrativ: »Ja, genau. Deine Geschichte.« Da er nicht konkreter wird, hake ich nach: »Willst du etwa sagen, du hättest den Bossen nicht gesagt, dass du wegwillst?« Müller ist bekanntlich schlagfertig und kontert, ohne zu zögern. So auch diesmal: »Dir habe ich das auf jeden Fall nicht gesagt.« Ich gebe ihm in diesem Punkt recht, die Information habe ich nicht von ihm. Vom wem ich es weiß, verrate ich Thomas natürlich nicht. Stattdessen sage ich zu ihm: »Ich verstehe, dass dir die Geschichte nicht recht sein kann.« Immerhin steht er beim FC Bayern weiterhin unter Vertrag. Ich merke, mehr will er nicht zu dem Thema sagen. Das Theater um seine Person ist ihm glaubhaft unangenehm. »Ihr macht ja nur euren Job«, sagt er daraufhin versöhnlich zu mir. Damit kann ich leben. Einerseits möchte ich Thomas nicht ärgern, anderseits habe ich mit der Story tatsächlich nur meinen Job erledigt.

Ich bin am Flughafen nicht der einzige Journalist, der die Protagonisten mit dem Thema Müller konfrontiert. »Lassen Sie mich in Frieden!«, begrüßt Uli Hoeneß meinen *Bild*-Kollegen Philipp. Ich beobachte die Szene aus ein paar Metern Entfernung. Der Reporter lässt sich nicht so schnell abschütteln, fragt nach, ob der Präsident Müller beim Spiel gegen Piräus aufstellen würde? Hoeneß erregt: »Hören Sie auf!« Auch ich starte bei Hoeneß einen Versuch und scheitere ebenfalls. Aber der Bayern-Boss ist inzwischen schon etwas besserer Laune. Die Reporter auflaufen zu lassen, sie ein wenig zu provozieren, aber auch aus ihren Fragen herauszuhören, was sie denken – das alles macht Hoeneß nach all den Jahren immer noch Spaß. Nach einem kurzen verbalen Schlagabtausch, den wir in den rund 20 Jahren unserer Bekanntschaft routiniert haben, plaudern wir ein wenig. Wir sprechen über seinen bevorstehenden Rückzug aus beiden Ämtern als Präsident sowie als Aufsichtsratschef und über die großen Transfers seiner Karriere, zu denen ich eine Story plane. Wir diskutieren, ob sein Bruder Dieter 1979 sein erster Einkauf als Bayern-Manager war. Hoeneß sagt nein, wie er es schon immer in dem Fall tat. Der Deal könnte sonst ein »Geschmäckle« haben, weil die beiden Schwaben eben Brüder sind. Offiziell ließ Uli Hoeneß wissen, dass die Bayern-Führung ihn gebeten hatte zu vermitteln. Ich erwidere, dass ich im Vorfeld bereits mit Dieter gesprochen habe, der mir bestätigte, dass Bruder Uli von dessen Ausstiegsklausel beim VfB Stuttgart gewusst habe. Uli Hoeneß lächelt mich daraufhin vielsagend an und meint: »Ja, das kann sein, dass ich von ihr wusste.« Bayern zog die Klausel und holte auch den kleinen Hoeneß-Bruder nach München. Vermittler Uli hatte ganze Arbeit geleistet.

Über Thomas Müller will Hoeneß, wie gesagt, auch mit mir nicht sprechen. Umso verwunderter registriere ich, dass zehn Minuten später Hoeneß an unserem Gate G10 doch Fragen beantwortet. Thema natürlich: Thomas Müller. Ich komme dazu, als Hoeneß erklärt: Es sei doch klar gewesen, dass es für Müller schwer sein würde, wenn Coutinho kommt. Die Medien, insbesondere wir, die *Bild*-Zeitung, seien schuld an der Situation, wenn wir dauernd über die Reservistenrolle des Ur-Bayern berichteten. Das kann ich natürlich so nicht stehen lassen – und schon befinde ich mich mitten in einer Diskussion mit Bayerns Abteilung Attacke. Das hört sich dann so an:

Ich: »Entschuldigen Sie, wenn ich da einhaken muss. Aber wenn Sie uns schon namentlich ansprechen: Es hat ja Redebedarf gegeben. Es gab ein Gespräch von Müller mit dem Trainer und es gab ein Gespräch von Müller mit dem Vorstand.«

Hoeneß: »Es geht doch nicht darum. Dann ist es auch wieder mal erledigt. Aber bei euch wird jede Woche die Geschichte weitergemacht. Man zwingt den Trainer praktisch, ihn aufzustellen. Das ist einfach eine Schweinerei.«

Ich: »Wir müssen doch darüber berichten …«

Hoeneß: »Der Thomas kann auf der Position von Coutinho spielen, wunderbar. Dann kann aber der Coutinho nicht spielen. Gut.«

Ich: »Es könnten beide spielen, mit Müller auf Außen.«

Hoeneß: »Ach, das geht doch nicht, das weiß doch jeder. Das mag er doch auch gar nicht.«

Damit hat das Gespräch dann auch ein Ende, jedenfalls fürs Erste. Um an dieser Stelle kurz den Ereignissen des kommenden Champions-League-Spiels vorzugreifen: Am nächsten Tag werden Coutinho und Thomas Müller spielen. Müller beginnt zunächst auf der Außenbahn …

Das Thema Müller ist für Uli Hoeneß damit aber noch nicht erledigt. Wir sind eine Stunde später mit der Mannschaftsmaschine bereits in 10 000 Metern Lufthöhe, als sich der Bayern-Patron den Weg im Flieger zu uns Journalisten in die hinteren Reihen bahnt. Hoeneß will uns noch mal mit Nachdruck versichern: »Keiner hat Interesse, Thomas Müller zu schädigen! Keiner will ihn loswerden!« Dann zieht sich Hoeneß wieder in die Business-Class zurück.

22.10.2019
Champions League, Gruppenphase, Spieltag 3:
Olympiakos Piräus vs. FC Bayern 2:3
(Tore: El-Arabi, Guilherme; Lewandowski [2], Tolisso)

Dienstagabend, Karaiskakis-Stadion: Müller, zuvor sechsmal in Folge bei Kovač nur Auswechselspieler, steht in der Startelf. Coutinho spielt auf Müllers Wunschposition hinter der Spitze Lewandowski, Müller muss auf die rechte Außenbahn ausweichen. Nach 23 Minuten liegt der FC Bayern mit 0:1 zurück. Kovač reagiert mit einer spielentscheidenden Umstellung: In der 28. Minute zieht er Müller in die Mitte, Gnabry wechselt auf den rechten Flügel, Coutinho von der Mitte auf den linken. So dreht Kovač das Spiel: Lewandowski trifft anschließend zweimal zur 2:1-Führung, beide Treffer nach Vorlage von Thomas Müller. Anschließend erzielt Tolisso das 3:1, Piräus kann nur noch auf 2:3 verkürzen. Wir bei *Bild* titeln: »Niko Kovač müllert sich zum Sieg«.

Ende Oktober 2019: Im zweiten Stock wird getobt! Der Grund ist eine Pressekonferenz, die Niko Kovač im Erdgeschoss gegeben hat. »Wollte er damit sagen, der FC Bayern sei kein Ferrari?«, tobt einer der Bosse und schimpft sich regelrecht in Rage: »Den zweitteuersten Spieler der Welt haben wir ihm mit Coutinho geholt!« Die wütenden Worte richten sich gegen Trainer Niko Kovač.

Folgendes war passiert: Eigentlich ist es nur eine harmlose Pressekonferenz vor dem DFB-Pokalspiel gegen den VfL Bochum. Niemand ahnt, dass es *die* Pressekonferenz sein wird, auf der sich Niko Kovač um seinen Job reden wird.

Ein Reporter fragt den Bayern-Trainer nach seiner Bewertung des FC Liverpool. Das Premier-League-Team von Jürgen Klopp hatte im englischen Topspiel Tottenham Hotspur mit 2:1 besiegt. Kovač lobt nicht nur die Klopp-Truppe, er zieht dazu einen bizarren Vergleich zu seinem eigenen Team. Dass ihm noch immer das Vorjahres-Aus gegen die Reds intern im Klub vorgeworfen wird, scheint an Kovač zu nagen. So sagt der Bayern-Trainer jetzt gegenüber der versammelten Presse und den laufenden Kameras: »Was

Liverpool gestern gemacht hat, hat gezeigt, dass sie verdient Champions-League-Sieger geworden sind. Man muss aber auch die Spielertypen haben. Man kann nicht versuchen, 200 Kilometer pro Stunde auf der Autobahn zu fahren, wenn man nur 100 schafft. Man muss das anpassen, was man hat. Wir haben andere Spielertypen. Wir müssen einen guten Mix finden.« Das Bild, das Kovač damit zeichnet, ist für die Außendarstellung des FC Bayern mindestens so verheerend wie für das »Mia san mia«-Selbstverständnis des Klubs. Bei den Bossen wird es so zusammengefasst: Demnach sei für Kovač der FC Liverpool ein Ferrari, seine Bayern dagegen ein Mittelklassewagen. Oder gar ein VW-Käfer! In der Vorstandsetage regt man sich, wie gesagt, über diesen Vergleich auf.

Was Kovač mit seinem »Auto«-Bild zum Verhängnis wird: In der anschließenden Partie der zweiten Pokalrunde agiert der FC Bayern eher wie ein Traktor. Der Zweitligist VfL Bochum geht durch ein frühes Eigentor von Davies in Führung, Gnabry gleicht erst in der 83. Minute aus. Dem FC Bayern droht damit die Verlängerung, was Blamage genug für den Double-Sieger wäre. Davor bewahrt die Mannschaft jedoch ein Tor von Thomas Müller. Der Bayer bugsiert den Ball trotz Bedrängnis durch die Bochumer aus zwei Metern über die Linie. Vier Tage später kann aber auch Müller den stotternden Meistermotor nicht mehr retten – und Kovač erst recht nicht.

Ausgerechnet von seinen ehemaligen Spielern wird Niko Kovač bei Eintracht Frankfurt vorgeführt. Mit 5:1 geht er mit seiner Mannschaft an der ehemaligen Wirkungsstätte, der Commerzbank-Arena, unter. Das Chancenverhältnis lautet 11:4 für die Eintracht, bei den Ecken steht es am Ende 3:0 für Frankfurt. Die Niederlage ist nicht schönzureden. Der FC Bayern stürzt auf den vierten Tabellenplatz ab, liegt nur dank des Torverhältnisses vor den punktgleichen Freiburgern und Schalkern. Es ist der 10. Spieltag, weshalb die Tabelle durchaus Aussagekraft besitzt.

Man muss nicht seit 20 Jahren Reporter sein, um zu wissen: Sehen die Bayern-Bosse die Qualifikation für die Champions League gefährdet, ist für den Trainer, der die wirtschaftliche Stabilität des Klubs gefährdet, Schluss. Das spürt auch Niko Kovač.

Der Trainer will es den Bossen nicht schwer machen und aus eigener Stärke handeln. Noch am Samstagabend wendet er sich an seine Vertrauensperson im Klub. Kovač geht auf Uli Hoeneß zu und bietet ihm an: Wenn er nicht mehr das Vertrauen der Führung habe, würde er zurücktreten. Hoeneß will davon erst einmal nichts wissen und teilt Kovač mit, dass er eine Nacht darüber schlafen solle. Am nächsten Tag wolle sich der Präsident mit seinen Vorständen besprechen. Sein Vertrauen, so Hoeneß, genieße Kovač auch weiterhin. Er würde ihn über den Stand der Entwicklungen auf dem Laufenden halten. Danach beginnt für den Trainer das Warten.

Ein Sportreporter hat nicht frei, nur weil es im Dienstplan steht. Schon gar nicht, wenn der FC Bayern am Vortag 1:5 verloren hat. Ich bin an diesem Sonntag also auf Stand-by, obwohl bei mir im Dienstplan das »F« für »frei« steht. Mein Handy steht nicht still. Jedes Gespräch dreht sich um die eine Frage: Was passiert mit Niko Kovač? Die Informationslage ist mehr als unklar. Zum Training ist Kovač am Sonntagvormittag noch erschienen. Danach begibt er sich in seine Wohnung in Harlaching; in seinen vier Wänden wartet er auf eine Entscheidung über seine Zukunft. Hoeneß meldet sich zwischendurch, sagt ihm seine Unterstützung zu.

Auch ich habe auf einen Anruf gewartet. Mein Informant berichtet mir den Stand der Dinge, den kurz zuvor auch Kovač mitgeteilt bekam.

> 3.11.2019, 12.35 Uhr @cfbayern
> *Unsere Info: Niko Kovač darf vorerst bleiben @SPORTBILD @BILD-Sport*

Ich setze mich an den Laptop und formuliere einen schnellen Online-Artikel mit der Überschrift »Kovač kriegt noch zwei Spiele«. Wörtlich schreibe ich: »Niko Kovač (48) bleibt! Vorerst ... Nach Informationen von *Sport Bild* und *Bild* bleibt der Kroate Trainer des FC Bayern. Kovač wird auch beim Match gegen Piräus in der Champions League (Mittwoch, 18.55 Uhr) und beim Ligaspiel gegen den BVB (Samstag, 18.30 Uhr) auf der Bank sitzen. Die 1:5-Klatsche bei Eintracht Frankfurt hat (noch) keine Konsequenzen.«

Was ich allerdings unterschätze: Der Vorstand ist keineswegs überzeugt, dass Kovač weitermachen soll.

Am Sonntagnachmittag treffen sich Hoeneß und Kovač. Beide wissen, dass es ein Abschiedsgespräch ist. Es geht nur noch darum, wie man es nach außen tragen wird. Einig sind sich die Vertrauten: Es soll nicht nach Rauswurf klingen. Ein Rücktritt passe aber auch nicht. Am Ende wird es irgendwas dazwischen.

Die Dinge sind bereits geregelt, aber noch immer nicht öffentlich, als ich meinen Anruf bekomme. Danach vermelden wir auf den *Bild*-Plattformen die Trennung des FC Bayern München von Niko Kovač exklusiv. Auf meinem Social Account formuliere ich es knapper:

> 3.11.2019, 20.43 Uhr @cfbayern
> *Exclusive: Kovač is fired @BILD-Sport @SPORTBILD*

Auf unseren Online-Plattformen nimmt die Meldung Fahrt auf. Aus den zwei Spielen Bewährung ist eine Trennung geworden. Statt Niko Kovač soll sein Assistent Hansi Flick bei den beiden anstehenden Partien als Interimstrainer fungieren. Unsere Breaking News setzt die Bayern unter Zeitdruck. Hastig wird eine Pressemitteilung formuliert. Offenbar herrscht aber selbst intern beim FC Bayern nicht uneingeschränkte Klarheit über die Umstände des plötzlichen Kovač-Endes.

In meinem Mailpostfach klingelt es an diesem Abend gleich dreimal. Erstmals um 20.58 Uhr, also eine Viertelstunde nach unserer Meldung zum Kovač-Aus. Im Betreff der Presseerklärung heißt es: »FC Bayern trennt sich von Trainer Niko Kovač«. Um 21.05 Uhr erfolgt nochmals die Mail unter dem selbigen Betreff. Diesmal ist die Erklärung um Stimmen von Sportdirektor Hasan Salihamidžić und Niko Kovač erweitert worden, was den Journalisten sehr zugutekommt. Später erfahre ich: Kovač hat die erste Version im Auto gelesen und war über die Darstellung der Trennung sehr verärgert. Zudem wollte auch er ein Statement geben. Umso ungewöhnlicher liest sich für Außenstehende die dritte Presseerklärung, die um 21.30 Uhr eintrifft.

Der entscheidende Unterschied befindet sich gleich in der Betreffzeile. Hier heißt es nun: »FC Bayern und Niko Kovač trennen sich«. Die geringe Änderung der Formulierung stellt die Umstände des Vorgangs entscheidend anders dar. »FC Bayern trennt sich von Niko Kovač« bedeutet nichts anderes als: Der Klub hat seinen Trainer entlassen. »FC Bayern und Niko Kovač trennen sich« weist allerdings auf eine einvernehmliche Lösung hin. Diese Version stützt unsere Information, dass Kovač selbst mit seinem Rücktritt auf die Bosse zukam. Im Gegenzug haben beide Seiten vereinbart: Kovač wird weiterhin von seinem Arbeitgeber bezahlt.

Eine geheime Klausel macht dieses Arrangement für den FC Bayern akzeptabel. Im April 2018 hatte Bayern die Verpflichtung von Niko Kovač zur kommenden Saison offiziell bestätigt. In der Mitteilung hieß es: »Der deutsche Rekordmeister und der 46-jährige Fußballlehrer haben sich auf einen Dreijahresvertrag geeinigt, der vom 1. Juli 2018 bis zum 30. Juni 2021 datiert ist.« Was bewusst unerwähnt blieb: Tatsächlich handelte es sich um einen Zweijahresvertrag mit Option auf eine weitere Spielzeit. Mit der einvernehmlichen Trennung war damit klar: Kovač würde bis Saisonende sein volles Gehalt bekommen, inklusive aller Titelprämien. Danach wäre aber Schluss. Für Kovač hatte das den Vorteil: Sollte ein Klub für die kommende Saison an ihn herantreten, muss er den FC Bayern nicht mehr um Freigabe bitten.

In der aktuellen Pressemitteilung ist ein Absatz, der in Zukunft an Bedeutung gewinnen sollte, in allen drei Versionen gleich. Er lautet: »Bis auf Weiteres wird Co-Trainer Hans Flick die Mannschaft des FC Bayern betreuen und damit auch auf die wichtigen Spiele in der Champions League gegen Olympiakos Piräus am kommenden Mittwoch und in der Bundesliga gegen Borussia Dortmund am kommenden Samstag vorbereiten.« Auch diese Passage lässt sich übersetzen. Für Flick bedeutet das: Der vorherige Co-Trainer hat mindestens bei zwei Spielen die Gelegenheit zu beweisen, dass er der richtige Cheftrainer und Nachfolger für Kovač ist. Getroffen wird diese Vereinbarung bei einem weiteren Treffen an diesem Sonntag. Diesmal ist die Runde größer. Uli Hoeneß hat Hasan Salihamidžić an die Säbener Straße bestellt. Der Sportdirektor ruft daraufhin den Co-Trainer Hansi Flick an, der zu dem Zeitpunkt gerade mit Danny Röhl aus dem Trainerstab und seiner Frau beim Essen sitzt. Flick sagt zu und kommt zum Bayern-Gelände. Hoeneß und Salihamidžić ernennen Flick am Abend zum Interimstrainer. Flick sagt erneut zu, holt sich dafür aber noch den Segen von seinem ehemaligen Vorgesetzten Niko Kovač ein.

Mein Arbeitstag geht an diesem Sonntag noch in die Verlängerung. Nach unserer Exklusivmeldung möchte mich die Redaktion von *Blickpunkt Sport* noch in ihrer Sendung um 21.45 Uhr zuschalten. Wir haben Freunde zum Abendessen zu Gast, sodass ich mich kurz vom Tisch davonstehlen muss, um ins Nebenzimmer zu verschwinden. Moderatorin Julia Scharf interviewt mich per Telefon-Schalte zu den Abläufen rund um die Kovač-Entlassung. Was ich zu dem Zeitpunkt noch nicht weiß: Auch Uli Hoeneß hat am Tegernsee die BR-Sendung laufen. Er reagiert beizeiten allergisch, wenn Journalisten aus ihren internen Besprechungen erzählen. Zumal wir natürlich – das räume ich gerne ein – nie wirklich alles wissen können. Aber das kleinste falsche Detail erzürnt Hoeneß, und daran hängt er sich fest. Ganz so weit können meine Ausführungen nicht von der Wahrheit entfernt gewesen sein, denn Hoeneß kann sich einen Anruf noch am selben Abend verkneifen. So ganz lässt ihn die Sendung offenbar dennoch nicht los. Bei Hoeneß kann es mitunter einige Tage brodeln, bevor er explodiert. Vier Tage später folgt also ein unterdrückter Anruf vom Tegernsee, indem mir Hoeneß eine ganz persönliche TV-Kritik zukommen lässt. Ein Kernsatz daraus lautet: »Ein Philosoph hat einmal gesagt: ›Ich weiß, dass ich nichts weiß‹«, lässt mich Hoeneß wissen. »Sokrates«, ergänze ich im Gespräch. Den Zusatz des alten Griechen zitiere ich Hoeneß gegenüber nicht, um die »Abteilung Attacke« nicht noch weiter in Rage zu bringen. Ich denke ihn mir nur, während Hoeneß weiter in der Leitung poltert und ich in mich hineinlächle. Sokrates sagte zudem auch: »Aber ich suche die Wahrheit …« Die Wahrheit über seine Bayern liest Hoeneß eben nicht gerne in der Zeitung.

6.11.2019

Champion League, Gruppenphase, Spieltag 4:

FC Bayern vs. Olympiakos Piräus 2:0

(Tore: Lewandowski, Perišić)

Mittwochabend, Allianz Arena: Sein Debüt als Cheftrainer, wenn auch zunächst nur als Interim, gibt Hansi Flick gleich in der Champions League. Wenn ein neuer Coach auf der Bank sitzt, seziert ein Journalist die Aufstellung genauer denn je. Die großen Fragen: Was macht er anders als sein Vorgänger? Welcher Spieler kommt in die Aufstellung, wer fliegt raus? Ich notiere: Flick nimmt drei Änderungen im Vergleich zur 1:5-Niederlage in Frankfurt vor. Javi Martínez, Leon Goretzka und Kingsley Coman rücken für Jérôme Boateng, Thiago und Philippe Coutinho in die Startelf. Boateng ist nach seinem Platzverweis bei der Eintracht gesperrt. Für den Spanier und den Brasilianer ist es bereits ein kleiner Fingerzeig, wie Flick zunächst plant. Der neue Chef setzt in der Zentrale auf das deutsche Dreieck Müller, Kimmich, Goretzka. Auch in der Innenverteidigung hat Flick schon eine klare Vorgabe. In einem Einzelgespräch lässt er David Alaba wissen, dass er mit ihm in der Innenverteidigung plant. Flick sieht den Linksverteidiger nicht als Notlösung, sondern als Leistungsträger und Führungsspieler in dieser Rolle.

9.11.2019

Bundesliga, 11. Spieltag:

FC Bayern vs. Borussia Dortmund 4:0

(Tore: Lewandowski [2], Gnabry, Hummels [ET])

Samstag, Allianz Arena: Was eigentlich ein Spitzenspiel sein sollte, liest sich in der Tabelle diesmal ein wenig anders. Dortmund, immerhin Zweiter, trifft auf den Münchner Viertplatzierten. Flick hält an der Erfolgself seines Debüts fest. Thiago und Coutinho finden sich erneut auf der Bank wieder. In der Innenverteidigung zeichnet sich langsam Flicks Plan ab, David Alaba dauerhaft zum Abwehrchef zu befördern. Das Herz seiner neuen Formation ist aber: Thomas Müller. Symbolisch dafür ist, dass Karl-Heinz Rummenigge vor dem Spiel den Ur-Bayern mit einem riesigen Wiesn-Herzen ehrt.

Darauf zu lesen sind die Zahl 500 und das Wort »Danke«. Müller absolviert im Spitzenspiel seinen 500. Bayern-Einsatz. Der Münchner bedankt sich mit den Torvorlagen Nummer 100 und 101 in der Liga (zum 2:0 und 3:0). Kein anderer in der Ligageschichte hat mehr!

Aus Müllers Statement nach Abpfiff hört man die Vereinbarung heraus, die Flick und er über seine neue Rolle in einem Vieraugengespräch besprochen haben: Müller ist ab sofort auf dem Feld der verlängerte Arm des Trainers. Er ist nicht mehr allein für Tore, sondern für die Spielgestaltung zuständig. »Ich werde wegen meiner ersten sieben, acht Profijahre oft an Toren gemessen«, erklärt uns Thomas nach Abpfiff. »Wer es scharf beobachtet, hat gesehen, dass ich entgegen dem, was der Volksmund für einen Eindruck von mir als Spieler hat, eine etwas andere Rolle habe. Ich sehe mich in der Verantwortung, viel zu organisieren, Laufarbeit zu leisten. Ich habe jetzt auch als Mittelfeldspieler agiert.«

Müllers Analyse klingt fast wie die eines *Elder Statesman*. Dass er immer noch der Gaudibursche ist, beweist er mit einem Foto, das er aus der Kabine postet: Müller zeigt sich darauf splitternackt, nur sein Lebkuchenherz verdeckt die Intimzone.

Mitte November 2019, Olympiahalle: Der FC Bayern lädt zur Jahreshauptversammlung, um Uli Hoeneß als Präsident gebührend zu verabschieden. Nach 49 Jahren und 61 Titeln als Spieler, Manager und Präsident des FC Bayern wird Uli Hoeneß abtreten. Natürlich gibt es Tränen. Emotionaler Höhepunkt: Die Klublegenden Franck Ribéry und Arjen Robben bringen Meisterschale und DFB-Pokal zu Ehren des Bayern-Patrons aufs Podium. Wie immer hält Hoeneß seine Rede frei, spricht von schlaflosen Nächten und rührt damit die Mitglieder in der Halle. Seine Abschiedsworte lauten: »Es war eine wunderschöne Zeit. Ich sage Ihnen: Das war's. Ich habe fertig. Danke.« Es hätte alles perfekt sein können. Doch Hoeneß hatte noch nicht fertig. Keine zwölf Minuten später würde die Stimmung gewaltig kippen.

Bei Jahreshauptversammlungen haben die Mitglieder am Ende das Recht zur Wortmeldung. Oft ist es Lob und Huldigung der Helden, sogar mit Gedichten werden die Stars und Bosse gerne bedachtet. Diesmal setzt es aber von den Fans vor allem Kritik. Hoeneß' Miene ist abzulesen, dass er damit alles andere als einverstanden ist. Unruhig rückt er während der Beiträge auf seinem Stuhl hin und her. Später wird er bestätigen, dass er am liebsten wieder hoch auf die Bühne gegangen wäre, um seine Meinung dazu kundzutun. Er wird das noch, wenn auch ein wenig später. Die Mitglieder sind schon auf dem Nachhauseweg, die Live-Übertragung auf der Klub-Homepage schon beendet, als Hoeneß der Kragen platzt.

Der Ex-Präsident macht auf der anschließenden Pressekonferenz seiner Wut über die Wortmeldungen der Bayern-Mitglieder Luft, die unter anderem Kritik an dem Umgang mit dem entlassenen Trainer Niko Kovač, an Sportvorstand Hasan Salihamidžić und dem Trainingslager in Katar äußerten. »Bis zu den Wortmeldungen war es eine super Veranstaltung«, schimpft Hoeneß. »Und dann lässt man sich das von ein paar Krakeelern – ich will nicht sagen, alles kaputt machen –, aber die ganze Sache beschädigen.« Seinem frisch gewählten Nachfolger Herbert Hainer ist neben Hoeneß auf dem Podium anzumerken, dass ihm die Situation sichtlich unangenehm ist. Hoeneß ist aber jetzt in Fahrt, um mit den kritischen Mitgliedern abzurechnen: »Wenn es den Leuten partout nicht gefällt bei uns, dann gibt es immer noch die Möglichkeit auszutreten.« Auch mein Kollege Tobi Altschäffl bekommt von Hoeneß sein Fett weg. Ihn harscht der frische Ex-Bayern-Präsident an, weil er recherchiert hatte, ob die Ernennung von Salihamidžić zum Sportvorstand im Aufsichtsrat einstimmig erfolgt sei. Für Hoeneß ein Affront!

Der undemokratische Auftritt von Hoeneß zieht ein gewaltiges Medienecho nach sich. Statt seinen Abschied und sein Lebenswerk gewürdigt zu sehen, muss Hoeneß lesen, dass er sich mit seinem Wutausbruch den Abend selbst kaputt gemacht hat.

Presseschau:

Bild: *Hoeneß wütend über Kritik von Fans: Erst Abtritt, dann Abrechnung*

Süddeutsche Zeitung: *Nach seiner letzten Jahreshauptversammlung als Präsident schimpft der 67-Jährige über »Krakeeler«*

Die Zeit: *Angriffsmodus nach Abdanken: Hoeneß geht auf »Krakeeler« los*

ZDF: *Bayern-Patron sauer – »Krakeeler« stören Hoeneß-Abschied*

ARD: *Hoeneß schimpft über »Krakeeler«*

Als Konsequenz über das Medienecho beschließt Hoeneß: Er will erst einmal überhaupt nicht mehr mit den Journalisten sprechen.

Montag, Ende November: Bereits vor dem Abflug nach Belgrad lobt Vorstandschef Karl-Heinz Rummenigge seinen Interimstrainer Flick, der die Jobgarantie bisher nur bis Weihnachten hat: »Wir sind total zufrieden mit Hansi. Nicht nur, weil wir gewinnen. Die Spielqualität ist das Entscheidende. Alles, was er bisher gemacht hat, ist genau das, was wir uns gewünscht haben. Hansi hat einen klaren Matchplan, die Spieler wissen genau, was sie zu tun haben.« Flick hat tatsächlich seinen Plan und weiß daher: Er muss auch Spieler wie Coutinho und Thiago, die bei ihm bisher weniger Berücksichtigung fanden, einbinden.

26.11.2019

Champions League, Gruppenphase, Spieltag 5:

Roter Stern Belgrad vs. FC Bayern 0:6

(Tore: Goretzka, Lewandowski [4], Tolisso)

Dienstagabend, Stadion Rajko Mitić: Nach seinem perfekten Start mit drei Zu-null-Siegen bringt Flick sowohl den Brasilianer Coutinho wie den Spanier Thiago, dafür bekommt Müller eine Pause. Flick gewinnt auch ohne ihn das vierte Spiel zu null. Robert Lewandowski macht dabei kräftig Werbung für seine Wahl zum Weltfußballer und trifft viermal. Mit 46 Toren ist der Pole jetzt der beste Bayer aller Zeiten in der Champions League.

München, Saal »Prinz-Carl-Palais« in der Staatskanzlei München: Auch ohne Startelfeinsatz in Belgrad geht es für Thomas Müller nach der Entlassung von Niko Kovač weiter aufwärts. Mit acht Assists ist er der beste Vorlagengeber der Liga. Zudem ehrt ihn Ministerpräsident Markus Söder mit dem Bayerischen Verdienstorden. In seiner Laudatio rät der Landesvater den Bossen des FC Bayern: »Ich glaube, es wäre ein schwerer Fehler, wenn sich diese Verbindung auflösen würde.« Auch Söder weiß: 2021 läuft der Vertrag des Ur-Bayern aus. Müller wird bei der Zeremonie gefragt, ob der Orden seine einzige Trophäe in der Saison 2019/20 bleiben werde. Müller antwortet selbst etwas skeptisch: »Da arbeiten wir dran, dafür sind wir da, dass das nicht die einzige Trophäe bleibt ...«

Müllers Skepsis ist nicht unbegründet. Die beiden anstehenden Ligaspiele gegen Leverkusen und Gladbach wird Bayern mit 1:2 verlieren. Die Münchner rutschen auf Platz sieben der Tabelle ab, haben nun zu Spitzenreiter Borussia Mönchengladbach sieben Punkte Rückstand, auf die zweitplatzierten Leipziger sind es sechs Zähler.

11.12.2019

Champions League, Gruppenphase, Spieltag 6:

FC Bayern vs. Tottenham Hotspur 3:1

(Tore: Coman, Müller, Coutinho; Sessegnon)

Mittwochabend, Allianz Arena: Es ist kalt im Stadion. Bayern gewinnt als erste Mannschaft alle sechs Vorrundenspiele der Champions League. Das Spiel ist für beide Mannschaften sportlich dennoch bedeutungslos, beide Teams sind bereits für die nächste Runde qualifiziert. Dennoch bin ich vor Ort, weil ich hoffe, José Mourinho sprechen zu können. Mit dem charismatischen neuen Hotspur-Trainer stehe ich hin und wieder in SMS-Kontakt, da schadet es nicht, sich mal wieder mit dem Gesicht zu zeigen. Allerdings hat es Mourinho nach der Partie eilig, zum Flughafen zu kommen. Ich selbst bin zudem so durchgefroren, dass ich nicht traurig bin, schnell eine heiße Dusche nehmen zu können. Bei Champions-League-Partien ist man als Reporter ohnehin erst weit nach Mitternacht im Bett. Zumal ich am nächsten Tag noch ein Champions-League-Spiel live sehen werde.

Zur Allianz Arena benötige ich mit dem Auto eine Stunde. Noch näher liegt für mich ein Stadion, das sich in der gegenseitigen Fahrtrichtung der A8 befindet und in dem am Tag nach der Bayern-Partie ebenfalls ein Spiel der Königsklasse stattfinden wird. Zur Salzburger Red Bull Arena fahre ich gerade mal 40 Minuten.

Niko Kovač ist seit einem Monat entlassen. Seither ist der ehemalige Bayern-Trainer abgetaucht. Er wohnt in Salzburg, ihren Lebensmittelpunkt haben seine Familie und er auch während seiner Münchner Zeit nie aufgegeben. Von 2006 bis 2009 war Niko Spieler bei Red Bull Salzburg gewesen. Nach seiner aktiven Zeit als Spieler startete er seine zweite Karriere zunächst bei RB als Jugend-Coach. Daraufhin wurde er zum Co-Trainer befördert, bevor er 2013 einen Job bei seinem kroatischen Heimatverband als Nationaltrainer antrat. Meinen Kollegen Tobi und mich überrascht es daher nicht, dass auch Niko heute in Begleitung seines Bruders Robert beim Champions-League-Spiel der Salzburger gegen den FC Liverpool anwesend sein wird. Tobi spricht Niko direkt an, als er ihn entdeckt. »Ihr wart an meiner Entlassung ja nicht ganz unschuldig, eure Berichte haben mir das Leben nicht gerade leichter gemacht«, sagt er halb im Scherz, halb im Ernst. Ganz Unrecht hat Niko mit seiner Feststellung nicht. Immer wieder hatten uns die sogenannten »Maulwürfe« aus den Spielerreihen Interna zugetragen, die sie als Missstände in der Mannschaftsführung von Kovač empfanden. Im Mittelpunkt stand meist Kritik an seinem Training, bei dem die Profis einen Plan für die Offensive vermissten. Der einhellige Tenor war: Die Defensive sei meist ordentlich eingestellt gewesen, wohingegen Spielzüge, um die gegnerische Verteidigung, die sich gegen Bayern gerne hinten reinstelle, zu knacken, von Kovač nicht aufgezeigt wurden. Statt Taktikanweisungen sei das Training zu viel auf zufällige Aktionen ausgelegt gewesen. Und klar: Wir haben das alles geschrieben; das gehört zum Geschäft, dafür muss sich ein Reporter nicht entschuldigen. Zu einer Aufgabe des Trainers gehört es im Profigeschäft, diese Strömungen zu erkennen, aufzunehmen und ihnen entgegenzuwirken. Am besten, indem der Trainer die kritisierten Defizite abstellt.

Unsere beiden erwählten Protagonisten Klopp und Haaland erleben allerdings nicht ihren besten Tag, aber Liverpool gewinnt mit 2:0 durch Tore des Ex-Salzburgers Naby Keïta sowie Mohamed Salah, den ich erstmals beim AS Rom traf. Einen anderen alten Bekannten hält der Abend zudem für mich parat. Als Sadio Mané auf dem Weg zum Mannschaftsbus an mir vorbeigeht, singe ich ihm ein leises »Mané, Mané!« zu. Der Stürmer dreht sich um, dann lacht er mich breit grinsend an. »Hello my friend!«, begrüßt er mich. Eine Song-Einlage wie unser »Salah, Mané, Mané …« vergisst auch ein Liverpool-Star nicht so schnell.

Sonntag, Ende Dezember, zwei Tage vor Weihnachten: Bis zur Winterpause hatten die Bayern-Bosse ihrem Interimstrainer Hansi Flick das Vertrauen ausgesprochen. Am Jahresende lautet die Bilanz: Flick hat acht von zehn Partien gewonnen – und wird dafür belohnt. In der Tabelle steht er mit dem FC Bayern auf Rang drei, vor Dortmund, aber noch vier Punkte hinter RB Leipzig. Einen Tag nach dem Hinrundenabschluss gegen den VfL Wolfsburg (2:0) gibt der FC Bayern offiziell bekannt: Flick bleibt mindestens bis Sommer Trainer des FCB. In der Mitteilung heißt es weiter: Ein Verbleib über das Saisonende hinaus sei »für den FC Bayern ausdrücklich eine gut vorstellbare Option«. Kurios dabei am Rande: Flicks alter Vertrag läuft ohnehin noch bis 2021.

Ein Sportreporter ist viel unterwegs. Erst recht, wenn er sowohl über den FC Bayern als auch über die Nationalmannschaft berichtet. Allein in Sachen DFB bin ich im Schnitt ein Sechstel des Jahres wegen der Länderspiele auf Reisen, ein EM-Turnier, wie es im Sommer 2020 anstehen soll, nicht eingerechnet. Um den FC Bayern zu begleiten, kommen neben Bundesliga und DFB-Pokal auch die Champions-League-Partien hinzu. Bei Auswärtsspielen sind das Drei-Tages-Trips. Wir fliegen am Tag vor dem Match mit der Mannschaft ein, am Morgen nach dem Spiel geht es wieder zurück. Auch Interviews bringen mich während des Jahres in die Premier League nach England, in die Serie A nach Italien oder in die spanische Primera Division »La Liga«. Ach ja: Winter- und Trainingslager gibt es dazu auch noch. Um das richtigzustellen: Das Reisen macht mir Spaß! Es ist quasi das Salz in meiner Reporter-Suppe. Allein die einzelnen Stadien auf der ganzen Welt zu besuchen lässt mein Groundhopper-Herz höherschlagen. Da ich diesen Job nun schon seit rund 20 Jahren ausübe, gehören für mich Ausflüge nach Island, Russland, in die Ukraine oder zu den Färöer-Inseln ebenso zum Geschäft wie nach Brasilien, Amerika, Spanien, Frankreich oder Italien. Seit ich die Schule verließ, geht das Jahr für Jahr so. Niemals hätte ich gedacht, dass irgendwas daran etwas ändern könnte. Corona war für mich in erster Linie noch ein mexikanisches Bier, auf das ich gut verzichten konnte. Als ich meine erste Auslandsreise im Januar 2020 antrete, hätte ich nie für möglich gehalten, dass es in diesem Jahr eine der wenigen Ausnahmen bleiben würde.

Januar 2020: Das Haus ist gedeckt mit einem Reetdach. Es liegt inmitten eines knapp 6000-Einwohner-Orts in der niederländischen Provinz Limburg nahe Maastricht. Vom Flughafen Düsseldorf benötigte ich mit meinem Mietwagen eine Stunde. Die Eltern aus der Nachbarschaft bringen gerade ihre Kinder von der Schule nach Hause, als ich einbiege. Es ist herrlich normal in diesem Wohnviertel. Nichts weist daraufhin, dass hier ein Vizeweltmeister, Ex-Kapitän der niederländischen Nationalmannschaft, ehemaliger Bayern-Kapitän und zuletzt Trainer der PSV Eindhoven lebt. Ich sehe mich noch ein wenig um, als sich das eiserne Tor zur Auffahrt automatisch öffnet: Willkommen zu Hause bei Mark van Bommel!

Mark und ich kennen uns schon seit Juli 2006, als er mir als Neuzugang des FC Bayern (vom FC Barcelona) im »Hotel Vier Jahreszeiten« sein erstes Interview in Deutschland gab. Ich steckte ihn in seine erste Lederhose für unser Fotoshooting, nur die ebenfalls mitgebrachten Holz-Clogs wollte er nicht dazu anziehen. Im Laufe der Jahre führten wir viele Interviews: in Dubai (Trainingslager Bayern), Johannesburg (WM 2010) oder in Mailand auf dem AC-Trainingsgelände (2011). Diesmal empfängt mich Mark in seinem Heimatort, und zwar zum ersten Interview nach seiner Station als Cheftrainer bei der PSV Eindhoven, die im Dezember vorzeitig mit einer Entlassung endete. Natürlich sprechen wir auch über seine Bayern-Trainer wie Felix Magath, Ottmar Hitzfeld, Jürgen Klinsmann und Louis van Gaal, aber auch über Hansi Flick.

Bevor ich wieder zu meinem Flug nach München aufbreche, zeigt mir Mark einen besonderen Raum. Als Journalist bin ich natürlich neugierig, folge van Bommel in seinen Keller. Ihm ist klar, dass mir das als Fußballreporter gefallen würde. Tatsächlich staune ich nicht schlecht. Mark hat, wie viele Profis, die getauschten Trikots seiner Laufbahn aufgehoben. Sie sind allerdings weder in einer Kiste verstaut, noch lagern sie im Schrank oder hinter einem Bilderrahmen. Van Bommel hat aus ihnen Kissen anfertigen lassen. Wie auf einem Schachbrett zieren sie die Wand seines Fitnesskellers. Ich sehe die Münchner Bastian Schweinsteiger und Holger Badstuber, aber auch internationale Stars wie David Beckham fehlen nicht. »Siehst du das Trikot von Pavel Nedved?«, fragt mich van Bommel und verweist auf die Besonderheit: Die 8 wurde auf dem Rücken verkehrt herum gedruckt, nur erkennbar, weil der eigentliche obere Teil der Zahl größer ist. Speziell ist auch das Trikot zum 25-jährigen Jubiläum von AC-Milan-Klubpatron Silvio Berlusconi. »Davon gibt es nur 25 Stück«, klärt mich Mark auf. An der Wand hängt natürlich ebenfalls: die Nummer 11 mit dem Schriftzug »Ibrahimovic«. Nach dem Schweden hat Mark seinen Hund benannt. Zum Abschied sagt mir Mark noch einmal: »Ein Job in der Bundesliga würde mich reizen.«

Juni 2021, Wolfsburg: »Der Bundesligist VfL Wolfsburg teilt auf seiner Homepage mit: Der Niederländer Mark van Bommel wird neuer Trainer beim VfL Wolfsburg. Der 44-Jährige unterzeichnete bei den Grün-Weißen einen Zweijahresvertrag bis zum 30. Juni 2023.« Was in der Kluberklärung nicht aufgeführt ist: Van Bommel hatte aus der Bundesliga auch Anfragen von Leverkusen und Borussia Mönchengladbach erhalten.

Januar 2020: Der FC Bayern ist im Trainingslager in Katar. In der Chefetage des FC Bayern herrscht immer noch vor allem das Gefühl vor, dass Hansi Flick sich glücklich schätzen dürfe, den Job als Chefcoach bekommen zu haben. Dass ein vorheriger Assistent diese Chance erhält, ist nicht selbstverständlich, zumal beim deutschen Rekordmeister. Es ist in der Tat ein nahezu beispielloses Vorgehen beim FC Bayern. Willy Sagnol hatte 2017 nach der Entlassung von Carlo Ancelotti gerade einmal zehn Tage die Vertretung übernehmen dürfen, bevor Jupp Heynckes auf die Bank zurückkehrte. Andries Jonker hatte nach dem Rauswurf seines Chefs Louis van Gaal im April 2011 die Saison immerhin zu Ende bringen dürfen, bevor er ebenfalls für Heynckes weichen musste. Klinsmann-Assistent Martin Vasquez trauten die Bayern-Bosse die Aufgabe nicht mal ein paar Tage zu, sodass er zusammen mit Chef Jürgen Klinsmann direkt den Hut nehmen musste; Heynckes übernahm daher 2009 direkt. Aber auch wenn Heynckes einmal nicht als Retter parat stand, war das Vertrauen des FC Bayern in Trainerassistenten bis dato gering. Man muss schon bis Pál Csernai zurückgehen, der 1979 als Assistent des erfolglosen Gyula Lóránt die Chefrolle bekam. Auch damals hätte der Bayern-Präsident Wilhelm Neudecker lieber den Zuchtmeister Max Merkel geholt. Es war die Mannschaft, die sich per Abstimmung mit Csernai am Ende durchgesetzt hat. Der Vorgang der Spielerrevolte war so spektakulär, dass damals sogar die *Tagesschau* darüber berichtete. Die Assistentenausnahme wurde bereits nach Csernai wieder abgeschafft. Co-Trainer Reinhard Saftig bekam 1983 nach der Entlassung Csernais nur die letzten drei Ligaspiele der Saison zugestanden. Nun also Cheftrainer Hansi Flick, der ehemalige Assistent von Niko Kovač.

Sollten die Bayern-Bosse die Ansprüche und den Machtinstinkt von Flick unterschätzt haben, wurden sie bald eines Besseren belehrt. Schwarz auf weiß lasen sie in der *Süddeutschen Zeitung* Zeile für Zeile, was ihnen in den verbleibenden Tagen bis zum Ende des Wintertransferfensters einiges Kopfzerbrechen bereiten sollte. Das Verhängnis fing mit dem Satz an: »Hansi Flick geht in Doha ans Telefon, am Nachmittag ist Training …« In dem Artikel macht Flick deutlich, dass weitere Transfers für die Rückrunde nötig seien. Es war eine klare Aufforderung an den Klub, weitere Spieler zu verpflichten! Auch uns war zugetragen worden, dass Flick mit dem aktuellen Kader nicht zufrieden war. Der BVB hatte sich gerade mit dem Stürmertalent Erling Haaland verstärkt. Flick wurde dagegen von Sportdirektor Salihamidžić nicht mal der Wunsch nach Benjamin Henrichs erfüllt, den er aus der U21 kannte und der bei Monaco auf der Bank saß. Intern hatte Flick seine Forderungen bereits in der Chefetage hinterlegt. Da er sich nicht gehört fühlte, diktierte er sie nun dem Reporter von der *SZ*, der im richtigen Moment angerufen hatte. Flicks Aussage war klar und deutlich: »Wir brauchen auf jeden Fall noch Verstärkung. Ich denke da an mindestens zwei Spieler – auf jeden Fall einen für die Defensive und vielleicht auch einen für die offensive Außenbahn.« Seit Pep Guardiolas »Thiago oder nix« zum Amtsantritt 2013 hatte kein Trainer mehr so deutlich und konkret neue Spieler gefordert. Umso größer war die Aufregung im Klub. Sogar Karl-Heinz Rummenigge, der in der Münchner Heimat weilte, musste sich telefonisch erkundigen, was es in Katar zwischen seinem Trainer und dem Sportdirektor für Kommunikationsprobleme gebe. Zudem wurde von Klubmitarbeitern recherchiert, wie das Reportergespräch zustande gekommen war. Wer hatte wen angerufen? Und war das Thema von Flick geplant und bewusst platziert? Oder doch nur ein ärgerlicher Zufall? Da ich die Verbindung zwischen Flick und dem Kollegen kannte, glaubte ich nicht an Letzteres. Flick hatte mit seinem Vorgehen gehörig »Eier«

bewiesen, wie es der neue Vorstand Oliver Kahn gerne zu seinen Spielerzeiten ausdrückte. Kahn sollte es auch sein, der in diesem Zwist noch eine wichtige Rolle spielen würde. Aber dazu später mehr.

Ende Januar 2020: Bundestrainer Jogi Löw steht vor seinem 60. Geburtstag. Aus diesem Anlass telefonieren wir für ein Interview in der *Welt am Sonntag*.

Anders als bei einem Vor-Ort-Termin, bei dem man sich Auge in Auge gegenübersitzt und die Atmosphäre viel persönlicher ist, bedarf ein Telefongespräch aus Erfahrung einer längeren Anlaufzeit, bis der Interviewpartner ins Plaudern kommt. Mein Kollege Lars und ich haben zum Einstieg ein Thema gewählt, bei dem wir drei uns ein bisschen warmlaufen können: Löws einstige Geburtstagsparty zum Fünfzigsten. Denn Hansi Flick, sein Weltmeister-Assistent und nun neuer Bayern-Trainer, hat uns zuvor verraten: Löw gab damals in Freiburg eine Mottoparty. Alle Gäste kamen im 70er-Jahre-Look, mit Schlaghosen und Perücken. Und Schlagerbarde Dieter Thomas Kuhn sorgte für die musikalische Unterhaltung. Löw hat hörbar Spaß, sich daran zu erinnern. Er selbst trug damals als Reggae-Mann eine Rasta-Perücke. Sein Lachen ist in der Leitung zu hören. »Das stimmt – und der Hansi war einer derjenigen, die mit am längsten auf der Party waren«, verrät der Bundestrainer. Damit geht das Interview gut los und wir fahren fort, über die EM zu reden, von der wir noch nicht wissen, dass sie im Sommer aufgrund der Corona-Krise gar nicht stattfinden wird. Was nicht Teil des gedruckten Interviews wird, sind Löws Eindrücke seines ehemaligen Co-Trainers Hansi Flick, der sich gerade daranmacht, den FC Bayern umzukrempeln.

»Hansi war ein ganz wichtiger Faktor, ein Rat- und Ideengeber«, sagt uns Löw über ihre gemeinsame achtjährige Zusammenarbeit bei der Nationalmannschaft, die nach dem WM-Titel 2014 in Rio mit Hansis Rücktritt endete. Flick wollte sich danach weiterentwickeln, trat den Posten als DFB-Sportdirektor an. Über die nächste Station als Geschäftsführer bei der TSG Hoffenheim suchte er beim FC Bayern die Rückkehr ins Trainergeschäft. Die Arbeit, die er seit seinem Wechsel vom Co- zum Cheftrainer in München abliefert, verfolgt Löw mit großer Aufmerksamkeit. »Ich habe den Eindruck, als würden wir gerade eine Demonstration der Stärke durch die Bayern erleben«, wählt Löw große Worte. »Ich weiß, wie Hansi tickt und wie er denkt. Bei ihm ist das nicht nur Wissen, sondern auch Können. Hansi weiß, wie man eine Mannschaft für sich gewinnt.«

Es ist zu spüren, dass das Verhältnis von Löw und Flick von großem gegenseitigen Respekt geprägt ist. Zum 60. Geburtstag selbst wird Flick dennoch nicht eingeladen werden, diesen will Löw im Familienkreis bei einem Glas Rotwein genießen. »Aber«, lässt uns der Bundestrainer wissen, »ich habe nach dem 50. Geburtstag gesagt, dass ich den Sechzigsten auch in einem größeren Rahmen feiern werde.« Das gedenke er auch einzuhalten. Er verspricht: »Die Party gibt es aber erst in der zweiten Jahreshälfte, wenn die EM gespielt ist. Es kann durchaus sein, dass es ein Revival gibt, mit Dieter Thomas Kuhn, Schlagermusik – und mit Hansi Flick, der am längsten durchhält. Die Party damals hat riesig Spaß gemacht.« Zum Ende des Gesprächs meint Jogi Löw zu uns: »Gerne lade ich Sie beiden auch ein. Dann feiern wir meinen Geburtstag alle nach der EM gemeinsam!« Wir bedanken uns. Mit dem Bild vor Augen, im Hippie-Kostüm zusammen mit Jogi Löw und Hansi Flick bis tief in die Freiburger Nacht zu »Eine neue Liebe ist wie ein neues Leben« zu tanzen, beende ich amüsiert das Gespräch.

25.2.2020

Champions League, Achtelfinale, Hinspiel:

FC Chelsea vs. FC Bayern 0:3

(Tore: Gnabry [2], Lewandowski)

Dienstag, Stamford Bridge: Die Bayern mit Trainer Hansi Flick gewinnen das Achtelfinalhinspiel in der Champions League souverän beim FC Chelsea mit 3:0, stehen damit so gut wie sicher im Viertelfinale. Beim Bankett nach dem Spiel in der Location »8 Northumberland Avenue« hält Vorstandsboss Karl-Heinz Rummenigge seine übliche Rede. Bevor er das Champions-League-Dinner eröffnet, überreicht der Bayern-Boss zur Überraschung von Flick dem Trainer ein nachträgliches Geschenk zu seinem 55. Geburtstag. In seiner Gratulation hat Rummenigge eine Botschaft versteckt. »Wir hatten gestern einen Geburtstag. Unser Trainer ist 55 Jahre alt geworden. Das ist ein gutes Alter. Wir haben gestern Abend schon angestoßen, aber ich möchte ihm heute Abend noch ein kleines Geschenk überreichen.« Das Geschenk war in einem roten Päckchen. Rummenigge überreicht es und fügt dazu an: »Lieber Hansi, herzlichen Glückwunsch, alles Gute! Für die, die nicht wissen, was da drin ist in dem roten Päckchen: Es ist ein Stift. Und mit Stiften unterschreibt man beim FC Bayern manchmal auch Papiere. Ich wünsche dir alles Gute! Mach es weiter so, mach es gut. Bleib, wie du bist. Wir sind sehr, sehr zufrieden, wie die Mannschaft spielt, auch mit den Ergebnissen.« Die Gäste des Banketts blicken auf Salihamidžić, der die Szene mit etwas finsterem Blick verfolgt, wenn er nicht gerade ganz wegblickt. Rummenigges Rede ist nichts anderes als die Ankündigung für ein Angebot zur baldigen Vertragsverlängerung mit Flick. Der Trainer selbst will sich dazu nach dem Bankett nicht äußern. Bislang ist nur klar, dass er zumindest bis Sommer Trainer bleiben darf. National hat Flick sein Können schon bewiesen. Auch auf internationaler Ebene hat er das spätestens mit dem 3:0 in London bestätigt.

Anfang März 2020: Beim FC Bayern lerne ich Flick neu kennen. Vielen geht es ähnlich. Selbst Flicks alte Weggefährten aus DFB-Zeiten rufen mich an und fragen: »Was ist denn mit dem Hansi passiert?« Sein engagiertes, selbstbewusstes Auftreten überrascht nicht nur, es beeindruckt auch viele Verantwortliche. Die Frage ist interessant: War Flick heimlich schon immer so, oder was ist mit dem Hansi passiert? Sicherlich hat Flick vor seinem Engagement beim FC Bayern einige Hospitationen gemacht, wie unter anderem bei Thomas Tuchel in Paris, und sich fortgebildet. Er hat bereits vor seiner Münchner Zeit Partien und Spieler beobachtet, etwa bei OSC Lille den Bayern-Kandidaten Nicolas Pépé (und ihn für nicht Bayern-like bewertet). Ich spreche ihn auf sein neues Image an und erzähle ihm von der Frage (»Was ist mit dem Hansi passiert?«). Darauf antwortet Flick mir: »In der ersten Reihe kann ich anders agieren als in der zweiten, aus der ich jemandem zuarbeite. Als Cheftrainer treffe ich meine eigenen Entscheidungen und kann sie nach außen auch so vertreten.« Seine Arbeit als Cheftrainer haben wir akribisch genau begleitet, haben viele Pressekonferenzen mit ihm absolviert, Trainingseinheiten besprochen und das ein oder andere Gespräch darüber geführt.

Vier Monate, nachdem Flick vom Co- über den Interims- bis zum Cheftrainer aufgestiegen ist, treffen mein Kollege Tobi und ich ihn erstmals zum ausführlichen Interview an der Säbener Straße. Wir wissen: Es läuft gut für Flick bei Bayern, dennoch ist er nicht hundertprozentig zufrieden. Verstärkungen auf drei Positionen hatte er für das Januar-Transferfenster intern im Klub gefordert, was zu einer zwischenzeitlichen verbalen Eiszeit zwischen dem Trainer und dem Sportdirektor Salihamidžić im Trainingslager in Katar geführt hatte. Am Ende bekam Flick immerhin einen Profi. Seinen Wunschverteidiger Benjamin Henrichs vom AS Monaco lieferte ihm Salihamidžić aber nicht, stattdessen den Real-Leihspieler Álvaro Odriozola (der bis zum Sommer kaum eine Rolle spielen wird). Meinem Kollegen Tobi und mir ist klar, dass uns der neue Bayern-Trainer dies alles nicht im Interview bestätigen dürfte. Öffentlichen Ärger kann niemand im Klub gebrauchen. Änderungen der Einkaufspolitik sind nicht mehr möglich, das nächste Transferfenster für weitere Einkäufe öffnet erst im Sommer.

Flick hat allerdings noch ein Ass im Ärmel. Sein alter Vertrag, den er als Co-Trainer unterschrieb, läuft zwar noch bis 2021. Der Klub möchte allerdings, dass er einen neuen Kontrakt als Cheftrainer unterschreibt. Entscheidend wird für den Erfolg der Gespräche sein, was der FC Bayern ihm anbietet. Der Unterschied zu seinem Vorgänger und Ex-Chef Niko Kovač ist: Flick wird für seine Unterschrift Bedingungen stellen. Eine davon nennt er uns im Gespräch. Wenig überraschend betrifft es die Einkaufspolitik. Seine Aussage werden wir zur Überschrift des Interviews machen. Flick fordert: »Ein Trainer braucht ein Vetorecht bei Transfers.«

Für seine Forderungen hat Flick gute Argumente: Er gewann mit dem FC Bayern 12 von 15 Bundesligapartien – ganze 80 Prozent. Kein Trainer in der glorreichen Bayern-Vergangenheit hatte eine bessere Siegquote. Und Flick will mehr! »Wir sind in allen Wettbewerben dabei, das können nur wenige Teams in Europa von sich behaupten«, sagt er uns beim Interview. »Unsere Mannschaft ist hungrig auf mehr. Mit ihrem Ehrgeiz und ihrer Leidenschaft wird sie auch in den kommenden Wochen alles dafür tun, um erfolgreich zu sein und unseren Fans viel Freude zu bereiten.«

Uns interessiert natürlich sein Erfolgsgeheimnis. Wie hat es Flick mit demselben Kader, mit dem Vorgänger Kovač in der Meisterschaft so große Probleme hatte (einzige Ausnahme: der besagte und nicht zum Einsatz kommende Odriozola), geschafft, Bayern in allen drei Wettbewerben auf Titelkurs zu bringen? »Eine klare Struktur ist enorm wichtig. Darauf haben wir schon in der Nationalmannschaft viel Wert gelegt«, sagt uns Flick und führt aus: »Für Jogi Löw und mich war es immer wichtig, dass die zentrale Achse steht: Spieler mit Qualität auf dem Platz, aber genauso mit Führungsqualität.« Es sei die Achse, von der die Spiele bestimmt und gesteuert würden. Flick stellt klar: »Ich brauche dort Spieler, die Kommandos geben, vorangehen und das Spiel lenken. Das ist eine Sache, die ich gerne fördere.«

Der erste Baustein seiner Achse ist wenig überraschend: Kapitän Manuel Neuer. Danach ist aber Flicks neue Handschrift gut erkennbar, die er bereits seit seinem Einstandssieg beim 4:0 über Dortmund verfolgte. Der ehemalige Linksverteidiger David Alaba hat sich unter Flick als Abwehrchef in der Innenverteidigung etabliert. Joshua Kimmich, der unter Kovač noch zwischen Rechtsverteidiger und Aushilfsmittelfeldspieler pendelte, ist jetzt als Sechser eine Säule in der Zentrale. Thomas Müller hat nicht nur den Weg ins Team zurückgefunden, er ist der heimliche Regisseur hinter der Spitze und der Kommandogeber. Robert Lewandowski macht die Achse komplett. Auch Leon Goretzka findet Flick wichtig, doch zu oft gönne sich der angehende Führungsspieler während der Partie noch Pausen, die sich Flick nicht erklären kann.

Mein Aufnahmegerät zeigt an, dass wir 46.50 Minuten über Fußball und den FC Bayern geredet haben, länger als vereinbart. Flick hat dabei den Eindruck, den er in seinen viereinhalb Monaten als Bayern-Cheftrainer auf mich gemacht hat, mehr als bestätigt. Interessant sind auch die Zwischentöne hinsichtlich potenzieller Spieler für die Zukunft. Flick macht kein Geheimnis daraus, dass er Kai Havertz und Timo Werner jeweils eine Rolle beim FC Bayern zutraut. Im Klub sehen das einige ganz anders, allen voran Hasan Salihamidžić.

März 2020: Der Fußball steht still. Das letzte Bayern-Spiel fand am 8. März gegen den FC Augsburg statt. Zu dem Zeitpunkt gab es bereits die ersten Bedenken wegen der Corona-Pandemie. Danach ist für den Spielbetrieb der Bundesliga Schluss. Die Karten für das Champions-League-Rückspiel am 18. März, die ich meinem Sohn gekauft habe, liegen ebenfalls ungenutzt in der Schublade. Es ist ein unwirkliches Gefühl. Keiner weiß, wann oder ob es weitergeht. Wird am Ende die Liga gar abgebrochen? Es gibt Existenzängste inner- und außerhalb des ganzen Spielbetriebs. Auch ich frage mich:

Wie lange kann ein Fußballreporter über Fußball berichten, wenn kein Ball rollt? Dem FC Bayern sei Dank – dieser Klub trägt nicht umsonst den Beinamen FC Hollywood. Vor allem ein Thema hält den Klub auf Trab und unsere Druckmaschinen am Laufen: Es brodelt weiter zwischen Trainer Hansi Flick und Sportdirektor Hasan Salihamidžić.

Am 25. März titeln wir mit der Story »Dem FC Bayern droht ein Machtkampf – wegen Transferfragen gibt es Spannungen zwischen Trainer Flick und Sportdirektor Salihamidžić«. Die beiden Sportverantwortlichen haben unterschiedliche Auffassungen über die Kaderpolitik. Die vielen persönlichen Differenzen in der Kaderfrage spitzen sich in der Personalie Leroy Sané zu. Salihamidžić kämpft intern seit vergangenem Sommer darum, den Nationalspieler von Manchester City zu verpflichten. Flick gibt sich diesbezüglich eher reserviert, fürchtet, dass ein millionenschwerer Star-Einkauf den Teamgeist, den er aufgebaut und gepflegt hat, gefährden könnte. Allerdings spürt er auch, dass sich einige Spieler wie Kimmich oder Goretzka für den Sané-Transfer einsetzen. Dass Salihamidžić und Flick sich bei dem Thema eher aus dem Weg gehen, macht die Sache nicht einfacher. Es muss etwas passieren – das findet auch Oliver Kahn. Der neue Vorstand bittet Salihamidžić und Flick zur Aussprache an den Tisch. Kahn agiert als Mediator zwischen Sportdirektor und Trainer, damit beide bei den Transferplanungen an einem Strang ziehen. Kurzzeitig scheint das Krisen-Meeting zu helfen, doch schnell brodelt es hinter den Kulissen weiter. Nicht aber allein das Spannungsverhältnis zwischen Flick und Salihamidžić füllt uns über den März hinweg die Seiten, während der Fußball ruht.

Wir haben täglich einen Fotografen an der Säbener Straße, egal ob das Training öffentlich oder geheim ist. An der Schaltzentrale des mächtigsten Fußballklubs des Landes gibt es immer etwas zu sehen. So auch an diesem Dienstag. Ich hatte bereits die Info zugespielt bekommen, dass die erste Verhandlungsrunde um den 2021 auslaufenden Vertrag von Kapitän Manuel Neuer in dieser Woche steigt. Nur der genaue Tag ist uns noch nicht bekannt.

Im Vorfeld hatte es schon einiges an Vorspiel gegeben. Neuer will wie Lewandowski Spitzenverdiener werden. Zudem gibt es ja auch die besagten Gerüchte in der Bayern-Kabine, dass Rekordeinkauf Lucas Hernández stolze 24 Millionen Euro pro Jahr verdienen soll. Ich habe mich im Vorstand des FC Bayern umgehört und weiß: Die Zahl ist bei Weitem nicht korrekt. Allerdings: Wenn die Mannschaft es glaubt, ist das egal. Ein solches Gerücht sorgt für Unruhe. Es geht nicht nur um Neid, sondern auch um die Erschütterung der Hierarchie im Team. Ein Neuzugang, der weder ein Superstar ist, noch bisher etwas für den Klub geleistet hat, darf sich nicht vor dem Kapitän oder den alten Leistungsträgern an die Gehaltsspitze setzen – nicht in finanzieller Hinsicht, nicht im Mannschaftsgefüge. Für das Management von Manuel Neuer ist der Fall Hernández ein Punkt, den man in der Bayern-Führung ansprechen wird.

Die Gehälter der Bayern-Stars sind eines der interessantesten Themen für die Journalisten wie auch für die Fans. Wir Reporter müssen dabei höllisch aufpassen, was wir schreiben. Juristisch dürfen wir lediglich 10 Prozent der tatsächlichen Summe danebenliegen, ansonsten droht uns erst eine kostspielige Unterlassungsklage, meist auch eine noch kostspieligere Gegendarstellung. Und trotzdem finden die wahren Gehälter immer wieder den Weg in die Zeitung. Wie kann das sein? Oft ist es der Leichtsinn der Spieler selbst. So ließ der Bayern-Profi Arturo Vidal seinen üppigen Lohnzettel einmal offen in der Kabine liegen. Die Zahlen schmeckten so manch einem Kollegen nicht, weshalb sie bald darauf in der Presse zu lesen waren. Medhi Benatia vergaß seine Gehaltsauflistung auf seinem Beifahrersitz, was nicht weiter schlimm gewesen wäre, hätte er seinen Dienstwagen nicht zu einer Inspektion in einem Autohaus abgegeben. Wie das Hernández-Gerücht zustande kam, kann ich nicht mit Sicherheit sagen. Was ich aber weiß: Der Franzose prahlte selbst mit dem angeblich hohen Gehalt bei der französischen Nationalmannschaft. Da er in der Équipe Tricolore nicht der einzige Münchner ist, reiste es mit den Bayern-Profis zurück an die Säbener Straße.

Wie aber darf sich ein Fan einen Lohnzettel eines Bayern-Stars vorstellen? Ich hielt schon den ein oder anderen in Händen und kann sagen: Spektakulär sind darin nur die Zahlen. Oben links in der Ecke steht »Abrechnung der Brutto/Netto-Bezüge«, dahinter der betreffende Monat und das Jahr. Und ja: Auch Bayern-Stars haben eine gewöhnliche Personalnummer. Sie steht gleich neben dem Geburtsdatum und über der Sozialversicherungsnummer. Bei der Krankenkasse kann es nicht nur der Sponsor Allianz sein, sondern bei freier Wahl auch die AOK. Interessant wird es beim Punkt »Brutto-Bezüge«. Diese werden zunächst im Grundgehalt aufgeführt, dazu wird die Kfz-Nutzung extra vergütet, die später bei den Netto-Abzügen wieder ausgeglichen wird. Das ist bereits auf den ersten Blick viel Geld. Allerdings findet sich die wichtigste Zahl weiter unten links unter »Verdienstbescheinigung«. Bei Gesamt-Brutto steht der Jahresverdienst, an dem wir Journalisten vor allem interessiert sind. Das ist die Zahl, die am Ende in der Zeitung landet. Bei Bayern-Stars stellt sich da vor allem die Frage: Ist der Millionenbetrag ein- oder zweistellig, den die HypoVereinsbank auf das Spielerkonto überweist?

Der Linse unseres Fotografen Dennis entgeht so gut wie nichts. Da hilft es Thomas Kroth auch nicht, dass er die Geschäftsstelle des FC Bayern um Punkt 11.58 Uhr durch einen Nebeneingang betritt. Kroth war einst selbst Profi, spielte in der Bundesliga für Borussia Dortmund, den Hamburger SV, Eintracht Frankfurt und den 1. FC Köln. An der Säbener Straße ist er allerdings in seiner neuen Funktion als Berater von Manuel Neuer tätig. Und wir haben seinen Besuch nun auf einem Foto.

Wenn Kroth aus Dortmund, wo sich der Sitz seiner Spieleragentur befindet, extra den Weg nach München antritt, hat er dafür Gründe. Im aktuellen Fall die angestrebte Vertragsverlängerung von Manuel Neuer. Dass Kroth bereits nach 48 Minuten das Gebäude wieder verlässt, kommt überraschend. Unser Fotograf beobachtet, dass der Berater anschließend in seinem Auto hektisch telefoniert. Wir können zu dem Zeitpunkt nur erahnen, wem er die neuesten Entwicklungen mitteilt. Offensichtlich ist bei der Szene, dass Kroth keine guten Neuigkeiten für Manuel Neuer hat.

Das ist der Punkt, an dem meine Recherche beginnt! Schnell erfahre ich, wer an der Verhandlungsrunde teilnahm. Kroth wurde im zweiten Stock von Sportdirektor Hasan Salihamidžić und dem neuen Vorstand Oliver Kahn empfangen. Schwieriger wird es, die Gesprächsinhalte herauszufinden. Am Ende der Recherche reicht mir aber eine entscheidende Information. Sie lautet wie folgt: Nachdem Kroth die Gehaltsvorstellungen (angeblich lauteten sie 23,5 Millionen Euro) und die gewünschte Vertragslaufzeit bis 2025 (Neuer wäre dann 39 Jahre alt) vorgetragen hatte, schauten sich Salihamidžić und Kahn erstaunt an. Daraufhin erhob sich der Sportdirektor, reichte dem perplexen Berater die Hand und verabschiedete ihn. Das klare Signal der Geste: Ende des Gesprächs und Abbruch der Verhandlungen, die eigentlich noch gar nicht richtig stattgefunden hatten. Sowohl die geforderte Vertragslaufzeit als auch die überzogenen Gehaltsvorstellungen entbehrten nach Ansicht der Verantwortlichen jeglicher Gesprächsgrundlage.

Die Forderungen der Neuer-Seite in Zeiten der Corona-Krise sorgten für gehörige Entrüstung bei den Bayern-Bossen und rückten den Weltmeister in die Sportschlagzeilen. Der Druck wurde so hoch, dass Neuer und sein Berater öffentlich Stellung beziehen wollten. Sie taten es bei uns in der *Bild am Sonntag*.

Interessant war dabei, dass Spieler und Berater gemeinsam ein Interview gaben, was in unserer Branche höchst ungewöhnlich ist. Kurios an dem Gespräch: Einerseits dementierten sie die angeblichen Forderungen nach einem Fünfjahresvertrag mit über 20 Millionen Euro Jahresgehalt, andererseits sprachen sie Verdächtigungen aus, dass jemand aus der Runde vertrauliche Inhalte der Presse gesteckt habe. Ein Widerspruch: Entweder die Zahlen waren falsch, oder ein Maulwurf hatte die richtigen Zahlen nach außen verraten. Beides zusammen ergab keinen Sinn.

»Was mich irritiert: Alle Gespräche, die ich seitdem hier hatte, wurden immer sehr vertrauensvoll geführt. Nie ist etwas nach außen gedrungen«, kritisierte Neuer. »Wenn jetzt Sachen offenbar gezielt nach außen getragen werden, ist das auch etwas, das den Bereich ›Wertschätzung‹ betrifft.« Mein Kollege Lars fragte auch, ob Neuer einen Maulwurf vermute. Der Torwart antwortete darauf: »Der Personenkreis dort ist ja überschaubar.« Am Tisch saßen neben Kroth bekanntlich nur Salihamidžić und Kahn. Berater Kroth verstärkte die versteckten Vorwürfe nochmals mit dem Hinweis, dass Indiskretionen bei früheren Gesprächen nicht der Fall gewesen seien. Im Klartext hieß das: Zu Zeiten, als Karl-Heinz Rummenigge und Uli Hoeneß am Tisch gesessen hatten, sei das nicht passiert. Als ich mich umhörte, wen die Spielerpartei beschuldige, bekam ich die Auskunft: Oliver Kahn ist es nicht.

Ihre Verhandlungsposition verbesserten Neuer und Kroth mit den Verdächtigungen jedoch nicht. Am Ende bekam der Torwart einen Vertrag bis 2023 – und nicht bis 2025 –, wie von Anfang an von Bayern München gewünscht. Seine Bezüge wurden dafür erhöht, allerdings im Sinne des Gehaltsgefüges. So wie Hernández bekam auch Neuer keine 24 Millionen Euro im Jahr.

Dass Verhandlungen auch anders laufen können, zeigt das Beispiel Thomas Müller. Auch der Bayer hat einen Ex-Spieler als Berater. Ludwig »Wiggerl« Kögl spielte von 1984 bis 1990 für den FC Bayern. Nach dem Besuch Kroths am Dienstag hatte der Müller-Berater für seinen Klienten am Donnerstag einen Termin zu Vertragsverhandlungen im zweiten Stock. Auch davon hatten wir Wind bekommen, auffliegen lassen konnten wir das Geheimtreffen leider nicht. Erst später erfuhr ich: Unser Fotograf verpasste Kögl aus dem einfachen Grund, da dieser direkt in die Tiefgarage der Bayern fuhr, um nicht gesehen zu werden. Von dort aus konnte er unbehelligt und ohne fotografiert zu werden in die Chefetage des Klubs gelangen. Weil Müller zudem keine überhöhten Gehaltsforderungen stellte, wurden die Gespräche auch nicht abgebrochen, sondern zügig zu Ende geführt. Müller verlängerte seinen Vertrag ebenfalls wie Neuer bis 2023.

Müllers und Neuers Verlängerungen waren den Bayern-Verantwortlichen geglückt. Auch deshalb, weil Uli Hoeneß sich in beiden Fällen im Hintergrund eingeschaltet und Gespräche mit den Protagonisten geführt hatte, wie wir erst hinterher erfuhren. Die Bayern-Bosse könnten sich über die beiden Erfolge freuen, wären da nicht Vater und Sohn Alaba. Und die Presse natürlich, oder im Jargon der Bayern-Granden: die Gebrüder Grimm.

»Wie ich gehört habe, kursieren gerade Gerüchte, dass wir David Alaba gerne im Tausch gegen Leroy Sané an Manchester City abgeben wollen würden«, diktiert Karl-Heinz Rummenigge der Münchner Tageszeitung *tz*. »Dazu sage ich klar und deutlich: Das sind Grimms Märchen und hat nichts mit der Realität zu tun.« Die Verhandlungen mit David Alba um eine Vertragsverlängerung über 2021 hinaus bereiten den Bayern-Chefs mehr Bauchschmerzen als die Poker-Runden mit Neuer und Müller zusammen. Wir hatten in *Bild* und *Sport Bild* (wie auch andere Medien, unter anderem die *tz*) über die Tauschidee mit Alaba und Sané berichtet. Unklar war jedoch, ob Hasan Salihamidžić den Deal ins Gespräch gebracht hatte oder ob es Alabas neuer Berater Pini Zahavi gewesen war. Fakt ist: Wir hatten auch berichtet, dass der Tausch nicht stattfinden wird.

Die Geschichte des FC Bayern und der »Gebrüder Grimm« hat viele Kapitel. Sie beginnt am Anfang des Jahrtausends. Damals mussten die Bayern-Bosse noch auf dem Weg in die Chefetage (2. Stock) im Treppenhaus an der Kartenvorverkaufsstelle (1. Stock) vorbei. Ich holte als Jungjournalist in der Rückrunde der Saison 2003/04 gerade Karten für Bekannte ab (es wurde noch im Olympiastadion gespielt), als Uli Hoeneß an mir vorbeiging und mit einem knappen Nicken grüßte. Kurz zuvor hatte ich einen Artikel veröffentlicht, dass der FC Bayern an Felix Magath, dem Trainer des Vizemeisters VfB Stuttgart, für die neue Saison interessiert sei. Hoeneß war bereits an mir vorbei, als er es sich doch noch mal anders überlegte. Er schritt die Stufen nochmals herab, um mir mitzuteilen: »Herr Falk, ich gratuliere Ihnen! Sie sind ein wahrer Gebruder Grimm. Ihre Geschichte mit dem Herrn Magath war ein richtiges Lügenmärchen!« Ich, mir meiner Quelle sicher, antwortete: »Herr Hoeneß, Sie wissen ja, wie es bei den Märchen der Gebrüder Grimm ist: Meistens gibt es ein Happy End.« Das Ende der Geschichte lautete wenige Monate später: Zum 1. Juli 2004 stellte Uli Hoeneß den neuen Bayern-Trainer vor: Felix Magath. Wir antworteten per Kommentar mit der Überschrift: »Uli Hoeneß, Gebruder Grimm.«

Nach der erneuten Gebrüder-Grimm-Bezeichnung unseres Artikels rufe ich bei Felix Magath an. Der Ex-Bayern-Trainer nimmt mit einem kurzen »Hallo?« ab. Ich erinnere ihn an die alte Gebruder-Grimm-Geschichte. Die Laune des Trainers hellt sich deutlich auf. Meine Frage an ihn lautet: »Herr Magath, wann hatten Sie damals das erste Mal Kontakt zum FC Bayern?« Magath erinnert sich: »Das muss im Januar oder Februar 2004 gewesen sein. Damals kamen Uli Hoeneß, Karl-Heinz Rummenigge und Karl Hopfner zu mir nach Hause in Stuttgart und teilten mir mit, dass sie mich gerne als neuen Bayern-Trainer für die kommende Saison hätten.« Magath erklärt, dass dies durch eine Ausstiegsklausel möglich gewesen sei. Diese besagte: Sollte der VfB den Kader nicht entsprechend verstärken, dürfte Magath Stuttgart verlassen. Vier Wochen danach kam der Trainer mit seiner Frau nach München beziehungsweise in den Vorort Grünwald. Hoeneß hatte alles mit dem VfB geklärt. Magath bestätigt: »Da wurde der Wechsel perfekt gemacht.«

Sommer 2015: Über die Jahre hinweg verselbstständigte sich die Grimm-Redewendung beim FC Bayern. Karl-Heinz Rummenigge griff sie gerne auf. »Ich muss eines sagen: Didi Hamann ist bei den Märchenerzählern an zweiter

Stelle gleich hinter den Gebrüdern Grimm«, schimpfte Rummenigge auf den Sky-Experten. Hamann hatte zuvor live im TV behauptet, Manchester City sei an Bayern-Trainer Pep Guardiola interessiert, hätte ihn sogar schon für ein zukünftiges Engagement kontaktiert. O-Ton Hamann: »Die Verhandlungen sollen bereits fortgeschritten sein.« Rummenigge verwies das ins Reich der Fabeln: »Ich habe absolutes Vertrauen zu Pep Guardiola.« Fakt ist: Im Februar 2016 (der Spanier hatte noch vier Monate Vertrag in München) verkündete Manchester City die Verpflichtung von Pep Guardiola zur neuen Saison. City bestätigte, bereits seit 2012 mit Guardiola wegen einer Verpflichtung in Kontakt zu stehen.

Nach Felix Magath rufe ich Didi Hamann an. Auch der TV-Experte muss hörbar schmunzeln, als ich ihm den Grund meines Anrufes erkläre. Das neueste Gebrüder-Grimm-Kapitel kennt er natürlich schon. »Ich hoffe für Bayern, dass diesmal die Geschichte wirklich in der Märchenwelt endet«, sagt Hamann. »Wenn sie Alaba verlieren, wäre das ein Riesenverlust …« Das Kapitel Alaba wird die Bayern-Bosse im Jahr 2020 noch lange begleiten.

Mitte April 2020: Der Fußball steht bereits seit fast sechs Wochen still. Auch das Arbeiten für uns Reporter hat sich geändert. Meine Akkreditierung für das ausgefallene Spitzenspiel der Bayern in Dortmund liegt längst im Papierkorb. Die Interviews, die ich im Vorfeld mit Marco Reus und Emre Can vereinbart hatte, finden via Zoom statt. Interessant finde ich, dass wir plötzlich per Live-Video Einblick in die Wohnzimmer der Stars bekommen. Marco kenne ich seit 2011. Damals hatte ich eine Weißwein-Wette gegen ihn verloren, weil ich mir sicher war, dass er zum FC Bayern wechselt. Nun sitzt er in seiner Wohnung im Dortmunder Stadtteil Syburg und gibt aus seinem Homeoffice das Interview. Im Hintergrund entdecke ich ein Fernglas, weshalb natürlich eine Anspielung auf die Tabellensituation kommen muss. Bayern liegt wieder einmal vor Dortmund.

Emre Can kenne ich sogar noch länger als Marco. Er wurde bei Bayern ausgebildet, bevor er über Leverkusen, Liverpool und Turin durch die Verpflichtung von Dortmund zurück in die Bundesliga fand. In Emres Wohnung hängen kleine Bilder im Hintergrund, die ich während des Gesprächs studiere. Natürlich habe ich auch beim FC Bayern eine Interviewanfrage mit einem alten Bekannten laufen. Mit der Zusage hatte ich gerechnet. Überrascht werde ich dennoch, als der Anruf vom FC Bayern kommt.

»Thomas freut sich auf das Interview. Ihr könnt Donnerstag nach dem Training an die Säbener Straße kommen«, richtet mir Peter von der Bayern-Pressestelle aus. Ich denke im ersten Moment, dass ich mich verhört habe. Interview vor Ort? Nicht via Zoom? Bevor es ein Missverständnis gibt, hake ich nochmals nach. »Ja, das Interview findet bei uns statt«, bestätigt Peter. »Thomas möchte euch sehen. Er sagt, das macht das Gespräch persönlicher und das Interview besser.« Ein typischer Müller. Während der ein oder andere Profi nicht unglücklich ist, ein Interview bequem vor dem Computer zu geben, lädt uns Thomas auch in diesen schwierigen Zeiten zu sich ins Klubgelände ein.

Anlass für das Gespräch: Müller ist auf dem Weg, der erfolgreichste Spieler in der von Erfolg geprägten Bayern-Geschichte zu werden. Mit 521 Pflichtspielen hat er bereits Philipp Lahm (517 Spiele) und Bastian Schweinsteiger (500) überholt, steht in der ewigen Rekordspielerliste auf Platz sieben. Mit seinem neuen Vertrag bis 2023 ist ein Ende noch nicht in Sicht. Direkt vor ihm liegen Franz Beckenbauer mit 543 Spielen, Hans-Georg »Katsche« Schwarzenbeck (547), Klaus Augenthaler (549), Gerd Müller (576), Oliver Kahn (632) und Spitzenreiter Sepp Maier (642) – alles Legenden.

Ich bin gespannt, wie das Interview unter Corona-Umständen ablaufen wird. Fotos sollen wir keine machen. Interviews vor Ort sind nicht untersagt, aber sicher ist sich derzeit niemand, was als richtig oder falsch in der Öffentlichkeit angesehen wird. Aus Reportersicht ist klar: Vor Ort zu sein ist immer die beste Lösung!

An Parkplätzen habe ich in diesen Tagen die freie Wahl am Trainingsgelände, öffentliche Einheiten gibt es nicht. Statt in einem der kleineren Interviewräume ist für meinen Kollegen Jörg und mich alles im Pressekonferenzraum vorbereitet. Drei Stühle sind in Dreiecksformation aufgestellt; der Abstand beträgt weit mehr als die vorgeschriebenen 1,5 Meter.

Da kommt auch schon Thomas herein. »Servus, seid's alle g'sund?«, fragt er, während er uns seinen Ellenbogen zur Begrüßung entgegenstreckt. Ich merke gegenüber Müller an, dass er nicht nervös werden soll, falls ich mal niese. Ich habe um diese Jahreszeit Heuschnupfen. »Das sagen sie alle!«, sagt Thomas. Sein Lachen zeigt mir, dass er mir vertraut. Bei den leichtesten Anzeichen erhöhter Temperatur, die ich tatsächlich zu Hause noch gemessen hatte, wäre ich nicht gekommen. Nicht auszumalen, wenn ich der Grund für den ersten Corona-Fall in der Bayern-Mannschaft wäre! Es gibt wirklich keinen Anlass zur Sorge. Meine letzte Dienstreise war im Januar, als ich Mark van Bommel zu Hause in den Niederlanden besucht hatte. Seither bin ich entweder in meinem Bürozimmer (und nicht im Großraum der Redaktion) oder eben im Homeoffice. Wie es ihm in der Corona-Zeit gehe, frage ich Thomas. »Kennst mich ja, alles ganz entspannt. Wie immer«, sagt er und lässt sich in den Ledersessel fallen. Wenn er schon so entspannt ist, dann kann ich auch flapsig fragen: »Thomas, wie fühlst du dich eigentlich als lebende Legende?« Antwort Müller: »Aktuell fühle ich mich noch sehr lebendig.« Alles klar, Thomas ist wieder mal in Form. Wir plaudern 30 Minuten, bis wir dann zum Thema »Meister« kommen. Wird es in der Liga noch einmal spannend? »Das steht doch in meinem Vertrag«, klärt Müller uns auf, während wir die Ohren spitzen. Vertragsdetails werden einem selten in Interviews verraten. »Wir wollen jedes Jahr Meister werden!«, diktiert uns Thomas in den Block. Wir zögern. Nimmt er uns auf den Arm? Andererseits: Beim FC Bayern ist so eine Klausel durchaus vorstellbar. Bevor wir das wirklich schreiben, klärt uns Thomas dann doch lieber auf: ein Scherz. Er zögerte aber lange genug, um zu sehen, ob wir ihm die Meister-Klausel abnehmen. Punkt für Müller.

Als Parade-Bayer wollen wir von Thomas heute wissen, wie er das »Mia san mia«-Gefühl des Klubs definiert. Müller hat sich darüber offenbar selbst bereits Gedanken gemacht, denn er gliedert uns die Antwort schlagartig in drei Punkte auf.

So definiert also Müller das Klubmotto des FC Bayern, das den Spielern in den Kragen ihrer Trikots gestickt wird:

1. »Man muss jeden Tag das Gefühl haben, für den Erfolg aufzustehen;
2. soziale Verantwortung gehört dazu;
3. der Bayer ist sehr stolz auf sich selbst, hat aber auch eine gewisse Lässigkeit und nimmt sich selbst nicht so ernst. Selbstbewusstsein und Arroganz bilden einen schmalen Grat, diesen nicht zu überschreiten. ›Mia san mia‹ ist sozusagen eine herzliche Arroganz.«

Das Sieger-Gen hat Müller offenbar verinnerlicht. Rekordhalter an Meisterschalen ist er bereits zusammen mit David Alaba und Franck Ribéry. Ich überschlage kurz im Kopf: Bis zu seinem neuen Vertragsende 2023 kann er die Schale insgesamt zum zwölften Mal gewinnen. Also frage ich: »Ist das dein Ziel?« Müller überlegt kurz. Die Aussage ist ihm dann doch ein bisschen zu arrogant. Stattdessen formuliert er für uns eine andere Antwort: »Schreibt als Ziel lieber, zweiter Gewinn der Champions League!« Das nenne ich gelebten Anschauungsunterricht für das »Mia san mia«-Gefühl.

Mit Müller gibt es immer ein Katz-und-Maus- bzw. ein Profi-Reporter-Spiel: Thomas versucht bei einem Interview stets die Schlagzeile herauszufinden, die wir aus seinen Aussagen im Kopf haben könnten. Gerne umkurvt er diese dann wie ein Serge Gnabry seine Gegner. Müller studiert als Vorbereitung dazu auch die Storys über die Rivalen. Zuletzt hat er mein Interview mit Marco Reus gelesen und unsere Bemühungen entdeckt, dem BVB-Kapitän eine Meisterschaftsansage gegen Bayern zu entlocken, was uns mehr schlecht als recht gelungen ist. Daraus entwickelt sich mitten im Interview eine kleine Diskussion. Das klingt dann im ungekürzten Müller-O-Ton so:

Müller: »Da hat der Marco schon recht, wenn er darauf nicht anspringt. Ich würde mir auch mehr Kampfansagen wünschen. Ich verstehe das: Aber das Brot habt ihr euch selbst geschmiert! Erst sollen sie die Meisterschaft ausrufen. Wenn sie dann aber wieder Zweiter sind, bekommen sie es von euch um die Ohren.«

Ich: »Gleicher Druck für alle! An der Spitze ist man einsam.«

Müller lacht: »Das stimmt dann auch wieder.«

Ich: »Wer soll Corona-Meister sein im Falle eines Abbruchs der Liga?«

Müller: »Ganz klar: Der, der gerade oben steht. Ansonsten können wir auch losen – und das ist ja auch Käse.«

Ich: »Das wärt dann ihr. Sollte das wie eine offizielle Meisterschaft gewertet werden?«

Müller: »Das ist uns wurscht. Entscheidend ist: Wir wissen es! Ob es uns als offizielle Meisterschaft angerechnet … So what?«

Wir: »Das war's. Danke für das Gespräch.«

Müller in tieferer, lauterer Stimmlage: »Suppppper!«

Und dann kommt sie doch wieder: Müllers Frage nach unserer geplanten Schlagzeile. Statt ihm eine Antwort darauf zu geben, sage ich: »Was Schlagzeilen betrifft, bin ich ein wenig vorsichtig bei dir. Du weißt ja noch …«, setze ich an. Thomas schaut im ersten Moment etwas überrascht, lauscht dann umso bedächtiger meinen Ausführungen über ein Interview, das wir vor ein paar Jahren zusammen geführt hatten. Die Geschichte geht so:

Wir hatten den Termin kurz vor Andruck unseres Magazins, weshalb Thomas kurzerhand entschied, das Interview direkt an meinem Computer selbst zu autorisieren. So stand ich daneben, während Thomas an meiner Tastatur saß und über das getippte Werk las. »Nein, also ja. Das habe ich gesagt, aber schreiben können wir das wirklich nicht. Nein«, murmelte Thomas und löschte zu meinem Entsetzen vor meinen Augen eine der schönsten Antworten. Ein paar Zeilen weiter wiederholt sich dieses Szenario. »Ich weiß ja, dass ich das gesagt habe. Das geht aber leider auch nicht.« Schwupp, schon wieder eine super Passage weg. Ich zucke bereits, als Thomas erneut seinen Finger über meiner Löschtaste hat. Dann hält er kurz inne, dreht sich darauf mit einem breiten Grinsen zu mir um: »Wenn ich dir das auch streiche, hast du ja gar keine Überschrift mehr …« Thomas lacht und speichert, statt zu löschen.

Müller erinnert sich an die Szene und lacht genau wie damals. »Ich kenne dich inzwischen auch schon ein bisschen«, sagt er und verabschiedet sich in die Bayern-Kantine.

Das Interview ist im Kasten beziehungsweise im Block. Bevor ich es abtippe, aktiviere ich einen Whatsapp-Call, denn eine Frage interessiert mich. Versehentlich gehe ich dabei auf Video und werde dadurch von einer wuscheligen Mähne überrascht. »Ja Sepp, wie schaust denn du aus?«, entfährt es mir. Sepp

Maier grinst mir auf dem iPhone-Bildschirm entgegen. »Servus, Christian!«, sagt der Weltmeister von 1974 und erkundigt sich, was ich meine. Als ich ihn auf seine Haare anspreche, schmunzelt Sepp und erinnert mich: »Du weißt doch, dass im Lockdown die Friseure geschlossen haben. Was rufst mich denn auch per Video an?« Da hat der Sepp auch wieder recht. Ich komme daher nun zum Grund meines Anrufes. Zur Erinnerung: Sepp Maier ist Bayerns Rekordmann mit 642 Spielen, Müller jagt ihn von Platz 7 aus mit 521 Pflichtspieleinsätzen und einem Vertrag bis 2023. Rechnerisch ist die Spitzenposition für Thomas Müller tatsächlich drin.

Sepp hört sich auf seiner Terrasse sitzend meine Frage an und muss für die Antwort nicht lange überlegen. »Ich würde es Thomas wirklich wünschen, dass er gesund bleibt und mich einholt«, sagt Sepp und fügt dann schelmisch an: »Dafür muss er aber schon – sagen wir mal – bis 45 spielen.« Ich stutze. Sepp lässt mich nicht lange mit seiner Erklärung zappeln: »Ich habe den FC Bayern zuletzt schon mal darauf hingewiesen, als er die Rekordeinsatzliste druckte: Ich stehe bei 705 Pflichtspielen! Denn meiner Meinung nach darf man die drei Jahre Regionalliga vor Einführung der Bundesliga 1963 nicht weglassen. Wieso sollten diese Einsätze für den FC Bayern nicht zählen?« Einem Weltmeister widerspreche ich nur ungern. Sepp bleibt die Nummer eins. Thomas Müller wird es verkraften.

München, der 30. April 2020: Der FC Bayern verkündet per Mitteilung: »Jetzt ist die Tinte trocken! Anfang April haben sich der FC Bayern und Hansi Flick auf eine weitere Zusammenarbeit bis zum 30. Juni 2023 geeinigt – nun unterzeichnete der 55-Jährige in der Vorstandsetage des Klubs seinen neuen Vertrag als Cheftrainer des deutschen Rekordmeisters.« Flick hält auf dem Foto dazu den Stift, den ihn Karl-Heinz Rummenigge in London geschenkt hatte, der Vorstandschef hält daneben das Etui dazu. Rummenigge wird immer mehr zum engsten Vertrauten des Trainers, der nun langfristig an der Säbener Straße arbeiten soll.

Anfang Juni 2020: Eigentlich habe ich die erste Juniwoche Urlaub. Als Vollblutreporter sind Ferien eine heikle Zeit. Es gibt immer eine Story, die man zu verpassen droht. Das klingt gewiss etwas befremdlich, auf jeden Fall für meine Frau. Aber: Als Reporter ist man dadurch nie richtig frei im Kopf. Allerdings: Unser Beruf ist ja gleichzeitig unser liebstes Hobby.

Wir haben bereits seit Längerem ein Interview mit Kingsley Coman angefragt. Die Terminzusage des FC Bayern erfolgt – richtig – in meiner Ferienwoche. Natürlich will ich das Interview führen. Die Auswirkungen der Corona-Krise machen das Umsetzen leichter, als es unter normalen Umständen der Fall wäre: Die Spieler befinden sich in der sogenannten »Blase«, sollen so wenig Menschen wie möglich außerhalb des ständig getesteten Bayern-Kosmos treffen. Statt für ein Treffen an der Säbener Straße sind wir für eine Zoom-Schalte verabredet.

Ich sitze am Strand des Chiemsees. Die SUP-Boards meiner Kinder sind aufgepumpt, ich ziehe mich für das Gespräch an einen ruhigen Waldrand zurück. Mein Kollege Tobi ist im Dienst, wird das Interview anschließend bearbeiten. Den Fragenkatalog haben wir zusammen erstellt. Im Hinterkopf habe ich natürlich, dass es für King (wir sollen ihn so nennen wie seine Teamkollegen) vielleicht komisch wirkt, wenn ein Reporter am See sitzt. Schließlich weiß er nicht, dass ich eigentlich im Urlaub bin. Erleichtert lache ich auf, als sich Coman pünktlich per Videobild einwählt. Im Hintergrund ist klar zu erkennen, dass der Bayern-Star sich selbst an einem See befindet. Besser gesagt: Coman ist auf einem See! »King, wo bist du?«, lautet daher meine nicht vorgesehene Einstiegsfrage. Coman schmunzelt und schwenkt seine Handykamera. »Ich bin auf einem Boot am Starnberger See! Hansi Flick hat uns heute frei gegeben.« Jetzt stelle ich auch meine Kamera um und filme das Chiemsee-Panorama. Für ihre schnittigen Autos sind die Bayern-Profis bekannt, umso mehr interessiert mich natürlich: »Ist das dein eigenes Boot?« Kingsley winkt ab. »Nein, nein«, erwidert der Franzose. Er habe es sich nur geliehen. Coman spricht auf Deutsch. Es ist sein erstes Interview, dass er in unserer Sprache gibt. Nur einmal, als es um die Rassismus-Debatte und George Floyd geht, der wehrlos von einem weißen Polizisten in den USA am 25. Mai ermordet wurde, weicht er ins Englische aus. Er erklärt, diese Diskussion sei wichtig, daher wolle er sicherstellen, die richtigen Worte zu finden. Danach wechseln wir wieder ins Deutsche und sprechen über Sportliches.

Thema ist natürlich auch das heftige Werben des FC Bayern um Leroy Sané, der auf derselben Position wie Kingsley spielt. Coman sagt uns, er verfolge das nicht, lobt aber die Qualität des Kollegen. Auch über Coman gibt es Transfergerüchte; die Premier League lockt ihn. King weist nicht von der Hand, dass ihn diese Option beschäftigt. »Ich möchte die Saison zu Ende spielen, danach, im Sommer, kann ich über meine Situation nachdenken: Was ich machen will, welche Entscheidung gut ist«, sagt er uns offen. Dass ihn Manchester United mit einem Gehalt von 12 Millionen Euro netto lockt, sagt er uns nicht. Wir wissen es trotzdem. Der Franzose hat bei Bayern eine lange Phase hinter sich, in der er auf seine Chance hinter den Superstars Franck Ribéry und Arjen Robben warten musste. Ich will wissen: »Wie hart war für dich die Wartezeit hinter Robbery?« Coman blickt kurz in den weißblauen Starnberger Himmel, dann antwortet er: »Ich spiele heute mehr. Aber auch in der letzten Saison von Franck und Arjen kam ich regelmäßig zum Einsatz. Ich will aber nicht sagen, dass es ohne sie besser ist: Ich vermisse besonders Franck, wir waren sehr eng miteinander, Freunde.« Es schwingt aber auch mit, dass er sich nicht noch einmal hinter irgendjemand anstellen wird.

Dezember 2020: Die Interviewbedingungen sind noch immer dieselben, Corona begleitet uns weiterhin im Sportjournalismus. Wieder haben wir einen Interviewtermin mit Kingsley. Aus guten Gründen ist er nicht dem Ruf aus England gefolgt, obwohl ihn Manchester City gerne gegen Leroy Sané getauscht hätte. Doch der FC Bayern hat Coman für unverkäuflich erklärt: zuerst Hasan Salihamidžić gegenüber City-Sportchef Txiki Begiristain in den Sané-Verhandlungen, danach Vorstandschef Karl-Heinz Rummenigge öffentlich. So schaltet sich Coman nun aus seiner Münchner Wohnung per Zoom zu. Wieder liefert er uns ein Bild, über das wir sprechen müssen. Hinter dem Bayern-Profi zeichnet sich deutlich die Silhouette des Olympiaturms ab. »King, schaust du etwa auf das Olympiastadion?«, frage ich ihn diesmal. Der Franzose lacht und greift sich sein Handy. Daraufhin präsentiert er uns seine Aussicht. Seine Wohnung befindet sich hoch über den Münchner Dächern, und tatsächlich blickt er direkt in die Schüssel des altehrwürdigen Olympiastadions, in dem der FC Bayern bis zum Sommer 2005 seine Heimspiele ausgetragen hatte. Kingsley ist gebürtiger Pariser, wechselte im Alter von neun Jahren zu Paris Saint-Germain. »Dort unten habe ich 1994 den 1:0-Sieg von PSG in der Champions League gesehen«, erzähle ich Kingsley. »Damals schoss der fantastische George Weah den Siegtreffer.« Unüberlegterweise frage ich Coman, ob er sich daran erinnern könne. Er lacht, bevor er mich aufklärt: »Ich bin erst 1996 geboren.« Er fügt allerdings an: »George Weah kenne ich natürlich, ein großartiger Stürmer!« Ich google schnell die Aufstellung von damals und lese ihm die PSG-Elf vor. King horcht auf, die Namen scheinen ihm alle ein Begriff zu sein. Es ist schön zu sehen, dass den jungen Spieler die alten Helden faszinieren. Coman verspricht: »Ich schaue mir das Spiel nach unserem Gespräch auf Youtube an!«

Ich selbst habe guten Grund, mich an die Partie zu erinnern: Die Pleite gegen PSG war die erste Heimniederlage in der Champions League für den FC Bayern und die zweite, wenn man den Europapokal der Landesmeister hinzuzählt (1:2 gegen Roter Stern Belgrad im Jahr 1991). Beide Niederlagen habe ich als Fan erlebt, weshalb sie sich tiefer in mein Gedächtnis einbrannten als die Pleiten in den Zeiten als Sportreporter. Glücklich dürfen sich die Bayern-Fans der Spielzeit 2019/20 fühlen: Bisher gab es in der Champions League gegen Roter Stern Belgrad (3:0), Olympiakos Piräus (2:0) und Tottenham Hotspur (3:1) ausschließlich Heimsiege.

10.6.2020

DFB-Pokal-Halbfinale:

FC Bayern vs. Eintracht Frankfurt 2:1

(Perišić, Lewandowski; da Costa)

Mittwochabend, Allianz Arena: Es ist in der Tat: gespenstisch. Ich sitze in der 75 000 Zuschauer fassenden Allianz Arena. Es ist DFB-Pokalhalbfinale. Mit Ausnahme der zehn schreibenden Kollegen, einiger TV- sowie Radioreporter und eines Ordners ist kein Mensch im Unterrang. Über uns im Mittelrang sitzen die Delegationen des FC Bayern und Frankfurter Eintracht. Unter uns haben in einem separaten Bereich die Reservisten beider Mannschaften ihre abgesperrten Plätze.

Das DFB-Pokalhalbfinale gegen Eintracht Frankfurt als Geisterspiel zu erleben ist bedrückend. Die Corona-Krise macht es erforderlich, dass die Spiele ohne Publikum stattfinden müssen. Bei der Einfahrt ins Stadion misst das »Bayerische Rote Kreuz« meine Temperatur an der Stirn durch das offene Autofenster. Die beiden Mannschaften kommen nach mir jeweils in zwei Bussen pro Team an, wie es das DFL-Hygienekonzept vorsieht. Die

Eintracht-Spieler benutzen den Stadioneingang bei »Welcome Zone West«, der in normalen Zeiten den VIP-Gästen vorbehalten ist. Uli Hoeneß, der mit seinem Wagen kommt, verpasst die Busse knapp um sieben Minuten. Die Bayern-Profis betreten das Stadion über die »Welcome Zone Ost«, wo eigentlich der Journalisteneingang ist; über den Spielfeldrand gelangen sie zu ihrer Kabine. Die Mannschaftsitzung erfolgt im Presseraum, der für uns Medien in der aktuellen Lage ohnehin gesperrt ist. Wäre es nicht so traurig, würde mich der Gedanke ermuntern, dass Neuer & Co bei Flicks Unterweisungen auf unseren Plätzen sitzen, auf denen wir ansonsten die Fragen stellen.

Letztlich sind wir alle froh, dass überhaupt wieder Fußball gespielt werden darf. Für die Stimmung im Stadion ist das alles unheimlich bitter. Für uns Sportreporter sind die Geisterspiele allerdings eine einmalige Gelegenheit, die Profis in ihrer Kommunikation zu belauschen. Wer ist am lautesten? Wer gibt die meisten Kommandos? Kurz: Wer führt die Mannschaft wirklich auf dem Platz?

Schon vor dem Anpfiff höre ich jedes Wort. David Alaba klatscht vor dem Anpfiff in die Hände: »Come on, boys! Let's go!« Dann dreht Thomas Müller auf. Eigentlich hatte ich mir vorgenommen, die Kommandos aller Bayern-Spieler zu notieren. Doch schon nach einigen Minuten wird mir klar: Es wird ein Müller-Protokoll. Alle Bayern-Stars zusammen sprechen in den folgenden 90 Minuten nicht so viel wie Thomas allein. Ich schreibe vorsorglich schon mal als Arbeitszeile in den Block: »Geisterradio Müller«.

Das hört sich dann so an: »Tempo, Jérôme!«, ruft Müller seinem Kollegen Boateng zu, um das Aufbauspiel zu beschleunigen (1. Minute). Kurz darauf pfeift Schiedsrichter Marco Fritz Freistoß für die Eintracht. Kommentar Müller: »Hör doch auf! Das war eine Abwehraktion!« (2. Minute). Müller ist verbal der Dreh- und Angelpunkt des Bayern-Spiels, in der Abwehr hat Alaba das Wort. Doch auch in dieser Hierarchie wird klar, wer das lautere Sagen hat. »Ein bisschen defensiver, David!«, beordert Müller den Abwehrboss zurück (3. Minute). Müllers Lieblingskommando »Zeit« notiere ich ein halbes Dutzend Mal. Über die Führung durch Ivan Perišić brüllt keiner lauter als Müller, immerhin hatte er den Treffer eingeleitet (14. Minute). Radio Müller sendet auch auf internationalen Frequenzen. »Phonzie! Go! Go! Go!«, heizt der Bayer den Kanadier Alphonso Davies an, der daraufhin zu einem Sprint an der Seitenlinie startet (26. Minute). Der Kroate Ivan Perišić bekommt die gleiche Anweisung, allerdings auf Deutsch: »Geh!« Auch Perišić läuft daraufhin am linken Spielfeldrand los (31. Minute). Nur einmal ist Müller nicht zu hören. Sein Schimpfen über die Münchner Leistung in der ersten Halbzeit wird von der eingespielten Pausenmusik aus den Lautsprechern übertönt. Sein heftiges Kopfschütteln ist aber auch so leicht zu deuten.

Die Bayern-Reservisten sitzen unterhalb von uns auf den Zuschauerrängen. Ab und an übernehmen sie die Fan-Rolle und spenden Szenenapplaus. Das Klatschen klingt einsam im Stadion.

In der zweiten Hälfte spürt Müller, dass die Frankfurter immer mehr Zugriff aufs Spiel bekommen. Für Müller ein klarer Fall, wer das verhindern muss. »Josh, du musst! Josh, du musst!«, gibt er das Kommando an Kimmich. Der Nationalspieler läuft daraufhin einen Eintracht-Spieler ab. Diese Szene wiederholt sich mehrmals. Ich sehe Kimmich an, dass er langsam genug davon hat, dass er andauernd auf Müllers Anweisung »muss«, während die anderen Kollegen ihm dabei zusehen. Müller spürt, dass er kurz davor ist, den Kommandobogen bei Kimmich zu überspannen. Allerdings bekommt Frankfurt einen Freistoß. Ich beobachte Müller, der wohl der Überzeugung ist, dass Josh wieder einmal »muss«. Statt selbst zu rufen, geht er zu Kommandokollege Alaba, flüstert ihm etwas ins Ohr, was ich nur erraten kann. Mein Tipp bestätigt sich. Denn als Nächstes ruft Alaba ein neues Kimmich-Muss: »Josh, hinter!« (57. Minute). Stichwortgeber Müller hat geschickt über Bande gespielt. Obwohl die Kommandokette funktioniert, kommt Frankfurt zum 1:1-Ausgleich (69. Minute). Doch bereits fünf Minuten später darf Müller den 2:1-Siegtreffer von Lewandowski bejubeln. In der 82. Minute ruft Flick seinem verlängerten Arm Müller noch eine Anweisung zu, die dieser mit einem deutlichen »Ja!« quittiert. An Davies gibt er daraufhin weiter: »Phonzie, lauf!« Und Phonzie Davies läuft. Nochmals an alle (88. Minute): »Auf geht's!« Und speziell für Davies: »Phonzie, rüber!« In der 90. Minute muss Müller noch als Sanitätskommandeur ran, da Thiago nach einem Bandencheck verletzt am Boden liegt. »Komm! Komm! Komm!«, weist Müller die Physios an.

Erst der Schlusspfiff (94. Minute) beendet die Sondersendung von »Geisterradio Müller«. Wer meint, Müller wäre damit zum Schweigen zu bringen, irrt. Der Bayer geht kurz darauf im Fernsehen auf Sendung. Der TV-Müller gibt Interviews zum Spiel bei den zwei Stationen am Spielfeldrand von ARD und SKY. Müllers Kommentar zum Finaleinzug lautet: »Mit einem der pomadigsten Halbfinals, die ich so in Erinnerung habe. Keine Beweglichkeit gehabt, die Bälle nicht gehalten, das hat sich durch die ganze Mannschaft gezogen.« Dann verabschiedet sich der *Multitasking Player* aus dem Stadion. Natürlich nicht schweigsam. Munter plaudert er auf Trainer Hansi Flick ein, während sie über die Seitenlinie gemeinsam das Stadion verlassen. Als Chefcoach weiß Flick allerdings einen Trick, wie er selbst Müller zum Schweigen bringen kann. Der Trainer greift zum Handy, und Müller muss akzeptieren, dass er für den Abend nun endgültig Sendepause hat.

Die Pressekonferenz von Flick verfolge ich auf der Tribüne statt in den Katakomben. Der Bayern-Trainer sitzt allein auf seinem Podium, wir sehen ihn draußen an unseren Laptop-Bildschirmen. Unsere Fragen stellen wir per Videokonferenz. Danach war es das auch für uns. Kurz vor Mitternacht geht mein gespenstischer Stadionbesuch zu Ende, passend zur Geisterstunde.

16.6.2020
Bundesliga, 32. Spieltag:
SV Werder Bremen vs. FC Bayern 0:1
(Tor: Lewandowski)

Dienstag, Weserstadion: Der FC Bayern holt den ersten Titel unter Hansi Flick. Um 21.12 Uhr und 19 Sekunden ist es perfekt! In diesem Moment erzielt Robert Lewandowski den Treffer zum 1:0-Endstand in Bremen. Es ist das entscheidende Tor zum Titel. Die Bayern haben die Schale jetzt auch rechnerisch sicher. Es ist der 30. Meistertitel insgesamt, der achte in Folge, die erste Geister-Meisterschaft. Hansi Flick ist mit der Partysituation ein wenig überfordert, gibt nach dem Spiel zu Protokoll: »Ich habe keine Ahnung, wie das Programm heute Abend ist. Ich weiß nur, dass Hermann Gerland gesagt hat, ich soll irgendetwas mit Cola trinken, ich glaube mit Whisky. Das werde ich tun, weil er es sich verdient hat. Deswegen werde ich mit ihm einen Bourbon-Cola-Light trinken.«

Anruf bei Hermann Gerland: »Herr Gerland, haben Sie die Whisky-Cola-Aktion mit Hansi durchgezogen?« Gerland lacht. Es sei ja ungewöhnlich, dass er aus einer Bierstadt wie Bochum komme, aber ihm das Getränk einfach nicht schmecke. Es sei ihm zu bitter. Warum Gerland das erzählt? Flick ging es mit Whisky-Cola offenbar sehr ähnlich. Gerland hatte auf dem Bankett in Bremen die Runde bestellt. »Einen Whisky-Cola für Hansi, einen Whisky-Cola-Light für mich«, erinnert sich Gerland. »Ich kann dazu sagen: Hansi hat zwar nichts angemerkt, aber es war ihm anzusehen: Das ist nicht so sein Getränk.« Gerland sollte sich zwei Monate später revanchieren. »In Lissabon habe ich Wein, Sekt und sogar Bier getrunken, ich habe noch einmal alles probiert – geschmeckt hat mir das immer noch nicht.«

Juni 2020, im Münchner Viertel Maxvorstadt: Ich sitze bei einer Flasche Chardonnay »Vie di Romans« für ein Hintergrundgespräch im Hof der »Italiana Osteria«, als ich den erwarteten Anruf erhalte. Offen sprechen kann ich nicht, denn mit am Tisch sitzen ein paar Spielerberater. Sie sollen nicht unbedingt mithören, dass ein Fotograf für uns gerade einen ihrer Kollegen »abgeschossen« hat. Ich bedanke mich bei dem Fotografen für die Bestätigung und beende das Gespräch schnell. Wir hatten Pini Zahavi vor dem Münchner Fünfsternehotel »Vier Jahreszeiten Kempinski« abgelichtet.

Zahavi ist erst seit Kurzem der neue Berater von David Alaba. Zahavi soll Davids Vater George bei den Vertragsgesprächen mit Bayern unterstützen. Der Name Zahavi gilt an der Säbener Straße nicht unbedingt als *persona gratissima*, wie Vorstandschef Rummenigge willkommene Gäste bezeichnet. Der Israeli mit Wohnsitz in London hatte den Klub bei der Vertragsverlängerung von Robert Lewandowski finanziell gehörig bluten lassen, alle Beteiligten immer wieder mit angeblichen Angeboten von Real Madrid für den Stürmer verrückt gemacht. Nun wiederholt er das gleiche Spiel bei David Alaba. Auch diesmal lanciert der Berater, dass Real Madrid interessiert sei.

Zahavi ist Phantom und Legende in der Beraterszene zugleich. Er war es, der Superstar Neymar 2017 für die Rekordsumme von 222 Millionen Euro vom FC Barcelona zu Paris Saint-Germain transferiert hatte. Unbestätigten Gerüchten zufolge hatte Barca aus Verärgerung über den Deal, der aufgrund einer Klausel nicht zu verhindern war, dem Berater zwischenzeitlich

Hausverbot erteilt. Keine gute Verhandlungsposition für Alaba also, der sich neben Real auch Barcelona als Wunschverein für die Zukunft vorstellen konnte. Allerdings wusste Zahavi nur zu gut: Bei Barca wechselt die Klubführung auch manchmal schnell, wenn seine Präsidenten wieder einmal entmachtet werden.

Wir hatten die Information bekommen, dass Zahavi nun erstmals für direkte Verhandlungen mit den Bayern-Bossen eingeflogen sei. Allerdings hatten wir auch gehört: Aufgrund seiner Angst vor Corona verließ der 76-Jährige seine große Hotelsuite nur in dringlichen Fällen. Umso mehr freute mich die Nachricht, dass uns das Foto in einem der wenigen günstigen Momente geglückt war. Nun wussten wir mit Sicherheit, dass das Gespräch unmittelbar stattfinden würde. Und schon bald erfuhr ich auch wo.

Treffpunkt ist wieder einmal das Restaurant »Bogenhauser Hof«. Teilnehmer der Runde ließen mich danach wissen, es soll recht laut geworden sein. Im Zuge meiner Recherche erfuhr ich, dass beim Geld-Poker um David Alaba aufgrund von Differenzen der Lautstärkepegel stieg. Sehr sogar. Am Tisch hatten neben Zahavi und Alaba-Vater George auf der Bayern-Seite Sportdirektor Salihamidžić und Vorstandschef Rummenigge Platz genommen; Vorstandskollege Kahn hatte sich zuvor entschuldigen lassen. Soeben erst hatten die Münchner Verantwortlichen die hohen Gehaltsforderungen von Neuer abgewendet, da schockte sie Zahavi mit den nächsten. Es ging nicht nur um die Provision für David Alaba, sondern auch um seine Berater-Gage in Millionenhöhe. Während Rummenigge bemüht war, die Situation nicht eskalieren zu lassen, brachte Zahavi mit seiner Argumentation Salihamidžić immer mehr in Rage. Fast so, als suchte er absichtlich die Eskalation. Zuvor soll er Salihamidžić wissen lassen haben, dass ohne ein zweistelliges Handgeld an die Beraterseite kein Deal mit Bayern zustande käme. Als Zahavi dann ausführte, welche Geldquellen in Zukunft bei Bayern sprudeln würden und außerdem Millionen von dem Internetriesen Amazon für Übertragungsrechte in Aussicht stellte, mit der man die Forderungen der Alaba-Seite erfüllen könnte, platzte Salihamidžić der Kragen. Der Sportdirektor, der über die Verhandlungen der TV-Rechte besser im Bilde war und wusste, dass Amazon nicht den Retter der Bundesliga in schweren Corona-Zeiten spielen würde, warf Zahavi an den Kopf, ob er wisse, was er da für einen Unsinn rede. Als der Alaba-Agent unbeirrt fortfuhr, fluchte der Sportdirektor, verwendete dabei einen englischen Kraftausdruck, der auch im Deutschen mit »F…« beginnt. Damit waren die Fronten endgültig verhärtet. Wenn es Zahavis Ziel gewesen sein sollte, eine letzte Chance auf eine Übereinkunft zwischen dem FC Bayern und den Alabas zu zerstören, dann hatte es der Berater jetzt geschickt geschafft.

September 2020: Unsere Recherche sollte später Uli Hoeneß bei einem Auftritt im TV-Format Doppelpass stützen. Der Aufsichtsrat und Ehrenpräsident beschimpfte Zahavi in der Sendung als »geldgierigen Piranha«, der für sich im Falle einer Verlängerung einen »zweistelligen Millionenbetrag« verlangte. Entscheidend für mich war die Bestätigung der emotionalen Eskalation. Hoeneß im O-Ton: »Da verstehe ich, dass Hasan bei einem Gespräch völlig ausgeflippt ist. Die Argumente, die da ausgetauscht wurden, gehen auf keine Kuhhaut.« Hinter den Kulissen sprach Hoeneß davon, dass Zahavi und Papa Alaba ein Beraterhonorar von 15 Millionen Euro gefordert haben sollen.

Juni 2020: Die bayerische Streitkultur führt Uli Hoeneß in der Sonntagssendung *Blickpunkt Sport* aus. »Es ist schwieriger geworden«, stellt Talk-Gast Hoeneß fest. »Ich halte nach wie vor eine Streitkultur für sehr wichtig in unserer Gesellschaft.« Ich sehe das auch so. Allerdings war das Pflegen dieses wichtigen bayerischen Kulturguts mit Uli Hoeneß nicht immer einfach oder gar angenehm. Dafür immer sportlich fair.

Rückblick: Der FC Bayern tritt 2014 wieder mal in der Champions League bei Arsenal London an. Über ein Jahr haben Hoeneß und ich nicht mehr miteinander gesprochen, als der Bayern-Boss und ich uns im Mannschaftshotel »The Landmark« in London gegenübersitzen. Eigentlich sitzt Uli Hoeneß auch nicht mehr, er steht, bereit zum Gehen. Und das nach gerade einmal fünf gemeinsamen Minuten. Bevor er wutentbrannt abdampft, lässt er mich lautstark den Grund dafür wissen: »Wenn Sie das so sehen, brauchen wir auch weiterhin nicht mehr miteinander zu reden!« Die Blicke der Gäste im achtstöckigen Atrium mit den Palmen unter dem riesigen Glasdach sind auf uns gerichtet. Ich bemerke, dass Karl Hopfner zwei Tische weiter mit einem Grinsen zu mir herüberschaut. Der Finanzchef kennt die Szenen, wenn der Bayern-Patron einen Reporter abkanzelt. Der Grund unserer Auseinandersetzung ist: Louis van Gaal. Ich habe Uli Hoeneß um einen Termin beziehungsweise um eine Aussprache gebeten. Der Bayern-Präsident hatte mir übel genommen, dass ich im Oktober 2012 in die Niederlande gefahren war, um den neuen Bondscoach zu interviewen, der zugleich ein im Jahr zuvor entlassener Bayern-Trainer war. Louis van Gaal gab mir sein erstes Interview seit seiner Bayern-Beurlaubung, in dem er wenige gute Worte für Uli Hoeneß fand (»Der Einzige im Klub, der immer auf meinen Abschied gedrängt hat, war Uli Hoeneß. Kein anderer«). Dabei sprach der Niederländer durchaus auch positiv über Hoeneß (»Es war nicht Beckenbauer, Breitner oder jemand anderes, der den Klub so groß gemacht hat. Das war allein das Werk von Uli Hoeneß«). Bei Hoeneß waren aber nur die negativen Aussagen hängen geblieben. Und daher sprach er über ein Jahr nicht mehr mit dem Reporter, der das so aufgeschrieben hatte. Genauer gesagt: mit mir. Der Hoeneß-Vorwurf am Londoner Tisch lautet noch immer: Ich hätte nicht kritisch genug bei Louis van Gaal nachgefragt und ihm die Plattform für die Kritik an dem Bayern-Boss gegeben. Ich bin anderer Meinung und beharre darauf. Kurzum: Wir beide kommen auch an diesem Nachmittag nicht zusammen. Jetzt will Hoeneß gehen und das Interview-Embargo mir gegenüber aufrechterhalten. Mir bleiben nur wenige Sekunden, bevor er den Tisch verlässt. So sage ich: »Herr Hoeneß, wenn Sie jetzt gehen, sind Sie nicht der Mann, für den ich Sie gehalten habe.« Hoeneß stockt und schaut mich skeptisch an. Er wartet, was nun folgen würde. Ich fahre also fort: »In dem Fall müsste ich denken, dass Sie Kritik nicht akzeptieren, sondern nur positive Berichterstatter dulden.« Der Bayern-Boss versteht, dass ich damit Hofberichterstatter meine, es aber nicht ausspreche. Das lässt Hoeneß nicht auf sich sitzen und – setzt sich wieder. Lautstark geht es nun am Tisch weiter. Noch eine halbe Stunde wird diskutiert, dann versöhnen wir uns und am Ende wird das nächste offizielle Interview vereinbart. Das ist gelebte bayerische Streitkultur, für die Uli Hoeneß für mich steht.

Im Juli 2020 sind Hoeneß und ich wieder einmal in einer Phase, in der das nächste gemeinsame Interview auf sich warten lässt. Hoeneß hatte bei seinem Abschied als Präsident bei der Jahreshauptversammlung mit ein paar Äußerungen über die Kritik einiger Mitglieder nicht gerade demokratische

Diskussions-, sondern nur bayerische Streitkultur gezeigt. Weil wir das geschrieben haben, ist er nun sauer auf uns und schmollt.

4.7.2020
DFB-Pokalfinale:
Bayern Leverkusen vs. FC Bayern 2:4
(Tore: S. Bender, Havertz; Alaba, Gnabry, Lewandowski [2])

Samstag, Berliner Olympiastadion: Die Bayern machen mit dem DFB-Pokalsieg den zweiten Titel und damit das Double unter Flick perfekt. Der Trainer weiß, wem er das zu verdanken hat. Kurz nach Abpfiff stürmt Flick auf David Alaba zu, beglückwünscht und umarmt ihn. Mit seinem Super-Freistoß zum 1:0 hatte Alaba den Pokaltriumph eingeleitet. Flick will seinen Abwehrchef, der weiterhin um einen neuen Vertrag pokert, nicht verlieren. Seine Huldigung an Alaba lautet daher: »David hat ein Weltklassetor gemacht. Er ist auf dieser Position zu einem ganz außergewöhnlichen Spieler gereift. David motiviert die Mannschaft durch seine positive Art und ist da auch für mich als Trainer wichtig. Man kann in einem Verein, in dem man ausgebildet wurde, seine Karriere beenden. Das kommt nicht mehr allzu oft vor, ich würde mich wahnsinnig freuen.« Richtung Bayern-Bosse richtet Flick aus: »Ich werde mich einsetzen mit allem, was ich habe, dass wir zwei solche Qualitätsspieler halten können. Auch wenn ich weiß, dass es bei Thiago nicht ganz so einfach ist.«

Ende Juli 2021, Madrid: Real Madrid stellt seinen Neuzugang David Alaba vor. Der Österreicher küsst bei der Präsentation das Wappen der Königlichen auf seinem neuen Trikot. Seine Mutter Gina, die wie Papa George ebenfalls Teilhaber der Wiener Firma The Alabas GmbH ist, die 6,3 Millionen Euro für den Transfer kassiert, weint vor Glück. Angesichts dieser Bilder toben die enttäuschten Bayern-Fans, machen ihrer Wut im Internet Luft. In Bild *sammeln wir ein paar Stimmen aus den sozialen Netzwerken. Eine davon lautet: »Eine größere Verhöhnung gegenüber seinem alten Verein geht gar nicht.« Thiago hat den FC Bayern bereits vor einem Jahr verlassen. Obwohl die Bayern-Granden ihm bei seinem Gehalt, der Vertragslaufzeit und der kompletten Erfüllung seiner Forderungen nach und nach entgegengekommen waren, machte er kurz vor der Unterschrift seines neuen Kontrakts einen Rückzieher. Der Reiz, zum FC Liverpool zu wechseln, war für ihn verlockender. Eins muss man dem Spanier zugutehalten: Thiago ging es bei den Gesprächen nicht ums Geld, er nutzte das Liverpool-Angebot nicht zum Poker.*

30.6.2020 @cfbayern
Announcement Leroy Sané: the transfer is done!

Presserklärung FC Bayern, 3. Juli 2020
FC Bayern verpflichtet Leroy Sané
Neuzugang erhält Vertrag bis 2025

Es sind spannende Transfertage für den FC Bayern. Dienstagabend haben wir exklusiv die Verpflichtung von Leroy Sané vermeldet. Bereits am heutigen Mittwochmittag wird Tanguy Nianzou an der Säbener Straße vorgestellt. Auch den Transfer des PSG-Verteidigers hatten wir bereits Mitte Juni enthüllt, so wie Anfang des Jahres den Neuzugang Alexander Nübel, der auch in diesen Junitagen seinen Medizincheck absolvierte.

Mitte Juli 2020, »Hotel Vier Jahreszeiten«, München: Zur Begrüßung schenkt mir Leroy Sané ein breites Lächeln – und steckt mich damit an. Noch haben wir beide miteinander kein Wort gewechselt, doch unsere Blicke verraten uns gegenseitig, dass wir gerade den gleichen Gedanken haben: Bis es zu diesem Moment kommen konnte, ist eine gefühlte Ewigkeit vergangen. Am Anfang stand ein Versprechen, das zum Zeitpunkt der Äußerung vielleicht nicht ganz ernst gemeint war, mit der Zeit dafür umso aufrichtiger ins Auge gefasst wurde. »Da bist du ja endlich«, begrüße ich Leroy in München. Wie selbstverständlich erwidert er: »Ich hatte ja versprochen, dass das erste Interview, das ich in Deutschland gebe, du bekommst.« Es ist vor allem lustig, da wir beide uns eigentlich bis auf ein paar flüchtige Begegnungen bei der Nationalelf persönlich gar nicht gut kennen. Wir sind quasi so etwas wie eine Internetbekanntschaft.

Leroy weiß, dass unser *Running Gag* von unseren Followern auf den sozialen Kanälen verfolgt wurde, und der ging so: Fast immer, wenn Sané einen Post erstellte, erinnerte ich ihn mit einem Kommentar an unsere Abmachung.

Es gab Follower, die sich einen Spaß daraus machten, meine Interviewbemühungen zu sammeln und zu kommentieren, meistens kam ich dabei nicht besonders gut weg. Den wahren Hintergrund kannten nur die wenigsten.

Ein kurzer Rückblick: Juni 2019, Tivoli in Aachen. Die deutsche Nationalmannschaft macht im Zuge der EM-Qualifikation ein Show-Training. Nach der Einheit versammeln sich die Fans sogar um den Mannschaftsbus; die Mixed Zone für uns Reporter befindet sich kurz vor dem Bus. Eigentlich warte ich auf Jogi Löw, um ihm noch ein, zwei Fragen zu stellen. Stattdessen kommt Leroy Sané. Der City-Star ist für mich nicht minder spannend, immerhin wissen wir vom Interesse des FC Bayern an ihm. Die Chance, dass er darüber spricht, ist gleich null. Doch Fragen zu stellen gehört zu meinem Beruf, also frage ich: »Leroy, du hast seit Jahren kein Interview mehr in Deutschland gegeben, wäre es nicht mal wieder an der Zeit?« Sané überlegt kurz, meint darauf zu mir: »Ich weiß, dass ihr so viele Fragen an mich habt, dass wir dafür mindestens eine Stunde bräuchten. Die Zeit haben wir bei der Nationalmannschaft leider nicht ...« Es ist eine geschickte Entschuldigung. Tatsächlich haben Reporter für Interviews bei Länderspielwochen für Termine nur 15 bis 20 Minuten Zeit mit dem Spieler. Bevor Sané im Bus verschwindet, sage ich noch zu ihm: »Ich werde mir die Zeit nehmen und komme gerne darauf zurück.« Leroy grinst und weg ist er. Wir beide hätten nicht gedacht, dass uns dieser launige Small Talk in den kommenden 13 Monaten noch derart beschäftigen wird.

Es gibt natürlich noch eine zweite Wahrheit hinter unserem Termin: Das Werben des FC Bayern um Leroy hatten wir bei *Sport Bild* und *Bild* so genau verfolgt wie wenige andere. Ich legte mich früh fest: Er wird kommen! Für diese Meinung musste ich einiges an Gegenwind im Netz aushalten. Der Transfer wackelte zeitweise bedenklich, dennoch war ich mir sicher, dass es am Ende klappen würde. Auch weil ich wusste, wie hart Sportvorstand Hasan Salihamidžić hinter den Kulissen für diesen Deal kämpfte. »Schön, dass du nun da bist«, sage ich daher Leroy. »Wenn du nicht zum FC Bayern gewechselt wärest, hätten mich wohl all meine Follower verlassen.«

Anfang August 2020: »Hallo! Servus!«, schallt es aus der Leitung. Hansi Flick meldet sich aus der Quarantäne an der Säbener Straße. Nicht einmal der persönliche Kontakt zum Bayern-Vorstand, der im Nebengebäude sitzt, ist ihm erlaubt. Der frisch gebackene Double-Sieger und seine Mannschaft dürfen in Zeiten von Corona keine Ansteckung riskieren. »Ich hätte euch gerne persönlich empfangen, aber das ist leider im Moment einfach nicht möglich«, erklärt Flick. Es sind noch vier Tage bis zum Achtelfinalrückspiel gegen den FC Chelsea in München (Hinspiel: 3:0 für den FC Bayern). Und in fünf Tagen fliegt der FCB an die Algarve, wo sich der Klub in einem viertägigen Trainingslager für das Champions-League-Finalturnier in Lissabon vorbereiten will.

Flick hat mit dem FC Bayern auf Anhieb das Double gewonnen. Dennoch gab es in der Redaktionskonferenz Diskussionen, ob der Münchner Coach den Award zum »Trainer des Jahres« bekommen soll. Immerhin gelang es Jürgen Klopp erstmals nach 30 Jahren mit dem FC Liverpool, die englische Meisterschaft zu gewinnen. Allerdings war der Titelverteidiger der Champions League vor dem Corona-Lockdown im Rückspiel, das tatsächlich noch am 11. März vor Zuschauern stattfand, gegen Atlético Madrid im Achtelfinale (2:3 in der Verlängerung) ausgeschieden. Da Flick als Double-Gewinner mit seiner Mannschaft auch noch in der Königsklasse vertreten war, stimmte ich für die Wahl von Flick. Der Bayern-Trainer sollte die Auszeichnung auch bekommen.

März 2021, München: Lothar Matthäus ist bei uns zu Gast in der Redaktion. Anlässlich seines 60. Geburtstags ist er für eine Ausgabe unser Chefredakteur. Per Videoschalte interviewt unser Weltmeisterkapitän von 1990 erst den Weltfußballer 2020, Robert Lewandowski, danach den Welttrainer 2020, Jürgen Klopp. Der Liverpool-Coach hatte bei Stimmengleichstand mit Hansi Flick die FIFA-Ehrung bekommen, weil die Trainerstimmen ein größeres Gewicht hatten. Klopp ist das regelrecht peinlich. »Ich habe nur teilgenommen, um Hansi Flick zu gratulieren! Ich war nur da, um zu sagen: ›Hansi, Wahnsinn, was du gemacht hast. Glückwunsch!‹«, gesteht er gegenüber Matthäus. Wir sitzen daneben und schreiben fleißig mit. Klopp weiter: »Ich denke, man hat meinem Gesicht angesehen, dass ich gedanklich gar nicht richtig dabei war. Ich habe ein bisschen zugehört und gewartet, bis der Name Hansi Flick fällt. Dann hieß es auf einmal – Jürgen Klopp! Das war mir natürlich unangenehm. Ich hätte es Hansi gegönnt. Aber ich habe danach schon gesagt: Ich habe die Entscheidung ja nicht getroffen.« Nicht der Triple-Trainer Flick, sondern der Premier-League-Meister Klopp bekam die höchste Trainerauszeichnung der FIFA.

Den *Sport-Bild*-Award für den »Trainer des Jahres 2020« hätten wir Flick gerne in unserer alljährlichen Gala in der Fischauktionshalle in Hamburg verliehen. Aber wie so viele Veranstaltungen fällt auch diese in diesem Corona-Jahr aus. Stattdessen steht der Preis nun vor Hansi an der Säbener Straße, während wir telefonisch zugeschaltet sind. »Wo wird der Award seinen Platz bekommen?«, fragen wir. Flick lacht. »Ich verspreche euch, er bekommt ein schönes Plätzchen. Aber jetzt lasst uns erst mal die Champions League spielen! Ich hoffe, ihr drückt uns die Daumen!« Auch Hansi Flick zweifelt nicht daran, dass der FC Bayern sich nach dem 3:0-Hinspiel-Sieg in London für das Finalturnier in Lissabon qualifizieren wird.

Ich muss Flick gestehen, dass ich erstmals seit dem Champions-League-Finale 1999 in Barcelona nicht vor Ort sein werde, wenn der FC Bayern um diesen Titel spielt. Es ist ein Gedanke, der mich schon seit Wochen quält. Ähnlich einer Beichte will ich dieses Gefühl loswerden. Es war eine rationale Entscheidung von mir, dennoch kann ich es nicht glauben, dass ich mich gegen die Reise nach Lissabon entschieden habe. Dafür gibt es zwei gute Gründe: Unser Verlag bekommt nur eine einzige Akkreditierung für *Bild*, *Bild am Sonntag* und *Sport Bild* sowie für *Welt* und *Welt am Sonntag*. Natürlich hätte ich sagen können: Ich fahre! Allerdings wäre das nicht fair gegenüber den Bayern-Reporten gewesen, die das ganze Jahr über bei Wind und Wetter am Trainingsplatz gestanden und jedes einzelne Bundesligaspiel betreut haben. Von daher habe ich schweren Herzens verzichtet und ließ meine Kollegen nach Lissabon fliegen. Und ja: Ich nahm mir zum Trost gleich ein paar Tage Urlaub. Ich würde das Spiel vor dem Fernseher verfolgen. Das alles erzähle ich dem frisch gebackenen Trainer des Jahres, muss es mir von der Seele reden. Allzu gerne würde ich bei dem Champions-League-Turnier dabei sein, das es in dieser Form so noch nie gegeben hat: ohne Zuschauer und das statt mit Hin- und Rückspielen ab dem Viertelfinale mit K.o.-Runden ausgetragen wird. Ähnlich also, wie ich es bei der ausgefallenen EM erlebt hätte.

Flick hört sich mein Geständnis aufmerksam an. Dann überrascht er mich mit einer Aussage: »Schreibt man einmal ein Buch, dann kann man schon in Urlaub fahren. Wahnsinn!« Daraufhin lacht Hansi. Ich bin Flick dankbar für den Spruch. Zum einen heitert er mich auf, zum anderen: Er signalisiert mir, dass er von der Veröffentlichung meines Buchs *Inside FC Bayern* Notiz genommen hat, das auf Anhieb in die *Spiegel*-Bestsellerliste eingestiegen war. Es war auf den Tag genau eine Woche zuvor erschienen.

Nach meinem Monolog starten Kollege Tobi und ich nun das Interview. Bei der Vorrecherche zu unserem Gespräch haben wir bei Flick keine persönlichen Einzelauszeichnungen in seiner Vita gefunden. Daher fragen wir ihn nun selbst danach. Hansi überlegt, darüber hat er sich offenbar noch nie Gedanken gemacht. »Beim Fußballlehrerlehrgang habe ich eine Auszeichnung bekommen, da waren Thomas Doll und ich die Besten in unserem Lehrgang«, erinnert er sich. Aber als Spieler? »Vielleicht früher, als Torschützenkönig in der Halle, in der Jugend«, lässt er wissen und scherzt: »In meiner Wahrnehmung habe ich einige Tore des Monats geschossen, aber leider wurde ich dafür nie ausgezeichnet.« Es wird ein launiges, kurzweiliges Gespräch. Dennoch schaue ich immer wieder auf die Uhr. Tatsächlich liegt in diesem Moment mein Fragenkatalog schon auf meinem gepackten Koffer. Es ist offiziell mein erster Urlaubstag. Die Abfahrt in den Bayerischen Wald für den kurzen Familienurlaub bei meinem Vater hatte ich für das Interview verschoben. Direkt nach dem Gespräch würde ich mich ins Auto setzen; meine Frau und Kinder warteten bereits unten im Erdgeschoss abfahrbereit auf mich. Ein Interview mit dem Bayern-Trainer hat allerdings Priorität, sodass meine Frau aufgegeben hat, mit mir zu diskutieren.

Von Klopp über Tuchel, Nagelsmann, Alaba und Thiago bis Lewandowski – wir lassen wirklich kein Thema mit Hansi aus. Doch auch das schönste Interview geht einmal zu Ende. »Dann kann ich ja jetzt losfahren«, lasse ich Hansi Flick wissen. »Ja, ja!«, verabschiedet mich der Bayern-Trainer. »Du hast schon einmal gesagt, dass du Urlaub hast …« Ein bisschen ehrlich gemeinter Neid ist bei ihm zu spüren. Darum scherze ich zurück: »Nicht, dass du mich im Urlaub anrufst.« Flick kontert: »Keine Sorge, passt schon, ich rufe nicht an. Deine Familie wird mir dankbar sein, zumindest den einen Urlaubstag noch mal ohne den Papa genießen zu können.« Ja, der eine Urlaubstag, den ich für das Interview geopfert hatte, war dieses Gespräch wirklich wert. Flick kann nicht nur lustig sein, er ist einfach ein guter Typ.

Ironie des Schicksals: Das Rückspiel gegen Chelsea, das ursprünglich für März datiert war, wollte ich ohnehin nicht auf der Pressetribüne, sondern als Zuschauer auf den Fan-Rängen sehen. Die zwei Tickets, die ich für meinen Sohn und mich gekauft habe, liegen in der Schublade. Ich hebe sie auf als Erinnerung und Mahnung daran, dass auch der Fußball nicht selbstverständlich ist.

8.8.2020
Champions League, Achtelfinale, Rückspiel:
FC Bayern vs. FC Chelsea 4:1
(Tore: Lewandowski [2], Perišić, Tolisso; Abraham)

Samstag, Allianz Arena: Ganze 165 Tage liegt das 3:0 im Hinspiel an der Stamford Bridge zurück. Die Kräfteverhältnisse beider Teams haben sich trotz der langen Corona-Pause nicht geändert. Überragend an diesem Abend: Robert Lewandowski, der an allen vier Toren beteiligt ist (zwei Treffer, zwei Vorlagen). Flick, der bisher alle seine Champions-League-Spiele gewonnen hat, muss zweimal bei seiner Standardaufstellung umplanen: Pavard (Sprunggelenkverletzung, Saison-Aus) ersetzt er durch Joshua Kimmich, der 2020 erstmals als rechter Verteidiger spielt. In einem Vieraugengespräch mit Joshua hatte Flick diese Maßnahme besprochen. Der Nationalspieler war zwar alles andere als begeistert, doch aufgrund der Pavard-Verletzung stellte er sich in den Dienst der Mannschaft – alles nur, um diesen Titel nach München zu holen. Den Job von Kingsley Coman (muskuläre Probleme) auf dem linken Flügel übernimmt Perišić. Beide Maßnahmen werden richtungsweisend sein für das Finalturnier in Lissabon. Die Bayern wissen bereits, wer sie in der nächsten Runde erwartet. Im Viertelfinale am kommenden Freitag, das in einem einzigen K.o.-Spiel ausgetragen wird, steht Lionel Messi mit dem FC Barcelona als Gegner fest.

Nach dem Endspiel sprach ich mit Thomas Müller in einem Interview über die Partien in diesem historischen August. Das Spiel gegen Chelsea hatten viele Fans und Experten im Vorfeld nach dem 3:1 im Hinspiel nicht mehr ganz ernst genommen. Müller sah das anders. Thomas schätzte den Gegner durchaus als gefährlich ein: »Mit Chelsea hatten wir es im Achtelfinale mit einer Mannschaft zu tun, die extrem im Aufwind ist. Ich bin überzeugt, dass wir von dieser Mannschaft in den kommenden Jahren noch viel zu sehen bekommen werden.« Wie so oft sollte Müller recht behalten. Der Gewinner des Champions-League-Finales 2021 sollte der FC Chelsea sein, nach einem 1:0-Sieg im Endspiel in Portugal über Manchester City mit Ex-Bayern-Trainer Pep Guardiola.

Montag, Hotel »Cascade Wellness Resort«, Portugal: Der FC Bayern befindet sich an der Algarve-Küste im Kurz-Trainingslager für das Finalturnier in Lissabon. Trainer Hansi Flick legt den Fokus auf das Viertelfinalspiel gegen den FC Barcelona. Er stellt für die Einheiten eine B-Mannschaft zusammen, die als Schattenteam die Stammelf von Barca imitieren soll. Flick hat einen klaren Mannschaftplan gegen Messi & Co: Der FC Barcelona soll nicht die Chance bekommen, von hinten heraus sein Spiel aufzuziehen. Die Offensivspieler mit Lewandowski, Gnabry, Perišić und natürlich Müller sollen sofort Druck auf die erste Reihe der Katalanen ausüben und die Abwehrspieler stören, damit Bayern bei der nächsten Anspielstation im Mittelfeld möglichst viele Ballgewinne erzielt. Im Fokus der Bayern-Attacken steht nicht etwa Superstar Lionel Messi, sondern Mittelfeldstratege Sergio Busquets. Im Münchner Schattenteam wird er von Javi Martínez imitiert. Die Gegenspieler sollen den »Bayern-Busquets« im Training so nerven, wie es im Viertelfinale beim Original der Fall sein wird. Die Rolle von Lionel Messi übernimmt im Training übrigens sein Ex-Kollege Philippe Coutinho.

Freitagmittag, »Penha Longa Resort« bei Lissabon: Während sich die Bayern-Stars mental und körperlich auf das Viertelfinale gegen den FC Barcelona vorbereiten, fährt Pini Zahavi am Mannschaftsquartier der Münchner vor. Der Berater von David Alaba kommt zu Gesprächen mit Karl-Heinz Rummenigge. Der Bayern-Boss startet noch einmal einen Versuch, den Österreicher zum Bleiben zu überreden. Der FC Bayern erhöht das Angebot. Bei ersten Gesprächen hatte der Klub eine Verlängerung zu gleichen Bezügen angeboten, was die Alabas als fehlende Wertschätzung empfanden;

Davids Gehalt soll bei 15 Millionen Euro im Triple-Jahr gelegen haben. Im nächsten Schritt avisierten die Bayern-Bosse ein Salär von angeblich 11 Millionen Euro Grundgehalt mit Prämienzahlungen von bis zu weiteren 7 Millionen Euro. Am Ende wird auch ein letztes Angebot mit einem angeblichen Maximalverdienst von 19,5 Millionen Euro pro Jahr nicht reichen, um Alaba in München zu halten.

Ende Juli 2021: Dem Spiegel wird wieder einmal ein Vertrag eines Real-Stars zugespielt. Diesmal lautet der Name auf dem Kontrakt des Neuzugangs: David Alaba. Die enthüllten Zahlen des Vertrags sollten den Bayern-Bossen bekannt vorkommen. Alaba soll demnach ein durchschnittliches Festgehalt von 19,47 Millionen Euro in Madrid verdienen. Für seine Unterschrift bekommt er noch einmal 17,7 Millionen Euro als Bonus. Sein Berater Pini Zahavi lässt sich seine Dienste mit 5,2 Millionen Euro bezahlen. Vater George Alaba kassiert für seine Firma The Alabas GmbH 6,3 Millionen Euro. Die zweistellige Millionenprovision, die Bayern nicht bereit war zu überweisen, holen sich die Agenten nun eben von Real Madrid.

Freitag, 18 Uhr, »Penha Longa Resort« bei Lissabon: Im Besprechungsraum neben dem Restaurant versammelt Hansi Flick seine Spieler für seine Ansprache, bevor sie in den Bus zum Stadion steigen. Der Trainer hat seinen Profis bereits seit Tagen die wichtigsten Botschaften eingebläut: Die Bayern-Spieler dürfen den Gegner FC Barcelona nicht größer machen, als er ist. Wenn sie Barca unter Druck setzen und die Bayern-Power durchziehen, werden sie es sein, die triumphieren. Wichtig sei es, immer halb-halb zu stehen, den eigenen Mann zu decken, aber auch den Passweg zuzustellen. »Der Pass ist wichtig! Ihr müsst erahnen: Wohin geht der Ball?«, predigt Flick seinen Profis. Die Taktik haben die Bayern da schon längst verinnerlicht. Es sind vor allem die emotionalen Worte des Trainers, welche die Bayern-Stars im Gedächtnis behalten und mit auf den Rasen nehmen werden. Der Trainer sagt ihnen: »Für solche Spiele sind wir in der Champions League! Gegen die Besten! Dafür sind wir in Lissabon! Dafür sind wir beim FC Bayern!« Nach einer kurzen Pause folgt Flicks entscheidender Satz: »Heute ist unser Schlüsselspiel. Wir haben den Schlüssel in der Hand, mit dem wir die Tür aufsperren werden!«

14.8.2020
Champions League, Viertelfinale:
FC Bayern vs. FC Barcelona 8:2
(Tore: Müller [2], Perišić, Gnabry, Kimmich,
Lewandowski, Coutinho [2]; Alaba (ET), Suárez)

Freitagabend, Estádio da Luz: Zwei Zahlen, zwei Wörter – in *Bild* fassen wir so das Spielgeschehen, das noch niemand recht fassen kann, in einer Überschrift zusammen: »8:2! Jahrhundertsieg«. Der Spieltext liest sich wie eine Liebeserklärung an dieses Match: »Es gibt Spiele, von denen man noch in zehn oder zwanzig Jahren redet! Dieses gehört dazu! 8:2 gegen Barcelona! Der FC Bayern zerstört einen großen Klub und den sechsmaligen Weltfußballer Lionel Messi (33). 8:2! Vergleichbar nur mit dem 7:1 gegen Brasilien bei der WM 2014. EIN JAHRHUNDERTSIEG DES FC BAYERN! 8:2! Neunmal Note 1 für die Münchner Spieler und Trainer Hansi Flick. Schon nach 31 Minuten steht es 4:1. Vorher hatte Barca in der Champions League und dem Vorgängerwettbewerb noch NIE vier Tore vor der Pause kassiert! Die erbarmungslose Bayern-Maschine (jetzt 19 Pflichtspielsiege in Folge und 28-mal ungeschlagen) macht alles möglich.« Barca-Trainer Quique Setién sucht seinen Kollegen Flick auf, reicht ihm die Hand zur Gratulation: »Ihr seid eine tolle Mannschaft, die einen tollen Fußball spielt!«

Bayern träumt vom Titel, fast ganz Deutschland gönnt es diesem Team und dem Trainer, was es auch Nicht-Bayern-Fans so schwer macht, sie zu hassen. Einige reden aber auch die Leistung herab, schieben den Sieg auf ein schwaches Barcelona.

Thomas Müller erinnerte sich daran: »Wir haben Barcelona beeindruckend 8:2 geschlagen. Viele reden jetzt davon, dass diese Mannschaft ihren Höhepunkt hinter sich habe. Da standen aber immer noch Spieler wie ein Messi, ter Stegen oder Busquets auf dem Rasen. Die Mannschaft hat unsere 1:0-Führung schnell ausgeglichen. Und nach dem 2:4-Anschlusstreffer von Suárez haben sie erneut dagegengehalten, da hätte es noch mal eng werden können. Aber wir haben gleich nachgelegt.

Das war ein Spiel, über das man auch sagen kann: Nicht die eine Mannschaft war so schlecht, sondern wir waren so gut!«

Mittwoch, 18 Uhr, »Penha Longa Resort« bei Lissabon: Die Spieler betreten den Besprechungsraum in der Erwartung, welche Ansprache sie diesmal vom Trainer zu hören bekommen. Hansi Flick wird sie nicht enttäuschen. Schon am Vortag hatte er die Gegneranalyse zu Olympique Lyon abgehalten und sein Team vor den Standards der Franzosen eindringlich gewarnt, auch vor Niederlande-Star Memphis Depay. Flick beginnt seine heutige Rede mit einer Warnung. Im Viertelfinale hatte Pep Guardiola mit Manchester City die Franzosen unterschätzt, überraschend 1:3 verloren. Das führt Flick seinen Bayern noch einmal vor Augen: »Weniger als 100 Prozent ist heute nicht genug! Nur wenn jeder von euch bereit ist, 100 Prozent für die Mannschaft zu geben, werden wir am Ende erfolgreich sein.« Hatte der Trainer vor dem Viertelfinale noch Barcelona kleiner gemacht, sollen sich nun die Bayern selbst demütig vor Lyon zeigen. Flick fordert von seinen Stars Bescheidenheit. Um dann das große Ziel zu formulieren, das er als »Mission Finale« betitelt. Flicks Worte lauten diesmal: »Wir beginnen heute bei null, noch haben wir nichts erreicht. Wir können jetzt den kleinen Eingang zum Finale nehmen. Die Tür zum Finale steht uns offen – wir müssen nur noch durchgehen!« Am Ende pusht Flick noch einmal die »Mia san mia«-Mentalität seiner Spieler: »Halbe Sachen sind nichts für uns! Wir gehen unseren Weg bis zum Ende!«

19.8.2020
Champions League, Halbfinale:
FC Bayern vs. Olympique Lyon 3:0
(Tore: Gnabry [2], Lewandowski)

Mittwochabend, Estádio da Luz: Der erste von zwei französischen Abenden in Lissabon wird die Nacht von Serge Gnabry. Bei *Bild* titeln wir nach dem 3:0-Erfolg über Olympique Lyon: »Merci, Gnabry!« Der Bayer macht einen Doppelpack. Beim 1:0 nimmt er den Ball auf der rechten Seite an, zieht nach innen, lässt vier Lyon-Profis stehen und schießt mit links in den Winkel. Ein

Tor im besten Arjen-Robben-Stil. Damit hat Gnabry neun Tore in neun Einsätzen in der Königsklasse. Aber Bayern hat auch das nötige Glück. Lyons Memphis Depay trifft zu Beginn nur das Außennetz, Toko Ekambi kurz darauf den Pfosten. Jérôme Boateng zeigt zudem gegen Cornet eine Mega-Rettungstat (13.).

Thomas Müller weiß, dass die Partie nicht so klar war wie am Ende das Ergebnis: »Das war eine ganz gefährliche Konstellation. Im Halbfinale setzten wir uns mit Lyon gegen eine Mannschaft durch, die zuvor Mitfavoriten wie Juventus Turin und Manchester City aus dem Weg geräumt hatte. Das hatten sich die beiden Topteams sicher auch ein wenig anders vorgestellt. Lyon hat ähnlich wie wir eine sehr ausgeglichene Mannschaft, was sie schwer einzuschätzen und zu bespielen macht. Sie hatten gleich zu Beginn ihre Chancen. Es war enorm wichtig, dass wir früh in Führung gingen und gleich nachgelegt haben.«

Sonntagmittag, Finaltag, »Penha Longa Resort« bei Lissabon: Acht Stunden vor Anpfiff hat Hansi Flick den gebürtigen Pariser Kingsley Coman zu sich gebeten. Doch vorher muss er noch mit einem anderen seiner Spieler reden. Es wird kein einfaches Gespräch für Ivan Perišić. Flick sagt zu dem Kroaten, der im Halb- und Viertelfinale starke Leistungen erbracht hat: »Ivan, Kingsley spielt heute.«

Coman, Ex-Profi von PSG, war bisher in diesem Finalturnier nur eingewechselt worden. Vor dem Turnier hatte Kingsley Coman sich seines Stammplatzes sicher geglaubt. Beim Achtelfinalrückspiel gegen den FC Chelsea war er aufgrund einer leichteren Blessur nicht im Kader. Sein Konkurrent Ivan Perišić machte seine Sache als Vertretung gut, traf gegen Chelsea zum zwischenzeitlichen 2:0 (Endstand 4:1). Im Viertelfinale gegen den FC Barcelona hatte Coman dennoch auf seine Rückkehr gehofft – und wurde enttäuscht. »Ich war rund um das Chelsea-Spiel nur sechs Tage ausgefallen. Ich habe jedes Spiel gemacht, rechnete mit meinem Einsatz«, erzählt uns Kingsley, als wir ihn nach seinen Gefühlen am Tag des Barcelona-Spiels fragen. »Das war ein so wichtiges Spiel, jeder Profi will da auf dem Platz stehen. Als ich erfuhr, dass ich auf der Bank sitzen werde, war ich wirklich traurig, sehr traurig.« Coman ist Sportsmann. Über den 8:2-Sieg freute er sich wie ein

Stammspieler, auch wenn er erst in der 67. Minute für Perišić (Tor zum 2:0) eingewechselt worden war und selbst keinen Treffer mehr erzielte. Nach der Partie, sagt Coman, wäre ihm dennoch sofort klar gewesen: »Eine Mannschaft, die 8:2 gegen Barcelona gewinnt, wechselst du nicht. Das ist normal. Ich wusste, ich würde nicht von Anfang an gegen Lyon spielen. Ich wusste aber auch: Ich kann noch meinen Moment haben …« Coman sollte damit doppelt recht behalten. Gegen Lyon wurde er erneut nur eingewechselt (63. Minute für Perišić). Mit einem sollte Kingsley aber falsch liegen: Flick würde doch noch mal die Startelf wechseln.

Es ist nach 13 Uhr, die Mannschaft hat gerade zu Mittag gegessen. Das, was Hansi Flick nun Coman, der selbst neun Jahre bei PSG ausgebildet worden war, sagt, hält der Trainer kurz. Der Coach redet ihn erst stark, beschwört seine Herkunft und erinnert ihn daran, dass er nun allen in seiner Heimat zeigen kann, was in ihm steckt. Es sind danach sechs Worte, die für Coman alles bedeuten: »Du spielst heute von Anfang an.« Das war alles. Coman hat beim Vieraugengespräch seine Covid-Gesichtsmaske auf. Ansonsten hätte Flick sein breitestes Lächeln gesehen.

»Ich war so glücklich in diesem Moment«, beschreibt Coman mir das finale Gespräch später. »Ich hatte schon einmal bei einem Champions-League-Endspiel auf der Bank gesessen, mit Juve gegen den FC Barcelona. Damals [2015] hatten wir verloren.« Coman war im Endspiel im Berliner Olympiastadion erst in der 89. Minute von Turins Trainer Massimiliano Allegri für Patrice Evra eingewechselt worden, da stand es bereits 2:1 für Barca. Den Treffer von Neymar zum 3:1-Endstand sah er so noch auf dem Rasen. »Schon damals wusste ich, dass ich ein Finalspieler bin«, fährt Coman fort. »Umso mehr wollte ich das Finale gegen PSG spielen. Als ich hörte, dass ich starte, war ich mir sicher: Es wird eine große Nacht!«

Sonntag, 18 Uhr, »Penha Longa Resort« bei Lissabon: Für die Ansprache zum Finale nutzt Flick die Leinwand. Was er seinen Stars zu sagen hat, kann er sich unmöglich merken. Darum lässt er seine Botschaft nach und nach in Übersetzungen auch in Englisch, Spanisch, Portugiesisch, Französisch, Kroatisch, Niederländisch und Polnisch einblenden. Auf Deutsch lautet sie: »Danke an alle!« Danach folgt ein Film, der die Stars bewegen wird. Die

Ehefrauen, Freundinnen, Mütter, Väter oder auch ihre Kinder lassen die Bayern-Spieler wissen: »Wir sind stolz auf euch!« Allen voran Jérôme Boateng und Kingsley Coman sind vor Rührung den Tränen nah, als sie die Videos ihrer Kinder sehen.

Sportlich hat Flick natürlich auch eine Rede vorbereitet. Der Trainer warnt vor den Kontern der Pariser. »Ihr dürft nicht spekulieren! Bloß nicht spekulieren! Wenn das schiefgeht, ist es zu spät!«, lässt er seine Profis wissen. Insbesondere Joshua Kimmich kommen diese Worte bekannt vor. In einem Einzelgespräch hatte Flick ihm diese Anweisungen für seine Schlüsselaufgabe eingetrichtert: Kimmich soll Kylian Mbappé ausschalten. »Wenn Mbappé kurz geht und der Pass dann in deinen Rücken kommt, hast du schon verloren«, lautet Flicks Warnung an Kimmich. Erst wenn der Ball des Passgebers den Fuß verlässt und du dir sicher sein kannst, was Mbappé als Nächstes macht, darfst du reagieren.« Die Mannschaft hört genau zu, wie Flick den Geschwindigkeitsfußball der PSG-Offensive um Neymar vorhersagt. Am Ende folgt noch eine letzte Botschaft von Flick. Sie ist knapp und eindeutig. Flick lässt seine Spieler wissen: »Champions gehen ihren Weg bis zum Ende!«

23.8.2020
Champions League, Finale:
FC Bayern vs. Paris Saint-Germain 1:0
(Tor: Coman)

Sonntagabend, Estádio da Luz: Flick begründet seine Entscheidung für Coman vor Anpfiff knapp, aber dennoch vielsagend: »Vielleicht ist er ein bisschen mehr motiviert …« Es ist ein enges Match. Eine frühe Führung wird den Bayern diesmal nicht in die Karten spielen, im Gegenteil: Die Münchner müssen froh sein, erst mal nicht in Rückstand zu geraten. Zu verdanken haben sie das vor allem Manuel Neuer. Der Kapitän hält mit einer unfassbaren Aktion gegen Neymar. Kylian Mbappé ist offenbar so nervös vor dem bayerischen Torwart-Riesen, dass er ebenfalls eine Schusschance kläglich vergibt. PSG-Trainer Thomas Tuchel wird nach der Partie bilanzieren: »Das ist natürlich ein bisschen Wettbewerbsverzerrung. Wir haben auch Navas, aber

Neuer ist zum falschen Moment in absoluter Topform. Er hat das Torwartspiel auf ein neues Niveau gehoben. Leider für uns.«

Es ist die 59. Minute, die diese ausgeglichene Partie entscheidet. Thiago spielt einen öffnenden Pass auf Kimmich, Kimmich weiter auf Gnabry, der in den Strafraum zu Müller spielt. Müller legt in Bedrängnis zurück auf Kimmich an die Strafraumgrenze. Joshua Kimmich beschreibt seine folgende Aktion wie folgt: »Ich wollte am Verteidiger vorbei, damit dieser die Flanke nicht blocken kann, und dann den Ball direkt auf den langen Pfosten bringen. Das Timing hat gut geklappt.« Seine Flanke fliegt vorbei an Lewandowski, den die PSG-Abwehr eigentlich im Fokus hat. Sie fliegt auch vorbei an dem deutschen PSG-Verteidiger Thilo Kehrer, der Coman alleingelassen hat. Dann schlägt die Sekunde von Kingsley, der alles andere als ein Kopfballexperte ist.

»Die Flanke kam perfekt«, beschreibt Coman noch einmal die Szene. »Wenn ich den Kopfball beende, schließe ich immer die Augen. Denn manchmal, wenn man den Ball schlecht trifft, landet er auf der Nase oder in den Augen, das schmerzt. Den Ball treffe ich aber genau richtig. Als ich die Augen wieder öffne, sehe ich, dass der Ball ins Tor geflogen ist.« Es ist das Tor, das das zweite Triple in der Geschichte des FC Bayern perfekt machen wird. Aber Kingsley Coman ist sich sofort des Unterschieds zum Finale 2012 bewusst. Coman: »Als Arjen Robben sein Finaltor für Bayern machte, wusste er, das Spiel ist gelaufen. Bei mir war das anders. Ich dachte sofort: Ich muss konzentriert bleiben, es ist noch eine halbe Stunde zu spielen. Wir müssen das Spiel gewinnen, sonst ist dieser Treffer für nichts.« Am Ende wird dieser Treffer alles bedeuten, auch weil Neuer den Sieg mit einer weiteren unfassbaren Parade gegen Marquinhos (70. Minute) rettet. Nach dem Abpfiff sucht Ivan Perišić seinen Coach Hansi Flick auf und sagt ihm: »Alles richtig gemacht, Trainer.«

Die Flick-Bayern krönen sich zu den neuen Königen Europas. Seit der Amtsübernahme von Hansi Flick am 3. November 2019 schafften sie unglaubliche 33 Siege in 36 Spielen. Als erste Mannschaft überhaupt spielen die Münchner die perfekte Saison in der Champions League: mit elf Siegen in elf Spielen!

Natürlich bitte ich auch Thomas Müller um seinen Eindruck zum Finale. »Im Finale standen uns Superstars wie Neymar und Mbappé gegenüber«, sagt Thomas. »Ich denke, dass es uns gut gelungen ist, die Pariser Mopeds aufzuhalten. Dabei haben sowohl Mbappé als auch Neymar im Endspiel gezeigt, wie gefährlich sie sein können. Natürlich hätten sie die eine oder andere Chance noch besser abschließen können, aber man muss auch sagen: Bei allem, was sie auf den Kasten gebracht haben, fanden sie in Manu [Manuel Neuer] ihren Meister. Über die individuellen Fehler, die wir vor ihren Chancen gemacht haben, reden wir jetzt mal nicht – die haben wir alle bereits vergessen.« Dazu lacht Thomas ausgiebig.

Nach Mitternacht, »Penha Longa Resort« bei Lissabon: Die Siegesfeier ist in vollem Gange, der Champions-League-Pokal steht für Erinnerungsfotos im Zelt. Die Spieler singen ausgelassen, tanzen vor der Bühne. Nur von Hansi Flick fehlt jede Spur. Dabei will Vorstandschef Karl-Heinz Rummenigge den Trainer bei seiner Rede besonders hervorheben. Da entdeckt der Bayern-Boss den Triple-Coach. Flick hatte sich in eine Ecke des Saals zurückgezogen, ließ dort die Erlebnisse und die Gefühle dieses Abends auf sich einwirken, reflektierte einsam für sich, was für einen historischen Erfolg sie gemeinsam in diesen wenigen Monaten der Zusammenarbeit erreicht hatten. Rummenigge holt Flick in das Party-Leben zurück, bittet ihn: »Hansi, komm doch bitte nach vorne …«

Montagmittag, 24. August: Ich sitze zu Hause vor dem Laptop und schaue auf die Uhr. Verdammt, das wird knapp. Verdammt knapp. Die Mannschaft des frischgebackenen Champions-League-Siegers muss ihren Flieger von Lissabon nach München erreichen. Aber ich bleibe entspannt. Denn ich weiß: Auf den Mann ist Verlass. Um 12.48 Uhr sehe ich auf dem Display den Namen, dessen Anruf ich sehnlichst erwarte. Viele Fußballstars benutzen eine unterdrückte Nummer, nicht aber Thomas Müller. »Servus, Falki«, begrüßt mich eine angeschlagene Stimme aus der Leitung. Wie gesagt, auf Thomas ist eben Verlass. Noch wenige Stunden zuvor hatte ich seinen Vater Gerhard in der Leitung, der mir sagte, dass die Eltern noch nichts von ihrem Sohn gehört hätten. Die Familie wollte den Sohnemann in Ruhe seinen zweiten Triple-Triumph genießen lassen. Als ich Thomas davon erzähle, zieht er mich damit auf: »Schau mal, aber dich rufe ich an!« Ja, ich weiß, dass dies nicht selbstverständlich ist. Das sind die Momente, in denen sich eine lange, vertrauensvolle Spieler-Reporter-Beziehung auszahlt. Thomas und ich kennen uns nun schon elf Jahre.

Müller ruft mich am Folgetag dieses historischen Finales 2020 nicht nur zurück, weil wir uns gut kennen. Er weiß: Das Interview ist nicht allein für die Medien, sondern vor allem für die Bayern-Fans, die so gerne von ihren Helden alles zum historischen Erfolg hören und lesen wollen. Auch wenn Thomas sicher müde ist, nimmt er sich deshalb die Zeit. Es wird das einzige aktuelle exklusive Spielerinterview sein, dass direkt nach dem Champions-League-Finale erscheint.

Zum Zeitpunkt seines Anrufs ist es keine 14 Stunden her, da reckte Müller noch den Henkelpott in den Nachthimmel von Lissabon. In einem eigens hergerichteten Saal auf dem Hotelgelände des »Penha Longa Resort« im kleinen Städtchen Sintra, 30 Kilometer vor Lissabon, ließen es die Profis so richtig krachen. Meine beiden Kollegen vor Ort, David und Heiko, haben die Partynacht mitgeschrieben. Das Partyprotokoll schließt unter der Zeitangabe 5.45 Uhr mit: »Einige Spieler sind im Bett. Aber der harte Feier-Kern macht noch weiter! Unter anderem dabei: Kimmich, Alaba, Gnabry, Lewandowski, Müller, Neuer und Martínez!«

Darauf spreche ich Thomas nun bei unserem Telefonat an. »War wohl eine harte Nacht, wie lange hast du überhaupt geschlafen?«, frage ich ihn. Müller überlegt kurz, zögert, ob er es mir erzählen soll. Thomas ist ein offener Typ. Doch Dinge, die innerhalb der Mannschaft passieren, sind ihm heilig, seien sie auch noch so harmlos. In diesem Moment denkt er sich jedoch: Hey, was soll's, wir sind Champions-League-Sieger! Also antwortet er: »Wenn ich ehrlich bin: gar nicht ... Einige von uns kamen bei der Feier noch auf die Idee, ein paar Runden Morgen-Golf zu spielen. Bei uns auf dem Hotelgelände gibt es eine eigene Anlage.« Ich lächle in mich hinein bei dem Gedanken, wie ein angetrunkener Thomas Müller (wie viele Drinks er hatte, will er nicht verraten) versucht, bei Sonnenaufgang einen Golfball zu treffen. Es muss auf jeden Fall lustig gewesen sein! Ich erzähle Thomas, dass sein ehemaliger Kapitän Philipp Lahm zum Münchner Triple-Sieg mit mir eine Kolumne an die aktuellen Helden geschrieben hat. »Ja, der Philipp. Der hatte schon immer eine ganz feine Klinge«, sagt Thomas und sein Lachen dazu klingt heiser. Dann erinnert er mich: »Falki, wir müssen anfangen. Ich sitze bereits im Mannschaftsbus auf dem Weg zum Flieger.« Also lege ich los!

Während ich Wort für Wort unser Gespräch mitschreibe, unterbricht mich Thomas. »Wart mal bitte kurz!«, lässt er mich wissen, was mir mehr Zeit für meine Notizen gibt. Müller muss währenddessen selbst zum Stift greifen. »Die geben hier im Bus gerade ein paar Trikots durch, die ich unterschreiben muss. Aber frag jetzt ruhig weiter.« Das tue ich. Das Thema, dass ich nun anschneide, gefällt Müller allerdings nicht. Ich spreche ihn darauf an, dass nach dem Triple-Sieg, bei dem er als Lautsprecher und Lenker im Mittelfeld einen gehörigen Anteil hatte, die Forderungen nach seinem Comeback in der Nationalmannschaft wieder befeuert werden. Im später freigegebenen Interview wird dazu folgende Antwort von Müller zu lesen sein: »Die nächste Frage bitte.« Tatsächlich spielen wir am Telefon das Frage-Antwort-Spiel dreimal durch, jeweils mit Müllers Antwort: »Die nächste Frage bitte.« Müller, der anfangs etwas verhalten reagierte, hat mit jeder Runde hörbar mehr Spaß an meiner Hartnäckigkeit. »Frag ruhig weiter, es ist deine Zeit. Wir sind übrigens schon auf der Startbahn.« Jetzt heißt es wirklich für mich: Gas geben! Ich will von Thomas, der sein zweites Triple gewonnen hat, wissen, welches der beiden Bayern-Teams er für stärker hält. »Es wäre sicher spannend zu sehen, wer gewinnt, wenn die Teams von 2013 und 2020 jeweils in Bestform gegeneinander antreten«, meint Müller. »Ich könnte wirklich nicht sagen, wer dann als Sieger vom Platz geht.« Eine weitere Frage kann mir selbst der redselige und wortgewandte Müller nicht beantworten. Mich interessiert, wie er die Auswirkungen auf Spieler wie Joshua Kimmich, Leon Goretzka, Kingsley Coman oder Serge Gnabry sieht, die nun die Champions League bereits in jungen Jahren gewonnen haben. Für die Vorgängergeneration um Philipp Lahm und Bastian Schweinsteiger habe sich dieser Erfolg eher am Ende ihrer Karriere eingestellt, geformt durch bittere Rückschläge wie die Niederlage im legendären »Finale dahoam«, als Bayern trotz großer Überlegenheit dem FC Chelsea im Elfmeterschießen unterlag. »Falki, da fragst du den Falschen. Du machst mich älter, als ich bin«, sagt Thomas und erinnert mich daran: »Für den Philipp oder Basti mag das ja gelten. Ich selbst war aber beim Triple 2013 erst 23.« Ich rechne kurz nach und stelle fest: Müller war damals sogar noch jünger als meine gerade genannten Triple-Helden von 2020. Dann führt Thomas seinen Gedanken zu Ende: »Geschadet hat es mir ja nicht. Richtig ist aber schon, dass die Erfahrung der älteren Spieler mir schon geholfen hat. So, wie es nun an Manu und mir war, die Jüngeren zu unterstützen.« Trotz einer falsch gestellten Frage war das eine gute Antwort von Thomas. Es gibt eben keine falschen Fragen, nur schlechte Antworten.

»Hast noch etwas? Ich bin jetzt in der Maschine«, lässt mich Thomas wissen. Ja, ein Anliegen habe ich tatsächlich noch, ein persönliches: »Thomas«, setze ich zu meiner letzten Frage an. »Du weißt, dass ich – ob in Madrid, London oder Rio – in jedem deiner Endspiele dabei war. Diesmal war es mir leider nicht möglich. Dein Vertrag läuft noch bis 2023. Hast du noch den Hunger, um ein drittes Triple nachzulegen? Eins, bei dem ich noch einmal auf der Tribüne dabei sein kann?« Obwohl die Maschine kurz vor dem Abflug stehen muss, nimmt sich Thomas für die Antwort ein weiteres Mal Zeit. »Diese Frage kommt vielleicht ein bisschen früh«, sagt er. »Ich bin – sagen wir mal – noch siegestrunken und muss im nächsten Schritt meine Knochen sortieren. Jetzt geht es erst mal zwei Wochen in den Urlaub.« Dann legt er aber noch ein letztes Mal Kraft in seine heisere Stimme: »Wer mich und diese Mannschaft kennt, sollte aber wissen, wie es um unseren Hunger bestellt ist. Wir wollen immer alles gewinnen. Wenn die Champions League wieder losgeht, werden wir alles dafür tun, sie zu verteidigen und den Henkelpott ein weiteres Mal nach München zu holen. Dann hoffentlich auch wieder mit unseren Fans auf den Rängen.« Seinen Zusatz und sein Schlusswort des Gesprächs werde ich nicht ins offizielle Interview schreiben. Mir persönlich bedeutet Letzteres aber sehr viel: »Und dann hoffentlich wieder mit dir auf den Presseplätzen, Falki!« Dann verabschiedet sich Müller und beendet das Telefonat.

Ich tippe das Interview, während Thomas Müller auf dem Rückflug von Lissabon nach München ist. Nach der Landung werden die Triple-Sieger direkt in die Allianz Arena gefahren, wo eine kleine Siegerparty in einer Lounge für sie vorbereitet ist. Thomas zieht sich noch einmal kurz zurück, um einen ruhigen Platz zu finden. Bei seiner Suche landet er letztendlich auf der Reservebank neben dem Rasen, auf der er kein Jahr zuvor noch unter Niko

Kovač schmoren musste. Mit einem Stück Pizza in der Hand liest Müller sein Interview durch, das ich ihm gerade gemailt habe. Danach gibt er es zur Veröffentlichung frei.

Was niemand im August des Triple-Erfolgs für möglich gehalten hatte, wird sich April 2021 bestätigen. Hansi Flick bittet den FC Bayern um eine Vertragsauflösung. Die internen Differenzen mit Sportdirektor Hasan Salihamidžić sind unüberbrückbar. Wir hatten in einer Sport-Bild-*Titelstory bereits im November berichtet, dass Flick an einen Abschied zum Saisonende denkt. Glauben konnten das zu diesem frühen Zeitpunkt die wenigsten, da der FC Bayern in seiner Erfolgsgeschichte nie erfolgreicher war. Wie tief der Ärger zwischen den Parteien tatsächlich am Ende saß, bestätigt erstmals Uli Hoeneß bei einem Auftritt in der Sport1-Sendung Doppelpass im Juli 2021. Hoeneß, der in dem Streit zwischen Trainer und Sportdirektor die Seite von Hasan Salihamidžić wählte, tritt gegen Flick nach. Dieser hatte im Klub Karl-Heinz Rummenigge als seine Vertrauensperson und als seinen Ansprechpartner gewählt. Verkürzt lautete die Konstellation: Salihamidžić galt als Hoeneß-Mann, Flick als Rummenigge-Mann.*

Hoeneß beklagt sich öffentlich im TV über Flick: »Mir hat es nicht gefallen, dass er seine Spielerwünsche immer über die Öffentlichkeit kommuniziert hat. Wenn er zu Hasan oder Karl-Heinz gegangen wäre, dann wäre es in Ordnung gewesen. Aber er hat es öffentlich gemacht. Und das habe ich nicht verstanden.« Hoeneß warf Flick zudem vor: »Er ist ein Trainer, der sich nur für das Fußballerische interessiert und nicht für das Wirtschaftliche.«

Meines Wissens ist Flick mit seinen Spielerwünschen sowohl zu Rummenigge als auch zu Salihamidžić gegangen; Namen hatte der Trainer öffentlich nie gefordert. Einige konnten wir Journalisten enthüllen, andere blieben bisher geheim. Bis heute. So war es nämlich wirklich: Hansi Flick war tatsächlich ein großer Befürworter von Timo Werner, mit dem er telefonisch Kontakt gesucht hatte. Chelsea zahlte für den Nationalspieler von Leipzig rund 53 Millionen Euro. Die Bayern überwiesen für den Werner-Konkurrenten Leroy Sané, den Salihamidžić bevorzugte, 50 Millionen Euro. Flick hätte sich zudem tatsächlich eine Zusammenarbeit mit Kai Havertz in München vorstellen können, gefordert hatte er den Mittelfeldspieler intern nie. Die über 80 Millionen Euro, die der FC Chelsea für den Leverkusener bezahlte, hielt auch der Trainer für wirtschaftlich unrealistisch. Mit Mario

Götze haben sowohl Flick wie auch Hoeneß wohlwollend über einen Wechsel zur Saison 2020/21 telefoniert. Im Vorstand war man von dem WM-Final-Torschützen von 2014 allerdings nicht überzeugt. Julian Draxler, Paris Saint-Germain, war zu dem Zeitpunkt ebenfalls ein Thema für Flick, weniger aber für den Klub. Flick hätte gerne den Mainzer Ridle Baku geholt, der für 10 Millionen Euro zu haben gewesen wäre und letztlich zu Wolfsburg wechselte. Stattdessen wurde Bouna Sarr von Olympique Marseille verpflichtet, angeblich für eine Ablösesumme von 8 Millionen Euro. Der Flick-Vorschlag Benjamin Henrichs, der aus Monaco zur Leihe gekommen wäre, wurde ein halbes Jahr zuvor für die Rechtsverteidigerposition abgelehnt. Damals kam der Leihspieler Álvaro Odriozola von Real Madrid. Namen, die der Trainerstab zur Diskussion stellte, waren zudem Arne Maier, damals unter Vertrag bei Hertha BSC und Leihspieler bei Arminia Bielefeld, Max Meyer, zu jenem Zeitpunkt Crystal Palace, und Dodô, Schachtar Donezk. Flick war kein Befürworter der Verpflichtung von Torwart Alexander Nübel, der als Ersatztorhüter aus Schalke kam, für den Sven Ulreich weichen musste. Nübel wurde zur Saison 2021/22 an AS Monaco verliehen, und der FC Bayern holte Ulreich zurück. Flick hätte zudem gerne Jérôme Boateng gehalten, dem kein neues Vertragsangebot gemacht worden war. Bei Thiago und David Alaba bedauerten alle Parteien, dass der Weg nicht gemeinsam beim FC Bayern weiterging. Auf Empfehlung von Flick kamen Eric Maxim Choupo-Moting sowie Leihspieler Tiago Dantas. Auch den Kauf von Dayot Upamecano unterstützte Flick, führte mit dem »Leipziger« ein Gespräch, um den Verteidiger vom Wechsel nach München zu überzeugen.

Für einen Vertrauensbruch zwischen Salihamidžić und Flick sorgten vor allem aber die Transferbemühungen um Callum Hudson-Odoi, FC Chelsea, und Sergiño Dest, damals Ajax Amsterdam. Dem Trainer wurde signalisiert, dass beide Verpflichtungen für die Saison 2020/21 bereits fix seien. Am Ende kamen stattdessen Douglas Costa und Sarr.

Ob die Flick-Vorstellungen wirtschaftlich für den FC Bayern überzogen waren, wie Hoeneß kritisierte, mag jeder selbst beurteilen. Ich persönlich sehe das nicht so.

September 2020: Wir sitzen in einem »Motel One« in Stuttgart bei der Nationalmannschaft, die sich für die Nations-League-Partien gegen Spanien und die Schweiz vorbereitet. Unser heutiger Interview-Partner schaltet sich aus Monaco auf dem Bildschirm zu. Niko Kovač übernahm am 19. Juli den Job als Trainer des AS Monaco. »Hallo Ihr beiden, schön, auch zu sehen!«, begrüßt Niko meinen Kollegen Tobi und mich. Dass Interview, dass wir führen wollen, soll natürlich über seine neue Aufgabe in Monaco gehen. Zu Bayern sind jedoch ebenfalls einige Fragen seit seiner Freistellung im November letzten Jahres offengeblieben. Vor allem eine, die sich fast jeder Bayern-Fan im Zuge des Triple-Jahrs gestellt hatte: Hat auch Kovač eine Champions-League-Prämie erhalten? Schließlich galt sein Vertrag noch für die Saison 2019/20. »Ja, ich habe tatsächlich eine Champions-League-Prämie erhalten«, bestätigt uns Niko geradeheraus. Wir Reporter sind ehrlich gesagt ein wenig verblüfft, dass der Trainer so offen damit umgeht. Über Geld wird in der Fußballbranche oft ein großes Geheimnis gemacht. Das sage ich Niko so auch. »So bin ich nun mal. Wenn ihr mich fragt, gebe ich eine ehrliche Antwort«, sagt er. So weit, dass uns Kovač die Höhe seiner Prämie verrät, geht die Offenheit jedoch aber nicht. Ich werde sie später dennoch erfahren. Niko soll demnach angeblich eine Summe von zwei Millionen Euro für den Sieg des FC Bayern in der Champions League erhalten haben. Und damit eine doppelt so hohe Prämie wie sein Nachfolger Hansi Flick, der beim Triumph in Lissabon auf der Bank saß.

6 NACHSPIELZEIT

Mai 2021: Jogi Löw hat immer noch nicht auf meine SMS geantwortet. Bereits am Freitag, dem 30. April, hatte ich dem Bundestrainer folgende Frage geschickt: »Lieber Herr Löw, mir wurde zugetragen, Sie hätten mit Thomas Müller Kontakt aufgenommen. Darf ich *off-the-record* fragen: *True*?« Für Außenstehende bedarf die Nachricht wohl an zwei Stellen einer Erklärung. *Off-the-record* ist die Formulierung, wenn Journalisten keine offizielle Bestätigung oder gar ein Zitat bei einem Gespräch erwarten. Es reicht, dass der Gesprächspartner den Reporter wissen lässt, ob etwas stimmt oder ob es sich nicht so zugetragen hat. Die Quelle der Bestätigung bleibt geheim. Das englische Wort für »wahr«, also *true*, verwende ich bei Jogi Löw scherzhaft. Es ist quasi ein *Running Gag* in unserem SMS-Verkehr. Begonnen hat ihn der Bundestrainer selbst, als er mir Anfang des Jahres zur Begrüßung schrieb: »Hallo, Mr True!« Jogi Löw kann sehr witzig sein. Und er verfolgt offenbar auch unsere Sendungen auf *Bild TV*: »Mr True« heiße ich in unserer Premier-League-Show, in der ich Transfergerüchte in der englischen Liga mit »True« oder »Not True« bewerte. Dazu trage ich ein Sakko mit dem Muster des britischen *Union Jack*. Selbst bei den Bayern an der Säbener Straße ist das Kleidungsstück Thema und Anlass des ein oder anderen Scherzes auf meine Kosten. Es hält sich in der Vorstandsetage sogar das Gerücht, ich hätte mir das Sakko bei Harrods, dem bekanntesten Warenhaus Londons, anfertigen lassen. Dazu kann ich sagen: Not True.

Jogi Löw ist sehr zuverlässig bei seinen Antworten. Auch wenn er keine Auskunft geben will, so meldet er sich doch stets zurück. Nicht diesmal. Es muss also Gründe geben, dass sich der Bundestrainer so bedeckt hält. Löws Kontaktaufnahme zu Müller würde nicht weniger bedeuten, als dass der Bundestrainer endlich seine Entscheidung gefällt hat, den Weltmeister zurück in die Nationalmannschaft zu holen und ihn mit zur EM zu nehmen. Ich weiß nicht, wie oft ich diese Frage, wann er Müller denn nun endlich zurückhole, Löw auf den Pressekonferenzen der vergangenen Monate gestellt habe. Zuletzt Ende März bei der peinlichen 1:2-Niederlage im WM-Qualifikationsspiel gegen Nordmazedonien in Duisburg. Es war die letzte erlaubte Wortmeldung, bevor sich Löw für die Beratung über den EM-Kader für ein paar Wochen aus der Öffentlichkeit zurückzog. Ich konnte damals an seinem Gesicht ablesen, wie sehr Löw meine Frage so kurz vor Ende der Pressekonferenz quälte. Er ließ auch damals die Entscheidung erneut offen.

Zehn Tage liegt meine SMS inzwischen an Löw zurück. Meine Information, die ich aus DFB-Kreisen erhielt, habe ich von anderer Seite noch einmal gehört. Sie ist bestätigt. Informieren will ich Löw aber in jedem Fall. Denn: Für den nächsten Tag planen wir, die Story zu veröffentlichen. Also schreibe ich Löw an diesem Montag erneut an: »Lieber Herr Löw, noch einmal nachgefragt, da wir morgen in *Bild* darüber berichten wollen. Nach unseren Infos haben Sie mit Thomas Müller bezüglich einer Bereitschaft für die Kadernominierung telefoniert. Lassen Sie mich gerne Ihre Haltung dazu wissen. Beste Grüße! Christian Falk.« Diesmal erwarte ich keine Reaktion. Es gehört aber zur journalistischen Sorgfaltspflicht, alle Seiten mit den Informationen zu konfrontieren. Ob jemand etwas dazu sagen will, bleibt letztlich ihm oder ihr überlassen. Die DFB-Seite ist damit informiert. Fehlt noch die Müller-Seite.

Ich wähle daraufhin die Nummer von Ludwig »Wiggerl« Kögl, dem Berater und Agenten von Thomas Müller. Es klingelt nur kurz, da höre ich schon ein »Servus!« aus der Leitung. »Servus, Wiggerl!«, erwidere ich. »Alles klar bei dir?« Als Antwort bekomme ich ein knappes: »Alles klar.« Ich spüre sofort, irgendetwas ist falsch. Ich hake daher noch einmal nach: »Alle gesund und munter?« Knapp höre ich aus der Leitung: »Ja, bei dir auch, Falki?« Jetzt muss ich unweigerlich schmunzeln. Ich habe da inzwischen einen Verdacht: »Thomas, das bist doch du!« Für meine Kombinationsgabe ernte ich ein heiteres Lachen. »Nicht schlecht, Falki, nicht schlecht. Das war wirklich schnell bemerkt …« So ist er, der Müller Thomas. Immer für eine Überraschung gut und jederzeit für einen Spaß zu haben.

Müller hatte offenbar meinen Namen auf dem Display von Kögl gesehen und das Gespräch kurzerhand statt seines Beraters angenommen. Beide saßen gerade zusammen. »Was treibt ihr beiden im Moment?«, frage ich. Die Antwort macht mich ein wenig neidisch: »Schafkopfen, was denn sonst? Wir feiern im kleinen Kreis die Meisterschaft!« Tatsächlich hatte der FC Bayern zwei Tage zuvor die Meisterschaft 2020/21 und damit seinen 31. Ligatitel eingefahren. Am Samstagnachmittag hatte Verfolger RB Leipzig bei Dortmund mit 2:3 verloren und dem FC Bayern bereits vor dem Anpfiff der Abendpartie die Schale damit gewissermaßen geschenkt. Die Münchner feierten dies mit einem 6:0-Kantersieg über Gladbach. Und natürlich traf dabei auch: Müller.

Dass ich den Protagonisten meiner DFB-Story nun persönlich am Telefon hatte, war für mein Anliegen natürlich praktisch. »Jetzt hast du Pech gehabt«, sage ich daher zu Thomas. »Denn jetzt kannst du den Grund meines Anrufs gleich selbst beantworten.« – »Sehr gut!«, meint Thomas entspannt. »Und der wäre?« Ich erzähle ihm von unserer Recherche. Müller ist davon unbeeindruckt: »Falki, du weißt doch: Dazu kein Kommentar!« Ich sage ihm, dass ich ihn auch nur informieren wollte, dass die Story kommen wird. Thomas übergeht meine Bemerkung und wechselt das Thema: »Sag mir lieber, warum du den Hans Meyer nicht hast ausreden lassen?« Daraufhin ertönt aus meinem Handy das typische Müller-Lachen, das ansteckend ist. Müller hatte offenbar am Tag zuvor die Sport1-Sendung *Doppelpass* geschaut, bei der ich wie Meyer, Ex-Trainer und Aufsichtsrat von Borussia Mönchengladbach, zu Gast war. Bei der Diskussion hatte Meyer darauf bestanden, dass seine Gladbacher eine gute Saison gespielt hätten, obwohl der Champions-League-Teilnehmer im kommenden Jahr nicht mal in der Europa League vertreten sein würde. Das konnte ich so als Journalist nicht gelten lassen und widersprach Meyer in seinen langen und sich wiederholenden Ausführungen. Meyers Reaktion und Spruch – »Lass mich doch mal ausreden« – lief seither als Clip im Internet rauf und runter. Auch Müller hatte die Sendung hörbar amüsiert. »Weißt du«, beginne ich meine Erklärung gegenüber Thomas, »es ist nicht so angenehm in einer Live-Sendung, wenn du einen älteren Herrn wie Meyer als junger Kerl unterbrichst. Aber stehen lassen konnte ich seine Gladbach-Bewertung so ja auch nicht.« Müllers trockener Konter darauf lautete: »Falki, denkst du wirklich, dass du noch ein junger Kerl bist?« Ich höre erneut das Müller-Lachen. Damit ist unser Telefonat beendet. Thomas wird natürlich zur EM fahren.

Müllers Weg wird noch das ein oder andere spannende Kapitel für uns bereithalten, auch nach der für Deutschland unglücklichen EM 2020, in der Müller die Riesenchance zum Anschlusstreffer im Achtelfinale gegen England verpasste (Endstand 0:2). Wäre Deutschland ins Londoner Finale gekommen – und selten wäre es bei einer EM leichter für ein DFB-Team gewesen –, hätte sich mein Wunsch nach dem nächsten Müller-Endspiel mit mir auf der Pressetribüne schneller erfüllt als gedacht. Eine Fortsetzung wird folgen. Hansi Flick hat in seinem Amt als neuer Bundestrainer bereits nach der EM mit Müller Kontakt aufgenommen.

Der Weg mit Müller und dem FC Bayern geht ebenfalls weiter. Nach den Müller-Trainern Jürgen Klinsmann, Louis van Gaal, Jupp Heynckes, Pep Guardiola, Carlo Ancelotti, Niko Kovač und natürlich Hansi Flick bestreitet er diesen Weg nun mit Julian Nagelsmann. Egal, wie der Münchner Trainer auch heißen mag – jeder wahre Bayern-Insider weiß: A bissel was geht immer!

DANK: YOU'LL NEVER WALK ALONE

In meinem ersten Buch *Inside FC Bayern* dankte ich meiner Familie, allen voran meiner Frau Kerstin, meinen Kollegen, den Verlagsmitarbeitern und meinem Agenten. Dieser Dank gilt ungebrochen natürlich auch heute, denn Journalismus funktioniert wie Fußball nur in Teamarbeit. Diese unterschiedlichen Mannschaften mögen verschiedene Trikots tragen, entscheidend dabei ist allein, dass sie immer auf meiner Seite standen und stehen. Dafür Danke!

Bei *Bayern Insider* möchte ich insbesondere denen danken, ohne die diese Insider-Infos nie möglich wären. Auch sie tragen verschiedene Trikots, mal die des Klubs, mal die der Gegner, mal sind sie einfach neutrale Beobachter. Ich rede von den heimlichen Protagonisten innerhalb und außerhalb des Klubs. Sie spielen unter Decknamen wie Informant, Whistleblower, Hinweisgeber, Quelle oder, im Bundesligajargon, »Maulwürfe« eine anonyme Rolle in der schillernden Fußballwelt! Ihr seid die wahren »Insider«! Großen Dank an euch, dass ihr auf Missstände oder sportliche Ungerechtigkeiten hinweist, aber auch die lustigen Anekdoten, die den Fußball so menschlich machen, aufdeckt. Spezieller Dank gilt meinem persönlichen »Deep thought«, den ich nicht nur für seine Insider-Informationen, sondern gerade auch für seine kritischen Gedanken rund um den FC Bayern, aber auch in Sachen Journalismus sehr schätze.

Uli Hoeneß sagte mir einst bei einem unserer Treffen am Tegernsee, als er den Boulevardjournalismus noch nicht ganz so kritisch sah: »Spieler kommen und gehen – der Verein aber bleibt.« Diesen Satz möchte ich an dieser Stelle ergänzen: »… und die Bayern-Insider natürlich auch.«

ÜBER DEN AUTOR

Christian Falk, geboren 1978 in Bayern, ist Fußballchef der *Bild*-Gruppe sowie TV-Moderator und Podcaster der »Bayern Insider«. Auf Twitter, Instagram und Facebook folgen seinen Social-Media-Accounts *cfbayern* Hunderttausende von Fußball-Fans. Den FC Bayern begleitet der Boulevard-Journalist seit über 20 Jahren. Sein erstes Buch *Inside FC Bayern* wurde zum *Spiegel*-Bestseller.

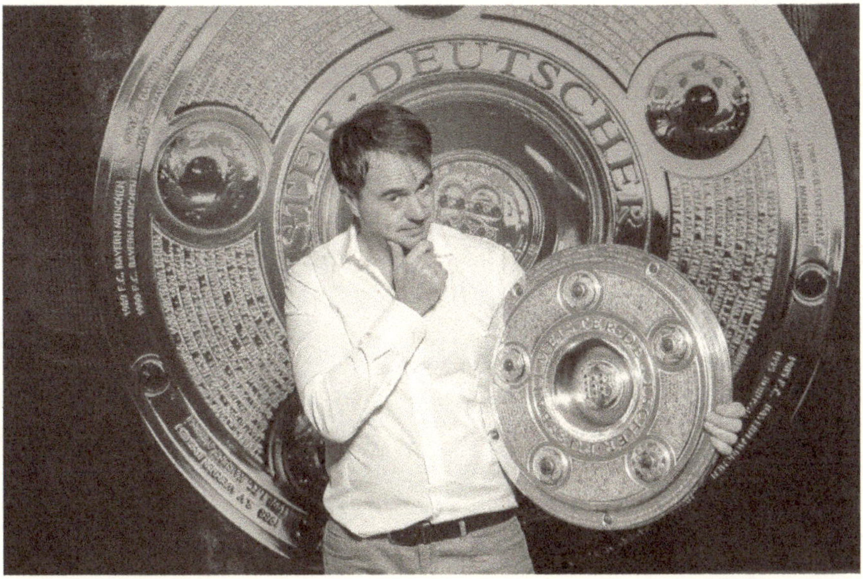

© Sport Bild

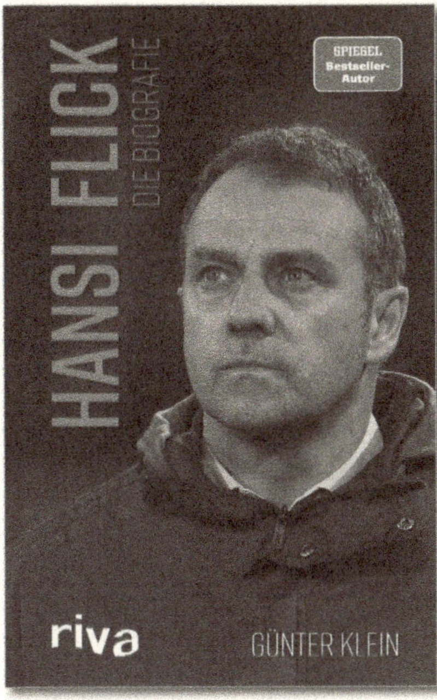

Auch als **E-Book** erhältlich

224 Seiten
18,99 € (D) | 19,60 € (A)
ISBN 978-3-7423-1765-0

Klein, Günter

Hansi Flick

Die Biografie

Er ist alles gewesen: Spieler, Trainer, Sportdirektor. Und er hat alles gewonnen: 2014 wurde er als Co-Trainer der Nationalelf Weltmeister. Als Cheftrainer des FC Bayern gewann er gleich in seiner ersten Saison das Triple aus Meisterschaft, DFB-Pokal und Champions League und wurde zu Europas Trainer des Jahres gewählt. Was ist sein Erfolgsgeheimnis? Wie verlief seine Spielerkarriere, die ihn bis in die Bundesliga führte? Welche Rolle spielte er als Assistent Jogi Löws beim WM-Triumph in Brasilien? Wie formte er den FC Bayern München zum besten Team Europas? In seiner kenntnisreichen Biografie Hansi Flicks erzählt Günter Klein, langjähriger Nationalmannschafts- und FC-Bayern-Reporter des Münchner Merkur, die Geschichte von einem, der seine Wurzeln in der Provinz nie leugnete und sich dennoch auf den großen Bühnen der Fußballwelt zurechtfindet. Er zeichnet das Bild eines Trainers, der

riva

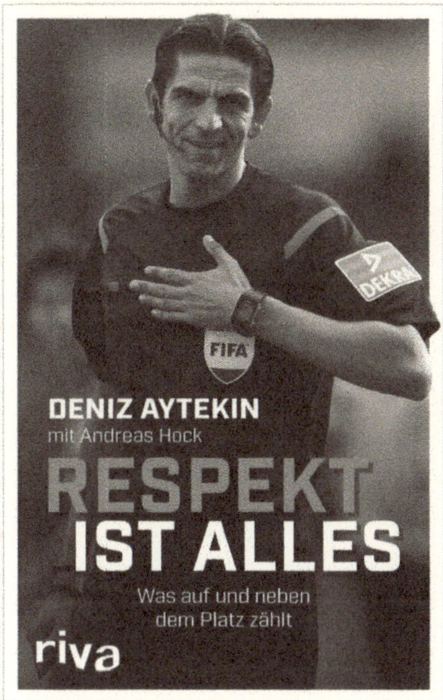

Auch als **E-Book** erhältlich

400 Seiten
24,99 € (D) | 25,70 € (A)
ISBN 978-3-7423-0593-0

Aytekin, Deniz
Hock, Andreas

Respekt ist alles

Was auf und neben dem Platz zählt

Deniz Aytekin ist Deutschlands beliebtester Schiedsrichter. Die Fußballfans mögen sein sympathisches Auftreten. Die Profis schätzen seine natürliche Autorität und Fähigkeit, schwierige Entscheidungen auf empathische Weise zu vermitteln. Sie respektieren Aytekin – weil er ihnen Achtung und Menschlichkeit entgegenbringt. »Respekt ist alles«, sagt der erfahrene FIFA-Schiedsrichter. Er ist die Grundlage für ein gesellschaftliches Miteinander und dafür, dass ein Fußballspiel reibungslos abläuft und die Akteure sich auf das Wesentliche konzentrieren: die Schönheit des Spiels. In seinem Buch gewährt Aytekin exklusive Einblicke in den Profifußball aus der Perspektive des Top-Schiedsrichters. Wie lassen sich unter höchstem Druck richtige Entscheidungen treffen? Welche Spielertypen schätzt er besonders – und weshalb? Wie können wir in Alltag und Beruf von seinem

riva

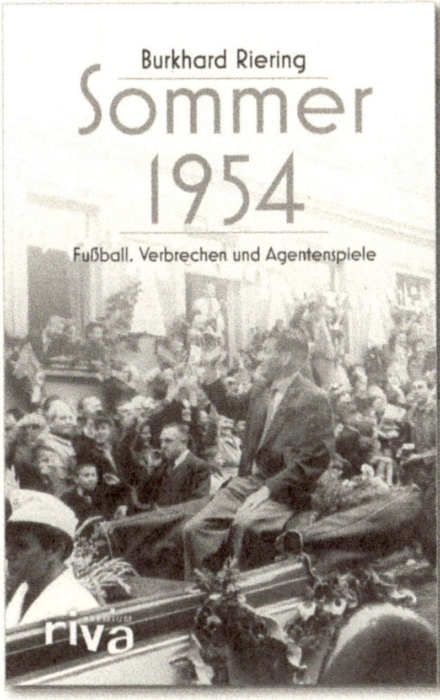

Auch als **E-Book** erhältlich

272 Seiten
19,00 € (D) | 19,60 € (A)
ISBN 978-3-7423-1888-6

Riering, Burkhard

Sommer 1954

Fußball, Verbrechen und Agentenspiele

4. Juli 1954. Deutschland wird Fußballweltmeister, die Menschen feiern. Doch hinter der allgemeinen Euphorie steckt ein Sommer voller Skandale und Affären. Spione diesseits und jenseits des Eisernen Vorhangs spinnen Intrigen. Kriminalität, Gewalt und Mord beherrschen Alltag und Schlagzeilen. Und zwischendrin: Sport und Dolce Vita – die Deutschen genießen die Früchte des beginnenden Wirtschaftswunders. Der Journalist Burkhard Riering lässt den Sommer 1954 wiederaufleben. In allen Facetten. Wir treffen auf Konrad Adenauer und den Boxer Bubi Scholz, auf Fritz Walter, die Sängerin Caterina Valente und den Geheimdienstler und Überläufer Otto John. Wir erfahren, was damals geschah – anhand von spannenden Bruchstücken und glänzenden Miniaturen. Zusammen bilden sie das Fresko eines einzigartigen Sommers.

riva